激活数据
智慧城市未来发展

全球城市信息化论坛秘书处 / 编

ENABLE BIG DATA
THE FUTURE OF SMART CITIES

上海社会科学院出版社
SHANGHAI ACADEMY OF SOCIAL SCIENCES PRESS

上海社会科学院院庆60周年
暨信息研究所所庆40周年系列丛书

编审委员会

顾　问

张道根　于信汇

名誉主编

王世伟

主　编

王　振

副 主 编

党齐民　丁波涛

委　员（以姓氏笔画为序）

王兴全　李　农　高子平　轩传树　沈结合
俞　平　唐　涛　惠志斌　殷皓洁

上海市副市长许昆林致欢迎词

联合国前副秘书长吴红波致欢迎词

2017全球城市信息化论坛现场(一)

2017全球城市信息化论坛现场(二)

德国国家科学工程院院士克里斯托弗·梅内尔（Christoph Meinel）演讲

上海市黄浦区区委书记、区长杲云演讲

英国利物浦市副市长盖瑞·米勒（Gary Millar）演讲

新加坡资讯通信媒体发展局（IMDA）司长庄庆维演讲

系统创新思维公司（SIT）全球创新副总裁塔玛·切罗基（Tamar Chelouche）女士演讲

施耐德电气全球工业与政府事务高级副总裁约翰·图希罗（John Tuccillo）演讲

美国亚马逊AWS全球副总裁、大中华区执行董事容永康演讲

微软公司全球副总裁陈实演讲

联合国经社事务部公共行政和发展管理司长玛丽安·巴泰勒米
（Marion Barthelemy）女士总结

上海市经济和信息化委员会副主任吴磊致辞

美国工业互联网联盟（IIC）首席技术官斯蒂芬·梅勒（Stephen Mellor）演讲

上海社会科学院副院长、信息研究所所长王振主持分论坛

上海社会科学院党委书记于信汇致辞

中国互联网发展基金会理事长马利致辞

上海市经济和信息化委员会总工程师张英致辞

中国工程院院士邬贺铨演讲

中国工程院院士沈昌祥演讲

中国工程院院士倪光南演讲

上海社会科学院互联网研究中心王滢波演讲

论坛圆桌讨论

总　序

上海社会科学院信息研究所的历史可以溯源到1959年建立的学术情报研究室，1978年10月正式成立学术情报研究所，1992年12月更名为信息研究所。建所以来，信息研究所的研究方向与研究重点一直伴随着时代的变化与信息科学的发展步伐而不断调整，目前已发展成为从事重大战略信息和社科学术信息汇集、分析的专业研究所，现有在编人员45人，设有6个研究室、1个编辑部和3个院属研究中心，承建"丝路信息网""长江经济网"两大专业数据库和"联合国公共行政网（亚太地区）"，承办"全球城市信息化论坛"和"一带一路上海论坛"。

成立至今的40年里，信息研究所始终紧跟时代步伐；坚持以马克思主义为指导，坚持理论联系实际，以专业的学术情报研究资政建言、服务社会，取得了丰硕的研究成果，为上海社会科学院的智库建设和学科发展作出了积极的贡献。

建所40年是信息研究所发展的一个里程碑，也是一个新起点。未来信息研究所将以习近平新时代中国特色社会主义思想为指导，紧紧围绕党和国家重大战略布局，优化学科配置和人才队伍，努力建设以重大战略情报信息研究为重点，以专业大数据库建设为依托，以各类论坛、智库报告为载体的新型情报信息研究体系。

值此上海社会科学院建院60周年暨信息研究所建所40周年之际，我们策划了这套院庆暨所庆系列丛书。丛书共8册，内容涵盖科技创新、城市信息化、科学社会主义、国外社会科学等领域，既有信息研究所的传统优势学科，也有近年来新的学科增长点。我们希望以这种形式，总结并展示信息研究所40年的发展历程及最新成就。期待这套丛书能成为本所与社会各界分享研究成果的纽带,也能激励本所员工不忘初心,继续前行,为实现信息研究所的发展目标而不懈努力。

王　振(上海社会科学院副院长、信息研究所所长)

2018年6月

目　录

第一篇　全球城市信息化论坛全体大会 1

上海市副市长许昆林致欢迎辞 4
联合国前副秘书长吴红波致辞 6
国家发展改革委高技术产业司司长任志武致辞 9
工业4.0：在一个数字化变革的时代中重塑未来 13
打造面向未来的新型智慧城区 19
利物浦——我们如何拥抱智慧城市的概念 25
IoT & 智慧城市——监管机构的挑战和机遇 34
创新思维，改变世界 41
全球工业互联网趋势和工业互联网发展的中国机会 45
AWS云平台擎起新型智慧城市 53
让人工智能惠及每一个人 63
打造智慧园区，努力当好新时代智慧城市的排头兵、先行者 67
数字经济视角下的新型智慧城市思考 70
联合国经社理事会公共行政司司长玛丽安·巴泰勒米总结陈辞 75

第二篇　2017年国际工业互联网大会暨AII & IIC工业互联网联席会议 79

上海市经信委副主任吴磊致欢迎辞 83
工信部信息通信管理局副局长刘杰致辞 85
美国工业互联网联盟首席技术官斯蒂芬·梅勒致辞 88
企业信息化与工业互联网 92
工业互联网联盟的全球合作以及发展 103

中国工业互联网发展与展望..........110
IT/OT融合下的安全挑战与应对..........125
工业分析对工业互联网的重要性及其应用..........138
边缘计算在工业互联网中的应用..........151
IIC测试床：范畴与实践..........163

第三篇　全球网络安全产业创新论坛..........171

中国互联网发展基金会理事长马利致辞..........174
上海社会科学院党委书记于信汇致辞..........176
上海市经济和信息化委员会总工程师张英女士致辞..........178
中国信息通信研究院副院长王志勤致辞..........180
可信计算筑牢网络安全防线..........184
中国网络安全状况和网络空间斗争主动权..........189
面向网络空间安全的大数据体系结构和分析方法..........197
应用技术国家工程实验室开放基金发布..........207
2018年十大战略科技发展趋势..........212
2017年中国网络安全产业发展报告..........219
全球网络安全企业竞争力评价..........229
智能技术信息安全的基石..........238
万物互联时代之安全挑战与发展建议..........245
人工智能助力网络安全检测和响应..........255
人工智能开启网络安全新模式..........263
大数据时代数据安全保护实践..........270
圆桌讨论..........277

第四篇　国际开放数据与城市创新峰会..........285

上海市经济和信息化委员会副主任吴磊致辞..........288
中央网信办信息化发展局局长张望致辞..........290
工业和信息化部信息化和软件服务业司软件产业处副处长李瑛致辞..........292
开放之城、智慧之城..........295

亚洲的开放数据与开放城市 302
伦敦的城市数据创新之路 307
从不同视角看多伦多的开放数据 314
新一轮开放数林指数 319
第一个圆桌对话 324
地理空间数据：智慧之本 332
第二个圆桌对话 339
第三个圆桌对话 352
中国工业设计(上海)研究院股份有限公司副总裁张柏军致辞 367

第五篇　2017年联合国工业发展组织全球科技创新大会 371
上海社会科学院副院长何建华先生致辞 374
联合国工业发展组织亚太区域处处长王圳致辞 377
联合国工业发展组织上海全球科技创新中心理事长习明龙致辞 379
科技和科学的发展 386
中国工程院院士王威琪致辞 393
西藏自治区日喀则市人民政府副市长罗布松拉致辞 394

第六篇　全球城市信息化论坛主办方工作会议暨专家咨询会 397

后　记 423

第一篇

全球城市信息化论坛
全体大会

主持人[*]：各位领导，各位嘉宾，女士们、先生们：

大家上午好。经过一年多的筹备，2017年全球城市信息化论坛全体大会将在这里举行。我是上海第一财经频道的黄伟，非常高兴今天上午的全体大会由我来主持。

全球城市信息化论坛自2000年创办以来，一直围绕城市信息化的发展和合作，为城市信息化政策制定者、决策者、实践者提供交流战略规划、产业前景、技术应用等方面经验的场所。本论坛已成为汇聚全球信息技术发展前沿、展示全球城市信息化最佳实践、服务全球智慧城市建设的重要平台。

2017年全球城市信息化论坛的主题为"智慧·创新·卓越"，将聚焦互联网时代的工业再造、大数据条件下的产业发展和智能环境中的城市创新。希望通过几天的讨论、与各位开展深入的探讨交流和观点碰撞，给大家带来一场精彩的思想盛宴，让我们共同期待。

接下来，请允许我为各位介绍出席今天全体大会的主要嘉宾。首先让我们用热烈的掌声欢迎联合国原副秘书长吴红波先生，欢迎您。欢迎上海市人民政府副市长许昆林先生。欢迎中国互联网发展基金会理事长马利女士。欢迎上海市人民政府副秘书长顾金山先生。

同时，出席我们今天全体大会的还有来自联合国机构、国家各部委、上海市各部门的负责人和来自中国、美国、英国、德国、新加坡的政府官员、专家学者和业界人士，以及今天论坛的承办方上海市经济和信息化委员会、上海市社会科学院的领导和专家。再一次用掌声欢迎各位。

因为报名人数众多，我们的现场无法容纳，所以在楼上开辟了一个视频直播现场。今天现场所有的论坛内容将通过互联网的直播视频向网络那一端的受众进行直播。所以，此时此刻，也要向网端的观众朋友再一次表示热烈的欢迎。谢谢大家的关注。

接下来的时间，让我们首先用掌声有请上海市人民政府副市长许昆林先生为今天的全体大会致辞。掌声有请。

---

[*] 黄伟，上海第一财经频道主持人。

上海市副市长许昆林致欢迎辞

尊敬的克里斯托弗·梅内尔（Christoph Meinel）院士、吴红波大使，各位来宾，女士们、先生们：

大家上午好。

今天在这里举行2017全球城市信息化论坛，共同探讨新时代前沿信息技术与城市发展的融合创新，助力智慧城市建设。首先，我代表上海市人民政府对本次论坛的顺利举办表示热烈的祝贺，向长期以来关心、支持上海信息化建设的海内外朋友表示衷心的感谢。

全球城市信息化论坛今年已经是第11届。论坛的发展见证了全球城市信息化建设逐步步入快车道。今天的主题是"智慧、创新、卓越"，来自近20个国家的政府官员、专家学者、业界人士将围绕"智造之光，智慧之城""互联无限，创新之城""开放包容，卓越之城"三项议题共同交流、贡献智慧，助力上海加速迈向卓越的全球城市。

当前，上海正加快建设具有全球影响力的科创中心，持续推进面向未来的智慧城市建设，将信息化全面应用于经济、民主、社会、政务四大领域，城市数字化、网络化、智能化水平显著提升。便捷的智慧生活、高端的智慧经济、精细的智慧治理、协同的智慧政务正带给这座城市新的活力。同时，上海高度重视大数据创新应用对智慧城市的支撑作用。

在国家发展改革委、工业和信息化部、中央网信部三部委联合指导的中国数据创新型总体框架下，积极践行数据互能智慧城市理念，推进智慧城市迈向升级版。但是，上海在土地、能源、环境等方面也面临约束，在城市安全、社会治理等方面存在着挑战，急需利用信息化手段不断加强城市规划与管理，进一步完善城市功能。

我关注到今天有英国、新加坡等国家的城市代表、众多的学者、产业界的精英来参加论坛，希望各位能够畅所欲言、各抒己见，充分交流你们在城市信息化建设中积累的宝贵经验，让我们在分享中进步，在借鉴中创新，共同推动智慧城市建设走向新时代。

谢谢大家。

主持人：谢谢许市长的致辞，接下来让我们有请联合国前副秘书长吴红波先生，让我们掌声有请。

联合国前副秘书长吴红波致辞

尊敬的许昆林副市长,尊敬的马利女士,女士们、先生们:

大家上午好。

我很荣幸应主办方邀请出席今天的2017全球城市信息化论坛。首先,请允许我向论坛的召开再次表示热烈的祝贺。

全球城市信息化论坛的前身是上海市人民政府和联合国经济与社会事务部为消除数字鸿沟,共同倡议召开的亚太地区城市信息化论坛。今天,我注意到联合国经社部公共管理司的司长和她的同事也参加了我们的会议,向他们表示热烈的欢迎,欢迎你们来到上海。

17年来,在上海市人民政府和有关部门的精心策划和周到安排下,本论坛已经成为各国政府领导人、学者、企业家、信息技术领域的专家和专业人士互相交流与合作的重要场所,在此请允许我向上海市人民政府和有关各方表示衷心的感谢。

据联合国预测,到2050年,全球城市化率将由现在的54%上升到66%。大约有25亿人将进入城市,这个增量主要来自非洲和亚洲的国家。当前世界,城市面积只占地球总面积的3%,却贡献了60%的GDP,可是也消耗了60%以上的资源和能源,并排放了75%的二氧化碳。十分明显,快速的城市化对促进经济发展和脱贫解困是十分重要的。但是,高密度人口的大型城市给淡水供应、污水处理、生活环境和公共健康等诸方面都带来了巨大的、沉重的压力。

城市已成为未来人类可持续发展的主战场,成败也将在于此。随着新世纪信息技术的飞速发展,人们从计算机时代进入互联网时代,现在又进入了大数据时代。特别是以物联网、云计算、大数据以及人工智能为代表的新一代信息技术与城市发展的融合日趋深化,已经成为推动经济社会转型升级的重要力量。以中国移动支付为例,这项中国发明不仅打破了传统的支付方式的时间和空间局限,带来了极大的方便,也促进了生产、物流和消费,更使亿万民众一步跨入了前沿的信息社会。

高密度人口的城市既是挑战,也是机遇。城市人口快速增长的同时,给创新驱动新技术在城市大规模运用创造了机会。快速的城市化和高科技的大规模应用的互动和融合将成为可持续发展的强大动力。现代信息技术与大规模人口的融合正在使大量农业劳动人口转型为高效的城市产业人口,使更多的人共享创新发展成果。这有别于传统的现代化方式。城市信息化不仅是工业化、城市化进程,同时也是大批农业人口一举跨入信息化社会脱贫致富,实现可持续发展的进程。

全球新一代科技革命和产业变革正在兴起,新技术替代旧技术,智能型技术替代劳动密集型技术,成了一大趋势。科技产业和现代服务业的蓬勃发展带动经济发展模式和产业结构转型升级,实现创新驱动、经济快速发展,这是中国现代化发展的新态势,也是中国可以与世界分享的"中国智慧"和"中国方案"。

展望未来,信息化仍然是21世纪最主要的时代特征,仍然是全球范围内推动经济和社会变革的主要力量,仍然是国家和城市竞争力的战略标志。世界主要国家正在将信息技术与实体经济深度融合,作为振兴本国经济社会发展的重要手段和经济发展的核心竞争力。在刚刚闭幕的中共十九大,习近平总书记指出"要加快发展先进制造业,推动物联网、大数据、人工智能和实体经济深度融合,要建设科技强国、质量强国、航天强国、网络强国、交通强国、数字中国、智慧社会"。今天论坛的主题"智慧·创新·卓越"非常及时,也十分契合上海发展的战略定位。在这次论坛上,各位与会者将就产业融合发展、数据共享开放、网络安全保障等进行讨论,分享来自不同国度和领域的经验和建议,形成智慧的碰撞与交融。

我期待着同与会嘉宾分享他们关于城市建设与信息化发展的思考与实践,相信他们的新鲜经验和经典案例将给大家以启迪,为全球城市信息化做出应有的贡献。谢谢各位。

主持人:掌声再一次谢谢吴红波先生,谢谢您。也特别谢谢许昆林先生和吴红波先生对本届大会带来的要求，同时也描绘了一幅美好的信息化城市的画卷。今天，现场为大家准备了同传的设备，设备1频道是中文，2频道是英文。接下来将在现场跟各位一起进入中国数据创新型上海站的活动环节，将会邀请现场所有的朋友以及在网端那头收看我们网络直播的各位朋友一起来共同见证城市数据创新宣言的发布。

"数据华夏，创享未来"中国数据创新行动是贯彻国务院、促进《大数据发展行动纲要》精神，由国家发展改革委、工业和信息化部、中央网信办共同发起的系列活动，旨在通过应用创新、开发竞赛等方式来引导和鼓励企业和公众挖掘开放利用数据的资源，激发创新创业的活力。上海开放数据创新应用大赛（SODA）作为中国数据创新型核心活动之一，聚焦城市管理和社会治理的热点、痛点以及难点，积极践行数据众筹、应用众包、问题众智，搭建了一个良好的开放数据的创新生态。接下来，在我们这个活动环节一开始，首先用热烈掌声有请国家发展改革委高技术产业司司长任志武先生对中国数据创新型活动进行阶段性的总结讲话。掌声有请。

国家发展改革委高技术产业司
司长任志武致辞

尊敬的许昆林副市长,尊敬的吴红波大使,各位领导,各位嘉宾:

大家上午好。

非常高兴参加全球城市信息化论坛和中国数据创新型(上海)的活动。首先,我谨代表国家发展改革委员会高技术产业司对论坛的举办表示热烈的祝贺,对长期以来关心和支持我国大数据发展的各级朋友、对关心和支持中国高技术产业发展和新兴产业发展的各位朋友表示衷心的感谢。大数据时代已经来临,数据驱动创新已成为全球趋势,党中央、国务院高度重视数字经济和大数据发展应用,党的十九大报告明确提出建设数字中国、智慧社会。习近平总书记多次强调"要以数据集中和共享为途径,建设全国一体化的国家大数据中心,要推进技术融合、业务融合、数据融合"。李克强总理指出,大数据是21世纪的钻石矿,要着力推动公共数据开放共享。2015年8月,国务院印发《促进大数据发展行动纲要》,明确提出要通过应用创新、开发竞赛等方式,引导和鼓励企业和公众发掘利用开放数据资源,激发创新创业活力,为贯彻党中央、国务院的决策部署,2017年国家发展改革委会同中央网信办、工信部发起了"数据华夏,创享未来"中国数据创新行动。中国数据创新活动依托国家大数据综合试验区,在上海、贵州、沈阳、杭州、苏州、北京等地陆续举办分场活动,通过部门联合、统筹部署、多地联动的方式,旨在促进各级政府部门开放数据资源,发掘数据能量和价值,激发全社会的智慧和创意,做强数字产业、繁荣数字经济,推动社会治理、模式创新。作为系列活动的第五站,今天,上海市经济信息化委员会主办的上海开放数据创新大赛组委会将与国内外开放数据先行者携手并进,共同发起城市数据创新宣言,增进城市互动合作,构筑城市数据创新生态的国际网络。我们衷心期待大赛秉持数据众筹、应用众包、问题众智的理念,充分鼓励和引导大数据社会化的开发利用,着力打造大数据创新创业产业生态,在促进数据创新方面发挥积极的示范引领作用。

尊敬的各位嘉宾,数字化是当今世界进步的一项重要标志。站在历史性方位,我们将与大家一道紧紧围绕推进供给侧结构性改革的总要求,深入实施创新驱动发展战略,以国家大数据综合试验区、新型智慧城市、数字丝绸之路等为载体,大力推进数据基础设施建设、数据资源开放共享,加速数字经济蓬勃发展;大力推进互联网大数据、人工智能和实体经济深度融合;加速产业迈向全球价值链中高端,大力培育中高端消费、创新引领共享经济新兴产业等新增长点,加速新动能的形成;大力推进数字经济国际合作,加速增添共同发展新动力。

最后,预祝本次活动圆满成功。谢谢大家。

主持人: 接下来,我们将会在现场发布中国数据创新型总体框架,由SODA组委会倡议,提出城市数据创新宣言。接下来,继续请上各位见证嘉宾。除了任志武司长之外,要继续请上中央网信办信息发展局副局长张旺先生,工业和信息化部信息化和软件服务业司软件产业处副处长李英先生,中

图1-1 城市数据创新宣言发布

国互联网发展基金会理事长马利女士，伦敦市政府开放数据主管安德鲁·克林吉（Andrew Collinge）先生，世界银行开放数据专员蒂姆·赫尔佐克（Tim Herzog）先生，上海市经济信息化委员会副主任、上海市国防科技工业办公室主任吴磊先生。

接下来，有请宣言备书机构的代表上台，他们分别是开放数据曼彻斯特、上海伊电集团有限公司中央研究院、上海市新能源汽车公共数据采集与监测研究中心、敬众科技、DT财经以及SODA上海开放数据创新应用大赛组委会。谢谢各位。

接下来，有请备书机构的代表把手放在手印上，为城市数据创新宣言来备书。五，四，三，二，一，启动！

各位，现在在大屏幕上显示的就是我们的宣言。我们也请各位备书代表移步，和我们嘉宾一起合影留念。

图1-2　城市数据创新宣言发布

在此祝贺城市数据创新宣言的成功发布，也再一次谢谢所有的见证嘉宾以及刚才的各家备书机构的代表。各位请就座。谢谢大家。

同时，因为后续还有重要的公务安排，许昆林副市长将会先期离开会场，在这里再一次向您表示感谢，谢谢您今天抽出时间加入我们。

各位现场的朋友和网端的观众朋友，接下来将会进入精彩的主旨演讲环节。今天，我们邀请到了10位来自世界各地的专家学者、业界精英和城市管理者，他们将会围绕智慧城市、互联网大数据网络安全等城市信息化建设当中的热点问题来发表他们的见解和看法，相信一定能够为大家带来更多的新观点、新思想。德国的"工业4.0"是近几年颇受关注的话题，与之相对应的是各国都在进行工业现代化的革新。目前，"工业4.0"的发展究竟进行到什么样的程度？未来又会展现出怎样的趋势？接下来我们将有请德国国家科学工程院院士、德国IPv6主席克里斯托弗·梅内尔（Christoph Meinel）为我们带来演讲，题目是《工业4.0：在一个数字化变革的时代中重塑未来》。有请。

工业4.0：
在一个数字化变革的时代中重塑未来

德国国家科学工程院院士　克里斯托弗·梅内尔

女士们，先生们：

　　大家上午好。很荣幸能够参与本届全球城市信息化论坛，有机会跟大家分享一下在数字转型过程中我们面临的一些挑战。大家都谈到未来是数字转型的时代，我想跟大家分享一下自己的体验。首先，什么叫数字转型？数字转型给我们带来哪些挑战？

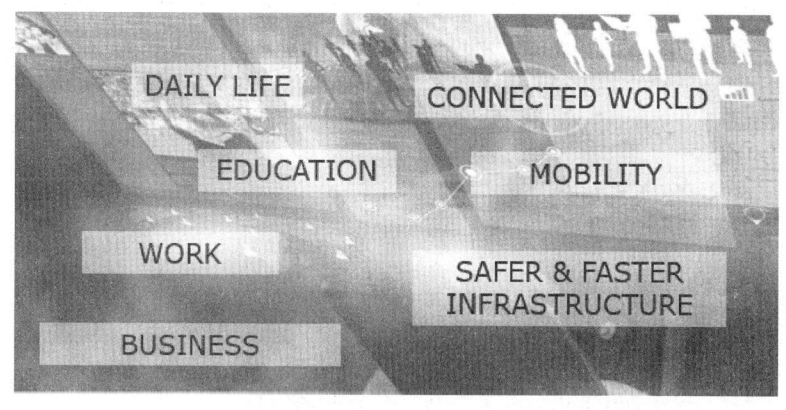

图1-3　数字转型影响我们生活的方方面面

　　IT技术，包括数字转型，改变了我们的方方面面，不仅改变了私人之间的沟通交流方式，而且也改变了商业的模式，包括移动、教育、工作等。数字化影响了我们的整个生活。数字革命如图1-4所示，可以看到数字革命的演进。

从传统的模拟技术到机械技术，到电子技术，到现在的数字技术，这就是第四次产业革命演进的路径。

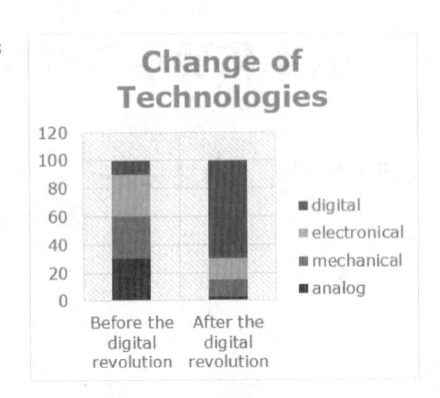

图1-4　数字转型受到数字革命驱动

数字革命的原因是什么？因为每个人、每个主体都在数字包裹里用不同的方式进行互动。传统的方法是物理的联系，包括步行；新的渠道是数字渠道，我们希望能够在转瞬之间就可以跨越时空，可以远程联系。换句话说，我们可以以非常快的速度，包括类似光速的速度进行联系、互动。作为人类，我们在这个过程当中也要学习怎样进行更好的管理。所有新的图景展现在我们面前，要自问怎么学习、怎么创新。这里有这样一个比喻，叫做物联网（IoT）。物联网不局限于人类，还贯穿整个世界。比如，我们有一个新的发明，有了IoT，可以把不同

图1-5　智慧城市

的设施设备联系在一起,可以通过设备(物理的方法),使设施设备联系在一起。这样,一个智能的世界就展现在我们面前。图1-5是智能世界展现的一些场景。从图中可知,在智能世界当中,包括智能家庭、智能城市、智能商业、智能农业,生活的方方面面都发生了革命性的变化,这些都是由IoT新技术带来的。

其实,工业界所生产的东西、生产的方式都由这些技术得到了改变。我们预见的智慧工厂,在德国有另一个名字,就是"工业4.0"。这一概念的实施可以进行计算机所控制的一体化制造,同时可以实时进行生产监控,大量地提高量产的效率。我们再来看一下智慧工厂。智慧工厂整合了所有数据类型,包括能源数据、人力数据、物流数据、产品数据、制造数据。我们对所有的数据能够访问、进行计算,而且在很短的时间之内可以把计算得到的结果反馈到制造的过程当中。同时,这整个的制造过程是基于IT的方式来进行组织的,我们可以对这些数据进行监控、输出,比如说制造过程所需的能量是多少、产品的性能如何。这使我们的制造效率更高,同时可以以更可持续的方式进行生产,因为我们可以节约能源或者用优化的方式来利用能源。在对数据进行计算之后,还可以进行生产过程的具体配置。由此我们可以充分地了解这些机器是如何进行操作的、与人类如何进行交互等。

同时,智慧工厂还可以和生态圈的合作伙伴进行整合。我们可以使用数字化技术对工作进行优化。此外,它还能够优化我们跟生态圈或者制造圈的合作伙伴进行交互的方式。比方说,我们如何跟客户进行交互,我们可以通过

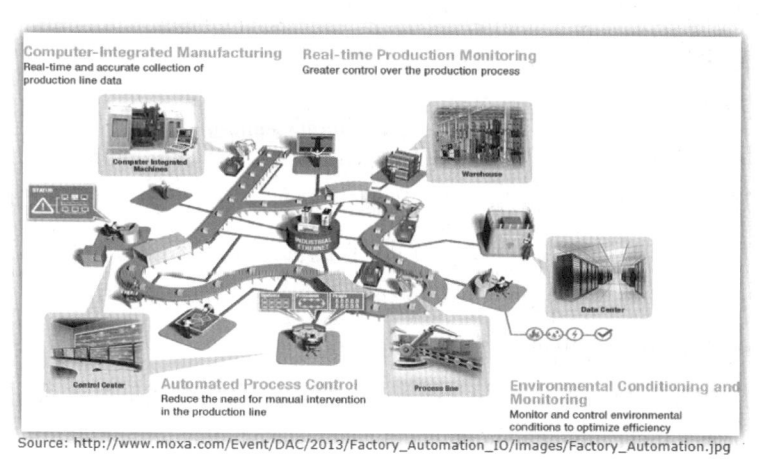

图1-6 智慧工厂

一些门户进行交互,如可以使用物联网,提供各种各样的平台来进行数据的交换,包括物流数据的交换、生产数据的交换以及能源数据的交换。同时,它还促进新的业务模式出现,这些新技术为我们提供各种各样的可能性,重新思考设计业务的方式,如如何形成新的技术、如何生产新的产品、如何提供新的服务,以满足人们的需要。

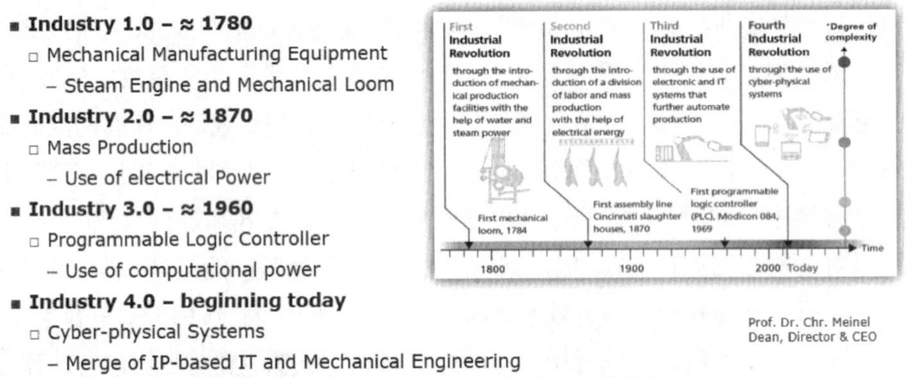

- Industry 1.0 – ≈ 1780
  □ Mechanical Manufacturing Equipment
    – Steam Engine and Mechanical Loom
- Industry 2.0 – ≈ 1870
  □ Mass Production
    – Use of electrical Power
- Industry 3.0 – ≈ 1960
  □ Programmable Logic Controller
    – Use of computational power
- Industry 4.0 – beginning today
  □ Cyber-physical Systems
    – Merge of IP-based IT and Mechanical Engineering

Source: http://cdn2.artwhere.net/electronics-eetimes/com/imf/c/eyJtYXNrIjoiNTYweDM2MSIsImOiOjEwfQ/images/01-edit-photos-uploads/2014/2014-10-october/a1259-fig01.jpg

First Industrial Revolution through the introduction of mechanical production facilities with the help of water and steam power — First mechanical loom, 1784 — 1800

Second Industrial Revolution through the introduction of a division of labor and mass production with the help of electrical energy — First assembly line Cincinnati slaughter houses, 1870 — 1900

Third Industrial Revolution through the use of electronic and IT systems that further automate production — First programmable logic controller (PLC), Modicon 084, 1969 — 2000

Fourth Industrial Revolution through the use of cyber-physical systems — Today

"Degree of complexity" — Time

Prof. Dr. Chr. Meinel
Dean, Director & CEO

图 1-7 工业 1.0 到工业 4.0

新的业务模式是充分利用了 IT 跟生产的融合,我们还有一个名词叫"工业 4.0",中国也有个同类型的措施叫"中国制造 2025"。请允许我先介绍一下德国几个"工业 4.0"的发展历史。首先有"工业 1.0"版本。在这个"1.0"时,我们使用的是机械化生产。从 18 世纪开始,随着蒸汽机的发明出现,同时还出现了一些机械化的纺织机,这是"工业 1.0"的版本。"工业 2.0"以大量生产的出现为标志,可以通过电能,比"工业 1.0"更有效率的方式进行生产。在 20 世纪 60 年代,德国出现了"工业 3.0",它的标志是可编程逻辑控制器的出现,我们利用计算能力来控制生产过程、控制机器。而到了今天,我们有"工业 4.0",这是我们这个时代的新的工业生产方式,它的标志是网络跟物理系统的融合,也意味着 IT 和机械工程的结合,通过 IP 为基础的控制跟机械工程进行结合。最好的体现趋势的历史就是德国的汽车业。在"工业 4.0"年代,汽车可以不断地收集配置以及配件运营的数据,这些数据可以告诉我们某个部件是否需要更换。比如说某一个过滤器是不是脏了,同时可以提前进行预警,汽车或者部件会发送信息给制造厂商,告诉他们某个部件需要更换。工厂获得了更换的订单之后,就会了解到车的类型以及发货地址,进行相应的生产。工厂处理订单的方式是这样:机器有能力自我进行配置,生产出所需的合格的部件,同时还可以自动安排,把部件发送到正确的目的地。

图1-8 德国方式:工业4.0

通过这样的方式我们就可以提高生产效率。在这里,我讲的是德国汽车业生产效率的提高。这样一个智能,如果得到掌握,就可以使"工业4.0"真正成为现实。但是,我们还有一些需要思考以及需要克服的挑战,比如抓跨越价值链的水平整合,同时需要进行垂直整合,需要更大的网络化生产系统来实现这一点,同时还需要贯穿产品整个生命周期的持续工程设计。在德国,有一个共同的项目或者说措施是由政府驱动,要建立一个平台支持"工业4.0"的实现。这一多个德国部委的联合行动,包括德国的经济部、科学部、教育部,是由经济部以及科学和教育部的两位部长共同领导,充分显示出"工业4.0"在德国的重要性。同时,我们把整个德国各个产业界、政界、研究界、贸易界进行联合。他们可以彼此进行学习,同时可以彼此进行推动。这是一个很好的平台,作为一个全国性的测试床来进行一些创新技术、创新的工业制造方式的测验、测试。像这样的一个测试,涉及的面非常广。今天下午会更多地讲到如何通过"工业4.0"涉及各个不同的方式,有各个不同的努力方向,比如劳动力市场,是我们需要考虑的,因为人们需要改变他们的工作方式。同时还有一些网络安全、数据安全需要进行考虑。今天下午还会有专门的分会场讨论这一点,同时还有一些协议、标准化的问题,以及一些法律框架和一些研究、联合创新问题。

University Institute with 12 departments funded by Hasso Plattner Foundation
- 150+ lecturers, assistant professors and scientific colleagues
- 500+ bachelor- and master students
- 140+ PhD students
- 240+ „HPI Design Thinking Program" students

USPs: HPI Future SOC Lab | D-School | Research School | openHPI | …

Digital Transformation
Industry 4.0
Prof. Dr. Chr. Meinel
Dean, Director & CEO

图1-9　HPI简介

我来介绍一下HPI，这是一个基于大学的研究机构。我们有12个科系共同支持，同时通过HPI，哈素·普拉特纳（Hasso Plattner）基金会进行资金的支持，总共包含150多个讲师、副教授以及科学家，同时包含了500多个本科以及研究生的学生，还有140多个博士生。同时，我们还有240多个学生参与了HPI的设计思考、创新项目。我们还做了很多硬件的设计。大数据是非常热门的话题，我们现在开发了一种内存的数据库服务器，可以更好地组织数据的处理，而且处理速度可以大大提升。此外，我们还要考虑各种各样的场景可能利用传感技术，比如说停车也可以有一个智慧停车场，这是跟我们的日常生活直接相关的。

同时还要思考如何把IT的智能设备通过互联网进行更广泛的连接。要保证这些设备用正确的方式进行运作。我们还需要开发新的通信协议，进行统一的通信。当然，需思考的不仅限于以上讲到的这些。只是给大家说明我们的整个联合是覆盖到方方面面的，以及我们所计划的一些创新跟科研的主要方向。

谢谢大家。

主持人：谢谢梅内尔先生。智慧城市的建设离不开政府的推动，更离不开政府、企业以及社会的紧密协作。今天，现场特别邀请了来自上海、英国和新加坡的政府官员，他们将会就这一话题发表他们的观点。首先有请上海市黄浦区区委书记、区长翁云先生。翁先生演讲的题目是《打造面向未来的新型智慧城区》。有请。

打造面向未来的新型智慧城区

上海市黄浦区区委书记、区长 杲 云

各位来宾,女士们、先生们:

大家上午好。

很高兴能够出席本次全球城市信息化论坛。在刚才的主旨演讲当中,德国国家科学工程院的克里斯托弗·梅内尔(Christoph Meinel)给我们介绍了德国"工业4.0"的情况。作为智慧城市建设的参与者和实践者,我深有感触,深受启发,希望围绕"智慧"这个主题,结合我所工作的黄浦区的实际情况,来谈谈对打造面向未来的智慧城市的一些思考和体会。

一、认 识

我们的认识:打造新型的智慧城区,黄浦区有责任、有动力。在和大家进行交流黄浦智慧城市建设之前,跟大家介绍一下黄浦区的基本情况。黄浦区位于上海中心城区的核心区,习近平总书记在上海担任市委书记的时候,把黄浦区作为上海的心脏、窗口和名片,所以上海市委、市政府对黄浦区的发展寄予厚望,提出标杆和前列的要求,也就是要求黄浦区在现代高端服务业发展方面作为标杆,在城市建设、城市管理,包括从严要求几个方面,都要成为上海的标杆。所以,黄浦这些年走的是内涵式的发展之路。

黄浦区已经成为上海各个区中产业结构最优、产业能级最高的区,我们的人均GDP也是上海各个区当中最高的。2016年人均GDP已经达到4.5万美元以上,遥遥领先于上海各个区。与此同时,黄浦区也是上海各个区当中面积最小的一个区,只有20.52平方千米。这样一个特殊的区位、雄厚的基础以及现阶段的发展,决定了黄浦区的发展必须打造面向未来的新型智慧城市。这也是客观规律、宏观战略和转型发展要求共同作用下的必然的选择。

从城市发展的客观规律来看,信息技术已经成为促进城市发展的重要驱动因素。我们注意到,加快智慧城市建设已经成为越来越多的国家、地区的共识,像美国、日本、韩国、新加坡以及欧盟的很多国家,在这些发达国家和地区,先后将智慧城市建设确立为经济发展、建设长期竞争优势的一个重要战略,为我们提供了非常丰富、生动的智慧城市建设的实践经验。

从宏观战略层面来看,智慧城市建设已经成为我们国家重要的国家战略。在刚刚闭幕的党的十九大上,习近平总书记高屋建瓴,专门强调要"加快建设创新型国家、建设数字中国、智慧社会,提高社会治理的智能化水平",从而把智慧建设提到了新的高度。上海市也明确提出"实施信息化领先发展和融合带动的战略,实施'互联网+'战略的要求"。在加快建设具有全球影响力科创中心进程中,智慧城市建设已经成为其中非常重要的一环。

从自身发展角度来看,智慧城市建设是黄浦区转型、提升、发展的必由之路。近年来,黄浦区在各个领域中都在积极探索信息化发展之路,在城区建设管理中,取得了长足的进展,比如通过"互联网+"提升产业发展的能级;通过"互联网+"在金融领域的应用培育了新金融;通过"互联网+"在消费领域的应用提升了新消费的发展;通过"互联网+"在文创产业当中的应用培育了"文创2.0";通过网格化管理提升了城市精细化管理的水平,所以现在黄浦网格化已经覆盖了整个城市,城市的管理现在已经延伸到对于企业的网格化管理;通过网上政务大厅等信息化平台建设,打造了便捷、高效、透明的政府;通过信息化支撑,不断提升民生服务和社会治理的水平。这些领域的实践和成效充分证明,信息已经成为黄浦转型提升发展的重要支撑,智慧城区的建设必将为未来黄浦区全面提升城区综合竞争力、创造力和吸引力提供无限的可能。

二、实　　践

打造新型智慧城区,黄浦区有基础、有成效,智慧城市建设是一项非常复杂的系统工程，面临诸多的困难和挑战。作为地方政府，我们要充分把握三个关键点，来更好地推进智慧城区的建设。

第一，要把握切入点。切入点是要加快智慧城区顶层设计。2017年以来，我们全面梳理了各个领域的信息化建设的情况，针对目前的信息化领域，尤其在政府各个部门中存在的数据壁垒、标准不一等问题，我们加快研究、制定了发展的战略和推进的政策，主要做了两方面工作。一是启动新型智慧城区顶层设计的工作，由我们区政协牵头，把区域当中一些专家、学者、企业家，集聚起来开展加快智慧城区建设的专题调研，明确了下一步黄浦智慧城区工作的发展方向、路径以及着力点。同时，我们也聘请了有丰富实践经验的华为集团，为黄浦区进行总体框架设计。在这一设计中，从感知层（也是物联网层）、平台层（就是云数据中心和大数据平台）到应用层、"互联网+"、政务服务、智慧商圈等开展了规划论证，为黄浦区推进新型智慧城区提供了非常具体、有效的解决方案。二是我们出台了黄浦区信息化项目管理办法，全面加强政府投资信息化项目的统筹建设。我们都知道各个部门、各个单位建设信息化的积极性很高，但是这些项目彼此没有关联、彼此之间相互割裂。所以，通过一个部门总牵头，然后认证其项目，并作为总体顶层框架中的一部分，这样就为这个项目建成以后能够互联互通，作为整个智慧城区一个非常重要的环节，奠定了很好的基础。通过这样一种项目的统筹建设，把具有引领性、示范性的大数据，以及物联网、人工智能领域作为我们智慧城区项目中的重点领域、重点支持。

第二，要把握立足点。作为智慧城区，立足点的关键就是要坚持以人为本、智慧惠民，城市管理的目的就是要营造良好的生活、工作的环境。智慧城区建设的核心要义就是服务。我们突出便民、为民的原则，借助人工智能、大数据等信息技术，实现了城市管理的高效、透明、灵活、便捷、安全、可靠。比如在行政审批领域，我们持续深化网上政务大厅建设，大力推进行政审批事项网上办理。目前，321个事项全部实现了网上公开，208个事项实现了网上预约，34个事项实现了全程网上办理；在城市管理领域，我们依托网格化管理中心的构建，"1+10"网格化管理、视频监控智慧平台，这个平台"1"是区级的智慧平台，然后"10"就分散在黄浦区10个街道的网格化平台。通过"1+10"这个平台对黄浦区进行全面覆盖，在城市管理中及时发现处置各类城市治理问题。

2017年以来,我们累计处理了各类案件达10万件。在城市安全领域,在食品生产企业和重点餐饮企业中,开展了远程的视频监控试点和食品全程追溯管理系统建设,对餐饮、食品的管理提供实时监测,使这些餐饮企业管理得以明显提升,有力地保障了市民的食品安全。在养老服务领域,我们在社区"长者照护之家"试点,使用智能床垫,感应老人的体温、心率,以使能够及时了解老人的状况;为社区老人提供防跌倒手环,加强了老人的看护,智能化在提高为老人服务水平方面的作用逐渐显现。

第三,积极探索政企合作新模式,充分发挥社会各方面的作用。智慧城区的建设离不开社会方方面面的参与。在移动通信网络、城市官网建设方面,通过政府和运营商共同的努力,黄浦的基站覆盖率达到全市第一,4G信号达到了全覆盖,城市官网基本实现了千兆进楼、百兆进户。2017年上半年,黄浦区政府分别与上海电信、上海移动、上海联通签署了战略合作协议,全力推进5G网络的建设。此外,我们积极与阿里系蚂蚁金服、腾讯系腾讯云、中科大系科大迅飞等知名企业开展深入的合作,在金融服务、政务服务、智慧语音等领域积极开展探索。

三、设 想

要打造新型智慧城区,我们有信心、有路径,全面推进智慧城区建设。黄浦区着力打造五大体系。

第一,无所不在的智能感知体系,深化物联网平台。目前,黄浦区基于窄带的物联网技术、物联网专网,已经基本实现了全覆盖。未来,我们将在窄带物联网的基础上,全面推进车流的监控、智能的烟感、环境的监测、垃圾分类等领域的应用,不断提升城区的智能感知水平,此外还要完善图像的感知网络。黄浦区已经基本建成覆盖全区的公共场所视频监探系统,在城市治理、交通管理、人群疏散等方面发挥了重要的作用。我们正在积极探索借助图像、语音识别等人工智能技术,实现海量的图像、视频的检索和试点。这次习近平总书记带领6个常委到黄浦区瞻仰一大会址,我们就采用了图像的识别系统,确保了他们到一大会址一切顺利,在这个过程中可以看到平安社区建设提供了强有力的支撑。

第二，高效畅通的信息传输体系，优化重点区域的4G网络。我们在黄浦滨江区已经打通了作为世界级的滨水岸线，接下来重点是做好基站的建设和网络的优化，不断提高用户的感知度。我们已经开始启动5G的前期布局，加快推进5G网络在这些重点区域中的应用，争取在2018年能够率先开展5G的试商用，率先打造成为5G技术应用的示范区域。

第三，高速运转的决策支持体系，加快建设区级政务云。2017年，我们启动了区级云平台的建设，年内我们将实现25%的电子政务运用向云端迁移。2019年，我们的商云率达到75%以上；到2020年，我们要实现区政务云一体化。在打造城区管理大数据管理方面，我们完善了人口、法人、空间地理、宏观经济四大基础库，房屋、信用、养老等一批主体库，建设全区的数据资源中心，建设了跨领域的大数据纵向联合应用平台，实现各类数据的关联和共享，从而为政府的决策、城市的运行提供四大支撑。

第四，反应灵敏的城区管理体系，打造智慧政务。通过"互联网+政务"服务，通过政务服务的流程优化再造，持续深化网上政务大厅，不断方便企业和市民的办事服务，建设管理更加精细、服务更加高效的智慧政府。打造智慧城市运营管理中心，在区的网格中心的基础上进一步完善全流程管理机制，实现城区状态的实时监测、运营异常的智能预警、关键问题的智慧决策、重大事项的协同处理，从而推动城市管理从被动的反馈到主动的出击，使城市治理体系更加智慧。

第五，智能便捷的生活服务休系。深化智慧养老，建设全区统一的综合为老服务平台，加快老年人护理的看护、健康的管理、康复的照料等这些领域的智能设备的应用，实现养老信息从分散到集中，养老服务从被动到主动，决策从经验化到智能化的提升，更好地满足老年人个性化、多样化的需要。在建设智慧商圈、智慧社区方面，我们分别要推动各自的发展以及两者之间融合的发展。所以，我们积极鼓励社会第三方通过智慧化的手段，更好地提升家政服务、生鲜配送与文体娱乐等社区公共服务，从而打造更加智能、更加便捷的十分钟生活服务圈。

各位专家，黄浦的智慧城区建设离不开市有关部门的关心支持，更离不开广大的企业和社会各界的积极参与，所以我们热诚地欢迎各大机构和专家学者，以各种形式参与黄浦智慧城区的建设。我们将以今天这个论坛作为一个契机,进一步对标国际国内一流的智慧城市,对接最前沿、最先进的信息技术,不断深化智慧城区的探索和实践。相信通过今天论坛的主题,未来的黄浦区会更加智慧、创新、卓越。谢谢大家。

主持人: 谢谢,掌声再一次献给杲云先生。各位来宾,英国是2017年工博会的主宾国,同时也是全球智慧城市的领跑者。接下来,有请英国利物浦的副市长盖瑞·米勒(Gary Millar)先生,他今天带来的演讲主题是《利物浦——我们如何拥抱智慧城市的概念》。

利物浦
——我们如何拥抱智慧城市的概念

英国利物浦市副市长　盖瑞·米勒

大家早上好。不好意思,我的中文不太流利,这是我第八次来到中国。我是中国和上海发展的积极参与者、支持者,而且我也使用微信。如果想要获得其他关于利物浦的信息,请扫描我的微信二维码,从今天开始我们可以用微信进行联络,我是利物浦的副市长盖瑞·米勒。利物浦是世界上最佳城市之一,全球声誉卓著,而且还是上海的姐妹城市,和上海的渊源可以追溯到300年前。

图1-10　利物浦副市长微信二维码

作为一个城市,利物浦已经有了800年的建设历史。这是一个古老的城市,老的城市往往面临一些问题,我们可以从这些问题当中找到机会。毫无疑问,利物浦是一座美丽的城市,有很多历史悠久的建筑,包括有大的城墙,源远流长的河流,以及其他一些历史遗存。但是,如果想要在这800年的历史当中

History 历史

图1-11 利物浦的历史

建造智慧城市,可能面临一些挑战。谈到利物浦的历史,大家都听说过利物浦足球队吧?是不是还听说过甲壳虫乐队?它们都来自利物浦。

利物浦是红圆圈的地方,位于英国版图内。利物浦离伦敦只有两个小时车程。曾经,它非常之辉煌,非常之成功、非常之伟大、非常之富有。200年前,它衰落了,但是,现在又越来越好了,为什么?我们用了智能的技术。我们有上海的企业振华港机,现在叫振华重工帮助我们的城市进行复苏,城市、港口都得到了重建。上海的智能技术和我们的技术结合在一起,让我们实现了利物浦的复兴。

图1-13显示的一些建筑物,看起来是否和上海有异曲同工之妙?它是利物浦的外滩。当时上海外滩的设计师和利物浦的外滩设计师是同样的风格。我们也有增长速度最快的汽车企业,包括航空领域。这些汽车行业、宇航工业都是在英国最顶尖的。图1-12显示的是目前通过机器人的方法制造机器。大家知道英国有捷豹、陆虎、宾利,以及宇航工业。现在,很多英国的宇航产品为中国、世界所使用。

图 1-12　利物浦的过去

图 1-13　利物浦的当下

Festival City 节日之城

图1-14 利物浦的节日风光

利物浦是一座节日之城，图1-14的钟楼建筑是不是和上海有相似之处？这一建筑有15英尺高，见证了利物浦的历史。另外，大家还可以从图1-14中看到甲壳虫乐队。每年"甲壳虫"帮助我们吸引1亿游客，带来了10亿英镑的营业收益。

利物浦还是创意之城，有非常好的初创企业，很多初创企业非常具有创意，它们创意出智能的设备和技术，包括虚拟现实。他们或来自中国，也用微信。很多中资企业对利物浦的游戏产业进行大笔投资，并且越来越多的中资企业来到利物浦，创造最快的数字产业。我是学技术出身，之前写计算机软件、编程。二三十年前，我在利物浦帮助大家进行智能城市的建设，而且在欧洲、澳洲和美国销售有关我们智能城市的软件。

利物浦还是一座科技之城，有9位诺贝尔奖获得者来自利物浦。利物浦大学和西安交通大学在苏州成立了西交利物浦大学，强强联手，形成了4.0的强大力量，还推出了LCI4.0项目。

利物浦还有英国最大的数码中心，利物浦的重点行业是建立数字与创意

图 1-15　创意之都利物浦

图 1-16　科学之城利物浦

产业，同时要成为一个超级港口、低碳社会，关注健康与生命科学以及旅游经济。利物浦有最大的海上风电场之一，这是让全球都感到惊奇的大型海上风电场，利物浦还充分利用潮汐能、核能，利用绿色能源创造低碳社会。利物浦还通过大学的支持，把新的技术转变为现实。

同时，利物浦海事工业也是非常先进的，制造了英国第四大集装箱船，也是英国最大的集装箱港口之一。此外，利物浦还通过海事技术以及海洋学研究的领先地位，成为英国北部最领先的海事工业中心，成为海事工业发展的推动力量，今天下午座谈会提到利物浦在工业节会推出一些新的项目，让大家更多地了解到，利物浦除了海港还有一些空港业务。刚才讲到在生态能源区的规划方面，利物浦也是非常先进的，我们非常关注用智能化建设一个绿色城市、环保城市。

同时，利物浦的运输系统也非常先进。这一点我们跟OFO、摩拜非常相似，利物浦有共享单车。这个共享单车系统已经存在了6—7年，人们愿意付钱来使用我们的共享单车。令人遗憾的是，利物浦总共只有1 000辆这样的单车，而上海有30万辆，体量上跟上海的自行车共享系统相比是非常小的。同时，利物浦还有智能火车、智能大巴，以及一些智能化共享单车，还跟中国的比亚迪企业进行合作。

智能技术是非常重要的。关于技术可以讲很久，但是在这之外也要讲到规划的重要性、治理的重要性、数字技术、科研的重要性，包括监管、服务、数据的处理，以及跟大学、研究界进行合作，进行城市合作开发试验的重要性。希望利物浦成为一个神奇的城市，希望这一城市技术可以应用在上海和中国其他城市。希望可以和这些城市一起合作，单打独斗不可能取得最好的结果。

确实，利物浦有智慧城市的措施，大量依赖于利物浦多个大学，特别是著名的利物浦大学，建立了一个传感器之城。前面，我提到希望利物浦能够成为英国北部最有活力的工业城市。我们把这样的传感器城作为一个概念来推动新一代传感器技术的提升。同时，如前面所提，利物浦有一个超级计算机中心、大数据中心，通过智能手机以及传感技术来分析行人的流动，每年约有6 200万人进入利物浦城市旅游、做商业或投资。同时，我们还进行实时的交通疏导规划，跟医院进行合作。

图1-17 利物浦规划

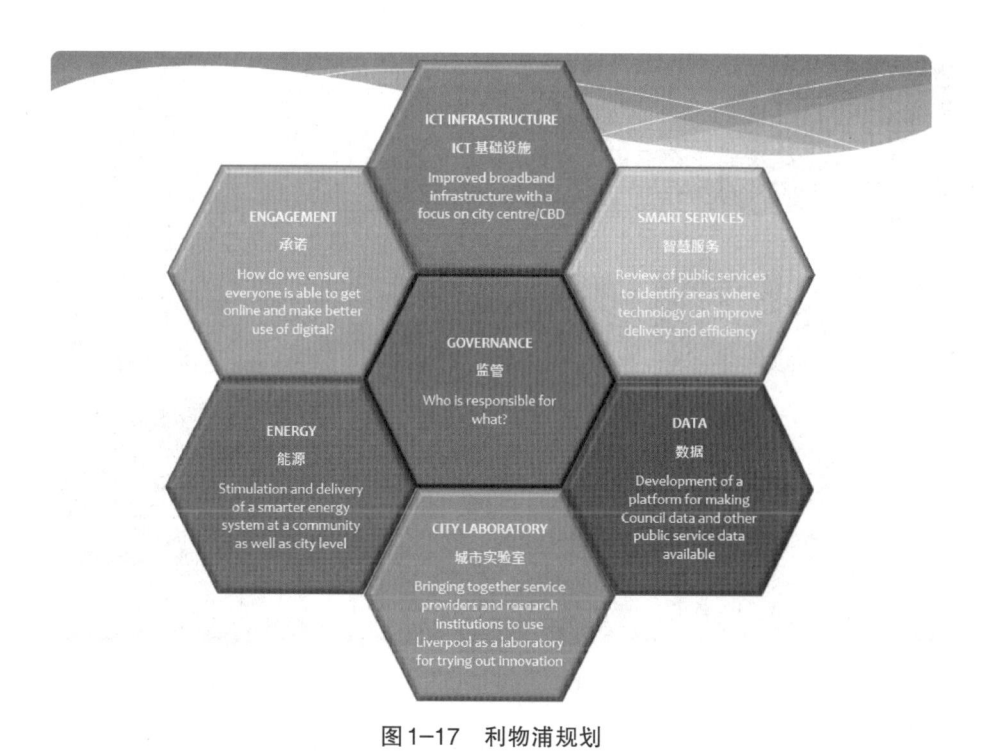

图1-18 利物浦国际商务节

2018 Festival Format – 9 Themes Across Three weeks
9个主题日・横跨三周

GLOBAL ECONOMICS 全球经济 12TH JUNE 2018	URBANISATION & CITIES 城镇化和城市 13TH JUNE 2018	SUSTAINABLE ENERGY 可持续能源 14TH JUNE 2018
FUTURE TRANSPORT 未来运输 19TH JUNE 2018	MANUFACTURING 制造业 20TH JUNE 2018	GLOBAL LOGISTICS 全球物流 21TH JUNE 2018
LIFE SCIENCE 生命科学 26TH JUNE 2018	CREATIVE INDUSTRIES 创意产业 27TH JUNE 2018	CULTURE MEDIA & SPORT 文化媒体和体育运动 28TH JUNE 2018

图1-19　利物浦国际商务节

- **International Business Festival, June 2018**
  2018年6月英国国际商务节

    Website 网页: http://www.ifb2018.com/

    Contact 联系人: Chris Koral (ckoral@thebusinessfestival.com)

- **We welcome Chinese business delegations to visit Liverpool –anytime!**
  我们随时欢迎中国商务企业代表团来访利物浦:

    Contact 联系人:
    　　Mi Tang　唐蜜　　(Mtang@investliverpool.com)
    　　Stephanie Lowey　(slowey@investliverpool.com)

If you are interested in learning more about Liverpool's offer, speak to us after the event, and stay in touch.
如果你想进一步了解利物浦的相关情况,请会后和我们交流。保持联系!

图1-20　利物浦国际商务节

2018年，我们将推出一个国际商务节。今天，我们在这个会议上会推广宣布这一国际商务节活动的一些议程。在2018年6月，有两天的时间可以让大家更多地理解国际层面的智慧城市措施。如果你加我的微信号，就会更多了解到这方面信息。欢迎在座的每一位都来参加2018年利物浦国际商务节。我们的威廉王子也将会参加这一活动的开幕式。商务节总共有9个主题，持续3周。我们将在2018年6月，将利物浦变成一个世界最关注的中心。这里还有联系人的一些细节，希望大家把它拍下来。

我的名字叫盖瑞·米勒（Gary Millar），我是利物浦副市长，主管商务与国际贸易的工作。欢迎大家来利物浦访问。我们距离两个国际机场只有45分钟的车程，离伦敦只有2个小时车程，非常希望有机会在利物浦接待各位。

主持人：非常感谢盖瑞·米勒（Gary Millar）先生。接下来把视线转向新加坡，有请新加坡资讯通信媒体发展局的中国区司长庄庆维，他演讲的题目是《IoT & 智慧城市：监管机构的挑战和机遇》。有请。

IoT & 智慧城市
——监管机构的挑战和机遇

新加坡资讯通信媒体发展局中国区司长　庄庆维

先生们、女士们:

早上好。我非常有幸参加今天的活动,跟大家分享新加坡在物联网方面所做的举措,特别是从政府监管以及措施方面来讲这一话题。

今天,我们都多次听到了智慧城市甚至是智慧国的概念,同时多次提到物联网的概念。我接下来要讲的研究更多关注于政府方面面临的一些挑战,特别是监管方面的挑战。在建立智慧城市的过程当中必然会遇到这些挑战。

其中的一些挑战如图1-20所示。这是全球很多国家及城市所共同面对

图1-21　全球挑战

的，包括中国的一些城市。这些挑战包括城市人口密度不断提升，医疗系统压力加大，能源的可持续发展遭遇困境，以及老龄化人口、移动性不断增加。相比对其他国家或者城市的影响而言，这些挑战会对新加坡造成更大的影响，因为新加坡是一个非常小的国家。我们的土地面积只有740平方千米，大概是上海浦东新区的一半面积，大家可以体会到它有多小。在这些挑战之中，非常严峻的一个问题就是城市密度的不断提升。美国每平方千米有35个人，英国

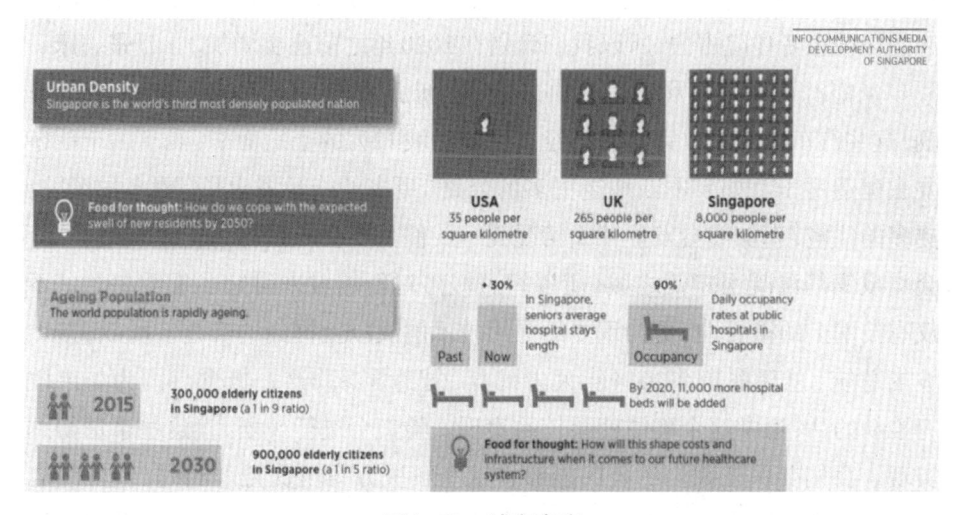

图1-22 城市密度

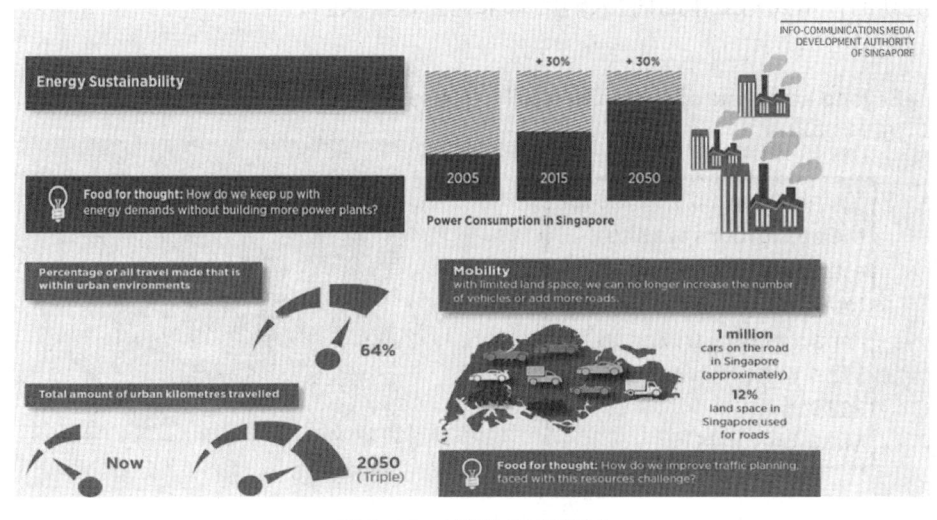

图1-23 能源可持续发展

每平方千米有265个人。大家知不知道上海每平方千米有多少人口？3 800人！这是2015年的数据。生活在上海已经感觉到很拥挤了，是吗？而新加坡的城市密度是每平方千米8 000人。对于政府而言困难很大。我们怎样让8 000人在这么小的平方千米内得到舒适、幸福的生活？我们怎样发展业务？不仅是新加坡本地的一些商业公司，同时还有区域性的商业公司，因为新加坡是整个地区的商业及金融中心。政府如何更有效地提供服务给这些企业、这些人口？在城市这么高密集的情况下做到这一点并不容易。新加坡90%的病床始终被患者住院占去，所以我们计划在2020年之前还要增加1.1万张病床。

从能源可持续发展角度来讲，现在在新加坡路上已经有超过100万的车辆，这些汽车全部停放完之后已经占用新加坡12%的土地面积，剩下的土地还要去建造房子。如果不断地造更多的公路、更多的能源发电厂、更多的医院、更多的住宅，新加坡会发生什么情况呢？我们就不会再被称为花园城市了，就会变成钢筋混凝土建筑之城，所以智慧城市对新加坡来讲是非常重要的。不仅有技术上的重要性，更为重要的是用技术解决以上提到的难题。所以，新加坡的总统、总理都是在2014年大力推荐"智慧国家"这一概念。因为如果政府推动的话，通常这个事情就会较易实现。他们会进行规划，让这些事情得到实现。我们要保证我们的公民能够在这些解决方案里受益。同时，新加坡也非常关注人工智能对一些工作职位的取代。如果政府不去教育这些公民利用更新的技术找到工作的话，人们的未来就会很黯淡。

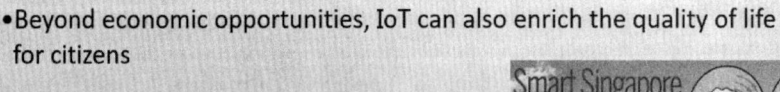

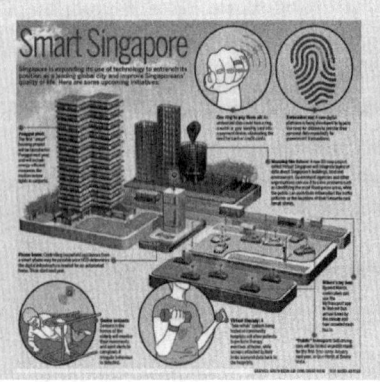

图1-24 物联网是新加坡发展成为智慧城市的关键

在新加坡智慧国家发展的过程当中,我们也非常关注物联网技术的使用,所以智慧国家的概念都是关于大量的数据、海量的数据、大数据。这些数据来自传感器。就像利物浦一样,我们也在开发一个国家层面的传感网络。我们在建设各种各样带有传感功能的基础架构。企业也好,国家也好,政府也好,都有传感系统,而这些数据可以在政府与政府之间、政府与商业机构之间进行广泛地分享。

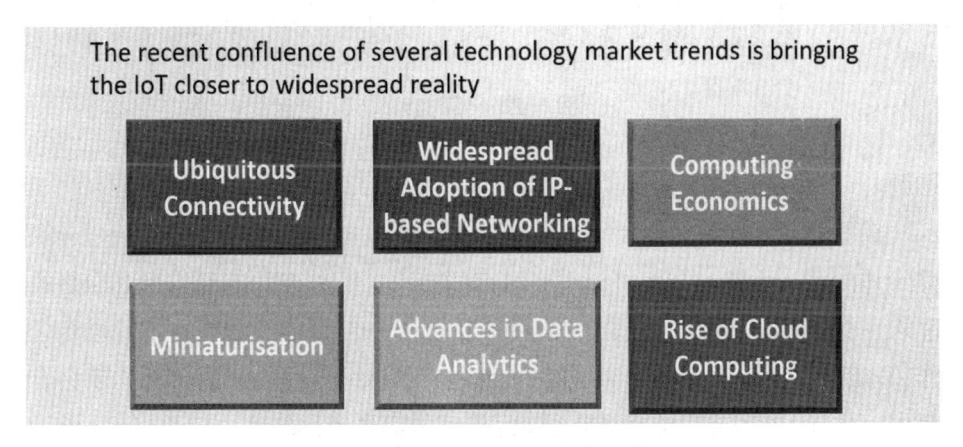

图1-25 IoT概念不是新出现的

技术使用越来越广泛,特别是在中国也看到了类似的情况。原因主要在于:首先,网络连接随处可见,其次,有广泛的基于IP为基础的技术采用。当然,技术的进步是一方面。另一方面,物联网就像移动手机一样,政府如何进行监管呢?互联网的配置规模、规模大小不一样,通信模式也不一样,包括设备之间的通信,设备跟人之间、设备与云端的通信。要对这些数据以及物联网的设备进行规划、组织以及通信、交互。这些设备或来自智能汽车,或来自智能手机,来源非常多元化。

所以,监管方面临一个大问题,即关于IoT,我们是不是应该监管?如果过多地监管,整个发展会窒息,但是如果不监管,会发生什么样的情况?我们一定看到过这样的情况。比如说,过去几年,像网络的一些摄像机有的时候会有黑客来袭击,如此就出现了一些问题,如果这一规模开始上升的话,比如说各种各样的东西都和互联网连接,那么就会带来各种各样的安全问题。如个人数据的保护、可穿戴的设备,其实还有很多数据,都有标准、许可、资源配置的

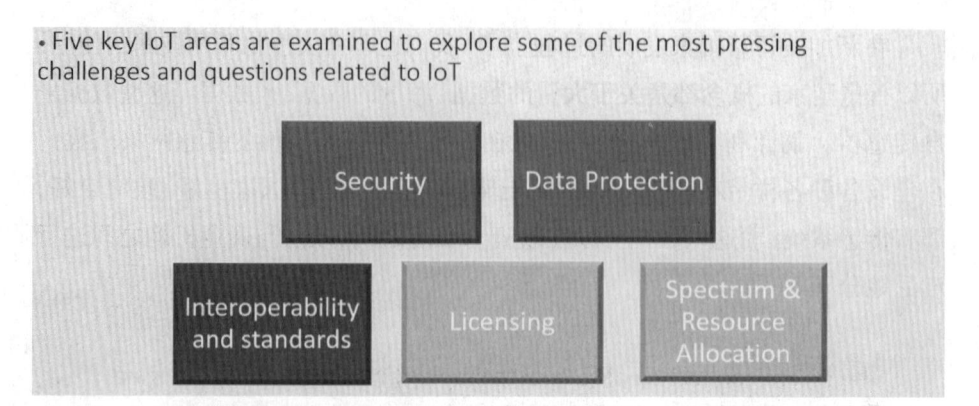

• Five key IoT areas are examined to explore some of the most pressing challenges and questions related to IoT

- Security
- Data Protection
- Interoperability and standards
- Licensing
- Spectrum & Resource Allocation

图 1-26　IoT 监管

问题。

　　前面提及的 IoT 确实是一个非常大的范畴。这是一个非常复杂的整体，其实并没有一个解决方案可以满足所有的要求。监管方如何确保所有网络的准入点都是安全的呢？必须要和网络安全行业一起合作或者行业本身进行合作，以确保在设计时就有非常好的一个安全设计。有时候，事后带补丁就会有漏洞。此外，还需要对消费者进行教育，让他们了解网络安全的重要性，因为很多的小设备也和互联网联结在一起。

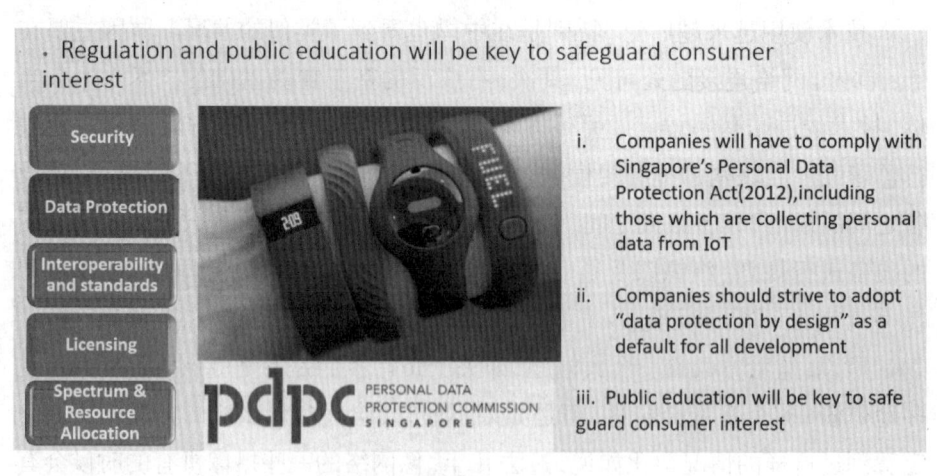

• Regulation and public education will be key to safeguard consumer interest

- Security
- Data Protection
- Interoperability and standards
- Licensing
- Spectrum & Resource Allocation

pdpc PERSONAL DATA PROTECTION COMMISSION SINGAPORE

i. Companies will have to comply with Singapore's Personal Data Protection Act(2012), including those which are collecting personal data from IoT

ii. Companies should strive to adopt "data protection by design" as a default for all development

iii. Public education will be key to safe guard consumer interest

图 1-27　保护个人隐私数据

　　如下将谈谈个人数据保护问题。很多人已经在担心个人的数据在各种商业化的使用、可穿戴的设备下变得不再安全，商界都知道你在什么地方，在睡觉还是不在睡觉，它可以做很好的规划，甚至可以抢劫你家。政府需要确保有一个个人的数据保护法案，来保护个人。数据保护法案应关切如下问题，即这种数据的收集和如何使用？这些数据是不是在公司之间有交流？可穿戴设备当中的信息是属于你的，还是公司也会利用。当然，公司必须知道这个数据的隐私性、安全性；同时要对公众进行教育，这也是非常关键的。

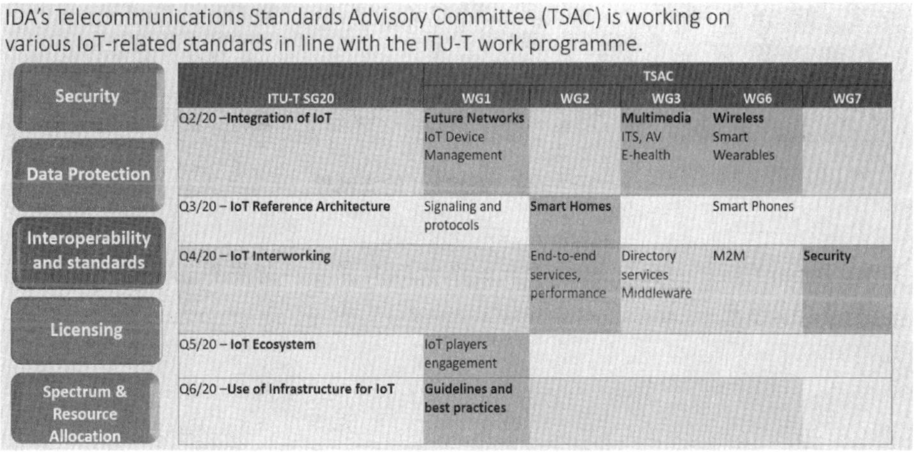

图 1-28　新加坡制定的标准

互操作性在 IoT 当中有来自不同的国家、不同的行业，非常复杂的多种标准，因此我们需要统一的标准。新加坡在物联网方面是一个领先的国家。对于我们来说，挑战就是目前还没有建立这样的标准。我们应该怎么做？这确实是一个风险，有时候还是要好好反思。此外，还有一个技术的许可问题，像 IoT 方面的技术许可。到 2020 年有 2 120 亿个这样的传感器，如何定标准、许可来确保安全性和隐私性成为需要重点考虑的问题。

最后有一个关于波段资源的配置，频谱的分配、带宽的许可问题。所有这些问题，我们必须有非常审慎细致的考虑，因为 IoT 在智慧城市的规划当中变得更加普遍。所以我们非常期待和大家一起合作。有相应的计划、规划，确保智慧城市 IoT 能够安全、高效地进行部署。谢谢大家。

主持人：谢谢庄庆维先生，智慧城市的本质是利用信息技术来推动城市的创新。接下来，我们有请 SIT 系统创新思维公司全球创新副总裁塔玛·切

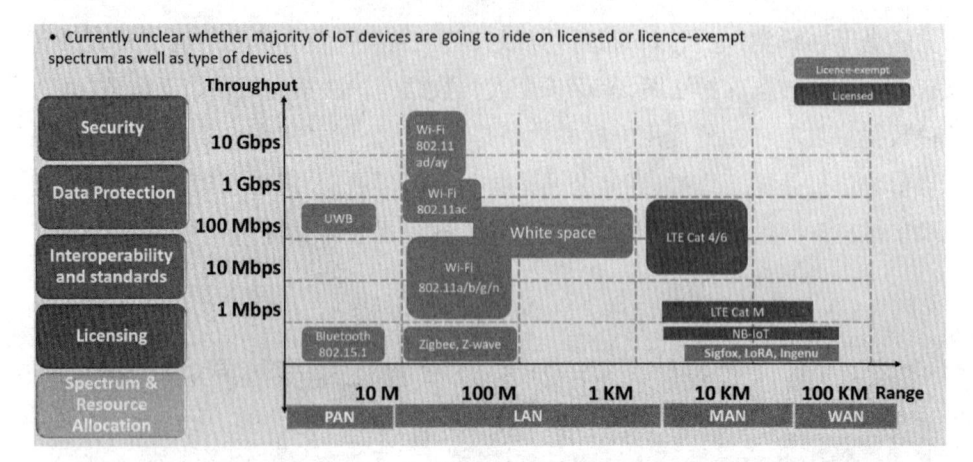

图1-29 保持IoT的流畅性

罗基（Tamar Chelouche），她所带来的演讲题目是《创新思维，改变世界》。有请塔玛·切罗基。

创新思维，改变世界

SIT系统创新思维公司全球创新副总裁　塔玛·切罗基

大家好，非常高兴今天来这里。我在SIT主要介绍创新思维改变世界，使公司等整个组织更加具有创新意义。我今天跟大家分享的话题是，在今天这个时代技术革新非常快速，但同时非常关键、需牢记之处在于，所有技术进步都必须要有非常好的利用。要把它用在好的方面，只有用在好的方面，才可以充分挖掘这些技术的潜力。

图1-30　SIT简介

SIT是一家以色列公司,我们在全球与不同的公司有合作,帮助这些公司变得更加创新。我们公司有培训项目,自2014年以来,我们一直和商界、政界、学校有合作,我们能够提供更加具有创新性的方案。我们谈到创新的思考、创新思维,实际谈的是一种能力,用这种能力进行异想天开的思考,能够带来不同的价值。也就是说,对现有的状况、挑战不断地进行创新,并且找到最佳的选择。

跟大家分享一个挑战,这个挑战有时候就看我们的选择了。请播放视频。

视频:两人乘自动扶梯,自动扶梯受阻,不动了。两人并没有自己爬上去。他们采用的这一解决方案,我们称之为思维定式,即是用一种固有的状态来处理问题。就像眼睛被蒙住了一样,看不到任何其他可能。这一短片里的问题,对于旁观者而言很容易解决,即他们可以自己走上去。

另一个视频:这是酒店的一个广告,他们对贵宾提供特殊服务。非常有意思的是,看到第一张照片,思维定式成这是一对新郎新娘。其实不是。这就是思维定式的力量。我们共享着一个共同的知识、理解、习惯,所有这些共同的基础点让我们学习成为专业人士,变得更加高效。这样的思维定式也是非常关键的,对我们的生活也是关键而重要的。

如果要创新,就要打破这一思维定式。给大家介绍一种我们都有的思维定式。请问:所有键盘上字母的顺序有没有逻辑呢?也许有些人认为字母的顺序能够帮助我们打字打得更快一点。我们其实希望有这样的布置,以使我们打得更快,而恰恰相反,键盘的布置顺序是让我们打得慢一点。因为起初是机械打字机,如果打得太快,就会卡住,所以键盘字母的设置是故意要让你放慢打字速度,以防止打字过程中键盘卡住。

现在,我们已经有了新的技术,可以克服这一情况,却没有重新设计键盘的顺序。另外一个是生产力的谬论。在早些时候,我们也看了整个工业发展的历史,比如说19世纪60年代有电气的发明,20世纪50年代有计算机的发明。整个过程当中,人们期待着生产力不断地提升,但是其实并不是,或者说生产力提升得并不是很快。这些解释其中一个解释是,这种新的技术只是一些小小的变化,改变了机器操作的情况。比如说,蒸汽机换成了电气机,但是他们并没有意识到整个工业流程也可以改变。非常慢的一个制造工厂,其实可以重新定义机器的顺序,然后创造更大的影响力,但是整体上的革新需要更

> Innovative Thinking encourages us to challenge the existing situation...
> 创新思维让我们能够挑战现有情况…
>
> Can we cut the refrigerator and **put the parts at different places** in the kitchen?
> 我们能不能**把冰箱分解**，然后**放在厨房的不同地方**？

图1-31　创新思维的应用

长的时间才能发生。

　　再看一个案例，这一案例可以让我们看到怎样能够更好地积极主动地进行创新。冰箱长久以来都是非常定式的外形。最近，我们发现新的结构。毫无疑问，下面都是冷冻，上面是冷藏。大家觉得这不错，因为人家知道用得最多的是冷藏，所以冷藏放在上面比下面更合理。但是，为什么经过这么多年才有了一点点的改变呢？行业的思维定式。什么叫冰箱呢？冰箱本来就是冰和箱的组合，把冰放进去，把箱子冷却。这是在电气化之前人们做的冰箱。但是，有了电气化之后，冰和箱结合在一起，没有什么区别，没有创新。如果要有创新式的思维，要自我挑战，就要自问一下有没有其他的方法？要进行大脑的培训，挑战既有的情形。能不能把冰箱分成两个门？对开门能不能做到？一开门毫无疑问能耗更高，也不方便。如果对开，大家看一下带来更多的便捷。两开不够，我们分成四个部分，把冰箱设计成四个部分，这样用户可以更便捷地选择四个门中的一个，这是不是比前面的设计更方便呢？我们再重新设计一下，更为模块化的设计，有不同的模块化组合，就像积木一样，把整个冰箱都分解，把它切成各个块，放在厨房的不同地方，放在适合的地方，包括窗边、操作台边上，可能是其他的区域等，只要是能够触手可及的地方。所以，我们的思路是把冰箱分解，这样调整我们的思维定式。目前的情况难道是唯一的办法吗？这是最佳的做法吗？我们要自我挑战，是不是发挥了现有技术的最大潜力呢？有没有新的选择？有没有其他的替代方法呢？要确保固定的认知思维定式不会阻止我们去创新。大家都知道摩拜单车，它是利用了现在的技术，把现有的技术集合在一起，使一个城市的出行文化发生了改变。这是挑战思维定式。现在摩拜单车有挑战了，成百上千辆堆在一个地方，把人行道都挡住了，怎么解决现有的问题？一定要考虑到认知定式。另外还有，它的竞争对手的价格越来越低，甚至是免费，甚至还给用户钱，这是另外一个层次的挑战。这是摩拜单车的案例。

综上，我们谈到创新思维定式，再谈到如何训练我们的大脑，挑战现有的情况，克服思维定式，发展现有技术，一方面满足现有的需求；另一方面不断地不满足现状，超越预期，挑战现有的技术，着眼于未来。所以，创新思维使我们能够更好地跳出寻常的思维来发现新的可能性。

感谢各位的倾听。如果大家有兴趣的话，可以扫描一下我们的二维码。可以在线下有更多的交流。谢谢。

图1-32　SIT二维码

主持人：感谢塔玛·切罗基（Tamar Chelouche）的分享。工业互联网是制造业与互联网的融合。工业互联网将向什么样的方向发展？中国在这其中又会有怎样的机会？接下来，我们有请著名的施耐德电气全球工业与政府事务高级副总裁约翰·图希罗（John Tuccillo），带来的演讲题目是《全球工业互联网趋势和工业互联网发展的中国机会》。

全球工业互联网趋势和
工业互联网发展的中国机会

施耐德电气全球工业与政府事务高级副总裁　约翰·图希罗

大家上午好。我是约翰·图希罗（John Tuccillo）。在施耐德电气，我负责工业和政府事务部门。感谢主办方和协办方对我的邀请，分享我们的一些做法。从施耐德角度而言，看我们所解读的全球工业互联网的趋势以及在工业互联网的趋势演进过程中中国的机会在哪里。

其实，上午的主旨演讲令我受益匪浅，我将从不同的角度跟大家分享。许多的工业互联网应用，有些已经发生在我们身边，包括互联互通，大家谈到在2020年联网的设备会达到2 000亿元等。数字不一样，但是不管怎么样，移动是泛在化，而且现在是一个云计算的时代，包括数据的分析也发生巨大的变化。这是推动整个工业数字化的重要因素，包括智能互联、移动、云计算、分析。另外，应用越来越多，而且应用更加接近我们的用户，包括云的概念，工厂的工人也可以根据手边的APP进行决策，但是应用的一些层面是在云端，所以这是云计算很好的案例。这不是我们的梦想，而是已经实现的。在外科手术中也实现了云端远程应用，包括通过云的方式，在手术之前进行不同的分析，看不同可能性的概率。除了外科手术外，运输、废水处理等都可以实现数字化。

大家也听到不同的对话，包括在智能城市方面一些工业互联网应用。大家有谈到与众不同的做法，之前各个系统都是各自为战，互相不联通。现在在智能工业、智能楼宇、智能运输、智能数据中心和智能电网等领域当中，都可以进行智能化、数字化，包括工业物联网，可以把这些设备结合在一起，而且是无缝连接。工业物联网已经成为全球数字化精髓、支撑所在。如停在不同区

图 1-33　各方面的数字化

域的不同车辆可以和整个城市的智能数据库进行互联互通，进行更好的决策。现有的设施和电子设备怎么进行无缝连接，关键点很简单，我们发现一个词叫"加速"，包括社会的价值观、环境的可持续、更好的商业决策等，它们结合在一起，助推因素就是全球的数字化，形成不同的社会价值，通过分享的信息，使大家都可以从中受益。刚才新加坡同事也谈到，新加坡为什么有这样一些雄心和勇气进行数字化举措，因为他们面临燃眉之急，有亟待解决的问题，所以他

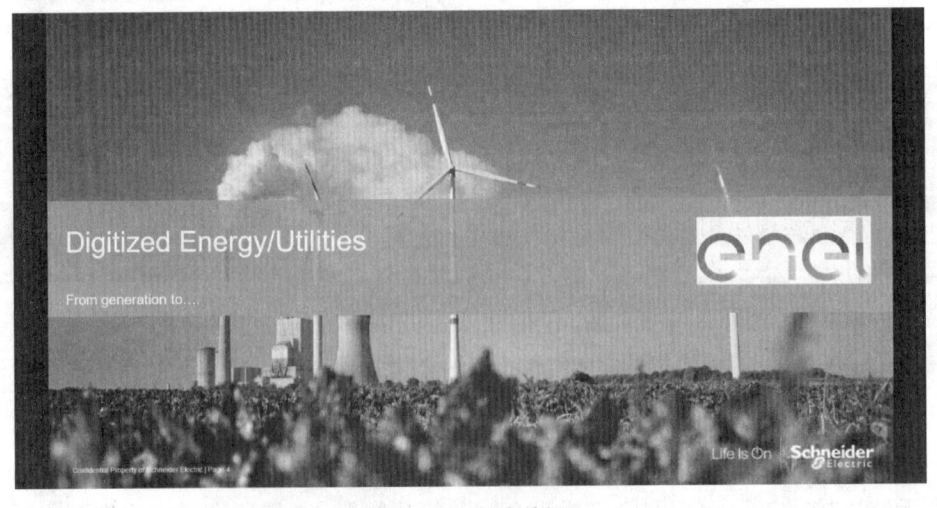

图 1-34　数字能源

们必须要进行解决，这是非常好的智能城市案例。

另外，怎样增加运行效率、增加工作产出，增加利用率等？工业物联网怎样进行更好的应用？其实，这个工业物联网是所有表象背后的主要因素。我跟大家分享几个主要的案例，有些情况是挂一漏万。首先看一下德国。数字能源是一个城市的基础设施，包括城市能源基础设施，如能源、发电的管理，它叫"ABMS"。什么叫"ABMS"？即IT，包括OT，工业层面的一些应用，这里涉及数字化能源、基础设施、市政基础设施应用等，他们有ANCT系统，不仅改善了发电系统，还可以把新能源接入到现有的电网。另外，除了发电，还有输配电，也可以进行数字化。他们运营的时间并不长，已经把新能源并网到现有的电网当中，通过5年的时间，他们的能效每年可以提高144 GW，这是非常大的一个数字。他们的客户在意大利，每年可以节省出5万个用户的用电量。如果在中国上海进行放大，毫无疑问这个效益是更高的。市政当局在2005年整个一年的使用量是144 GW，省了144 GW，或者说省出来的电可以供上海用电一年。这是2005年的数字。昨天，我在上海市转了一下。我相信，上海的每天用量可能要超过2005年的数字，毫无疑问。

再看一下基础设施，先看一下意大利。再看一下北美，这是"通用磨坊"，主要生产食品和饮料。在全球"通用磨坊"生产的过程当中，他们从基础设施方面进行智能上网，包括智能楼宇。如果楼宇真正智能，所有的功能都能够结

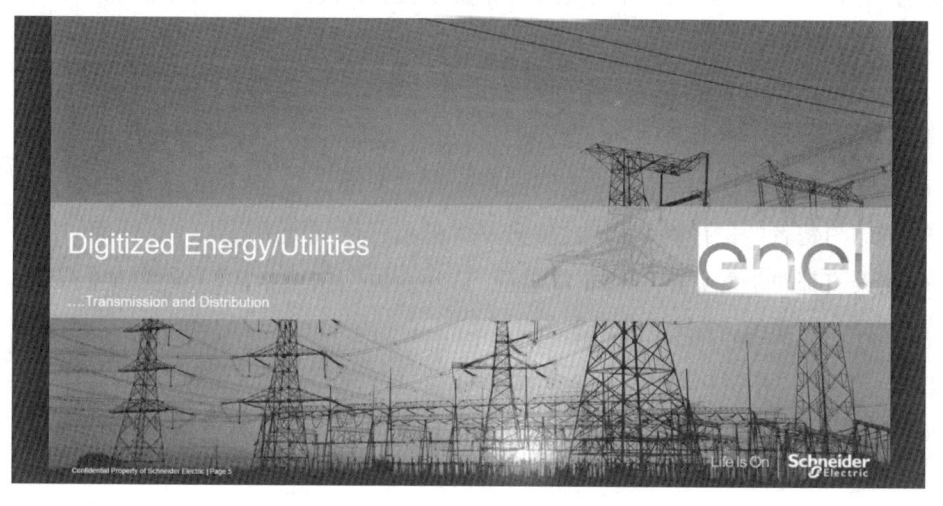

图1-35　数字能源的传输和分配

图1-36　数字食品和饮料

合在一起，包括和本地的社区结合在一起，这样就不是孤立，而是联网。"通用磨坊"怎么做的？有200多个这样的区域，成立一个全球智能通用网络，把它称为从田园到餐桌整体的全球网络联系，这是"通用磨坊"的做法，将原材料供应商与库存、物流和分销客户以及终端的用户都连接在一起。

所有各部分都在经济全球化的价值链上，同时他们也对内部的一些流程进行了上网，所以整个价值链非常有韧性，而且有非常高的灵活性，意味着"通用磨坊"已经大大提高他们的食品安全性，增加了营业收益，也减少了生产成本，同时在不到3年的时间里生产率增加了50%（全球数字）。只是应用了这些技术的创新，同时应用到价值链各个部分，就取得了这样的成绩。所以，"通用磨坊"的例子非常有说服力。如果全球的食品餐饮行业都这样做，就意味着他们销售的是信任，他们的食品和饮料都代表着信任，这样就可以取得全球消费者的信任，从而借此提升品牌的信任度。"通用磨坊"在任何时间、任何渠道都对消费者的信任非常重视，这一点他们做得非常好，所以他们要部署这样一套系统，这只是成功案例之一。

再看另一个行业能源公司的案例即油气行业，它是一个特别复杂，同时会产生很多危险性的行业，但是我们的社会对油气有大量的依赖，不管是私人还是商业部门，每天都需要油气。同时，油气行业是全球都在积极采用物联网技术的一个行业，可以看到道达尔公司（TOTAL）公司使用数据技术更有效、

图1-37　数字能源：石油和天然气

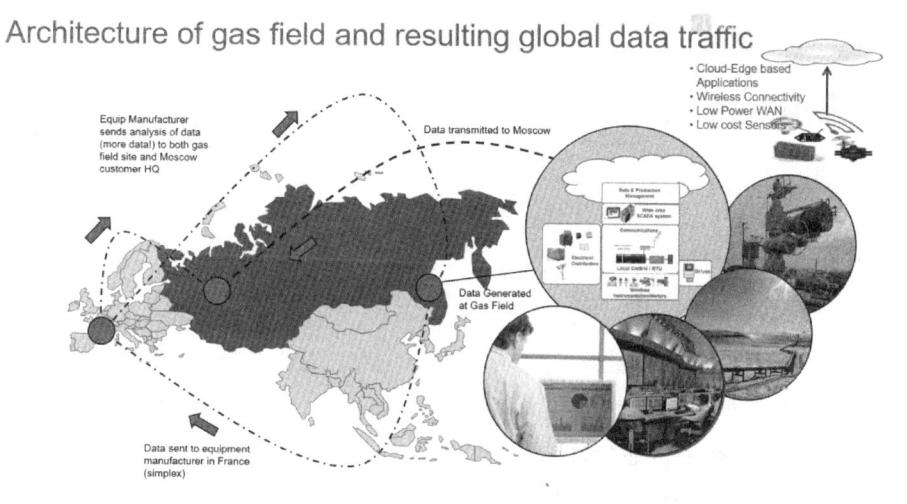

图1-38　俄天然气田简化示意图

更划算地进行采购。他们在生产以及运输燃料的过程当中，获得最高的效率。全面提高技术之后，在采购部分的达标率亦是大大提高。可见，数据的自由流动，同时安全性的自由流动都是非常重要的。

请看俄国的天然气田简化的示意图，这个天然气田已经使用各种不同的基础设施以及设备的感应系统，保证它们获得最高的生产效率，且用最低的成本。同时，设备生产商的感应器可以发送数据并进行分析，将天然气田的数据输送到莫斯科的客户总部。

如何使用这些数据来优化设备维护很关键,因为任何一个部件出现问题就会出现大灾难,所以要用整个数据流跟中央的数据中心进行沟通,还要和生产商进行沟通,才会保证整个系统不会失效、不会宕机,任何一个数据链被打断都影响到全局,所以必须要让商业数据可以安全地自由流动。

建筑数据化不多讲了,很多人都提到这一点了。

图1-39 技术标准和架构统一的重要性

下面,我来讲一下此次演讲的重点,即进一步加强技术的标准和架构的全球统一化。刚才听到新加坡同事也讲到这一点,非常重要,必须要有全球统一、透明、跨越各个行业的技术标准和架构。德国朋友讲到"工业4.0"必须要有统一的标准和架构,覆盖到所有的生产部门,已经有很多国际组织在做这方面的努力,包括ISO、IEC、IT等在进行合作,试图找出标准和架构之间的差距。有了互联网之后,来自不同部门的设备以及不同的协议都必须进行流畅的沟通。虽然来自不同的部门、不同的行业,但是这些设备都需要在统一的IoT平台上进行沟通。其中一种可以实现这一愿景的技术就是5G,可以在每一秒钟进行几个MB数据的传送。现在只是一种技术标准,但是各个行业的统一实施需要一个更好的统一框架,因此要得到整个行业的支持。我们需要加速政府间以及政府与产业界、学术界的合作。"中国制造2025"已经成为核心的国家策略；法国有未来工业的概念，也促进欧洲国家之间的工业标准统一；俄国有工业互联网联盟，他们希望将油气田所获得的经验扩展到别的行业里；德国有一个国家大力支持的"工业4.0"，特别支持工业；美国有物联网集群协作。所以这个核心非常的一目了然。首先要有一个国家性的宣言或者政策。工业的业界不同标准，如在政府的推动下，在不同国家的合作下，可以加速进行统一与协调，那么这比一个国家、一个地区单独做要有效得多。现在国家物联网集群实施已经获得成功包括可行的技术示范、案例。同时，德国联邦经济事务和能源部已经有成功的案例，他们已经在14个试点行业进行了经验的分享，包括在交通部门利用工业互联网来提高运营效率，同时把它移植到汽车工业。可见，"工业4.0"讲的不仅是各个本身，还有彼此间使用技术的方法，所以需要在各个层面都进行合作。

图1-40　重点总结

我演讲时间总共只有15分钟，但是我演讲的一些具体应用可以讲很久。最后总结几个重点。一是要继续推动更广泛的、一致的技术标准。中国其实在很多方面是领先的，不仅同全球性组织，如IEC、IEE、ISO等，在标准的制定方面作出了贡献，而且中国本身也有很多成功的实践经验跟国际分享。前面我有讲到集群的问题，有一些我们已经获得经验，可以推广到其他的行业，中国也正在这么做。这需要公有部门和私营部门共同合作，撬动经济力量。

二是要避免部门性以及强制性的一些架构跟技术。很多部门更愿意以更舒适的方式来工作，不愿意走出舒适区，这不是一个正确的方式。要建立标准、运营模式和框架，更多地要考虑全局。之前，我已经跟大家分享其中几个行业的成功案例，他们已经在这么做，而且正在影响全球其他部门，比方说工业的一些经验也可以应用于农业，让农业以更容易、更优化的方式来利用水跟农业资源。如果不用部门化观点或者强制性的观点来考虑问题，就会让物联网的技术和"工业4.0"的概念惠及更多人。谢谢大家。

主持人：谢谢约翰·图希罗（John Tuccillo）先生。接下来有请亚马逊全球副总裁容永康先生来解读云计算如何加快智慧城市的建设。他给我们带来的演讲主题是《AWS云平台擎起新型智慧城市》。

AWS云平台擎起新型智慧城市

亚马逊全球副总裁　容永康

大家早上好。我是容永康,负责大中华区亚马逊AWS共有云业务的拓展。我们积极和中国本地的合作伙伴把最新、最好的技术带到中国市场。今天,我给大家简单介绍一下除了亚马逊AWS的共有云之外,我们在智慧城市方面做的一些工作。

零售
数以亿计活跃客户账户

为超过100个国家的卖家提供支持

设备
不断增长的消费级电子设备家族

平板电脑、移动手机与电视机

Media媒体
面向音乐、应用、视频、游戏与广告等领域的服务选项

来自Amazon Studios的原创影片与电视节目,以及来自Amazon Game Studios的原创游戏作品

Web服务
云计算基础设施,助力各组织机构更轻松地构建起自己的技术应用体系

在超过190个国家拥有过百万活跃客户

amazon　amazon kindle　amazon　aws

图1-41　亚马逊简介

首先跟大家简单介绍一下亚马逊的四大业务板块:一是比较熟悉的电商,二是最近做得比较好的设备,三是媒体、流媒体,四是云计算服务,这也是亚马逊里面唯一针对2B的一块业务,其他都是针对2C的业务。

过去这几年,大家可能都留意到亚马逊在投行、IT产业、业务方面的创新上做了很多的工作。从rrimenew到仓库,都是经过10多年的试错,终于找到

图1-42　亚马逊创新成果

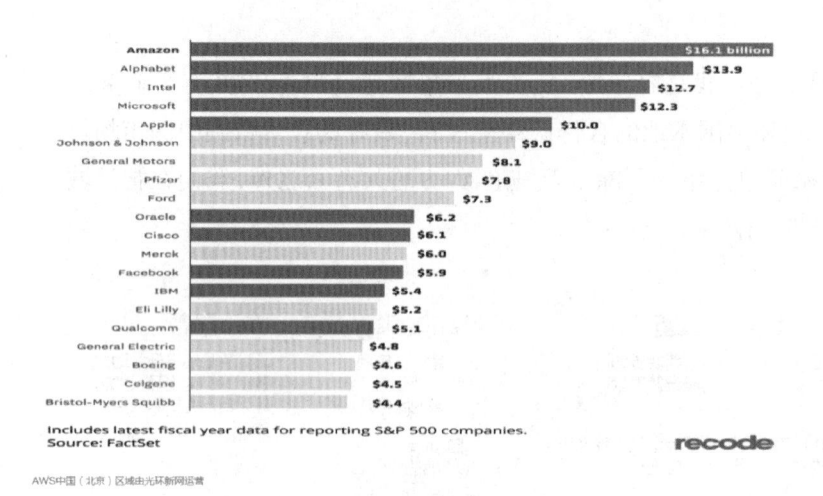

图1-43　2017顶级"研发"成就综览

新的增长点，或是带动了产业的一些创新，比如说亚马逊AWS做了十多年的工作，积累了一些经验。

在研发和创新投入方面，从刚刚发布的有关IT产业的分析，可以看到亚马逊在2016年就有接近150亿美元的投入，针对所有的技术创新、业务创新，远远超过其他IT产业，共有云提供服务已经快12年。我们也看得到过去四五年里，智慧城市方面的一些发展已经开始提速，看到几块比较重要的东西，除了前面的演讲者所说的传感器，其实很重要的一点是把这些数据收集回来之后，怎么用一个成本低、安全、可靠的方法做分析，通过不同的平台，提供给政府一些管理部门快速的管理,把它变成一个开放的城市数据,让很多初创企业跟企业可以用到这些开放的数据,再提供一些新的服务给市民,让这些市民可以通过最好的信息、用到最好的服务,这是我们跟传统的智能城市看法不同的地方,其中很重要的一块就是不同国家、不同的城市的开放数据应该怎么做。

爆炸式增长中的连接可能性

- 联网设备的数量正经历指数级增长。
- 2012年联网设备数量为87亿台,到2014年这一数量已经增长至144亿台。
- 到2020年,联网设备数量预计将激增至500亿台。

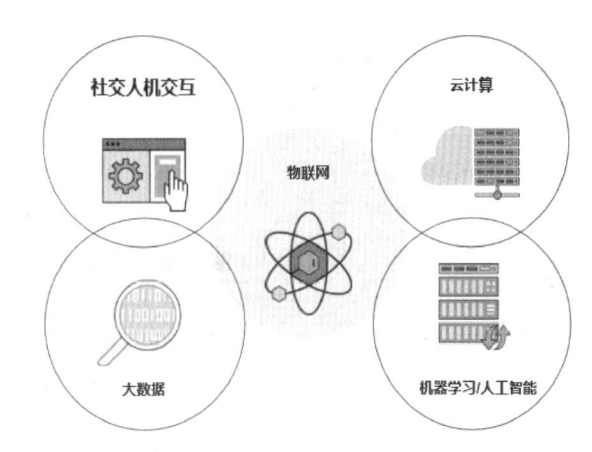

图1-44 大数据、物联网与人工智能技术正改变下一代城市的面貌

这是亚马逊针对北美市场的一个简单调查,2012年大概就有87亿台传感器,估计到了2020年,北美的传感器可以达到500亿台。由此可以看到,这里有巨量的数据,这些数据怎么联网在一起?包括云计算,以及一些AI的功能。最重要的一点就是把这些数据中敏感的东西去掉之后,开放出来,让市民、初创企业、老企业可以用到,用这些数据做一些创新的服务。亚马逊在这方面推动得比较多。

通过过去四五年跟很多城市的伙伴,在不同领域,包括城市规划、卫生规划,交通系统规划、街道管理、灾难的预测和控制,以及一些关于传感器的管理合作的成功案例,可以发现:全球的云计算和IoT的网络部际,全球有44个可用区的数据中心集群,44个可用区里面,每个里面最少有2个数据中心。从这个角度来说,全球布局比较丰富。但是,每一年大概会有5—10个新的可用区会部署出来。因为看到IoT有一个实时的要求。

特别针对IoT方面存储与数据库、实时分析、数据仓库、BI、AI、人工智能、机器学习以及IoT的功能,最关键的是这里所有的工具都是建立在以安全为

图1-45　全球基础设施

图1-46　AWS提供多种技术支持智能城市

主导的做法。所有功能都可以通过我们软件、硬件的密钥管理，这样可以防止不必要的信息泄漏，或者说把客户的一些传感器抢走，做一些其他的事情。所以，我们在网络和功能的设计，从技术角度已经考虑到这一点。

不同的国家对数据保护、数据安全也有很多的要求。新加坡的官员也提到我们是积极参与国家标准，对标ISO我们也是对标参与，拿到相关认证；在国内也跟相关部门继续交换意见和经验，希望也可以推动这方面发展。

再给大家做一些简单的案例分享之前，我们会看到一些成功案例，主要

图1-47　AWS智能城市生态系统解决方案

围绕几点。一是跟交通有关，二是跟城市安全有关，三是跟公共医疗有关，四是跟环境有关。这是通过传感器的联网，把数据送到共有云上面进行实时处理、分析。这里不仅牵涉传感器，还牵涉当地的IP。当地政府开放的IP，可以让市民实时参与，把数据变得更实时、更人性化。

以下将介绍一些过去几年积极参与很多全球公认一线智慧城市的项目案例。第一个案例是纽约。纽约除了有大量的传感器安装在不同的道路上，去收集每一条路的安全事故和监控当地的安全事件，他们还让当地市民参与，可

图1-48　纽约案例

以把实时的信息发到一个 Wision Zero 应用平台上去。这个应用平台收集所有的信息之后，交给当地的政府，做交通流向的重新安排，或者不让某些交通工具进入某些地方，依据是历史数据。可以在车的流向安全方面尽量做到零交通意外。这是其中一块，有市政府的投入，也有当地市民的参与，共同将这些数据做到最好。

伦敦交通局

伦敦交通局（简称 TfL）为伦敦的一体化交通管理机构，负责一切形式交通工具的管理工作。

- 管理伦敦各隧道、公共汽车、道路与拥堵收费、电车、河流、码头区轻轨、地上、自行车、步行、车厢内、货运以及出租车事务
- 负责管理其交通网络中的每天约 2 400 万次出行活动

凭借开放数据与 AWS 服务，TfL 得以交付更多新型服务，从而提升可靠性、客户体验并实现显著的成本节约效果

图 1-49　伦敦案例

第二个案例是英国伦敦交通局。基本上所有当地公共交通工具，如出租车、隧道、火车等都是这个局监管，所以这里会牵涉大量的传感器。去掉那些敏感的数据之后，把数据开放出来给初创的企业，让这些企业开发新的服务给市民用。可以看到，这些企业每天处理的数据量是 2 400 万。去密之后，从我们的经验看出，里面藏着不小的生意数据。伦敦交通局用这个方法积极地把这个生态建立起来。

第三个案例是新加坡的陆路运输局。该局每天处理 220 万用户数据，把相关的数据放到一个公开的平台，让很多乘客、初创企业可以用这方面的信息，让人们在用公共交通时更流畅。

前面，有施耐德朋友提过 ANEL。刚才说到这个传感器怎样让电力效率提高，这是第四个案例。这里有几个数据，可以看到数据规模。要出 700 PB 级的数据，测了之后，每天还有 300 个 GB 级的数据。C3 作为一个效率分析工具，让我们的客户可以提高效率。这只是一家公司，对数据的存储分析已经这么

新加坡陆路运输局（简称LTA）

每天有超过220万用户通过公共交通工具出行：

- 需要通过大量接触点对民众作出回应
- 相较于内部基础设施，AWS能够实现高达60%成本节约效果
- AWS提供更快执行速度
- 10万用户享受平均3秒响应时间

新加坡陆路运输局在AWS的帮助下，得以为市民提供=成本更低、速度更快=且=安全的=服务交付成效。

——新加坡陆路运输局CIO Rosina Howe

图1-50 新加坡案例

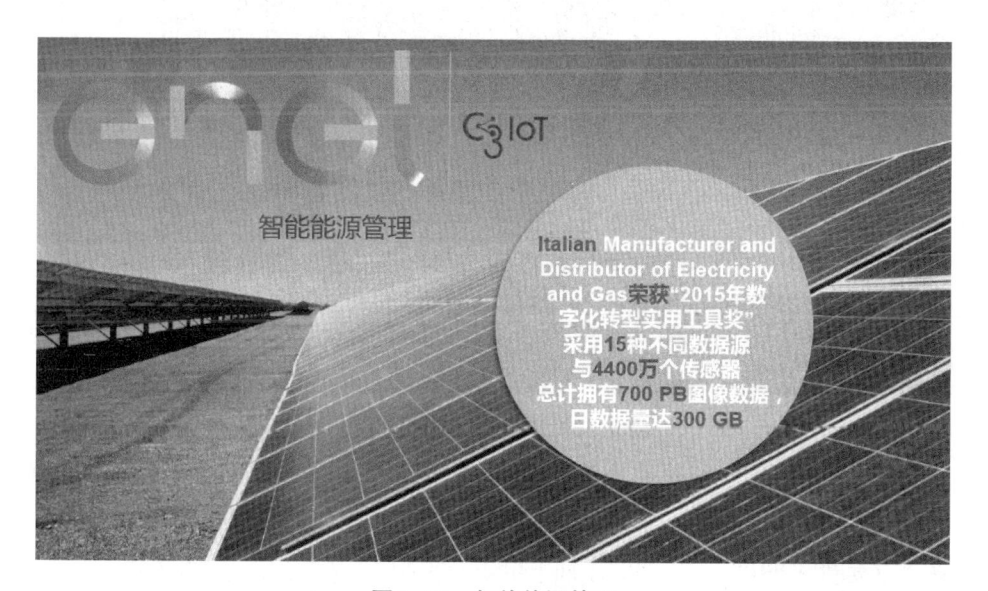

图1-51 智能能源管理

大量，可以想象共有云的规模是非常宏大的。

第五个案例是针对保安人员穿戴的摄像头。跟一些ISV合作，让保安人员带着这些摄像头，可以提醒相关保安人员到场，这可以从小区安全方面做起来。

在雅加达，那边经常有淹水，所以该市把所有跟淹水有关的传感器输送到AWS的传感器上面，加上市民的参与，做一些前期数据输入的帮忙，可以让城

全球最具智能化优势的随身技术，能够结合实时通信以在最关键的时刻提供最佳情景感知能力。

根据预定策略、官方报告以及警报自动触发记录操作，同时以安全方式自动将信息传输至AWS云存储端。

可通过其云数字化证据管理解决方案AVaiL Web™访问视频、音频与元数据。

Rocket IoT™车载视频与Smart Redaction™视频发布应用同样利用AWS云存储资源，借此为关键性任务提供移动智能保障。

图1-52　实用工具——Body Worn Cameras

PetaJakarta负责提供移动测绘与洪水信息；在水位传感设备的帮助下，2 800万民众可通过Twitter及时获取信息。

图1-53　雅加达水位传感设备

市知道哪一个区有淹水，日常生活中就做好准备，避免到淹水的地方去。我们认为这是事后的报警、辨别的东西，还没有做到预先警报。

芝加哥在以前这么多年积累了分别不同的数据收集，该市希望通过实时情景感知的平台，可以把600套公共数据平台整合，以便让市民查到城市每个地方所发生的事情，让市民可以按照实际情况，做一些个人的事情，包括安全也可以处理。

丹佛市案例是针对城市管理的平台，也是有大量的不同系统，通过AWS周围的一个平台，把周围所有相关系统整合之后，慢慢就可以集中式地把数据处理在一起，然后丹佛做规划会更有效。

> 芝加哥市的OpenGrid项目是一套实时情境感知平台，允许市民利用600套公共数据集了解周遭发生的一切。

图 1-54　芝加哥 Open Grid 系统

丹佛市的智能城市计划旨在以更低成本实现更高连接水平：

- 立足AWS构建企业数据管理（简称EDM）平台
- 将允许城市在利用既有数据的同时，将其作为未来服务扩展的实现基础
- 消除当前与未来系统中存在的"孤岛效应"挑战

> 丹佛市的EDM平台将采取结构化数据传递策略（从数据生产方到数据消费方），从而帮助各组织机构消除障碍与冲突

图 1-55　丹佛案例

彼得堡市议会（简称PCC）

计划以新的革命性方式实现城市运营：

> AWS部署体系作为所有传统应用的对接中枢，并与智能城市物联网设备、分析与SaaS等应用加以整合

- 彼得堡市为英国国内的领先数字化城市
- 利用来自气象站、智能电表、民众家中的物联网设备以及自动化图书馆的数据，并将其与议会核心应用与数据集内的数据加以结合
- 利用AWS增强各项服务的创新性水平、弹性以及广度优势

图 1-56　彼得堡案例

最后是英国的彼得堡市案例，也是针对当地的市政府，把所有的天气预报、智能电表，还有一些与安全有关的信息，集中在一起，让市政府每年根据相关的数据做财务报告，这样在做规划时就可以适当投资，投入到智能城市功能里去。这是从城市规划的角度来谈的。

没有更多的时间来讲解。我们也是通过本地的合作伙伴把相关的技术发展带到国内来。

主持人：谢谢荣先生。接下来是更为关注的话题——人工智能。人工智能是现在业界最火爆的话题，受到各国的高度关注，投资人也都纷纷在布局这一领域。今天，我们非常有幸地邀请到了微软公司全球副总裁陈实先生，跟我们一起分享《让人工智能惠及每一个人》。掌声有请陈实先生。

让人工智能惠及每一个人

微软公司全球副总裁　陈　实

各位嘉宾：

大家上午好。

今天,很荣幸有机会在全球城市信息化论坛上跟大家分享交流人工智能如何帮助城市信息化发展,惠及每一个人。

当你纵观人类发明的历史,从中国远古的四大发明到西方的蒸汽机、飞行工具,这些发明并不是一般的创新,而是人类文明在各个方面发展进步的加速器。然而,人工智能可能成为人类进步路上最大的加速器。为什么这么说呢？因为人工智能不仅延展了人类的体力,更加延展了人类的大脑,这也是微软创始人比尔·盖茨的终极愿景。1995年比尔·盖茨成立微软研究院时,就有创立人工智能的愿景,有一天计算机能够看到,也能够听到,能够和人交流,并且能够理解人。当然,我们花了相当长的一段时间来实现这样一个愿景。

今天,人工智能的高速发展有三个重要的因素：一是大数据,无处不在的互联网、物联网、传感器,让我们能够接触到大量的数据。20世纪90年代初,全世界互联网每天产生的数据综合总量不超过100个GT,但是今天每秒钟所产生的数据量就是当初的1 000万倍甚至1 500万倍。二是云计算,强大的云计算使全球信息更加普及,并比以前更方便地去访问这些信息,能够更好地来处理这些信息。今天,我们手中的智能手机的计算能力已经远远超过了笔记本和电脑的计算能力,同时因为有了互联网和云计算,全世界的知识很容易到我们的指尖下。三是强大的算法，训练计算机处理复杂的任务。我们通过研究，已经有了突破性的发展，我们正在训练计算机能够去看、去听、去了解、去理解，来实现比尔·盖茨在25年前的愿景。

要成就这样的愿景，核心是实现人机的双向对话。计算机能够像一个普通人一样说话，每个人可以跟计算机进行沟通和工作，我们称之为对话式的人工智能。这将成为人机交互重要的第一步。为了达到这一步，我们致力于解答这样的问题：人类的智慧是什么？有的人说是智商。我们通常用智商来衡量和代表一个人的智力水平。可以通过一些标准的测试方式来测试出智商，但是模仿人类真正的体验，更进一步地对人类感情识别和反映，这就是我们所说的情商，也是人类智能表示的一个非常重要的方面。

举例来说，人与人交流的时候，我们会注意到对方的语调和手势，了解对方所要表达的情感，比如说幽默、兴奋、激动等。我们相信，对构建成一个成功的人工智能来说，情商和智商同样重要。微软的"小纳"（音）是我们的数字个人助理。我们已经成功地开发了它的智商，与此同时也在培育拥有情商的智能机器人"小冰"，这是微软研究院一个突破性的创新成果。"小冰"的情商能力成为第一个受雇于电视台和报商的人工智能，在东方卫视中担任天气预报播报员并做实事点评。同时，它能够看图写诗，参与过中央台的《机智过人》节目，与3个近代诗人一起PK作诗。大家如果看这个题目就知道，3个著名的诗人，两个被淘汰了。它还出版了自己的诗集，是历史上第一个出版诗集的人工机器人。

我们相信，未来的人工智能将会无处不在，无时不有。在城市中、在生活中，通过智能技术，来助力人类，提升人类的创造力。我们认为人工智能的使命在于帮助人类全面提升人类的能力。我们要确保人工智能最终是为人类服务。要做到这一点，需要有一个核心的设计原则即人工智能必须是透明的；人工智能在实现生产效率最大化的同时必须保证人类的尊严不受侵犯；人工智能不能侵犯隐私权；人工智能的算法必须可靠；人工智能必须坚守无偏见的原则，确保非歧视性。我们的理念是，人工智能是人力能力的补充，而不是人类能力的替代。人工智能可以增强人的视觉、听觉、分析推理和行动的能力。比如说，在城市交通上，一辆车可以有能力区别路标、看见路上的行人；在医院里，一套医学成像体系可以帮助医生及早地发现糖尿病的倾向，患者从而得到及时的治疗；当大家出国旅游时，手中的翻译机能够及时地进行笔译和口译。微软相信人工智能会提升生产力、提升创造力、提升公共安全，让城市和生活更美好。

接下来看一段视频。借助已有的摄像头设备来确保安全性。化工厂发生危险的物质泄漏时，摄像头可以对事件进行及时的识别，并且将相关信息迅速及时地传达给相关的负责人，帮助其通知相应的员工远离危险区域。这一技术还可以用于保证患者的安全。对于正处于心脏病手术恢复期的患者，他们只能在规定的范围之内进行有限的运动。当患者的活动量超过一定级别时，相应的医务人员会收到报警。除此之外，系统化可以识别出距离医护人员最近的轮椅在哪里，这样医护人员可以尽快地安置患者，保证其安全性。这项技术对建筑工地同样适应，一些工地往往散落在不同的位置，会跨越不同的公众，借助已有的摄像头设备可以对特定的工具、设备进行识别寻找，拥有使用权限的距离，该工具最近的工人可以捡起它，从而节约寻找工具的时间来提高效率。数字世界正在与物理世界相吻合。微软要做的就是把领先的云技术带给每一台设备。

希望我们能够把科研方面的人工智能技术带给大众。我们将人工智能技术融入所有的产品和服务中，通过开放平台和工具，让人工智能的工具应用编程接口API和公开的在线课程。

接下来讲两个例子。一是摩拜单车的例子。越来越多的城市鼓励绿色出行，摩拜单车诞生于上海，现在已经入驻全世界130个国家。微软成为摩拜单车智能的合作伙伴，通过智能技术帮助摩拜单车提升自己智能管理的效率。现在，摩拜单车可以追踪单车的使用频率，从而可以更精准地投放，对城市居民来讲，使用摩拜单车将比以前更为便捷。

我们坚信人工智能技术会创造更美好的未来、更美好的城市，这种自信根植于我们的使命，寄予全球每一个人、每一个组织成就不凡。我们相信人工智能会在城市里和人类一起工作、一起生活，共同解决社会问题，共同创造不可思议的成果和体验。

最后，我想用一个令我非常感动的故事收尾。艾玛是一个设计师，她几年前受到了帕金森病的打击，无法通过自己的纸笔来创造。微软的设计员设计了一个手环，艾玛戴上这个手环以后就可以重新拿起笔。

我们如何入手帮助缓解艾玛手抖的症状,并让她重新获得书写和绘画的能力?这是我们想要做的。所以我制作了一个非常简单的原型机,然后这个原型机纽扣式的马达通过电线连接到操作上,马达产生一些振动,我个人认为它屏蔽了大脑与手之间的引发震颤的反馈回路。如果手的震颤受到干扰的话,就能够使书写更工整一些,但是结果怎么样不好说。虽然我不知道到底发生了什么,但是确实减少了振动的程度。"其实,我都忘了自己居然有手抖的毛病。我已经很久不能如此作画了。几年来,我第一次用自己的手写出了名字,确实令人难以置信,我的名字就叫艾玛。"

主持人:再一次感谢陈实先生,也特别谢谢微软公司能够为我们全球这么多帕金森病的患者带来福音。前面分享了多位全球IT企业高官的见解,接下来听听中国企业家的声音。首先邀请到的这位企业家是上海临港集团的副总裁翁恺宁先生,他给我们带来的题目是《打造智慧园区,努力当好新时代智慧城市的排头兵、先行者》。有请。

打造智慧园区，努力当好新时代智慧城市的排头兵、先行者

上海临港集团副总裁　翁恺宁

尊敬的各位来宾，女士们、先生们，朋友们：

非常高兴参加这个论坛，和全球各地的嘉宾在这里共话全球城市数字化、智能化、智慧化的发展。临港集团是一家从事园区开发建设和运营的国有投资公司。在此，我们愿意和大家一起交流分享临港集团在建设智慧园区方面的体验。

智慧园区建设是上海城市发展的重要方向，关系着城市未来的竞争力。放眼全球，以互联网、物联网、云计算为代表的新一代信息技术的飞跃发展，已

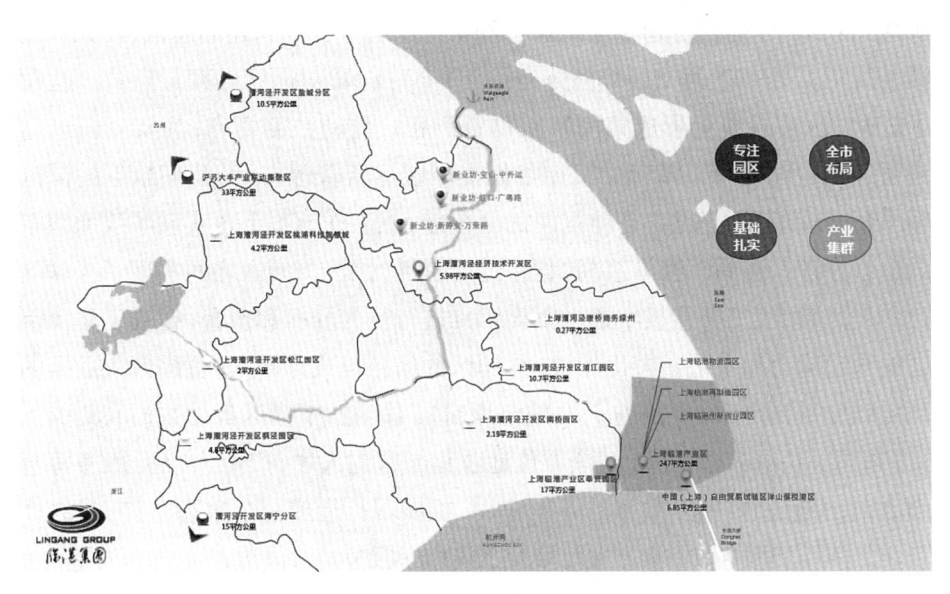

图1-57　临港产业园区

经成为驱动城市转型升级、产业创新变革的重要力量,打造网络强国、智慧城市也成为广泛的共识。园区是一个城市经济活动最为活跃的地方。上海是全国改革开放的排头兵、创新发展的先行者,正在以智慧城市的建设为抓手,通过对物联网、互联网、云计算、大数据和空间地理信息系统集成等信息手段的充分运用来推动信息化和经济社会的深度融合,促进企业的转型升级,提升民生服务的水平,增强社会治理的能力。

园区是信息技术运用的前沿阵地,理应成为智慧城市建设的排头兵和先行者。我们的运营团队先后开发了上海历史最悠久的国家级开发区漕河泾开发区、规模最大的开发区临港产业开发区、发展速度最快的园区松江科技城和浦江科技城以及和国际贸易最接轨的园区洋山保税港区,在全市创新驱动发展、经济转型升级中扮演了重要的角色。

2016年以来,我们先后在美国的旧金山、芬兰的赫尔辛基、瑞典的斯德哥尔摩建设了临港的海外创新中心,拉开了我们全球化布局、国际化发展的帷幕。在园区开发建设的长期发展实践中,我们越来越感受到推广和应用信息技术、打造智慧园区是增强园区服务能力和提升园区品牌、品质、品位的重要途径。这些年来,临港集团始终高度重视新一代信息技术,在园区开发建设和管理运营中的开发和实践。比如,在我们的园区规划建设方面,我们全面推广了应用BIM技术,对标迪士尼度假区和上海中心。我们新建的园区,比如说桃浦的智创城等一系列项目都整体运用了BIM技术,对园区的存量资产都运用了BIM技术,最终要形成集团和实物资产相一致的数字资产,为实现园区建设管理的智能化打下基础。又比如说在园区运营管理方面,我们旗下的园区很早就实现了智能监控、智能网络的全覆盖,在工作流程上也实现了线上线下的融合办理。强调流程可追溯、程序的严密性,园区与园区之间实现了互联互通,并尝试用人工智能技术通过图像识别进行行为分析和预警,提升了集团园区的管理能力和水平。再比如说,在园区的信息集成方面,注重园区大数据的积累和分析,今年特别推进了"I临港项目",作为旗下园区各种数据收集的入口,布局了临港云数据平台,全方位地收集园区的人才、产业、产品、服务等基础数据,并且做好园区数据的开发应用,把园区打造成一个生态系统,最终让企业之间相互服务、园区之内人和人之间相互服务。

面向未来,我们还将依托大数据、云存储、人工智能算法等新技术的应用

图1-58 临港集团在智慧园区方面的实践

建设和上海智能城市相兼容、相协同的智慧园区，不断提升园区服务水平，推动产业发展，增强园区能级，打造园区的升级版。比如，我们准备推出园区一卡通，通过园区人的行为轨迹、消费行为的属性数据跟踪，描摹人的习惯，分析人的需求，提升园区服务水平。又比如，我们积累了园区产业企业的物业租售信息、税收、营收信息、生产经营信息，把相关信息提供给园区的小贷公司金融机构，为贷款提供了基本的依据。再比如说，我们进一步导入阿里云数据创新创业平台，加大推广力度，帮助园区产业借助新技术提升产业升级，提升产业的竞争力和能力。总之，临港集团要以"信息化+"为目标，以数据集中和共享为途径，建设统一的大数据中心，推动技术融合、业务融合、数据融合，实现跨层级、跨区域、跨部门、跨业务的协同管理和服务，真正把智慧园区这篇文章做深入、做具体、做到可持续。

我们在智慧园区的探索还是比较初步的，衷心希望在座的各位来宾和专家到临港集团开发的各园区走一走、看一看，为我们智慧园区建设把把脉，提出宝贵的意见和建议。最后，祝大家身体健康，谢谢大家。

主持人： 谢谢翁先生发出的诚挚邀请，也欢迎大家到临港去看看。接下来有请中国另外一位企业家新华三集团总裁兼首席执行官于英涛先生，他给我们带来的演讲题目是《数字经济视角下的新型智慧城市思考》。掌声有请。

数字经济视角下的新型智慧城市思考

新华三集团总裁兼首席执行官 于英涛

各位领导,各位业界同仁:

大家中午好。最后一个发言,时间我会控制。很高兴参加这个会议,作为一个行业内的参与者,我想从数字经济视角下来谈一些我们企业对新型智慧城市的思考。

大家知道,智慧城市的概念于2010年由国外引进到中国,已经走过了七八年的历史。但是,很坦率地讲,在2016年之前中国没有真正的智慧城市。这七年,我们走过更多的是探索和理论阶段,为什么这么说?因为技术不成熟,没有实际的应用。从2016年开始,随着云计算、大数据、移动互联网、物联网和人工智能技术的成熟诞生,使我们能够把我们的所有行为,包括管理行为、消费行为,任何留下记录的东西都可以变成数据。在这种前提下,使我们提出或者实现智慧城市成为一种可能。国家在2016年由国家发改委牵头,也出台了关于新型智慧城市的一些标准,主要是技术的框架。我们认为,从2016年开始,新型智慧城市基本上步入了一个快速发展、有技术支撑、可实现、可进入运营的时代,我认为现在真正进入到智慧城市崭新的阶段。

智慧城市实际上是数字经济。现在数字经济很热,"数字经济"这个词也是充斥各个行业,新型智慧城市是数字经济的一个子部分,如图1-58所示,核心是数据资产,因为只有数据才能支撑智慧。智慧的支撑是由大数据、云计算、人工智能、移动互联网的成熟而来。在这样一个新的环境下,我们可能要用新的视角来看待这些新的问题,从三个方面谈一下我个人和新华三集团的

2016年以前我国没有也无法建设真正的智慧城市。2016年，随着数字经济大时代的到来，随着国家新型智慧城市建设总体标准的出台，随着大数据技术的成熟，我国的新型智慧城市建设才真正开场

观点：
1. 新型智慧城市是数字经济具有鲜明特色的一个子集；
2. 从技术角度讲，数据资产和大数据技术是二者的核心与纽带；
3. 应该站在数字经济的视角去更加全面地考虑智慧城市的建设问题，重塑建设思维和产业生态

图1-59　数字经济与智慧城市

问题：
　　我国新型智慧城市建设的过程中，长期存在无标准、无规划、无立法、缺乏实际应用等问题，各地政府对智慧城市的理解和操作路径也大相径庭，智慧城市建设出现了诸多违背常识、逻辑之处。

观点：
1、人云亦云不可取。 中国智慧城市建设没有成熟模式可以借鉴。可以吸收借鉴国外成功经验，但绝不可依样画葫芦。
2、画地为牢不可取。 建议各地政府筹建智慧城市的过程中要"上下齐心、左顾右盼"形成良性互补、协同发展的局面。
3、工程学设计思维不可取。 智慧城市不是简单的工程项目，不能按图索骥，需要在建设中不断调整、适应、创新。需要避免"一直在设计，从未被实现"的尴尬境地。

图1-60　问题与思考一：讲常识、合逻辑

一些观点：一是数据资产的重构，二是建设模式的转变，三是内生动能的激发。

　　第一个方面，提问题再提观点。大家知道，所有的数据都是割裂的，所有的数据都呈现出烟囱的状态。如何把割裂数据的烟囱变成资产，这是我们必须面临的一个问题。根据IDC的数据，目前仍然有60%的城市无法充分利用各行各业的数据，无法完成数据的整合，未来有50%的数据将成为免费的数据，并不是所有的数据都可以变成资产。

　　我的观点是要搭建数据变资产的步骤：

　　首先，认清数据的本质。现在数字化的技术、云计算的技术很成熟，数据本身并没有什么神秘，但是数据的安全、数据的清理、数据的开放构成了对数据视角更重要的判断。

其次，要攻克核心问题。核心问题是刚才谈到的我们的数据不全面，是割裂的，特别是政府部门所控制的有关国际民生的数据，包括交通、医疗、公共安全等数据都分别控制在各个部门的手中，没有整合。一个不完整的数据很难支撑一个城市的智慧。

再次，我们的设计思想。2016年以前，我们处于探索阶段，技术上不成熟，总体核心顶层设计也是不成熟的，因为没有完整、成熟技术的支撑，不可能有好的顶层设计。也没有应用。这么多年以来，我没有看到哪一个城市可以在智慧城市方面得到很好的应用，几乎没有很好的应用。即便有一点点应用，也是不可持续的。一个只有投入没有产出的商业模式是不成功的。

问题：
当前，新型智慧城市建设最大的问题就是在于数据的打通和利用效率。
据IDC预测，到2017年，由于在流程控制、项目管理等方面的欠缺，60%的城市将无法充分利用智慧城市的数据和数字资产。到2019年，随着城市探索数据价值评估方法并寻求数据变现商业模式，50%的开放数据将以免费的方式提供，同时产生数据变现价值。

观点：
1. **数据问题**主要不是技术挑战，而是方向和组织领导的挑战。
2. **数据的本质**不是数字化程度，而是数据的标准度、开放度、应用活跃度。
3. **呼吁国家和地方层面**出台统一的数据标准，进行统一的数据资源规划，推动数据开放立法，促进数据深层应用。

图1-61　问题与思考二：抓住数据本质

第二个方面，如何避开建设的雷区。智慧城市的核心纽带是数据。数据现在已经变成重要的生产要素。大家知道，过去生产要素都是物理生产资料，但是数据变成了一个无形的生产要素，这也是我们产业升级或者说新经济的一个基本特征。但是，目前在智慧城市建设过程当中，在数据的开发、利用过程当中，没有标准、没有立法。数据最大的问题是安全，安全有两重性。安全确实会危害整个国家、社会、政治、生产、人民的安全，但是很多数据拥有者以安全为名，实施数据的私有化或者说数据小团体的拥有化。从另外一个角度来说也是一个伪命题，不能因为安全就不做数据应用。

第一，我们看很多智慧化城市的建设本身就不符合常识，更不符合逻辑。很多是拍脑袋拍出来的，甚至一直在设计，从未实现。我们的观点是讲常识和逻辑，不能照葫芦画瓢。中国的管理体制、模式与国外不一样，我们可以参照国外的模式，但是没有复制的能力和可能性。第二，很多区都在建智慧城市，是必要的，但是到底什么样的规模、什么样的单位建设智慧城市。常常建、重复建设是非常不可取的，也是非常不经济的。第三，很多东西的设计，包括顶层设计，是按照工程思维、数学模型来建立，完全没有考虑经济的变化、经济的动态以及我们整个社会环境的变化。

问题：
　　当前，我国新型智慧城市建设从本质上讲还是单一的政府主导模式，即使像众多PPP模式的新型智慧城市建设也不离其中。这就导致新型智慧城市建设内生动能严重不足。

观点：
1. 政府应与市场资本一起，深入探索项目运营的新型商业模式，找出更多稳定投资回报点，激发社会资本参与热情，力争从单一政府主导模式向半市场化运作模式转变；
2. 在立法、立规、立标的基础上，推进信息资源深度开放，为社会资本后续运营打开更多空间，营造良好环境；
3. 推动对中小型社会资本的金融服务工作。

图1-62　问题与思考三：找准内生动能

第三个方面，谈一下内生动能在什么地方。智慧城市这个新的命题，过去城市是以政府为主导，百分之百的政府主导，而且智慧城市只能由政府来主导。但是，如果纯粹靠政府财政资金的投入，用纳税人的钱去建设智慧城市，我们认为是不可持续的。必须找到一个合理的商业模式。目前，大量的城市数据，价值很大，刚才我讲过了，由于各种各样的原因，不能够很好地应用。不论是安全的问题还是数据割裂的问题等，不能很好地使用。另外，很多智慧城市目前在搞特许经营，引进了很多所谓的战略合作伙伴，甚至是PPP的投资者，但是营利模式不清，大量还是靠政府买单、政府补贴，这种模式也是持续不下去的。

另外，市场潜力很大，但是由于技术的不成熟、应用未能得到很好的使用、商业价值不大、营利模式不清晰，导致很多智慧城市项目出现了一些烂尾工程，很多民营企业的投资得不到回报。发改委最新公布的数据，2017年整个民营企业参与政府PPP项目的比例数比2016年下降了10%。民营企业的投资意愿在下降。作为一个城市的管理者，作为行业的参与者，必须考虑清楚，智慧城市到底路在何方，到底要朝哪个方向走。

我们新华三集团是清华紫光控股的一个企业。大家看到这个标志"H3C"。"H"是华为。华为在2015年出资25亿美金收购了这个公司，由我出任CEO，也是惠普中国独家提供商。所以，我们现在是一个拥有计算、网络、存储三大产品线和云计算、大数据、安全全套解决方案的高科技公司。我们目前在企业网的市场份额排名第一。惠普1985年进入到中国，是第一个合资企业。杭州华三是最大的网络企业。我们的观点是：第一，希望立法。法治环境不健全，智慧城市做不起来。所以，我们呼吁国家相关部门加快立法进度，特别是牵涉安全问题。安全问题很敏感，如果没有立法，数据很难得到很好的应用。第二，要培育市场，包括模式的转变。坦率地讲，智慧城市不能再按照某一个行业、某一个城市来建设，必须从顶层设计开始，按照数据可利用、可整合、可变现的模式，提出一个城市的智慧城市解决方案。或者说，一个城市应该建设自己的运营智慧系统，有人叫"城市大脑"。叫什么没有关系，但是要从顶层设计开始，把智慧城市设计好。第三，政府、企业、社会各司其职，地方政府出台一些金融的扶持政策，使我们的智慧城市建设和运营能够步入正轨，走入正常的运营模式，而不再是政府买单、纳税人买单。

我就简单跟大家分享到这里。谢谢大家。

主持人：非常感谢于英涛先生。最后，有请联合国经社事务部公共行政和发展管理司的司长玛丽安女士，今天她将从联合国的角度来解读全球智慧城市发展的现状和趋势。掌声有请。

联合国经社理事会公共行政司司长玛丽安·巴泰勒米总结陈辞

非常高兴来到这里,来到美丽的上海,感谢主办方邀请我。我们已经听到非常重要的、能够让人激动的、有启迪的一些演讲。我跟大家分享一下智慧城市对持续性发展的目标也具有深远的意义。

智慧城市已经有了一些交付成果,改善了人们的生活,特别在上海我们可以清楚地看到这一点。我们还是需要充分抓住整个智慧城市的潜力,改善我们全球人民的福祉,实现2030年持续发展的愿景。2030年联合国整个议程采纳了之后,两年过去了,整个议程、目标,不仅是为人民的目标,还有为整个星球繁荣的目标。我已经看到了17个持续性发展目标都有了非常大的进展,我们也谈到其中很多挑战,特别是在智慧城市当中数字化确实可以产生所需要的一些转型,来帮助我们实现整个持续化发展目标。

今天早上我也听到大家很多精彩的演讲,确实是一个非常好的彰显。我知道,关于智慧城市的常规定义还要进一步扩展。在这里,我跟大家阐释一下智慧城市所需要的以下四个特点:

第一,智慧城市必须能够响应。智慧城市必须能对人的需求进行响应,信息技术必须使我们的公共服务更加简单、快速、高效。同时,以这样的目的来确保公共服务的交付性,对人们的需求进行响应。所有的一切都是以人为本,因此要给予公共相关机构非常好的指南,能够进行这样的教育,特别是在健康、教育、卫生领域的一些指南。有时,使用信息技术能够进行非常好的响应,维护好城市用户,进行很好的沟通,可以帮助城市服务的设计。确保这种技术的使用能够帮助我们对人们的需求更好地进行响应,通过更好的响应,我们能够提升公众对于政府还有社会的信任。

第二,智慧城市应当具有韧性。在瞬息万变的世界当中,城市遇到了各种各样的问题,比如波动性、不确定性、复杂性、模糊性。大部分城市其实对这种自然灾难有这种脆弱感。今天早上我们也看到这样的图片,比如洪水。我们的城市必须要有各种各样的装备、设施、设备,能够应对各种各样的紧急情况,能够预防城市免受各种各样经济和环境的震荡和灾难,这意味着我们要有良好的管理,对各种灾难做好应对准备。智慧城市同时也意味着我们对各种各样的威胁有非常好的应对措施。经济或者说技术本身有一些弱点,会带来一些威胁,所以必须要动员好大家,保护好人权,保护好隐私,确保网络的安全。同时,能够全力以赴地设计智慧城市,这一智慧城市的设计必须考虑到风险。

第三,智慧城市必须有包容性。在2030年持续适应发展的议程当中,关键就是"不让任何一个人掉队",同时也应当成为我们智慧城市的一个指导原则。必须使用这样的技术,以确保所有的群体都能够获益,包括那些并不十分熟悉信息技术的人,比如说老人或者民工或者移民。我们更不能忘记,比如残疾人或者小孩有一些特殊的需求,也不能让他们掉队,需要有一个针对性的政策、多元化的策略。必须要确保真正有一个全民共享的教育机会,还有其他的各种社会福祉、社会服务。我们的智慧城市应当改善所有人民的生活状态,包括那些最为贫困的人群。

第四,智慧城市从环境角度来说必须是可持续性的。城市占了地球表面2%的面积,却产生了60%的二氧化碳和温室气体的排放。智慧城市必须能非常好地应对气候的变化,并且找出一个缓解的方案。今天早上,我们确实看到很多很好的例子,智慧城市确实能够改善整个环境、改善能效。但同时,我们也遇到了一些挑战,这些挑战仍然在那儿。智慧城市对城市的运营带来一些变革,他们应当有更加绿色的技术,这个绿色其实也是我们持续发展目标的一个部分。必须能够提高效率、提高安全性,为城市的居民提供各种便利。我们还要关注他们能够有更好的发现、更好的愉悦,提升所有城市居民的健康和福祉。要实现智慧城市的愿景,城市本身必须要调整过去行事的方法,比如说城市的政策都要基于科学研究和数据。

持续发展的行动也要有一个互联协同的方案。也就是说,所有的城市都必须整合在一起。我们需要有一个垂直的联系,他们所有的做法必须和国家中央政府的行动协调一致。我们必须要确保所有的机构都是高效的,能够问责,并且是包容的。各种各样的政策制定者都需要呼应,所有的行动者都团结起来，建立一个真正的智慧城市。在智慧城市建设过程中需要建立合作伙伴关系，各个国家、各个城市都必须要联合起来。在2018年关于持续性发展的高端论坛上，我们将重新回顾在城市持续性发展方面目标的实现情况。希望大家一起参加2018年的论坛，看看我们智慧城市的成功进展。

昨天，联合国也有一个WEB峰会，秘书长说要把创新和技术整合在一起，还要把创新和公共政策整合在一起，确保我们的创新真正是为人民造福、为人类造福。我想，在上海所做的正是这样，会继续动员智慧城市建设、实现持续性的发展目标。谢谢大家。

主持人：感玛丽安女士。聆听了10位来自国内外的专家学者、业界精英和城市管理者的报告，他们给我们分享了城市化信息实践的最新成果，并且展现了信息城市创新和智慧城市的趋势。我相信，今天上午所有的发言能够让现场的朋友们和网络那一头的朋友们都获益匪浅。让我们用热烈的掌声再一次感谢他们，谢谢大家。

作为由政府机构和高端智库联合承办的论坛，2017全球城市信息化论坛还发布了《全球城市信息化报告2017》《智慧之都指数报告2017》《全球信息社会蓝皮书2017》《网络空间安全蓝皮书2017》《全球智慧城市案例集》等智库产品，从多个角度解读全球智慧城市信息化的现状和趋势，寻求智慧城市和卓越城市的发展路径。相关的材料在门口的成果展示台上，欢迎各位进行取用。

2017全球城市信息化论坛的全体大会到这里就全部结束了，再一次感谢各位的莅临。

第二篇

2017年国际工业互联网大会暨AII & IIC工业互联网联席会议

主持人*：尊敬的各位领导、各位嘉宾，女士们、先生们：我是中国信息通信研究院党委书记李勇，请允许我代表中国信息通信研究院，代表中国信息通信研究院的院长，还有我们中国工业互联网产业联盟的理事长刘多女士，向大家的到来表示欢迎。

当前，深化"互联网+先进制造"、发展工业互联网已成为我们业界的共识。前几天，国务院还专门对此出台了指导意见，我想大家都是这个指导意见的谋划者、推进者和践行者。在秋风送爽、硕果累累的季节，来自工信部、上海市人民政府、工业互联网产业联盟、美国工业互联网联盟以及各个领域的专家、学者及朋友们共聚一堂，参加2017国际工业互联网大会及AII&IIC工业互联网联席会议，共同展望国际工业互联网的发展趋势，分享先进企业的实践案例，探讨前沿技术，共同谋划未来工业互联网产业的大发展。

首先，请允许我向大家介绍出席今天论坛的部分嘉宾。他们是中国工程院院士、工业互联网产业联盟专家委员会主任邬贺铨院士，上海市经信委副主任、上海市国防工业办公室主任吴磊先生，工信部信息通信管理局副局长刘杰先生，中国信息通信研究院总工程师余晓晖先生，还有上海市通信管理局的副局长谢于勤女士，工业互联网联盟斯蒂芬·梅勒（Stephen Mellor）先生、瓦埃勒·威廉·迪亚布（Wael William Diab）先生、丹·艾萨克斯（Dan Isaacs）先生，出席今天会议的还有工信部、上海市人民政府有关部门的领导，工业互联网产业联盟会员单位的代表，高校、研究机构的专家、学者、工业企业以及给予我们大会特别支持的海尔智能、智能云科空行的领导。借此机会，向各位嘉宾的到来表示真挚的欢迎。

习近平总书记在党的十九大上宣布中国特色社会主义进入了新时代。我认为进入新时代的重要标志是科技要进入新时代、产业要进入新时代。当今，新一轮科技革命和产业变革与我国加快转变经济发展方式形成了历史性的交汇，国际产业格局正在重塑，同时围绕工业互联网进行的全球生态构建、产业优化布局和行业标准制定等正在加速推进中。本次大会旨在推动工业互联网

---

* 李勇，中国信息通信研究院党委书记。

产业的国际合作,推进政府、联盟、产学研等各方面资源融为一体,推进制造业转型升级,进入新的时代。

首先让我们用热烈的掌声有请上海市经信委副主任、上海国防科技办主任吴磊先生为大家致欢迎辞。

上海市经信委副主任吴磊致欢迎辞

尊敬的斯蒂芬·梅勒（Stephen Mellor）先生，尊敬的邬贺铨院士：

很高兴参加2017年国际工业互联网大会。首先，我代表上海市经济和信息化委员会对本次会议的顺利召开，表示热烈的祝贺。向国内外各界朋友对上海产业和信息化工作的支持表示由衷的感谢。

10月30日，国务院常务会议审议通过了《关于深化"互联网+先进制造业"发展工业互联网的指导意见》。上海作为我国改革开放的排头兵、创新发展的先行者，率先提出了"创建全球工业互联网示范"的目标，先后发布了《上海市加快制造业与互联网融合创新发展的实施意见》《上海市工业互联网创新发展应用的三年行动计划（2017—2019年）》，力争成为国家级的工业互联网创新示范城市。2016年以来，上海紧紧把握工业互联网创新发展新机遇，重点围绕合作生态、政策、项目、宣传等方面，进行战略性布局。一是加强国际交流，与GE、OTU DASC、SAP、PTC等一批国际知名企业合作，推动临港、中德智能制造合作示范区建设；二是构建融合发展的生态体系，对接国家的工业互联网产业联盟，推动成立上海分联盟，形成融合发展的生态圈；三是落实支持政策，设立上海市工业互联网创新发展专项资金，制定发布专项支持实施细则，推动企业的创新模式和组织变革；四是推动重点项目的试点示范，聚焦本市工业互联网六大重点领域，六大重点产业通过试点、示范促进转型；五是搭建宣传展示的平台，举办工业互联网主题的交流会，编制上海市工业互联网创新发展实践案例集，深化宣传的效果。

上海加快工业互联网的发展离不开在座各位的大力参与，需要大家共同的努力，希望通过本次大会，广泛听取各方专家的意见和建议，探讨国际工业互联网发展的趋势，分享前沿技术和经典案例。我们将在工信部的大力支持下,在国家工业互联网产业联盟的指导下,积极探索、努力创新,为推进上海工业互联网发展、推动我国制造业转型升级作出新的贡献。

最后预祝本次大会取得圆满成功。谢谢大家。

主持人:感谢吴磊先生热情洋溢的致辞。应该说工业互联网的发展在上海是处于领先水平。我们相信,通过共同的努力,上海市在工业互联网方面,将在全国闯出一条比较好的道路来。接下来,让我们热烈欢迎工信部信息通信管理局副局长刘杰先生致辞。大家欢迎。

工信部信息通信管理局副局长刘杰致辞

尊敬的邬贺铨院士，尊敬的斯蒂芬·梅勒（Stephen Mellor）先生，尊敬的各位来宾，女士们、先生们：

大家下午好。

非常高兴出席2017国际工业互联网大会暨AII&IIC工业互联网联席会议，并参加工业互联网产业联盟上海分联盟揭牌仪式，也热烈欢迎海内外各界人士齐聚上海，分享工业互联网探索实践经验，探讨工业互联网开放发展之道。对各位长期致力于工业互联网事业发展致以衷心的感谢。

当前，互联网创新发展与新工业革命正处于历史性的交汇期，工业互联网作为支撑工业智能化发展的关键网络基础设施，以及新一代信息技术与制造业深度融合所形成的新兴业态与应用模式，为以创新引领实体经济转型升级开辟了重要途径。发展工业互联网意义重大。我国高度重视工业互联网的发展，"十三五"规划"中国制造2025""互联网+"，深化制造业与互联网融合创新等重大的战略性文件都明确提出发展工业互联网。工信部作为主管部门立足于制造强国、网络强国的战略，近年来有序组织引导产业各方积极推进工业互联网，在顶层规划设计、网络设施建设、关键资源部署、试点示范建设、产业生态培育等方面取得一些进展。10月30日，国务院常务会议通过了《深化"互联网+先进制造业"发展工业互联网的指导意见》。这是规范和指导我们工业互联网发展的纲领性文件，明确了未来的发展目标、路径和重点任务，并将引导我国开创工业互联网发展的新局面。

今天，AII&IIC齐聚上海，大家共同探讨以制造业与互联网发展为着力点，积极构建互联网发展的新业态。我们上海市在产业基础、关键技术、生态体系等方面具备发展工业互联网的比较优势，上海市政府围绕合作生态、政策、项目、宣传等开展工作，发布了《上海市工业互联网创新发展应用三年行动计划》，推进工业互联网试点示范城市建设，建成我国首个工业互联网创新中心。工业互联网功能性平台也在积极推进落实中。同时也为全国工业互联网的推进提供借鉴参考和示范。

当前，工业互联网仍处于发展初期，需要凝聚各方力量协同推进，产业联盟作为连接政府和企业，通过AII&IIC等国际性和国内的重要平台和载体，在整合资源完善提升产业链，推进产业发展等方面发挥的重要作用。选择在上海率先成立工业互联网产业联盟的分联盟，既是落实工业互联网指导意见和部市合作的要求，也是希望依托分联盟加强与上海各个方面的联络，共同推动工业互联网发展再上新台阶。

在此提三点建议：

一是要切实把握机遇，凸显协同创新的特色。工业互联网是多学科、多领域交叉融合的新技术、新模式和新业态。我们大家要紧紧把握这一战略机遇期，充分发挥上海产业与科教资源优势，围绕重点领域加大研发的强度，实现跨领域、跨行业的协同创新，集中力量突破一批关键技术、创新产品和解决方案。

二是要充分发挥政府和企业桥梁的纽带作用，扎实开展工作。一方面支持和配合政府开展工业互联网应用试点示范；另一方面搭建好支撑平台，服务好企业发展，与上海工业互联网产业联盟等各界加强合作，一道打通上下联动、协同工作机制。

三是今天我们与会的成员、各联盟成员、各成员单位，大家积极作为，实现精诚合作，各成员能够强化合作，积极参与联盟建设，广泛开展技术、业务、人才等全方位的合作，充分发挥整体效能，各方合力，共促产业进步。

我们期待与国外产业各方携手并进，在工业互联网领域开展全方位的交流与合作。也衷心祝愿我们上海各相关部门、各领域以及工业互联网联盟上海分联盟不断壮大，为支撑上海乃至全国工业互联网发展，建立工业互联网生态体系贡献我们的力量。

最后预祝本次会议圆满成功。谢谢大家。

主持人：感谢刘杰先生的精彩致辞。工业互联网的发展离不开行业主管部门的大力支持和帮助。在过去几年中,工信部以及工信部信息通信管理局对工业互联网的发展给予了全力的关心、支持、帮助,才有了现在这个局面。我相信,在工信部的指导下,我们工业互联网的发展会越来越好。下面,我们有请美国工业互联网联盟首席技术官斯蒂芬·梅勒(Stephen Mellor)先生致辞。

美国工业互联网联盟首席技术官
斯蒂芬·梅勒致辞

大家下午好,非常感谢能够出席此次会议。我想补充几句。前面两位已经分享了他们的见解,他们已经给我们做了全面的工业互联网介绍。我主要给大家介绍一个词,非常重要的一个词,就是"World"——世界、全球这个词。

前面有一个演讲嘉宾曾提到,我们本次会议其实也旨在推进国际工业互联网的联盟,由于全球的供应链、价值链,要有全球的标准,并且要共同努力确保,从而我们可以更快捷、方便地生产产品,而且让这些产品集成起来带来经济效益,并且用户都可以从中受益。

另外,非常感谢我们的主办方上海市经济和信息化委员会的各位领导,还有中国信息通信研究院,以及AII & IIC,同时我们还有上海的分部,上海创新中心,谢谢上海市政府,也非常谢谢大家的大力支持。

此外,谢谢CAICT吴先生、李先生的支持,才让我们此次会议举办取得了极大的成功;同时在全球范围内我们还有一些国外的演讲嘉宾,像约翰·图希罗(John Tuccillo)。如果看看今天的手册,大家可以看到工业互联网产业联盟也是其中一个承办单位。同时,IIC的成员也会跟大家介绍一下我们所做的工作。今天下午的会议演讲会非常有意思。我们有一个共同的词"世界",希望我们能够共同努力,把梦想化为现实。非常感谢大家。

主持人: 感谢梅勒先生的致辞,只有开放才能够发展,只有合作才能够共赢。希望IIC与AII将来能够进一步紧密合作,共创工业互联网美好的未来。近年来,工业互联网产业联盟一直着力聚焦产业生态的各方力量,联合开展工业互联网平台的建设,测试床的攻关、标准的研究、试点示范创建与推广等项工作,共同探讨工业互联网新模式、新机制,同时广泛开展国际合作,形成全球的工业互联网合作平台。上海市经过一年多的筹备,工业互联网产业联盟上海分联盟也将在今天揭牌。接下来,让我们共同见证,请大家看屏幕。

有请上海市经信委副主任吴磊先生,工业和信息化部信息通信管理局副局长刘杰先生,工业互联网产业联盟秘书长余晓晖先生,工业互联网产业联盟上海分联盟理事长、中国宝武钢铁集团有限公司助理何为贵先生,工业互联网联盟首席技术官斯蒂芬·梅勒(Stephen Mellor)先生共同上台揭牌。

图2-1 揭牌仪式

工业互联网产业联盟上海分联盟的成立意味着我们在工业互联网部市合作工作翻开了新的篇章。请各位嘉宾入座。请吴磊先生留步。

2017年年初,上海市人民政府发布了《上海市工业互联网创新发展应用三年行动计划》,经过前期的考察评估,上海市松江区、上海化学工业区、上海临港地区获批上海市工业互联网创新实践基地。接下来我们有请上海化学工业区管委会副主任余亮如先生,临港地区管委会副主任张弘女士,上海市松江区委副书记、区长陈宇剑先生上台。有请上海市经信委副主任吴磊先生为三个创新实践基地授牌。

图2-2 授牌仪式

谢谢各位。

接下来,让我们一起进入精彩的主旨演讲环节。有请演讲环节的主持人——美国工业互联网联盟技术组及架构任务组联合主席林诗万先生。

主持人[*]：各位尊敬的领导、尊敬的专家、尊敬的嘉宾，下午好。我是林诗万。今天，工业互联网的理念在全球，特别是在中国已经得到了广泛的认同，同时在各个方面也有加速实施的时刻，有这个难得的机会让海内外工业互联网的专家和实践者共聚一堂，一起回顾我们取得的成果，一起探讨我们所面临的挑战，寻找应对的手段以及展望工业互联网发展的方向与趋势，十分有价值。我今天也十分荣幸有机会主持以下的议程，非常感谢大会组织者对我的邀请。

工业互联网的应用场景非常广阔，横跨各个产业。工业互联网在制造业企业或者说运营企业的信息化进程里面有哪种关系呢？今天，我们首先有幸邀请中国工程院院士、工业互联网产业联盟指导委员会主任邬贺铨院上，就这一课题从技术发展的历史、发展的方向及诸多的应用场景角度为大家作深度的分析。请大家以热烈的掌声欢迎邬院士。

---

[*] 林诗万，美国工业互联网联盟技术组及架构任务组联合主席。

企业信息化与工业互联网

中国工程院院士　邬贺铨

尊敬的李勇书记、刘杰局长,各位领导、各位专家:

下午好。我的发言题目是《企业信息化与工业互联网》。

企业信息化的历程可总结为流行的电子化,包括财务电算化、办公自动化、门户网站化等,以及生产自动化、企业互联网化,这里包括电子商务、协同制造、产业物联网、云制造,最后到智能化。这里有大数据、人工智能,还有信息物理系统、价值链等。

Process Electronization	Management Digitalization	Production Automation	Enterprise Internet	Enterprise intellectualization
●Financial computerization ●Office Automation ●Portal Website	●Product Life Mgt. ●Supply Chain Mgt. ●Enterprise Resource Planning ●Customer Relationship Mgt. ●Warehouse Mgt. System	●Supervisory Control and Data Acquisition System ●Distributed Control System ●Mfg. Execution System ●Computer Aided Design ●Computer Aided Mfg.	●Electronic Commerce ●Collaborative Mfg. ●Cloud Mfg.	●Big Data ●Artificial intelligence ●Cyber–Physical System ●Value Chain Mgt. ●Ecological Chain Mgt.

From Internet and IOT to industrial Internet

Internet	Industrial Internet	Internet of Things	Industrial Internet
People oriented	Object oriented	Sensor network architecture	Cloud computing architecture
Global networking	Intranets	Perception oriented	Control oriented
PC / mobile phones	Terminal diversity	Insensitive to time syn.	Sensitive to time syn.
Delay insensitive	Delay sensitive	Sensitive to power consumption	Insensitive to power consumption
General reliability	High reliability	Support wide area work	Do not require wide area work
General safety	High safety	Operation & Mgt. of gov. or owner	Enterprise operation & Mgt.

图 2-3　信息处理流程

互联网和工业互联网有什么区别?一个是面向人为主,一个是面向物为主;一个是全球联网,一个是企业内网;互联网终端基本上是PC、手机,品种有限。工业互联网终端品种很多;在性能上,互联网对时延并不敏感,而工业互联网对时延是敏感的。互联网的可靠性、安全性一般,而工业互联网对这两者的要求很高。工业互联网也不同于物联网,物联网是传感网的架构,而工业互联网是云计算架构;物联网以感知为主,工业互联网以控制为主;物联网对时间同步不敏感,对工耗比较敏感。而工业互联网对时间同步是敏感的,而通常对工耗是不敏感的;物联网有广域工作的要求,而工业互联网通常运用于企业内部。管理者也不同,可以看到企业从数字化、网络化、智能化,经历了工业1.0机械化、2.0电动化、3.0自动化、4.0智能化。德国的"工业4.0"是制造业掌握互联网,美国提出的互联网是互联网掌握产业,都依靠智能机器加先进的分析工具和人机交互实现了CPS控制、通信三位一体。

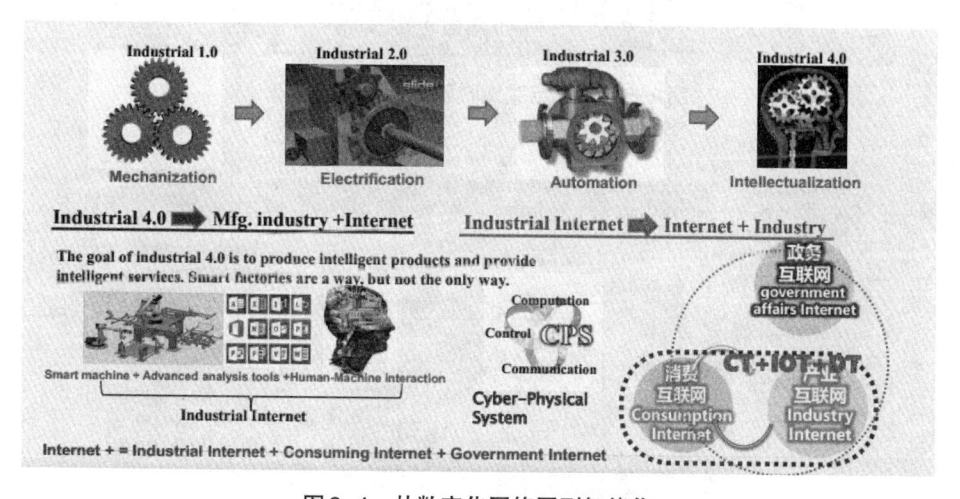

图2-4 从数字化网络网到智能化

一般来讲,"工业4.0"的目的是智能生产智能产品,不见得一定要智能工厂,但是工业互联网更多还是强调智能化,要CT+IoT+DT的技术。当时,中国提的"互联网+"不仅仅是指产业互联网,还包括了消费互联网和金融互联网在里面。

美国产业互联网的模型表现包括物理层和控制面以及运营管理面。更一般性是CPS的模型,底层是控制模型,有各种各样的生产装备和各种传感器,通过SCADA和DCS把数据收集起来。到上面运营管理层是工厂一极,有制造执行系统,包括产品的研发和设计的仿真,全生产过程的仿真。再上面一层是企业层,包括供应链管理、企业资源规划、生命周期管理等。再更上一级是集团这一级,实际上对应了云平台,IaaS、DaaS SaaS PaaS,现在工业互联网的PaaS系统,像GE、西门子等都在瞄准PaaS这个平台,并开发了很多软件。

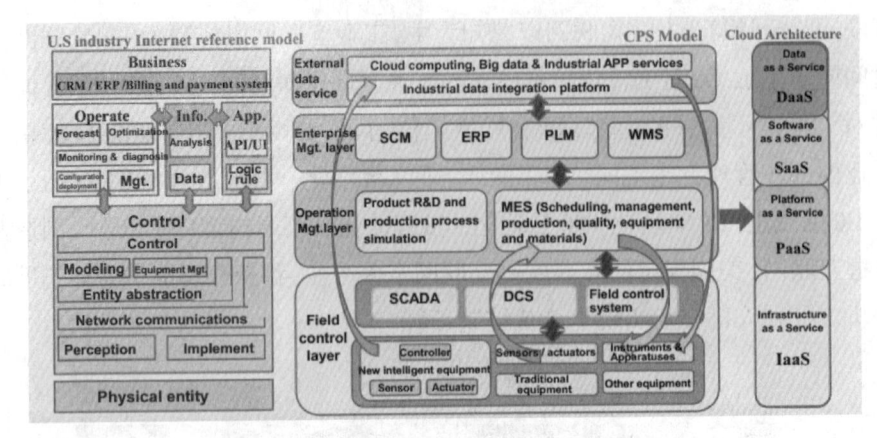

图2-5　工业互联网和网络物理系统模型

图2-6　生产过程数字化

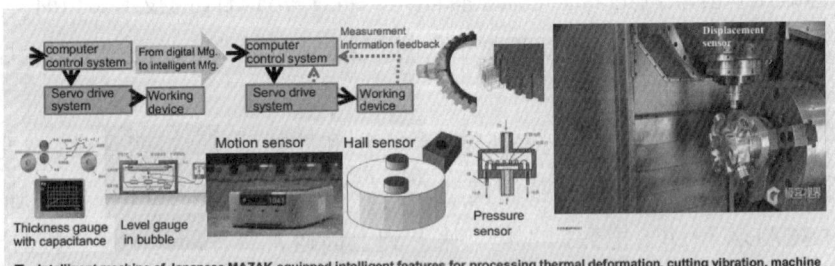

图2-7　IoT的应用

工业互联网首先是工业数字化，这不仅仅是某一个环节，而是希望全链条的数字化，而且这个全链条的数字化是闭环的，所以整个数字化制造是跨过所制造产品生命周期的数字数据集合和应用，未来产品变化三大趋势，硬件的价值体现就是软件，连接的价值体现在云，商业模式的价值从产品转向了服务。首先，工业互联网现在有各种各样的传感器、物联网来感知产品的数据。过去，我们数控机床按照固定的程序加工，实际上随着工件随着时间、温度、材料的变化，这种数控方式并不是理想的。我们希望利用传感器实时设计被加工工件的状况，并且反馈计算机的控制系统，这是从数字制造发展成智能制造。今天有两个例子：一个是日本MAZAK的智能机床，整个机床运行中所有的参数都进行监控；另外一个例子是沈阳机床i5数控机床，实现了各种监控，通过这些监控不但保持了机床健康运行状态，而且可以通过实施这种方式改变收费的商业模式，变成零元购机，根据实际加工条件来收费。

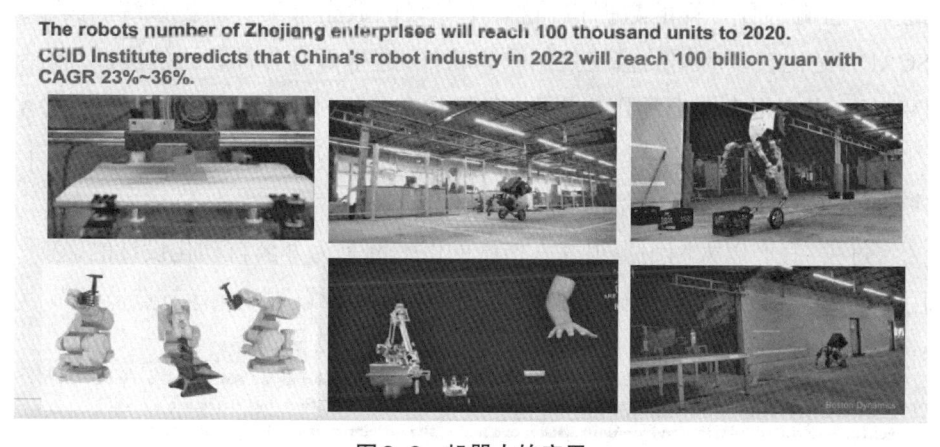

图2-8　机器人的应用

机器人未来在工业互联网系统上也有很大的应用，浙江省提出到2020年全省企业使用机器人的数量要达到10万台。赛迪研究院估计中国机器人产业到2022年将达到1 000亿元左右，年增23%—36%。中国汽车产业在机器人应用方面走在前面。但是，我们其他行业这方面还存在不少的差距。

工业互联网车间级的还有很多数控机床，有各种智能仪表，通过DCS控制分布系统、SCF现场控制系统来收集这些仪器仪表、生产线、数控机床的数

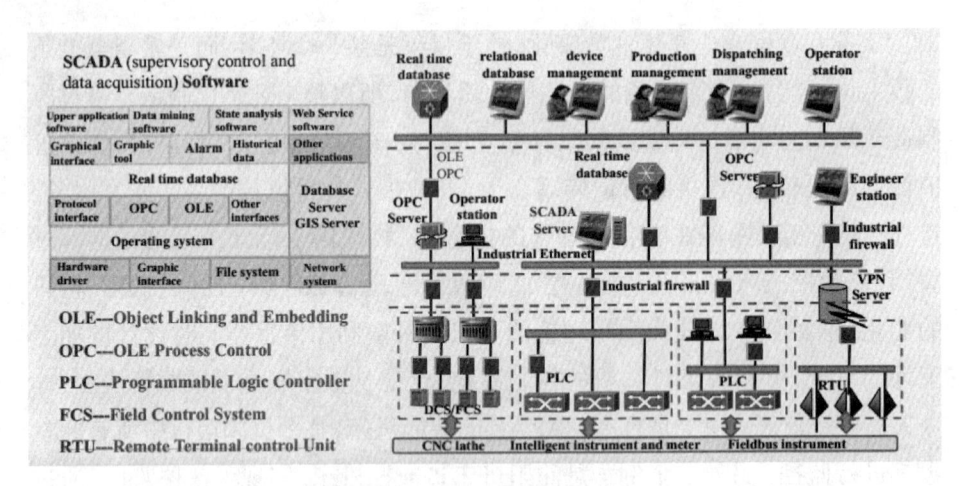

图 2-9　数据采集与监督系统

据，通过工业防火墙连到工业以太网，上面有 SCADA 系统，监控数据采集。最上一层有各种各样的数据控，这是千亿级的数据采集和监控系统。其中，SCADA 是比较多应用的监控数据采集软件，这里面有各种各样的协议，包括 OPC 等，也有很多图形的用户界面，包括状态分析。现在还有一种比 SCADA 发展更好的工控的网关，有对向各种各样的接口协议，可以连接 3G、4G、5G 未来的 IBOG，可以实现更灵活实现多协议的支持。

过去，我们以太网用得很好。传统的以太网是为办公自动化设计的，它采用了 CSMA/CD 载波监听碰撞避免的方式，挂在总线上的所有节点监控节点

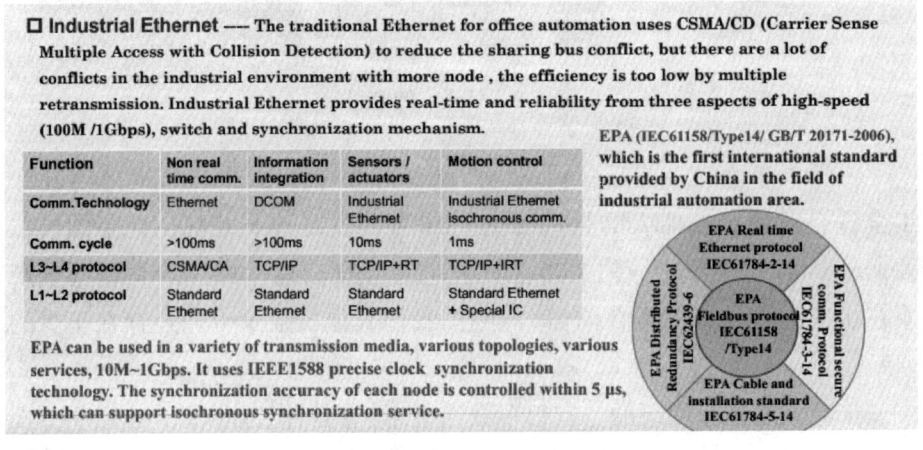

图 2-10　以太网的应用（一）

的情况,没有人发信号就没有发。这种不适合工业,工业总线上节点很多,用这种方式等别人发,效率很低。所以,工业以太网从三方面改进了传统的以太网,一方面提高速率,100兆到1G,可以看非实时通信、信息集成还有传感器,一般非实时通信以太网就可以了,后面的几种需要用到工业以太网。从通信周期来讲,前面比较长,100毫秒都可以忍受,而工业上的运动控制要1毫秒。第三层、第四层的协议,传统的是CSMA/CD,信息集成的传感器TCP/IP,还要加上IRT,这是等时同步的协议。第一层、第二层协议传统都是标准以太网,真正要运动控制的互联网需要标准的以太网和专用的集成电路。中国工业在以太网上面提了一个国标,也上升为一个IEC的国际标准是EPA,可以用在各种传输介质上,实施各类接口和各种业务,采用了HIB的1588精确的同步技术,各个节点同步精度控制5个微秒,可以支持等时同步技术。

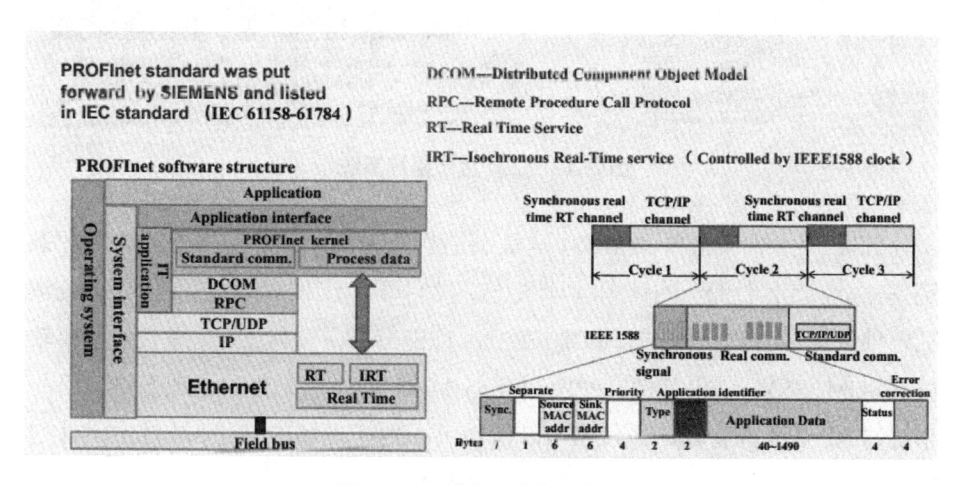

图2-11 以太网的应用(二)

瑞士工业以太网的标准在HIB里面有14项,EPS其中一项也是后来加进去的,前面有西门子的标准,到后来改进的是PROFInet的标准,左下角是PROFInet的件,底层是以太网,当然可以支持实时和等时同步。一方面是可以使用标准的IP通讯,包括IP、TCP/UDP等;另一方面是及时通信,上面有一个PROFInet的应用。这里说一下同步应用。前面加上实时的,另一方面直接数据通信,上面有一个PROFInet内核,上面有各种各样的应用,这里要特别说明一下同步技术,一个针里面有TCIP的通道,前面加上同部实时的IRP的通道,整个通道可以分成有同步信号头、有实时通信部分，还有标准通信、传统的IP通信。再进一步展开，我们可以看到有同步信号、有源MAC地址，还有目的地地址、有优先权等。可以实现现在精准的同步类型，这是工业互联网和传统的互联网、传统的以太网所不同的地方。

□ MES（Manufacturing Execution System）——
Located between the planned management system and the underlying industrial control system, provides planning execution, tracking, and the current status of all resources (people, equipment, materials, customer requirements, etc.). See the definition of EMS by AMR.

Relationship between MES and ERP ——
MES is a site level system, and ERP is a business management level system. MES is the refinement of ERP at the production site, and is a monitoring and feedback of the ERP plan.

Digital Twin maps the real-time status, working condition or location of the product by using the sensor data installed on the physical object, to obtain the latest and accurate mirror of physical objects' attributes and states, which can be used for monitoring, diagnosis and prediction.

图2-12　工厂生产执行系统

在工厂一级又上升到MES，这是制造执行系统，一头连接车间的管理系统，一头连接整个工厂的计划管理系统。我们可以看到，MES制造执行系统包括各种各样的管理，作业管理、维护管理、性能分析。实际上，支撑它的主要软件有SCM、SSM、ERP、PCS、PPE。MES跟ERP是什么关系？是现场卓越级的系统，ERP是业务管理的系统，MES是ERP在生产现场的细化，是对ERP计划的一种监控和反馈。现在数字双胞胎的技术出现了，未来也会在工业上有很好的应用。我们可以看到图2-12不完全是对工业互联网来讲，可以看到左边是个实际的小机器，在动的时候右边在网上可以仿真出一个实际的路径，可以根据网上判断出来实际运行的状态，这是数字双胞胎。未来，在工业互联网里面也会有很好的应用，可以很好地，包括已经卖出去的很多产品，可以在家里的网站上实时监控它的运行状况。

在工厂级还需要更多的设计制造软件。1972年阿波罗登月飞行器软件只有4 000行代码，现在高铁的列控软件有数百万行代码，雪佛兰、奔驰新车软件规模1 000万行到1亿行代码，空客飞机软件10亿行代码，Windows10的操

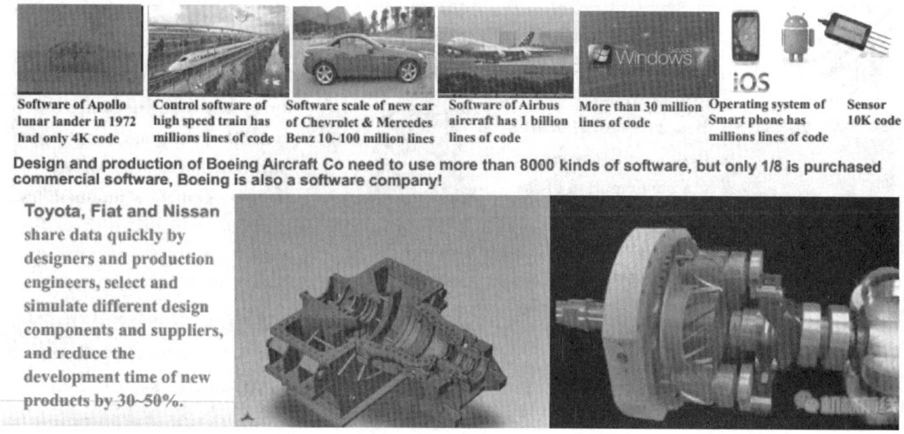

图2-13 工厂设计和生产软件

作系统5 000万行代码，智能手机操作系统100万行代码，传感器也有1万行代码，所以软件无处不在。图2-13是浙江大学跟浙汀汽轮机厂合作，在网上协同设计汽轮机。过去设计汽轮机要把所有部件造出来，装在一起检验工差符合，在网上做大大加快了设计过程。设计出来还要仿真，检验性能是不是合适。丰田、菲亚特、尼桑都通过网上设计和仿真，大大加快了新产品开发的速度，时间减少了30%—50%。当然，过去我们认为这种软件开花都是软件公司造的，现在不是了，波音公司在设计生产飞机的时候用了8 000多种软件，其中1 000种可以在市场上买到，7 000种是自己开发的，所以波音也是软件公司。西门子有17 000多人从事软件工作，所以西门子也是欧洲第二大软件公司。所以，国外很多制造公司都自己成为软件公司了。

GE公司是设计发动机的，发动机里面有很多零件。图2-14是一个发动机，这个早就设计出，但是GE公司不满意，它在网上公布了3D打印工具，并且鼓励大众来参与设计，把设计要求提出来。收到700件作品，其中优胜的作品是马来西亚一个28岁的年轻人设计，完全达到GE公司的设计要求，重量比GE资深工程师设计出来还减轻了85%。GE公司奖励了他1万美元。菲亚特动员全球1万多个志愿者帮它提供方案，设计了世界上第一部众包汽车。海尔提出来企业是平台，员工是创客，用户是中心，这是工业互联网里面将来会大量发展众包设计进行创新。现在，随着区块链技术的发展，将来也会在工业互联网里面用，一个工业产品的销售过程涉及上下游很多企业，彼此之间是通

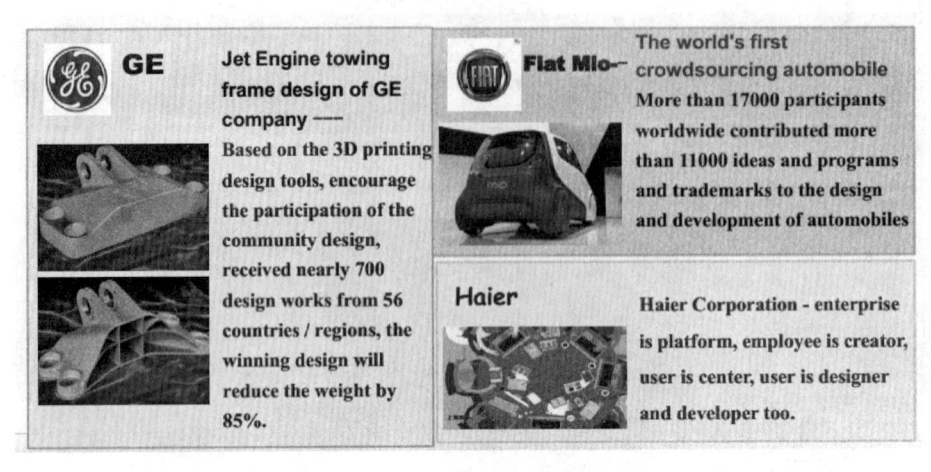

图 2-14　众包的设计和智慧创新

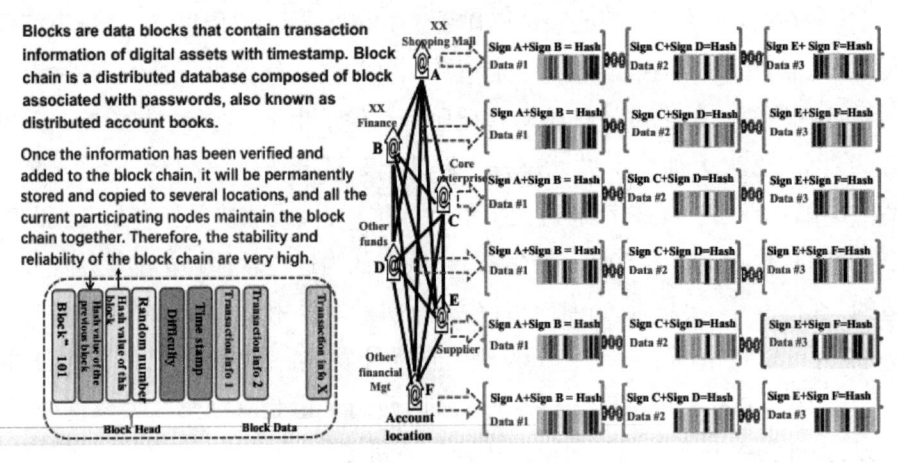

图 2-15　区块链

过交易关联，所以交易装在一个区块里面，区块还打上时间窗，有哈希值。

哈希值是把交易形式作为一个文本，取出这个文本的摘要。有这个特点，文本的形式如果愿意改变一个比特，摘要也会发生变化，而且摘要比文本大得多。通过哈希值，可以保护这个区块的设计不受损伤。本区块的哈希值放到下一个区块，彼此之间把各个区块连接起来，所以叫区块链。我举个例子，马上"双11"到了，京东有商城，大家去买东西，每一笔跟京东的交易都涉及京东金融、其他的理财方等。签名A跟京东有一个签名，跟商品形成一个签名，这里形成一个区块文本，这个文本同时复制到A、B、C、D、E所有的节点。第二个用户签名C也有一个这样的东西,复制到所有的文本,这个区块链一直延展下去,如果某一个区块跟别的区块复制不一样,明显发现是错误的。所以说,区块链本身是在非诚信的环境下实现分布式的基站,可以保证稳定性和可靠性,将来在工业互联网里面会有很好的应用。工业互联网会着重大数据的分析,这里有各种各样的数据库,取决于我们要求分析在线业务是高价值密度数据还是低价值密度数据。一个不大的工厂,常州科技,做手机壳,手机壳是拿机床加工的,要磨得很光滑,但是刀具磨损以后就不行了,什么时候换刀具,过去比较盲目,现在利用大数据可以准确地判断什么时候换刀具,降低了30%的成本。

工业互联网离不开物联网。随着产业互联网的发展,物联网嵌入到很多环节,不仅仅是网络基础设施的安全,还包括数据内容成本的安全和被控制对象的安全,一旦出问题,影响很大。所以,美国麻省理工科技评论发布了2017年十大科技突破,其中"僵尸"物联网是其中之一。怎么解决物联网的问题?现在提出一个物联网区块链,区块链本身有一个一致性的检验,通过这个可以实现物联网里面是不是有外来的干预,有助于提升网络安全。

- The rise of big data, intelligence, mobile Internet and cloud computing and IOT, help enterprise information development to the industrial Internet stage.
- Intelligent factory is the goal of industrial Internet, covering the whole industry chain and the whole life cycle and cross enterprise applications, to achieve the deep integration of information technology and industrialization development.
- The development of enterprise informatization in China is not sufficient and unbalanced. Enterprises of different degrees can implement industrial Internet step by step, the premise is to have the open standard and top-level design of the overall situation and pay attention to network security.
- Industrial Internet promotes digital transformation of enterprises, and it needs enterprise process reengineering to adapt. Management innovation and technological innovation are always on the way!

图2-16 总结

最后,大数据、智能化、移动互联网、云计算以及物联网的兴起助力企业信息化发展到工业互联网的阶段。工业互联网以智慧工厂为目标,覆盖全产业链和全生命周期,跨企业的应用实现了"两化"深度融合发展。中国企业信息化的发展不充分、不平衡,不同程度的企业可以分步实施工业互联网,前提是要有开放的标准和全局观念的顶层设计以及重视网络安全。工业互联网推动企业的数字化转型,需要企业流程再造来适应,管理创新和技术创新永远在路上。

谢谢大家。

主持人: 邬贺铨院士精辟、深入的分析,使他所引出的结论变得非常显而易见。简单地说,工业互联网将在智能制造和企业的信息化进程里面有很大的推动作用,同时企业的管理流程也需要做出一些调整与适应工业互联网技术的发展。在实施过程里面,我们必须脚踏实地地去解决具体的应用问题。感谢邬院士刚才的发言。接下来,有请工业互联网联盟首席技术官斯蒂芬·梅勒(Stephen Mellor)先生介绍如何进一步推进工业互联网在全球的健康发展,分享他的见解和体会。斯蒂芬在过去几年为了全球推广工业互联网的发展,每年都要绕地球很多圈,他的足迹遍及了全球各个角落。

工业互联网联盟的全球合作以及发展

美国工业互联网联盟首席技术官　斯蒂芬·梅勒

今天，我想跟大家分享的就是工业互联网联盟的全球合作以及发展。在座的各位都比较熟悉工业互联网联盟。还有我们的瓦埃勒·迪亚布（Wael Diab），他来自联络组，他也出席了很多的会议。在简短的介绍之中有很多的照片，这些照片显示的就是我们如何进行合作和发展的。同时，我在这里想要强调一下，这是一个持续性的活动，也是我们一直致力的一个活动，现在已经持续了3年半的时间，未来，我们肯定要继续自己的努力步伐。

我简要给大家介绍一下工业互联网联盟。我之前已经看到一些幻灯片。IIC的幻灯片和我这个版本不太一样，当然呈现出来都是不错的。首先介绍一下工业互联网联盟的愿景。这里，我想让大家注意到的就是两点。

第一点，我们上面的文本。我是一个软件工程师，我对技术非常感兴趣，但是我要把这个技术应用到现实中，而且它应该能够进入到经济结构之中，这样才能让所有人受益。我们在谈到工业互联网时到底是什么意思？也就是说要把经济进行转型。现在已经看到有一些演讲关于制造方面的转型，同时在之前我也跟AII&IIC的代表进行了会谈，包括我的手机这边可以直接在线预订酒店。但是，这些情况、这些技术在30年前可能完全想象不到，因为30年前因特网还没有发明出来。当时发明了URL，所做的就是使用URL，通过这个平台共享文件。之后看一下如何做，这个发明也是影响到我们整个思维模式，经济的转型是工业互联网向前发展的一个必经之路。

接下来提醒各位嘉宾注意第二点。大家从图2-17中可见一斑。在这个

> **Vision**: The Industrial Internet Consortium (IIC) is the world's leading organization transforming business and society by accelerating the Industrial Internet of Things (IIoT).
>
> **Mission**: Our mission is to deliver a trustworthy Industrial Internet of Things (IIoT) in which the world's systems and devices are securely connected and controlled to deliver transformational business outcomes.
>
> 270 Member Organizations Spanning 38 Countries

图2-17 工业互联网联盟简介

地图当中，工业互联网联盟的触角遍布全球各大洲、各大地区，土耳其加入之后也可以把这个红岛变得更加完全。非洲、北极没有加入其中，所以我们要紧锣密鼓地努力，才可以使我们的版图更加全面。我们的联盟在全球有270多个成员机构，也欢迎大家的加入。我们之前在午餐过程当中发现有很多公司做了很多的安全框架工作，之后我们也希望他们能够加入。大家想一下，还会有关于合规安全的测试床的专业小组，可以看到在测试床小组当中有一些公司也成为我们的成员。所以，我们的成员每一天都在发生变化。现在有270多家，他们遍布在全球38个国家中。

联盟主要的任务和愿景是希望给经济带来转型，这样一来就意味着我们必须要关注经济的各个板块，所以我们对消费领域并不是特别的关注，因为这个领域已经有别人在管，已经被覆盖得非常全面。可以看到消费互联网领域，没有很多其他的挑战，除了安全问题以外。而安全，包括账户安全，在美国有一个信贷评级公司，会担心安全方面的威胁。希望大家考虑一下，这就相当于你在河流当中，把污染物投入到河流当中会威胁到人们的生命，所以希望加强在行业当中技术、安全方面的合作。如果大家能够有一些安全的选项，比如说有保护的机制，大家可以告诉我，我非常乐闻其详。

试想，我们关切的市场当中，能源、医疗，以及其他领域，当然这上面的名单不是特别全面，所以大家想一下现在还有一个非常活跃的管零售的板块团队，还有包括POC销售等和物流、制造联系在一起，也要和全球的供应链联结

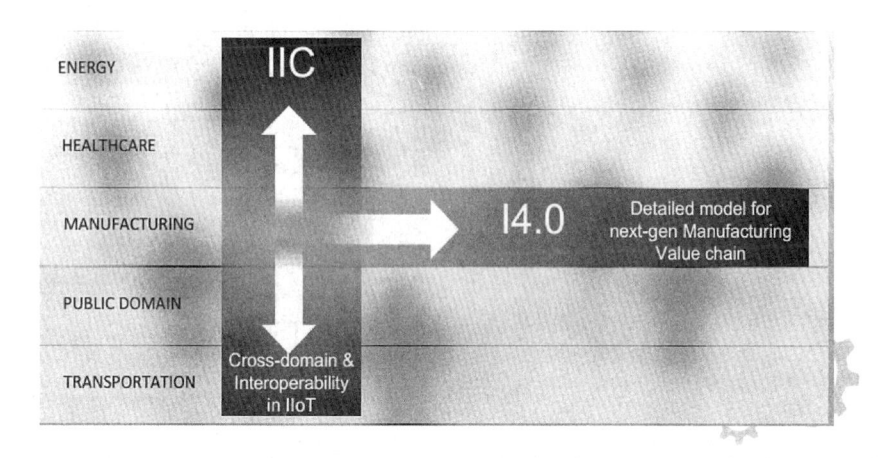

图2-18 IIC市场

在一起,这样就有一个集约化的全球物联网行动联盟。上面第二个词非常重要,就是互操作性,在不同的板块当中我们齐头并进的意义足以彰显。现在在能源方面、医疗、交通都需要生产和制造设备,这就意味着大家需要携手共进、共同合作,我们必须要注意到现在能源基础架构是高度分布式的网络。鉴于此,制造商不得不把自己的制造链条变成垂直型的、等级制的。虽然是各扫门前雪但是需要齐心协力,共同去做。放开我们的视野去看,各个行业之间有没有协同增效的余地?除此之外,在明天,在明年、在2020年、2025年时,可以看到不同的行业联结在一起,也许他们没有这么紧密的连接,就像在世界经济论坛中所倡议的一样,希望可以进行跨界合作,将有跨界的产品涌现在市场当中。这样,一切都是软件定义,软件定义的一切都更加容易互通互联,所以人家可以考虑一下各个行业的产品和服务之间在全球互操作性的问题。

过去多年完成到什么样的一个成就?有一个专门联络小组,我的同事也列席今天的会议。当年,我们到处牵线搭桥,和很多的合作伙伴建立了关系,在全球普遍撒网。图2-19显示的是我们和ZAICT于2016年年底签约。我们协调委员会的主席和陈副部长正在进行讨论怎样进行合作。这只是万里长征第一步而已。今天,有来自工业互联网联盟、工业互联网产业联盟的代表,大家都是产业当中进行协作的典范。

从图2-20可以看到在日本合作的情况。这是CEATEC之间的合作。与日本是2017年3月份刚刚进行合作,非常高的这个人是威切尔(音)教授,是

图2-19 签约仪式

图2-20 与日本合作照片

我们联盟的主席。其他的嘉宾来自日本。最重要的一点是携手合作,希望可以和全球不同的组织机构携手合作,当然也希望和中国相关机构进行合作。

给大家举个例子,我们和中国工信部进行合作。工信部是非常著名的部委,在日本也有相似的结构,他们有METI、MAC,有通信部、工业和信息部,与中国同类部门非常相似,在德国也有相似的部门。大家非常有必要携手共商大计。

- CAICT (China)
- DIN (Japan)
- IEEE P2413 (Global)
- ISO/IEC JTC 1/WG 9 (Global)
- ISO/IEC JTC 1/WG 10 (Global)
- IoT Acceleration Center [ITAC] (Japan)
- Robot Revolution Initiative (Japan)
- Industrial Internet Association of Brasil (Brasil)
- Russian Association of Industrial Internet (Russia)
- Edge Computing Consortium
- etc etc

图2-21 全球合作

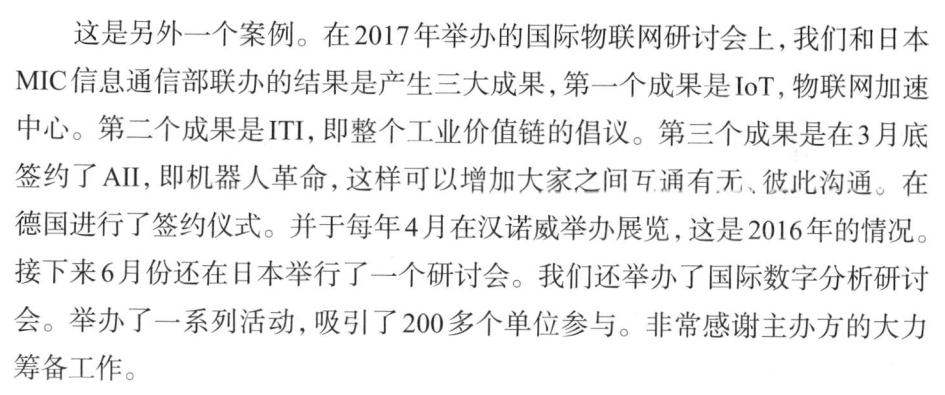

这是另外一个案例。在2017年举办的国际物联网研讨会上,我们和日本MIC信息通信部联办的结果是产生三大成果,第一个成果是IoT,物联网加速中心。第二个成果是ITI,即整个工业价值链的倡议。第三个成果是在3月底签约了AII,即机器人革命,这样可以增加大家之间互通有无、彼此沟通。在德国进行了签约仪式。并于每年4月在汉诺威举办展览,这是2016年的情况。接下来6月份还在日本举行了一个研讨会。我们还举办了国际数字分析研讨会。举办了一系列活动,吸引了200多个单位参与。非常感谢主办方的大力筹备工作。

2017年8月底,我们参加了边缘计算在互联网应用的研讨会,这是和北京的代表共同举办。华为的代表专门进行了演讲,也有很多的嘉宾参加了这一会议。我们之所以把市场、国家、技术相互联结在一起,是因为这样一来可以实现1+1＞2,打造一些切实可行的结果。在不同市场当中都有不同的概念,希望大家确保在各个领域都有专家帮助我们。其中一点就是德国的"工业4.0"版本的平台。除此之外还有两个不同的部委齐力合作。众所周知,作为战略的一部分,工业互联网联盟希望能够展开双臂,向其他的垂直市场进军,希望能够切实做一些实事。我们非常乐意给大家做演讲,但同时也非常希望演讲内容可付诸实践。2018年希望可以密切地关注合作,也希望可以切中重点,参加本地的会议。同我们能源的垂直领域相关的活动希望大家能够多参与、多做一些实事,这样可以了解能源行业当中的痛点和诉求。工业互联网联盟希望能够助力大家的发展,在2018年下半年将选择第二个垂直市场。我们现在正在进行考虑,做民意调查,让我们的成员机构告诉我们,2018年下半年应该关注哪个垂直领域,我们会抓住主要矛盾和重点。

我们已经和德国"工业4.0"合作一年半。这个图片很简单,高屋建瓴地让大家了解架构怎么结合在一起。我觉得有一点且是非常重要的一点,即是希望把架构做成硬件,所以我们可以看到用的语言是IIC的语言。工业互联网的参考架构,之后会专门有一个嘉宾来作此介绍,我们希望和德国的平台可以统一。我们马上就要批准这个文件,希望可以公布结果。另外一个视角是生命周期有独特的特点,对于德国的平台就是要发现产品,根据产品系数本身预测其能够达到的生命周期。这一点我们以前没有着重地去关注。在AII当中没有足够的供给,我们还是希望可以联合,严丝合缝地联结在一起。

当然,我们也有很多联络小组和大家进行牵线搭桥。已经批准约30家机构作为我们的联络机构,另外有30家机构正在预期当中。这只是已批准的联络机构当中的一部分。在开篇时我给大家介绍过,希望大家可以了解我们的供应链和价值链是全球的,正因为如此,才要建立全球的标准,如此打造了一系列的合作关系。如我们和IEEP2413建立了国际联系与ISO合作,设立两大委员会。一个负责大数据;一个负责物联网和相关技术。我们也欢迎大家加入国际标准的起草和制定工作中,这样就可以起草一个全球标准,以供在全球的供应链当中实施。

谢谢大家的聆听。

主持人:非常感谢斯蒂芬分享在全球工业互联网发展的方面主要是借力于各个区域的相应机构以及各个产业、专业机构和国际标准组织进行密度合作,共同推进。工业互联网近年来在国内也受到了广泛的重视。大家可能也关注到,工业互联网在国家政策的层次上已经开始以战略的高度进行推动。不少企业也加快了对工业互联网的实施。现在是一个极好的时机,让我们对工业互联网在国内的发展现状、已经取得的成果、未来的发展做全面的分析。今天有幸邀请到工业互联网产业联盟秘书长、中国信息通信研究院总工程师余晓晖先生为大家在此做一个全面、深度的分析。其实,今天这个课题在此时此刻很难找到更合适的人选作这个分析。余晓晖总工程师在工业互联网的理念刚刚开始发展时就已经带队参与了国际上工业互联网的一些推进活动,也为国内相关的机构与国际的机构(比如说AII&IIC)对接,打下了良好的基础。

同时，余晓晖总工程师所致力于推动的AII，不说中国，在全球工业互联网领域里是最大的一个机构。他在国内推动工业互联网的发展所取得的成果也是有目共睹的。大家以热烈的掌声欢迎余晓晖总工程师。

中国工业互联网发展与展望

中国信息通信研究院总工程师　余晓晖

很荣幸有这个机会参加上海工业互联网国际会议,也是和IIC联席会议,今天也是工博会正式开始,所以这是一个很好的机会,跟大家分享一下我们对中国互联网发展情况的观察。我的演讲题目是《中国互联网发展与展望》,希望跟大家分享我们目前观察到的一些情况。

大家都比较清楚,10月30日国务院常务会议决定推进加快建设和发展工业互联网,促进"互联网+先进制造业"发展。这是国务院会议前面的一个展示,是关于工业互联网的一些产品方面的展示。比较少见的是国务

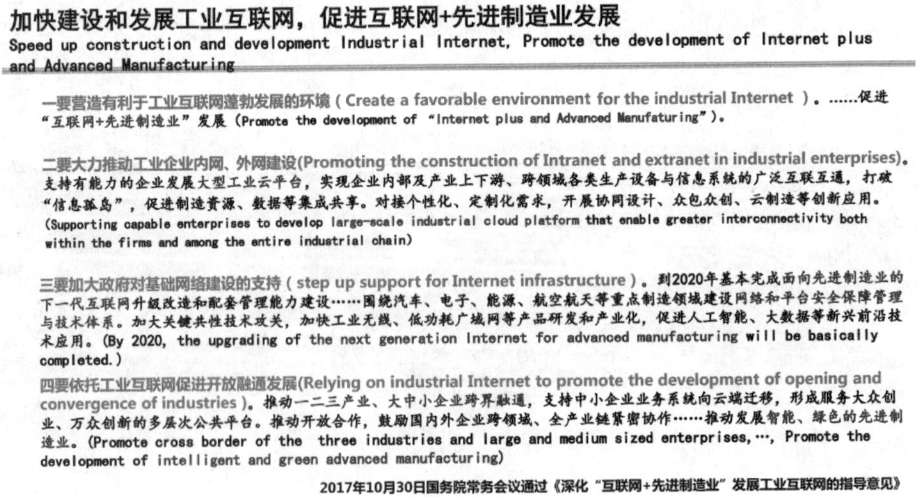

加快建设和发展工业互联网,促进互联网+先进制造业发展
Speed up construction and development Industrial Internet, Promote the development of Internet plus and Advanced Manufacturing

一要营造有利于工业互联网蓬勃发展的环境（Create a favorable environment for the industrial Internet）。……促进"互联网+先进制造业"发展（Promote the development of "Internet plus and Advanced Manufacturing"）。

二要大力推动工业企业内网、外网建设(Promoting the construction of Intranet and extranet in industrial enterprises)。支持有能力的企业发展大型工业云平台,实现企业内部及产业上下游、跨领域各类生产设备与信息系统的广泛互联互通,打破"信息孤岛",促进制造资源、数据等集成共享。对接个性化、定制化需求,开展协同设计、众包众创、云制造等创新应用。(Supporting capable enterprises to develop large-scale industrial cloud platform that enable greater interconnectivity both within the firms and among the entire industrial chain)

三要加大政府对基础网络建设的支持（step up support for Internet infrastructure）。到2020年基本完成面向先进制造业的下一代互联网升级改造和配套管理能力建设……围绕汽车、电子、能源、航空航天等重点制造领域建设网络和平台安全保障管理与技术体系。加大关键共性技术攻关,加快工业无线、低功耗广域网等产品研发和产业化,促进人工智能、大数据等新兴前沿技术应用。(By 2020, the upgrading of the next generation Internet for advanced manufacturing will be basically completed.)

四要依托工业互联网促进开放融通发展(Relying on industrial Internet to promote the development of opening and convergence of industries)。推动一二三产业、大中小企业跨界融通,支持中小企业业务系统向云端迁移,形成服务大众创业、万众创新的多层次公共平台。推动开放合作,鼓励国内外企业跨领域、全产业链紧密协作……推动发展智能、绿色的先进制造业。(Promote cross border of the three industries and large and medium sized enterprises, ..., Promote the development of intelligent and green advanced manufacturing)

2017年10月30日国务院常务会议通过《深化"互联网+先进制造业"发展工业互联网的指导意见》

图2-22　《指导意见》简介

院领导在开会之前去观看了工业互联网一些实际进展情况。大家都看过，微信里传得比较多，政府的网站里面也有这方面的内容，不详细展开。政府报告里提了四个方面的内容，全文还没有发。比如说，营造有利于工业互联网蓬勃发展的环境，也提到"互联网+先进制造"，另外是大力推动内网外网。这里，内网和外网讲了很多工业的平台，打破信息孤岛，特别说到实现企业内部产业上下游的跨领域生产设备与信息系统的互联互通。另外也提出来对基础设施的支持，明确提出2020年前要完成面向先进制造业的下一代互联网升级，希望我们现在的网络能够满足工业互联网和制造的需要。还有依托工业互联网促进开放融通发展。这里提到一二三产融通发展，也体现了工业互联网所起到的作用以及转型升级当中工业互联网的期望。党的十九大里提到先进制造业和智能技术的结合，工业互联网正好是这样一个共聚和载体，可以推动中国整个经济的发展、先进制造业的发展，对全球也是这样。

这是我们联盟的情况，至今有400多家成员。今天上海分联盟成立，上海分联盟一成立，成员就比较多，接近300家。我们联盟到现在只有1年半时间，体现在整个中国产业界对于工业互联网发展的预期，中国企业里面面临很多挑战或者说对新的技术期望，以实现整个中国工业和产业的转型升级。这是我们工业互联网联盟的组织架构，我们叫"8+8"，有8个工作组、8个特色组。

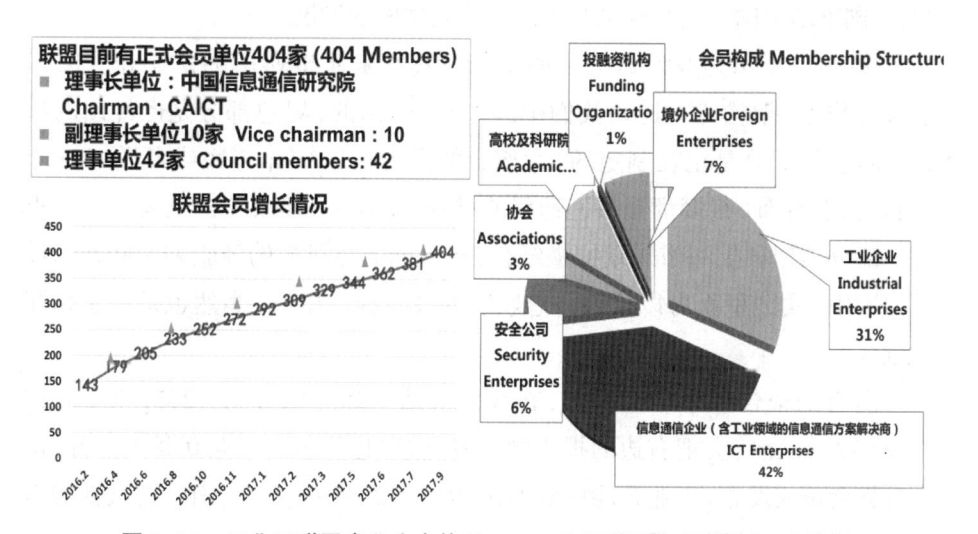

图2-23　工业互联网产业生态体系——工业互联网产业联盟（AII）简介

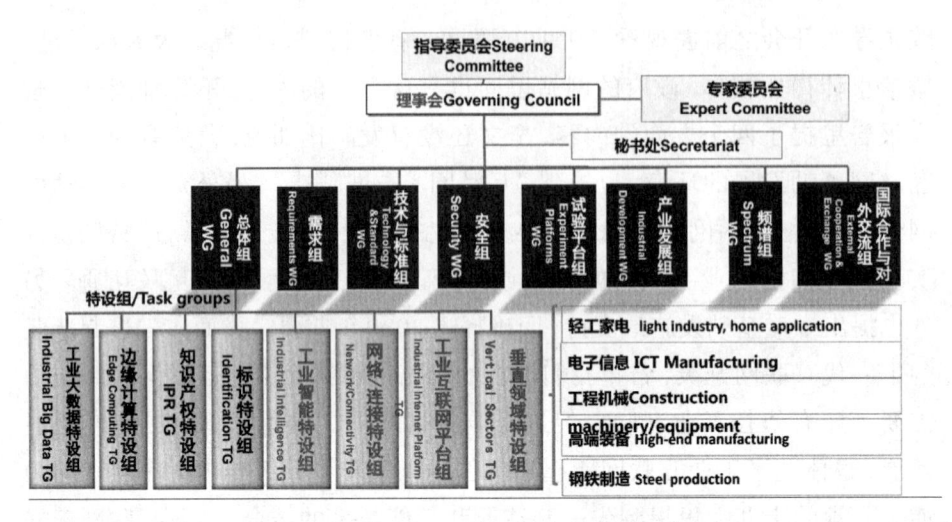

图 2-24　工业互联网联盟组织架构(8+X)

其中,有 4 个特色组 2017 年 9 月份成立的,包括工业智能、网络连接、工业互联网平台以及垂直领域。目前,垂直领域涉及轻工家电、电子信息、工程机械、高端装备、钢铁制造,未来随着时间的推进还会有更多的垂直领域的工作介入进来,工作组解决水平层面的问题,特色组会聚焦在特定领域里的技术问题,而垂直领域组是把技术、标准如何落地,形成一个协同发展的局面。这是我们目前的一个组织形式。我们联盟的组织也会和我们上海分联盟的工作结合在一起,共同推动中国工业互联网和上海工业互联网的发展。

图 2-25 所示是我们做的一些工作。我本来还想列 IC 做的工作。IC 做了很多技术、架构等。这是我们中国 AII 目前出的,黑色部分是已经出的报告。右边的部分是正在制定的,大部分的报告在 2017 年年底或者说 2018 年 2 月之前会发布,很多都是快速迭代的过程,不停地修改、不停地完善。这里有一部分工作和上海市规划推进结合,有可能上海很多的经验和一些技术推进、应用的实践里面可以反映在总联盟的技术报告中去,当然也是一个相互的过程。

所有的报告如果已经发布,在我们网站上都可以看到。2017 年年底到 2018 年 2 月之前,会把右边的报告做一些发布,这里包括工业互联网平台,这个月就会正式发布,工业智能白皮书在 2018 年 2 月会发布,还有一些其他的内容,这里就不详细展开了。

AII（工业互联网产业联盟）的研究进展(Research progress)

已发布 (Released)
- 工业互联网参考体系架构（1.0版）Industrial Internet Architecture v1.0
- 工业互联网标准体系框架 Industrial Internet Standard System v1.0
- 工业大数据技术与应用白皮书 Industrial big data Technology and Application white paper
- 工业互联网平台白皮书（讨论稿）Industrial Internet Platform white paper
- 工业互联网成熟度白皮书（1.0版）Industrial Internet maturity assessment white paper V1.0
- 工业互联网安全态势报告（2016）Industrial Internet Security Situation Report（2016）
- 工业云安全防护参考方案 Industrial Cloud Security Reference Solution
- 工业互联网标识解析-产品追溯白皮书（2017）Industrial Internet Identification—Product traceability white paper
- 工业互联网平台通用要求 Industrial Internet platform General requirements
- ……

研究中 (ongoing)
- 工业互联网参考体系架构（2.0版）Industrial Internet Architecture v2.0
- 工业互联网垂直行业实施架构（1.0）Industrial Internet Implementation architecture v1.0
- 工业互联网网络参考架构 Industrial Internet network architecture
- 工业互联网数据参考架构 Industrial Internet data architecture
- 工业互联网安全参考架构 Industrial Internet Security Reference frame
- 工业互联网典型安全解决方案案例汇编 Industrial Internet Typical Security Solutions
- 工业互联网安全态势报告（2017）Industrial Internet Security Situation Report（2017）
- 工业互联网技术体系白皮书 Industrial Internet technology system white paper
- 工业智能白皮书 Industrial Intelligence white paper
- 工业互联网标识解析体系架构 Industrial Internet Identification infrastructure
- 工业互联网频谱白皮书 Industrial Internet spectrum white paper
- 边缘计算白皮书2.0（与ECC联合）Edge computing white paper v2.0（with ECC）
- ……

图2-25　工业互联网的顶层设计

图2-26　垂直行业的工业互联网设计

这是刚才提到垂直领域的一些工作。这里有几个组，轻工是海尔牵头，他们聚焦在个性化定制和供应链集成，这是把工业互联网应用在家电里面考虑。在高端装备，聚焦高端装备智能化和生产与网络协同制造。钢铁是宝信软件企业公司牵头，聚焦在产业链协同与智能生产管控一体化。还有一个电子信息产业，是中兴公司和中国电子两家企业牵头，聚焦质量与效率管理的智能化生产与个性化定制。还有三一重工，包括数控互联，牵头在工程机械，聚焦工程机械智能工厂与产品远程运维服务。这是在2018年2月会发布工业部署的白皮书,涉及每个领域里面究竟工业互联网可以解决哪些企业的痛点问题,通过什么方式来解决,工业互联网如何部署、如何运用,已经有一个初稿,有100多页,现在正做修改,预计再过几个月就可以正式发布,希望对我们的产业实践有一定的作用。

除了这几家企业还有很多的企业都参与了这个工作,比如说施耐德、清华等,2018年还会涉及更多的垂直领域。我们认为,水平的标准化、共性技术的研究、架构的研究和垂直领域的实践结合在一起,才可以真正落地,指导解决企业的各项问题。

图2-27 中国工业互联网应用实践

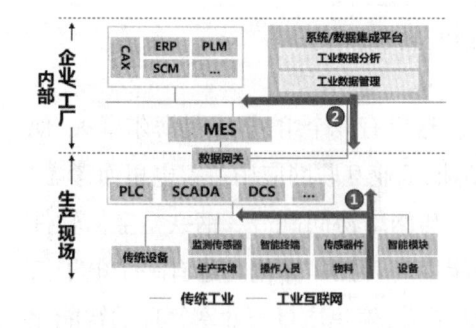

图2-28 面向企业内部的生产率提升——智能工厂改造

回到企业层面,在应用实践里面有三个路径,现在已经看到很多的技术,比如说物联网技术、大数据技术、云计算技术、人工智能技术等。技术应用里面如何去使用,有很多的可能。

大体上总结为三个:第一,面向企业内部生产率的提升,怎么通过工业互联网打通设备、生产线、生产运营系统,能够获取数据,实现数据驱动的生产能力,这是很多的工业企业里面所做的一个工作,也是我们数字化车间或者说智能工厂里面所做的工作。第二,如果能够通过智能化生产提高效率、降低能源、资源消耗的时候,怎么样通过工业互联网寻求商业模式的创新、产品的创新。另一个方面把工业互联网聚焦在如何面向企业价值链的外部延伸,包括产品的、协同的智能化,打通企业的价值链和企业链,打通从生产到企业的创新,这是国内目前做的很多的尝试。我想,关于路径一,在德国的"工业4.0"里面体现得最为充分,在这里有很大量的实践,包括一些研究。这样一个创新可能是在美国AIC里面有很多这样的内容,企业里面有许多开展业务创新、商业创新的案例。第三,如果我自己做得好,是不是可以为别人提供服务?做一个平台,这是面向开放生态的平台运用,这是一个工业互联网平台,是一个数据驱动的应用,这个在国际上也很重视。美国GE、在中国很有名西门子的很多的公司、施耐德、ABB,也包括中国的很多公司都做这方面的工作。这三个公司都是目前中国企业里面在推动工业互联网的实施与解决痛点问题里面三个主要的路径。

可以看到智能工厂里面可以进行在车间的改造、工厂级的改造,不管在哪个改造,大致的原理、方法是一致的。怎么把设备连起来,把机床、机器人、控制系统怎么联系起来,怎么把数据采出来,这个数据怎么能够进行分析、建模、返回去,这些国内目前做得比较多。而且观察来看,这样的模式在离散制造行业和流程行业都已经覆盖了,几乎覆盖中国主要的制造行业。目前来看,电子信息、家电、医药、航空航天、汽车、钢铁、石化等行业里做得很不错,这也是"工业4.0"里面聚焦的一个种类,过去在国内外都有很多的实践。

如果通过工业互联网做创新,比如说个性化定制。个性化定制是这一轮新工业革命或者说这一轮智能制造所追求的一个理想。个性化定制面临很大的挑战,经济性以及生产的系统是否能够适配到用户需求的变化,能不能感知、能不能适配,这需要做很多工作。我们看到目前有很多案例,如家电、纺

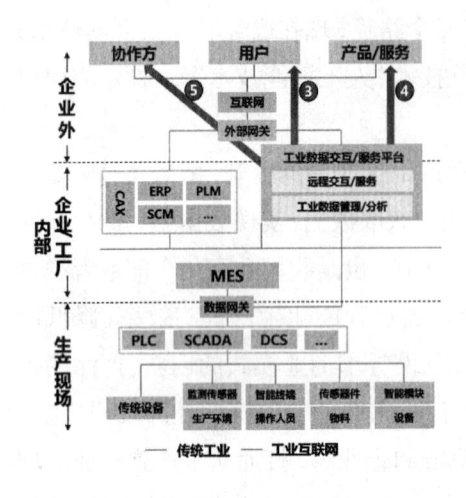

图2-29 面向企业外部的价值链延伸——智能产品/服务/协同

织、服装、家居等在个性化定制方面做得比较多,汽车在个性化定制行业也是,上海的上汽里面个性化定制也做得不错,这里面有很多的实践。虽然说还没有大规模的推广,但是在每个领域都看到一些,个性化定制对我们企业的生产体系要求非常高,否则是无法达到所需要的要求,特别是经济性的要求。

再一个是服务化延伸,这个在中国企业里面做得也非常多,如果用工业互联网对他的产品,尤其是高价值的产品进行远程的监测、诊断等,这里包括家电、工程机械、电力、水务、交通都有,很多在座的企业都从事这方面推进的工作。所以可以看到很多的案例,从我们工程机械里面挖掘机三一重工,还有水务的工作,还有工博会里面有一家做盾构机的,都做了。智能家电里面有海尔。

还有网络化协同里面怎么通过互联网去把需求资源、制造资源精准地集中、调度起来。这在中国做得也不错,一个很大的原因是中国消费型互联网在这方面非常有心得,特别把不同的需求打通,把需求和供给打通,这个过去在消费型的场景里做得比较多,现在在工业领域里也做起来了。

接下来是平台,有资产优化、生产流程的各种优化平台,像GE的,还有协调平台。通过这个资源可以把制造资源、需求资源调动起来,设计、研发可以精准对接的平台。其实,这个平台是中国做得不错。现在很多企业里面无法

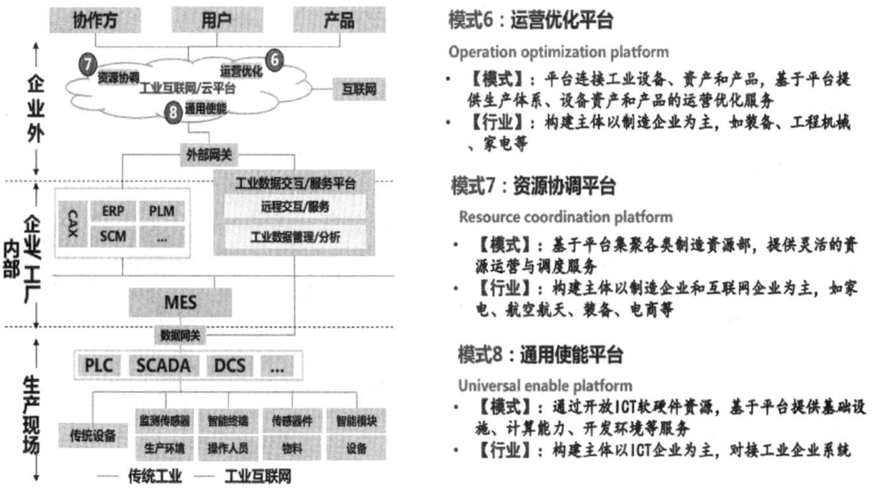

图2-30 面向开放生态的平台运营——工业互联网平台

提供所有的解决方案，但是可以提供一个单方面的，提供计算能力、提供物联网感知能力等。我们国内有很多的平台，国际上也有。

图2-31也是联盟里面确定的一个工业互联网发展平台的技术架构，最下面是数据的连接、采集，上面是IS，再上面是Paas，上面是各种各样的开发数据、微服务、各种工业能级的封装，都在这上面。再上面就是工业的APP和应用模式的创新，这是目前正在做的。这个月会正式发布工业互联网白皮书，会

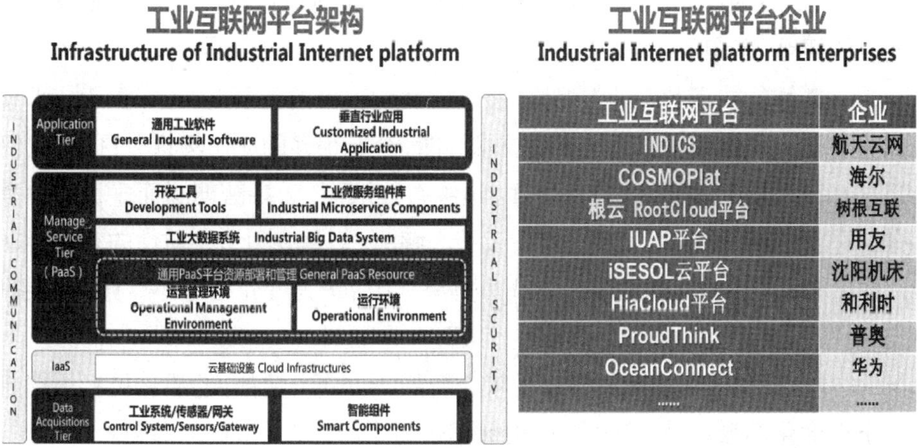

图2-31 工业互联网平台的实践

总结国内外工业互联网运行的情况。目前在国内做工业互联网企业很多,也可以说有十几家,目前来看主要还是最近的一两年里做起来的,时间都非常短。航天科工和海尔、数控众联的,2017年2月的峰会正式发布。目前,中国做平台企业也会越来越多,把平台作为工业互联网发展一个主要的内容。

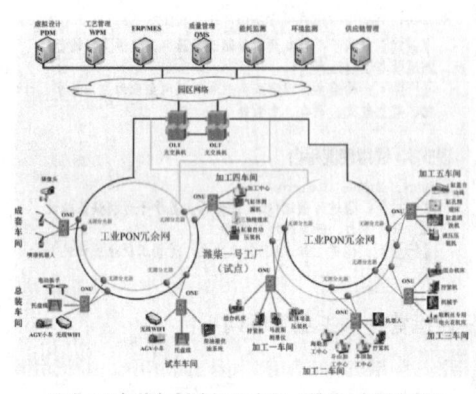

图2-32　工业互联网的技术探索——网络

后面还做了一些探索,比如说这是网络的探索。国务院常务会议也特别提到,对网络有一些要求,比如说这边可以看的,一直在中国电信里面用工业的光纤网络,去解决工业的连接和数据采集问题;中国移动在油田里面如何用IPP6和4G网络实现油田的连接;还有自动化所所做在能源网里面做无限连接的问题;等等。

人工智能技术和工业互联网的发展,我们自己的判断是,人工智能技术和工业互联网发展的一个最重要的技术方向,会有很多的应用场景。目前,我们把它总结为三个层面,即设备层面、边缘智能层面、云端智能层面。目前看都有,很复杂的智能深度学习需要在云端去解决,但是有很多实质性的东西会在边缘的方式,甚至在设备端的方式去解决,稍后华为会介绍边缘计算,也会提到相关在边缘里面如何解决问题。我们有些案例,这里提及的是现代深度学习的智能,是传统工业智能和新的工业智能的方式。比如说,盾构机会根据地址条件优化参数设计,会根据历史数据进行学习,寻找最好的参数。比如说,图2-34中间这张,一个公司做的风力发电机的预测生产维护系统,大量的数

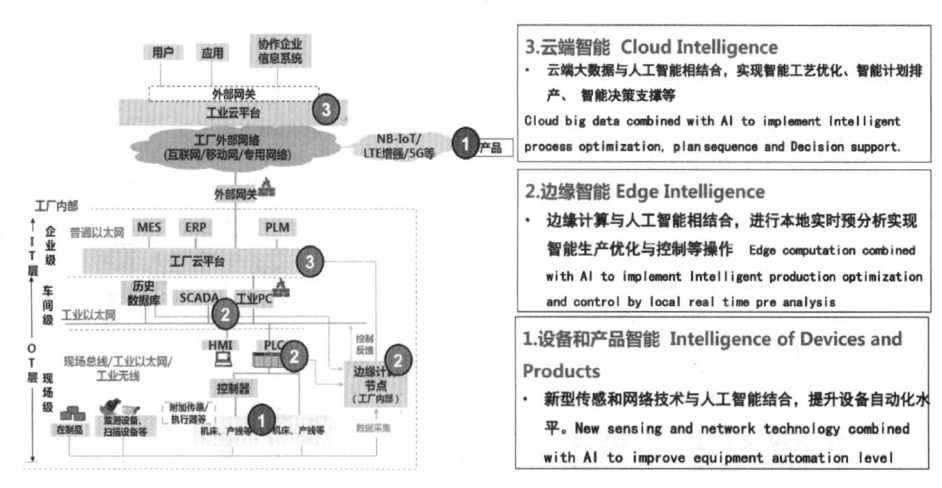

图 2-33 工业智能：人工智能技术在工业互联网中的融合应用

据采集以后对风电系统进行优化。还有阿里巴巴做的工业大脑，在流程工业里面、在光伏、橡胶行业里面做的优化，有优化工业参数，取得了很多的进展、很好的效果。这是工业智能和工业互联网的结合，在国内做的一些探索。从理论到实践还有很多需要突破，这是很重要的方向。下一步联盟也会推动这方面的工作。

这里特别提一下这是在信息工业部指导下做的大赛，真正风电的模型，6个月的数据，828个变量。有两大问题：一个是风机结冰、风机故障，全国有

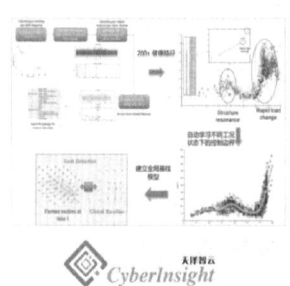

图 2-34 工业智能的探索

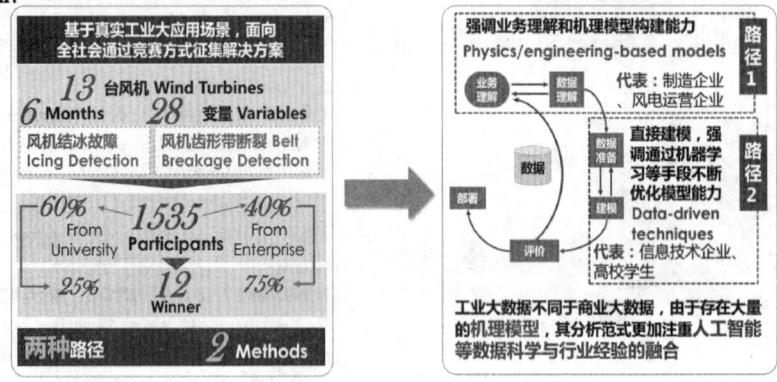

图2-35 工业大数据竞赛

1 000个团队参与这个竞赛。我们发现两个路径对风机、风电里面有行业能耗在里面，他们采用的方法会把行业知识和人工的方法结合。我们看到还有一部分是大学的，特别是一些学生对这个行业没有理解，用纯的大数据分析方法去破解这个问题，也有不错的结果。但是，看起来人工智能的方法和工业的结合起来是目前最合适的方式，这也是未来作为一种推动工业互联网如何与人工智能、大数据结合来解决问题的一种路径。另一个是安全。安全就不提了，稍后会有专门介绍。这是测试床，IIC有一个测试床的介绍，他们有20个，我们的测试床也有20来个，分两批，时间的关系来不及展开。这涉及方方面面，有水平、垂直、工业制造、能源、智慧城市等。其中有两个测试床是我们AII的测试床，也是IIC的创始床，海尔的生产质量管理和城市水务管理，这同时是我们两个联盟的测试床。

我稍微举两个例子。这是中科院沈阳自动化所牵头，还有SAP和我们也参加了软件可定义的可重构的智能制造的测试床，通过软件的定义里面可以实现个性化的定制，预测性维护，工艺的可重构、机器的可重构、网络的可重构，通过可重构实现快速的部署，这里从部署的案例，可以看这个数据里面还是非常的好。这已经是结题完全的测试床。还有一个测试床是创新的，在山东潍坊做的山东重威光电子公司和济南运营商一起合作，基于NIBOT窄带互联网智慧路灯的模式，技术上并不是很复杂，商业模式上有一个创新，是通过

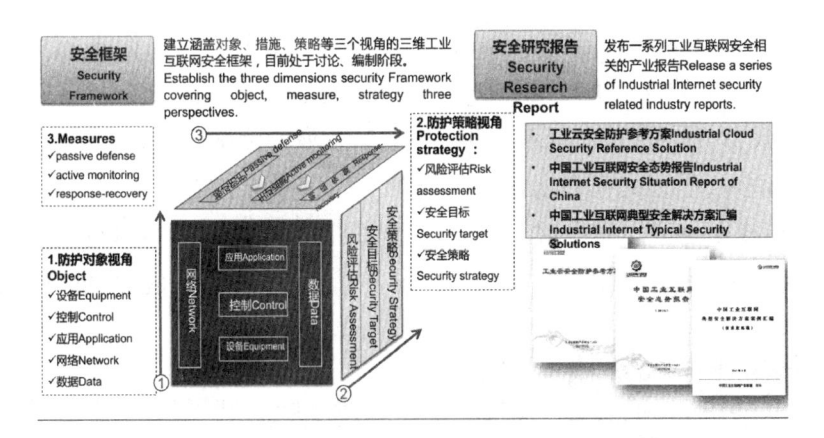

图2-36 工业互联网安全

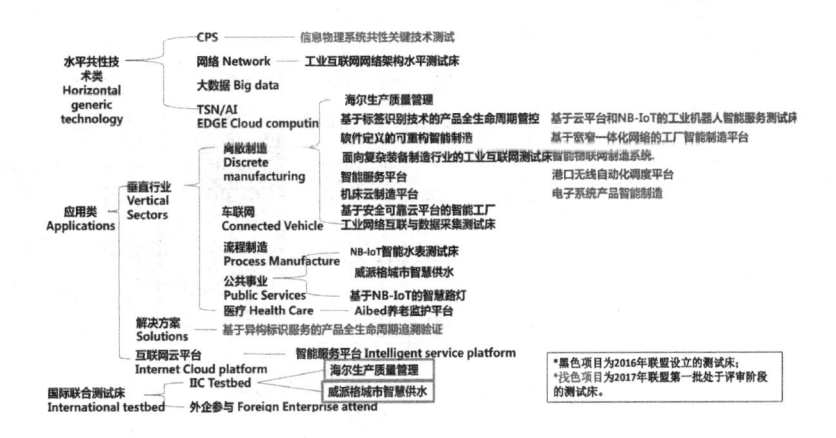

图2-37 工业互联网产业联盟测试床

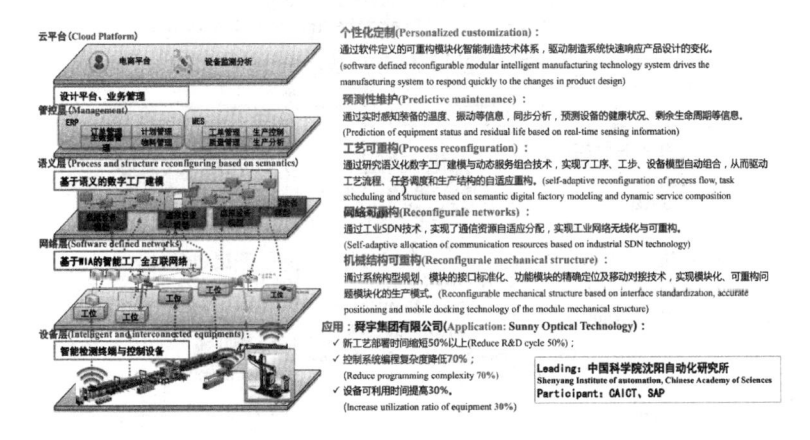

图2-38 测试床示例——软件定义可重构智能制造

EMC 的方式，能源合同管理的方式，所有系统建设是这个公司掏钱，不需要政府掏钱，从节省的电费里面跟政府进行分成，通过这个工业化部署实现了多赢的方式，政府不需要付出，还有回报。这是我们联盟测试床里面用于城市发展的一个小的案例，还是很有创意的。

最后想提一下在国务院常务会议中提到"三步走"和"323 行动"，因时间的关系不展开讲了，而且这个全文还需要时间来发布。但是，这里面比较明

图 2-39 测试床示例——NB-IoT 智慧路灯

图 2-40 下一步展望："三步走"目标和"323"行动

确的叫三个体系、两类应用和三个支撑。上周，工信部陈部长和两位司长在国务院政策吹风会上做了介绍。三体系，即平台体系、网络体系、安全体系，这是作为中国互联网发展三大支柱。网络怎么做、平台怎么做、安全怎么做，这是下一步的重点，这个会和上海市工业互联网推进结合在一起。两类运用，特别提到大型企业的应用和中小企业的应用，应用能力和特点是不一样的，所以在应用推进里面要考虑如何推动这两个应用，所以这里也特别提到百万的工业APP、百万的企业上云，还有很多这样的举措，在条文发布以后就会看到比较详细的内容。最后还有三大支撑：推动中国工业互联网发展必须有一个强有力的产业支撑，打造一个很有力的生态系统，有一个国际化、开放化的发展，所以是一个我们和IAC的合作，包括德国、美国、日本、欧洲国家的合作都是工业互联网发展的一个非常重要的方面。其实，我们AII联盟里面本身也是开放的组织，这里面有7%的企业是来自跨国企业，比如博世、施耐德、GE。这个是刚才斯蒂芬用过的图，即战略合作协议的图。

以上是我的介绍，希望和国内外的产业界、政府一起合作，也希望在上海，包括整个国内之间的合作，希望能够共同开创整个中国，整个全球的工业互联网发展，共同把握好这个历史发展机遇，使这样一个技术造福于我们的经济和社会发展。以上就是我的介绍。谢谢大家。

主持人：非常感谢余晓晖总工程师对工业互联网在国内的发展现状，从技术、应用层面，从AII内部成果，为我们作了非常丰富的介绍，甚至对未来在国内怎样推动工业互联网的发展、怎样行动，也为大家作了简介。我作了观察，从上到下，中国对工业互联网的推动力度是世界上少有的，经过三四十年的努力，国内的企业，包括制造业在内，在产品、技术、市场、经营方面已经打造了非常雄厚的基础。我个人觉得，工业互联网和智能制造为国内的企业带来了很好的机遇。现在有很多国内企业已经进入了国际先进的行列。现在，工业互联网和智能制造会为国内的企业带来更广阔的机会，让更多的企业借助于工业互联网技术的发展和实施，可以进入国际优秀企业的前列。

我们现在连接的是工业设备、工业装备在生产环境里面的正常运行，还有对工业作业人员的人身安全保障，还有不少装备是属于基本设施的一部分，对于它们的正常运行，有涉及国际民生，所以由于连接而延伸的一些安全性问题是工业互联网实施过程中大家十分关注的一个问题。今天我们有幸邀请到360沈阳研发中心总经理陶耀东先生，为大家分析一下工业互联网在实施过程中所面临的安全挑战以及应对的手段。请大家以热烈的掌声欢迎陶耀东先生。

IT/OT融合下的安全挑战与应对

工业控制系统安全国家联合实验室主任　陶耀东

很荣幸到这个论坛跟大家分享我们对安全方面的一些认识和体会。我的报告安排在佘总工的后面紧接着开始讲安全,可见组委会对安全的重视。国家规划的"323"的步骤里面,前面的"3"有一个就是安全体系。所以安全其实是一个非常重要的前提,我今天演讲的题目是《IT/OT融合下的安全挑战与应对》。安全的挑战已经变成一个新的领域,IT和OT融合,互联网整个过程就是一个IT和OT融合的过程。

首先,看看工业互联网为什么IT和OT融合到一起,看看我们自己的报告,在工业互联网产业联盟的参考架构里面,其实围绕数据、网络、安全支撑上面四大块的应用,包括智慧生产、网络化协同、个性化定制和服务化的延伸,这里看到的数据是核心、网络是基础、安全是基本的保障,如果没有安全,很多事情推起来心里就没有底。

在这里看驱动力出现在哪些方面。前几天参加了智慧水务和智慧城市,以及现在所说工业互联网有一个核心的诉求,是要帮助组织获得竞争的优势,这里包含哪些内容,包括生产率更高、安全与预测性、精度与速度,减少人力成本,提高相应的速度和能力,这些一起推动着IT和OT网络打通,连接到一起。

这里有一些变化,IT和OT分离的情况会打破,通常所说以太网交互的模型,翁院士也介绍了,会改变,未来有一些可靠、准确、稳定的网络会出来,比如说TSN微秒级同步。还有数字的孪生,甚至在边缘计算,相关的这些在市场、技术、政策多轮的驱动下会融合起来。融合以后带来的安全挑战有哪些?

到2020年底，物联网的全球经济影响将达到2兆美元，其中有超过210亿个联网的"物联网" By the end of 2020, 2 Trillion dollars, 210 Billion connected IoT will

- IT和OT分离管理的情况将会打破
  IT and OT separation management situation will break
- 基于以太网的尽力交互模型将不再适用
  Best effort delivery models will no longer apply
- 开始考虑时间敏感网络（TSN）自底向上打通
  Support for time-sensitive network (TSN) from the bottom to the top
- 数字孪生
  Digital Twin
- 边缘计算（Edge Computing）

IT/OT一体化实现更直接控制和更完整监控，更容易地分析来自世界任何地方复杂系统的数据

图2-41　IT/OT融合的发展趋势

IT/OT融合后带来的安全挑战

- 工业互联网增加更多端点，也带来了更大的攻击面
  IIoT growth in complexity increases the "attack surface" in industrial settings, such as ICS, SCADA, manufacturing, smart grids, oil and gas, utilities, and transportation.

- 与IT相比，IIoT系统安全问题，可以造成物理伤害，生命和社会损失
  IIoT systems have different attack vectors and threats associated with them, as compared with their IT counterparts, which can cause physical harm, loss of life and major societal disruption.

- 安全态势和资产可视性不足，无效的安全对策及合规性和互操作性减缓了在IOT中的使用安全措施
  Lack of security posture and asset visibility, ineffective security countermeasures, and compliance and interoperability issues are key concerns slowing security adoption in IIoT.

- 许多旧的工业协议都是专有的，未考虑到现代威胁和安全架构，带来互操作性和安全挑战
  Many older industrial protocols are proprietary and are not designed with modern-day threats and secure architectures in mind, creating both interoperability and security challenges.

Gartner G00317591 "Pragmatic Strategies to Improve Industrial IoT Security"

图2-42　IT/OT融合的安全挑战

一般企业里面有安全信息官、隐私官，可能关注的是安保、隐私和商业决策数据的保障。但是对于工业工程师，可能考虑的是可靠性、安全，还有物理变化的数据，在IT和OT对齐的过程中，就会带来一些全新的问题。这里可以看到挑战有哪些方面？一是在我们工业互联网会增加越来越多的端点，这些端点从安全角度来说都是可以攻击的途径，攻击面变得越来越大。另外以IT和OT相比，我们所说的工业互联网IoT这一块，不光是数据丢失的简单问题，可能会影响到物理世界的伤害，甚至是生命影响。另外在庞大的工业互联网里，安全的态势和资产的可视性严重不足，另外因为很多措施的冲突导致一些安全的对策和互操作性与安全有冲突，没有办法实施。另外工业领域有很多协议，很多所用工业的主机非常老，有的甚至是15年前，安全保障能力和脆弱性非常严重，也会带来非常大的挑战。

图2-43 案例1：KWC水厂SCADA受到攻击

我讲两个例子。2016年在加拿大有一个水厂请人做安全评估，里面的现状是这样的，有一个叫IBM的AIS400的小型机，上面连接运行的是GADA，但是因为打通同税务局的联络和缴费系统联系，同时下面和客户的流量计和几个PRC都有联系,在安全检查过程中,安全公司发现有四个可疑的外部连接,其实内部已经被控,已经丢了250万条的信息。另外,甚至发现通过AIS400的系统,地下的水流和进水的化学物质控制器的程序已经有改动,如果水的方面被控制可能会是一个巨大的影响面。

我们国内的情况是什么呢?来看看现在工业互联网概念在推行的过程中,有很多系统已经在工网上(工业系统),这(PPT)是某某医院的建筑能源,这个是某某能源的管理系统,这个是供水的管理系统还有另外一个供水系统、能源管理系统、生产的密室,这是地下水的远程监测,还有一些远程监测中心。这些系统在我们做服务的过程中,是我从网上找到的,我们服务客户的过程中,有95%的企业不知道自己被攻击或者说没有看到显著损失的时候,不知道是否被网络攻击,只有5%不到的企业通过自身的安全检查,发现了我曾经遭受过攻击。工业互联网企业有两大难点:一是不知道工业互联网难点怎么做,二是投入不了(目前的状态)。

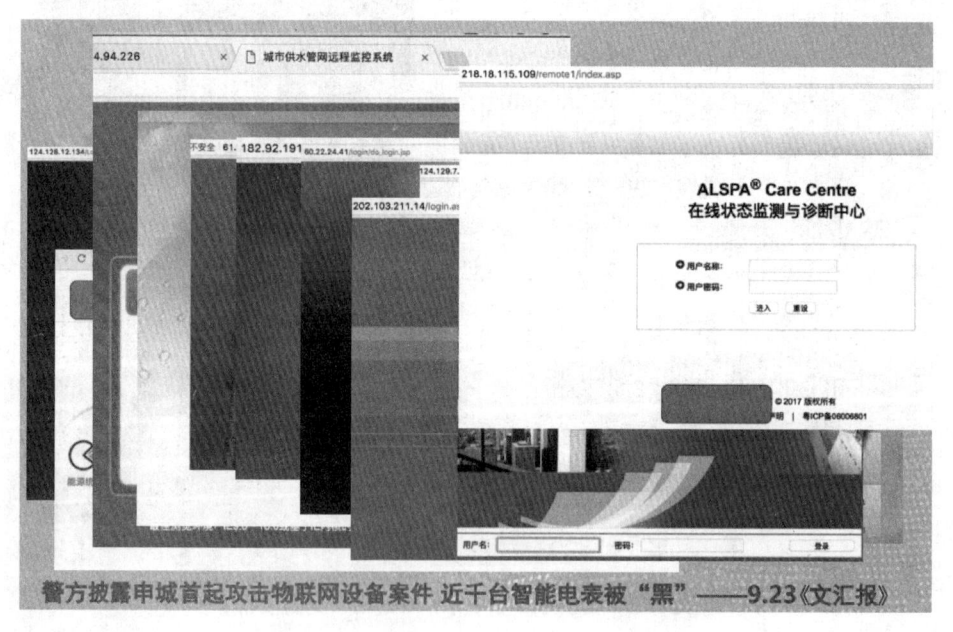

图2-44 案例2:一些工网上的工业应用

身边还有一个案例。2017年9月23日在《文汇报》上报导,在上海有近千台的智能电表被攻击,导致停电。一个竞争对手的CEO请黑客攻击另外一个人，如果竞争对手的 CEO 没有被抓住，这运行上千台的智能电表的企业其实就已经发生了安全事故，要承担相应责任。

融合后安全应该怎么应对？安全是一个叠加演进的过程，一开始的安全架构，逐步加上被动的防御，现在是积极防御，再往下考虑到威胁情报以及反

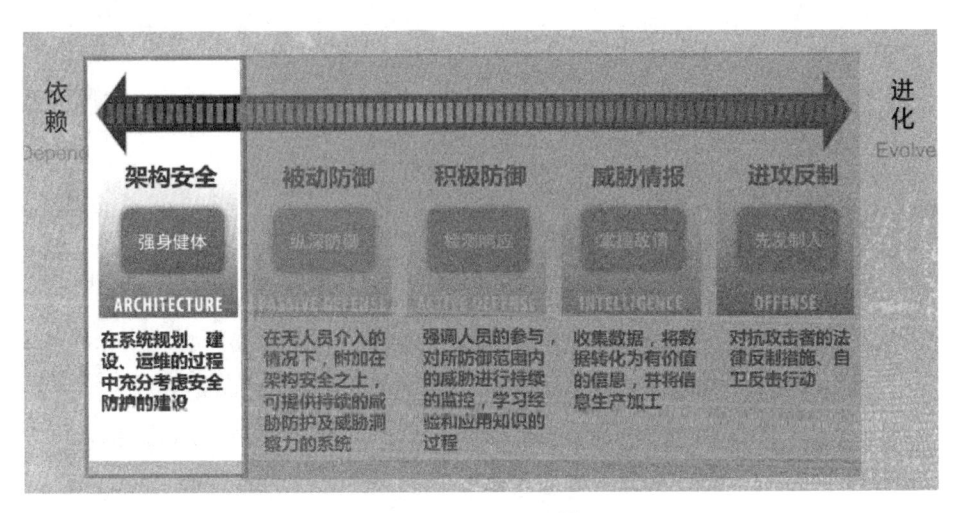

图 2-45　滑动标尺模型

图 2-46　IT/OT 一体化架构安全

噬。架构安全是构建工业互联网体系时首先就要考虑到工业互联网安全怎么做，包括一体化的规划，在开发结构中要考虑补丁和验证程序，在网络里面虽

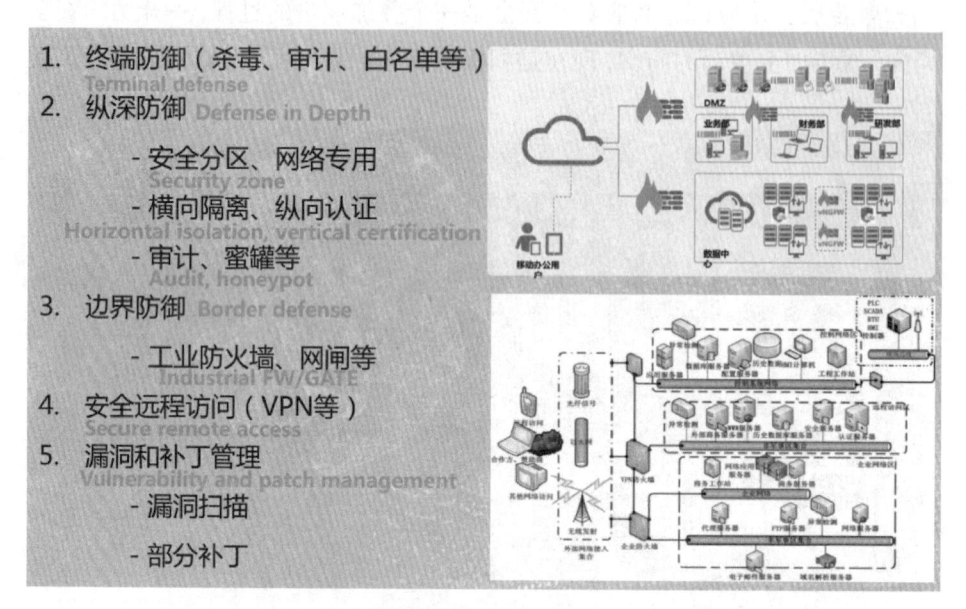

图2-47 纵深防御："零信任网络"下的"巷战塔防"

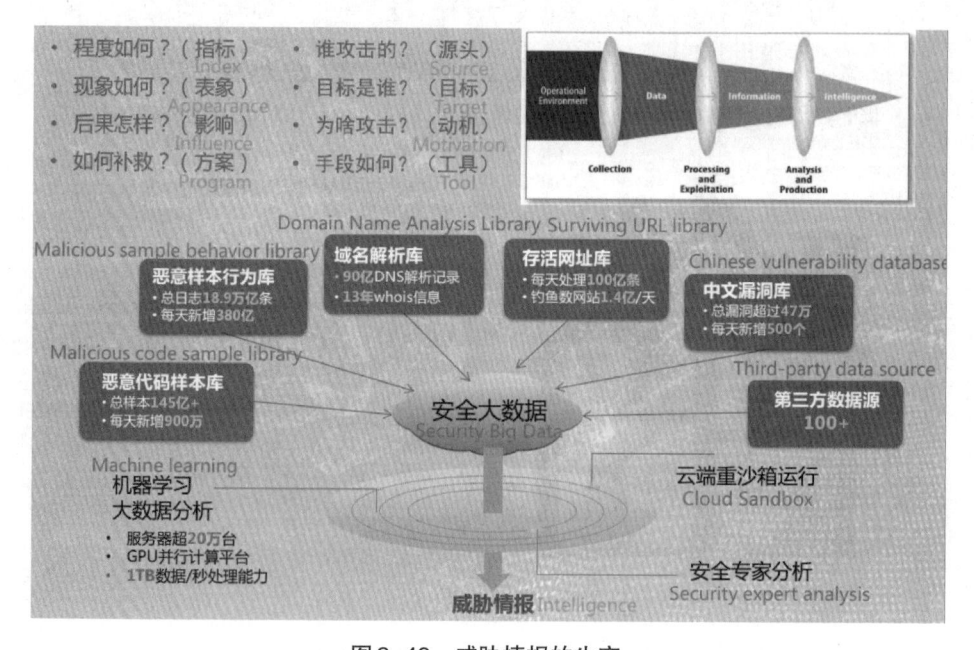

图2-48 威胁情报的生产

然是连接，也要考虑到适当的区别，进行访问的控制和访问管理，主机要进行保护。工业互联网的连接也非常多，访问要进行选择和处置。构建一个大的工业互联网供应链非常重要。也许你构建的一个主机本身带来的问题，可能就会持续存在系统里面，所以供应链的安全也是特别重要。

紧接着演进到被动的防御。被动的防御包含常说的要杀毒、审计、白名单，要安全分区、专用，做到横向隔离、纵向认证，边界上要有防火墙、有网闸，远程访问有VPN，漏洞管理要进行漏洞的扫描，还有部分的补丁升级，因为很多工业系统没有办法打补丁。另外在做完了被动防御，其实现在最新的一些过程和理念是要进行威胁的情报，就是要真正知道现在业界或者说互联网空间里面有哪些威胁存在，而且威胁的情况可能是什么样。这里威胁情报其实是包含着八个方面的内容，包括威胁的程度、攻击者、现象、目标、后果、动机以及方案、工具，这些分析起来最后知道你怎么应对、怎么检测你是否遭到攻击。实践过程是这样的，360是中国最大的互联网安全公司，有最大的恶意样本库、有行为库、域名库、网址库、漏洞库，这些结合到一起，经过大数据分析和专家分析、运转，可以分析出机读的威胁情报。这些威胁情报分析出来怎么使用？这个时候回到相关的积极防御，积极防御的过程是强调人员的干预对检测到

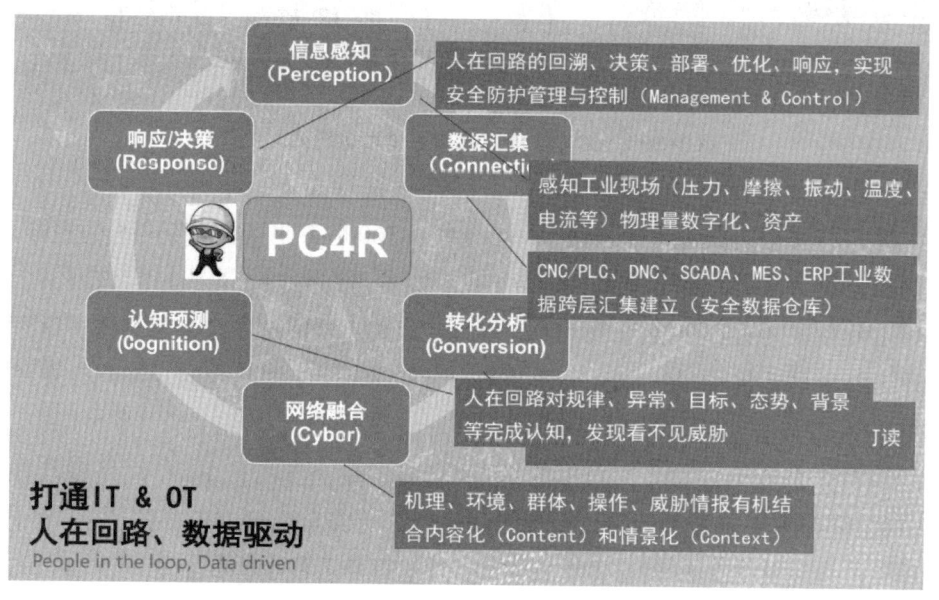

图2-49　工业互联网自适应防护架构（PC4R）

的威胁进行知识学习,我们也提到了自视性的防御过程,PC和4个R,P是感知信息,数据会聚是第一个C,把CNC、PRC等融合,进行转化分析、提取和网络安全,这个时候结合情报把整个数据变成机理环境的结合,形成一个内容化和情景化的数据,这个时候人就可以进来了,人进行认知、对规律、异常、目标、态势和背景完成认知。这个时候就知道了我面临什么样的威胁,要采用相应的措施,再回路的回策。人在回路数据驱动。

图2-50　360在工业互联网安全领域已开展工作

进行安全实践过程中也做了一些事情。360是工业互联网安全组的主席,同时也是边缘计算的安全组的主席,我们做着帮助联盟安全组一起输出了中国工业互联网的安全报告、参考防护架构、工业互联网的安全参考架构。这里还为整个联盟提供了工业互联网监测安全服务平台,为联盟的互联网企业免费提供。

对于企业也要建立大数据的平台,会对工业企业的IT和OT网络联动在一起,同时安全企业把威胁情报会给到这个工业安全运营中心,同时安全企业和工业自动化的集成企业要形成联动,工业安全运营中心在企业内部运行的过程中,会旁路分析所有的IT和OT的网络数据,然后比对安全的威胁情报,发现问题以后上报主管机构，同时也会通报集成商和安全服务商，然后相关的集成和安全服务商对其提供帮助相关的安全服务，这就形成了一个融合的防护体系。在这个过程中，可以用可信的网络白名单和软件白环境来进行OT里面的防御。

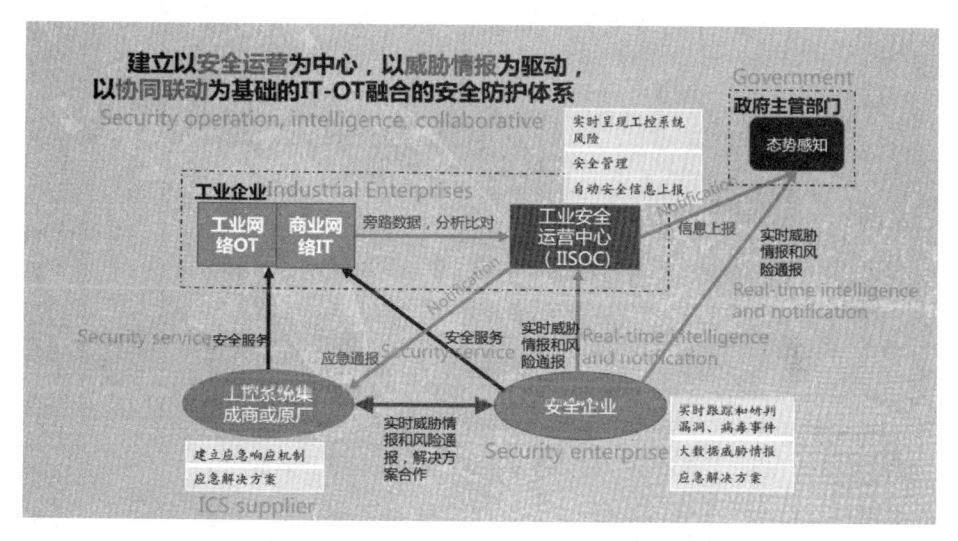

图2-51 防御技术路线：建立企业工业安全运营中心

安全体系怎么建？企业之间都要有自己的安全体系，但是和区域中的安全形成联动，区域和全国形成联动。每个企业自己的安全事件要上报，同时要获得区域的响应中心的威胁情报。然后区域跟全国也是这么一个过程，这样的话会形成一个多极安全服务体系。

刚才介绍了我们为整个联盟提供的一个安全监测的公共服务平台，大家可以看到现在联盟的100多家工业企业在上来，这里可以看到有一些企业有安全漏洞的过程，隐私的关系隐掉了。还有一些企业遭遇了洪水攻击，这个在不久前遭受到洪水攻击。另外，还有一些企业把出口的IP告诉我们，我们通过互联网大数据也可以知道这个企业是否遭受了病毒木马的企业，是否遭受到国与国或者商业与商业之间的威胁。只要你是会员，公共服务平台可以通过工业互联网产业联盟的网站进行登录。

我这里具体讲一个简单的例子，这是一个工业互联网的企业，在南方有20多个园区，在今年的勒索软件爆发时，它的办公网就是IT网没有什么问题，

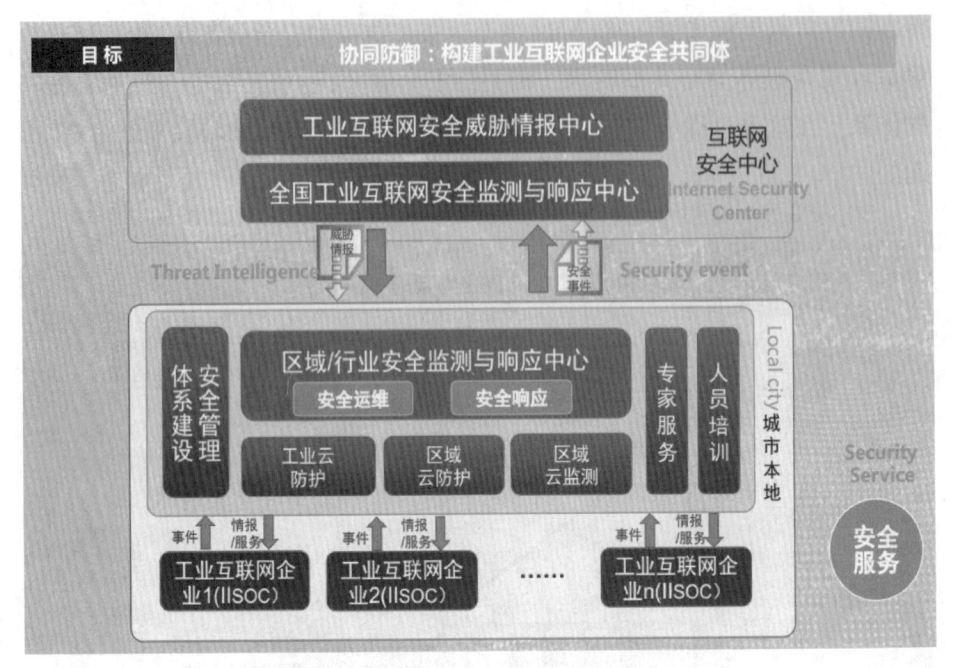

图2-52 防御技术路线：多级安全服务体系

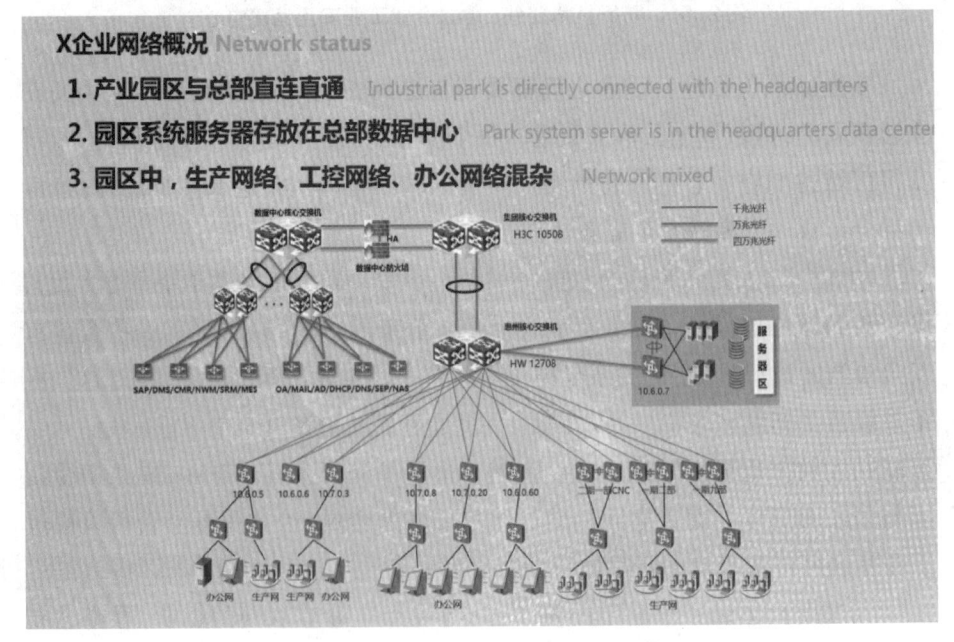

图2-53 具体案例2：IT&OT中永恒之蓝——制造企业（一）

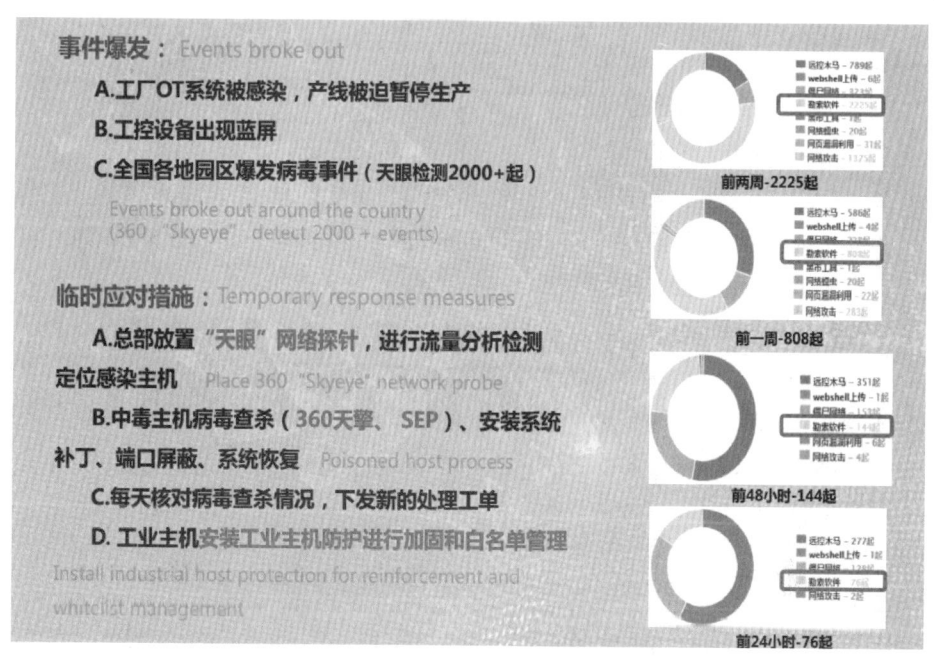

图2-54 具体案例：IT&OT中永恒之蓝——制造企业（二）

我们给它提供的服务还有3名铁客；生产网在6月份接到很多底下车间上来的电话，说我的工业系统老重启，一开始他们不是特别关心，因为重启就重启一下，后来事件越来越严重，一两周以后已经接到一两千个电话，每天产值在几百万元的车间已经停产了，非常严重。它的办公网、生产网是联结在一起，大一点的园区里面办公网、生产网也是联结在一起，预算两千多个勒索病毒，甚至不知道找哪台机器。这是我们帮它处置的，把大数据的大眼系统布在里面，前两周2 225起，前一周808起，我们告诉它哪个IP有问题，它找自动化集成商去处置。48小时144起，到24小时76起之后，到后面收敛越来越慢。到76起之后那个工业资产在哪里，甚至自己也找不着，所以在逐步找。后面做一些应对措施要有大数据的运营中心，要有白环境等。

在这里整理一下这个过程可以看到，后来我们给它的建议，要建立IoT统一安全团队，要重新规划架构、建立良好的维护和记录，同时要考虑资产信息准确性。采购过程供应商要提安全的需求，通过安全运营中心实现自动化和可扩展的安全管理，并且还要适度部署中度检测以及在终端层面考虑适度的分级能力。

管理总体思路 How to Management
1. 建立IT和OT统一的安全团队 Unified security team
2. 规划IIoT架构，进行IIoT资产清查 IIoT asset inventory
3. 使用并维护准确和良好的记录库，用于进行风险分析 Database for risk analysis
4. 集中化跟踪用户配置和资产信息、建立所有工业控制系统的资产和配置数据库
5. 采购过程对供应商提安全需求 Security requirements for suppliers
6. 通过安全运营中心进行管理，实现自动化和可扩展，减少人员需求 IISOC
7. 采购一个支持异构系统、支持多供应商的网络安全工具
8. 利用深度包检测，监测协议和控制系统漏洞 Deep packet inspection
9. 恶意终端检测与隔离 Malicious terminal detection and isolation
10. 终端安全：分级、适度的安全能力 Terminal safety: grading, moderate security

Gartner G00317591 "Pragmatic Strategies to Improve Industrial IoT Security"

图2-55　IT/OT安全问题的管理应对

　　整个工业互联网安全应该怎么做？可以分成六个部分，我们通过整合自己的能力发现做工业互联网安全首先要有安全攻防的能力，要有事业的能力，响应的能力、大数据的能力、人才培养的能力，最终会实现六个部分的防护，大家以后做安全可以从这个角度来看：一是威胁情报怎么获得，二是工业互联网端点应该怎么进行保护，三是我们的网络与通信怎么进行防护，四是整个网络里面的监测和分析怎么做，五是如果出了互联网安全实践要做评估和检察的工作，六是用了云和数据的平台，整个过程还要考虑到云和数据的保护。

威胁情报 Threat Intelligence　安全技术 Security Technology　安全服务 Security Service　工业互联网安全 IIoT Security

图2-56　数据驱动安全

总结一下，我们的理念也是数据驱动安全，我们认为威胁情报加上安全技术、安全服务可以构建整个工业互联网的安全。谢谢各位。

主持人：非常感谢陶先生为我们在工业互联网安全方面所面临的挑战以及可以实施的应对方式作了非常深入的分析。确实，从陶先生演讲可以看出，工业互联网对设备的大量连接使我们受攻击的表面指数上升，这种威胁确实是非常真实的。上个星期，我去参观一家工厂很大的车间，控制车间里面有四个大屏控制生产，两个大屏监测工作，后端的服务器扫描病毒，安全对工业的生产影响越来越严重。我们可以通过对安全袭击被动的防御转成主动的防御，最后转成主动的反击，这个可以通过数据和信息驱动。这是一个很精辟的提炼。谈到数据和分析，我们将引入另外一个课题，从工业互联网同盟建盟之初就认识到数据分析在工业互联网实施中的作用。大家都说工业数据是原油，要从这些原油里面提炼出有价值的燃料，必须对数据进行分析。以下有幸邀请工业互联网同盟技术工作组的联席主席和技术工作组联席主席、工作分析组联席主席、华为首席战略总监瓦埃勒·威廉·迪亚布（Wael William Diab）为我们分享一下工业互联网同盟最近发布的工业分析、技术框架、技术文件方面的一些具体内容，概括工业分析所具有的特殊需求以及实施的手段。请大家以热烈的掌声欢迎威廉·迪亚布给我们作精彩的分享。

工业分析对工业互联网的重要性及其应用

工业互联网联盟（IIC）联络工作组联席主席　瓦埃勒·威廉·迪亚布

今天深感荣幸。可以这样讲，在我家其实有一个1岁的小宝宝，每次出差时对我来说都很难。大家可以想象。但是，来中国真的印象深刻，所以我必须要跟我妻子协商。尽管出差车马劳顿，但是中国的会场都非常好，而且所有的开幕式都非常精彩，所以值得。非常感谢主办方能够邀请我，给我这样的殊荣。

Acknowledgements

Eric Harper (ABB)
Shi-wan Lin (Thingswise)
Stephen Mellor (IIC)
Will Sobel (Vimana)

图2-57　致谢

非常感谢主持人对我的溢美之词。接下来我感谢几位人士的贡献。第一位是林博士，非常感谢大家帮助我们梳理分析的框架，除此之外他和我共动起草了白皮书，包括和我本人对工业互联网框架的起草，他也是我们的共同执笔人。斯蒂芬·梅勒（Stephen Mellor），他是首席技术官，是总工程师的角色，也给大家介绍了一些话题，但是我们对斯蒂芬·梅勒还有一些不了解，他花了很多个人时间专门进行评估，确保我们所有的这些文件都得到了起草，斯蒂芬·梅勒还亲自确保技术上的框架，非常称职。在工业互联网框架文件起草

Industrial Analytics is Part of the Technology Working Group

Charter: To define and develop common architectures, by selecting from standards available to all, from open, neutral, international, consensus organizations and reviewing relevant technologies that comprise the ecosystems that will make the industrial internet work.

Chairs: Diab (Huawei), Harper (ABB), Lin (Thingswise)

The Technology WG presently has 11 standing task groups:

- Architecture Task Group
- Connectivity Task Group
- Distributed Data Interoperability & Management Task Group
- Edge Computing Task Group
- **Industrial Analytics Task Group**
- Innovation Task Group
- Interoperability Task Group
- IT & OT Task Group
- Networking Task Group
- Safety Task Group
- Vocabulary Task Group

And a number of contributing groups

图2-58 工作组

方面中我想多谈一点，在新加坡时，林博士和我们进行对话，就工业互联网框架每一行专门进行评论、编订修改，所以这是非常了不起的贡献，以及艾瑞克、Will，他们也都花了很多的时间共同起草这个文件。今天，我给大家介绍的东西很简单。首先，我将高屋建瓴让大家了解到我们的特殊工作小组、专家小组，之后介绍一下我们的工业分析框架以及在接下来的工业分析过程当中有什么样的未来愿景，然后进行评论。

Technology Working Group Organization

Technology Working Group
- Architecture TG
- Connectivity TG
- Edge Computing TG
- DDIM TG
- **Industrial Analytics TG**
- Innovation TG
- Interoperability TG
- IT & OT TG
- Networking TG
- Safety TG
- Vocabulary TG

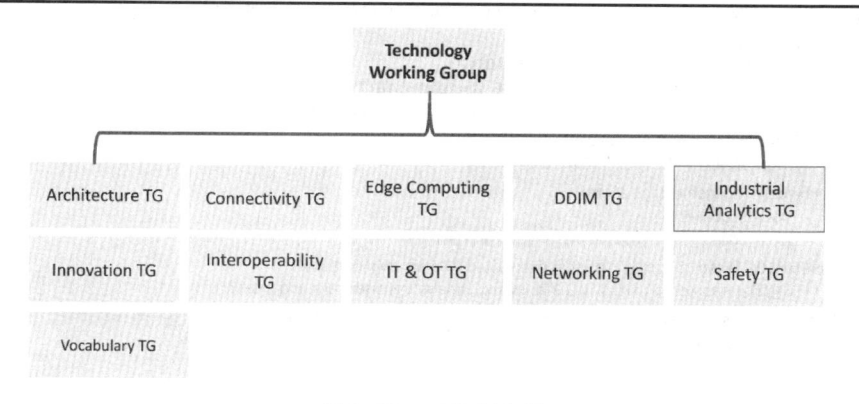

图2-59 工作组介绍

首先看分析。分析本身不是孤立存在。在我们的工业互联网联盟当中我是技术的联席主席，我们有11个工作小组作了很多的贡献，另外一个同事画了这个图，以它来画龙点睛，让大家了解到我们的技术工作小组，这是我们的技术工作小组当中的工作，不仅仅是用抽象的方法去谈这一工业分析，希望将边缘计算和我们的网络计算小组及互通互联的小组联系在一起，就像斯蒂

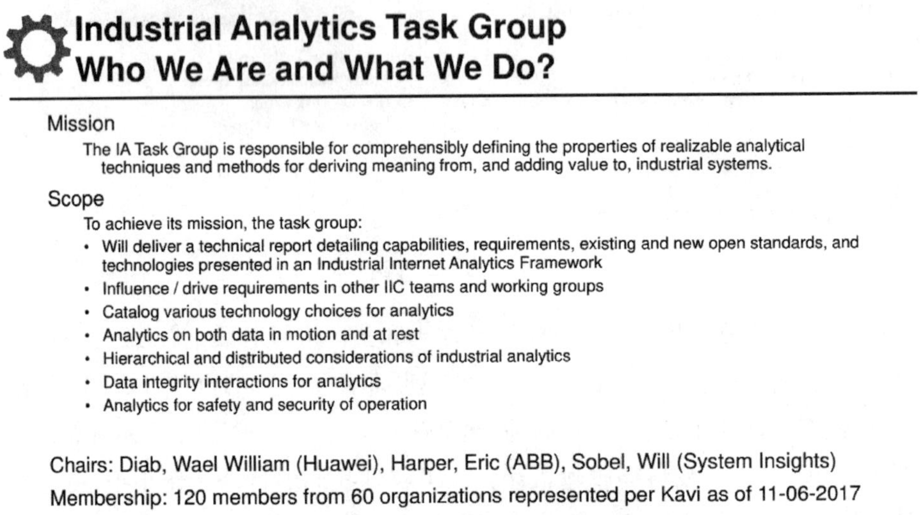

Industrial Analytics Task Group
Who We Are and What We Do?

Mission
The IA Task Group is responsible for comprehensibly defining the properties of realizable analytical techniques and methods for deriving meaning from, and adding value to, industrial systems.

Scope
To achieve its mission, the task group:
- Will deliver a technical report detailing capabilities, requirements, existing and new open standards, and technologies presented in an Industrial Internet Analytics Framework
- Influence / drive requirements in other IIC teams and working groups
- Catalog various technology choices for analytics
- Analytics on both data in motion and at rest
- Hierarchical and distributed considerations of industrial analytics
- Data integrity interactions for analytics
- Analytics for safety and security of operation

Chairs: Diab, Wael William (Huawei), Harper, Eric (ABB), Sobel, Will (System Insights)
Membership: 120 members from 60 organizations represented per Kavi as of 11-06-2017

图2-60　工业分析小组简介

Industrial Analytics Task Group
Work and Deliverables Landscape

Initial deliverables are a White Paper and Industrial Internet Analytics Framework
Group's target schedule is
- Q1 2017 for White Paper ← **Completed 0317**
- Q3 2017 for first release of Framework ← **Completed 1017**
- Q2 2018 for second release of Framework ← **Initial exploratory phase**

Internal stakeholder for liaison relationships
- E.g. ISO/IEC JTC 1/WG 9 (Big Data), MESA

Membership engagement Initiatives
- Invited speakers
- Host Industrial Analytics panels (session and plenary)

Represent IIC IA topics at liaison partner events and external engagements
- Big Data workshop (JTC 1/WG 9 in Ireland), analyst/reporter calls and *today*!

Coordinate industrial analytics interests within Technology Working Group family e.g. Edge, Safety, Vocab etc.
Collaborate with internal stakeholders outside of TWG e.g. I3C, LWG, BSSL, Marketing etc.
Identify and work on cross-cutting issues related to analytics

图2-61　工业分析小组任务

芬·梅勒讲了工业的物联网、互联网的安全问题。这些都息息相关。除此之外它和我们的基础机构也是紧密相连的,和林博士共同作起草工作不是在真空当中运营,而是属于技术工作组当中的一部分。

这个工业分析小组做什么呢?我们的任务实际上能够全面地去定义我们可实现的这些分析的技术和方法,把他们的特性进行分析,让大家理解它们、

图2-62 研讨会(一)

图2-63 研讨会(二)

注意它们,增加它们的价值,完成我们的工业系统。这张表格有很多的分析可以发现互通作用的领域,可供大家领略一下。它有一个内部的认知系统,在60个机构当中有120个成员。我们进行面对面分析会议的时候都是座无虚席。我们希望可以呈现出一些结果,包括白皮书、工业互联网分析框架文件,很是希望马上能够把这个框架完成,希望在10月完成。50%的框架中内容都是新的,我将以快进的方式进行展示,以让大家了解分析小组经历的快速发展。

现在开始一个新的征程,希望能够发第二版框架,除此之外还有一些联络的关系、小组、利益攸关的人,还有很多的对话、嘉宾参与活动,以及很多都参与到工业分析过程当中。包括其他的一些合作伙伴,都一并感谢。这是2016年12月份进行的专家小组的讨论,来自OT、IT公司的大咖云集,我们分析了深度和广度,这是大数据的研讨会,在8月份举办,这是在欧洲举办的一个非常有趣的讨论会,来自欧盟、大数据联合会的专家也参加了这一会议,表明他们对这个问题的兴趣。

之前,我给大家介绍我们组织所做事情背景的情况,接下来介绍一下这个组的框架。这是一个蓝图,也是唯一的蓝图。最主要的是想要给大家介绍一下整个工业分析生态系统。这个协议和框架的听众就是政策的决

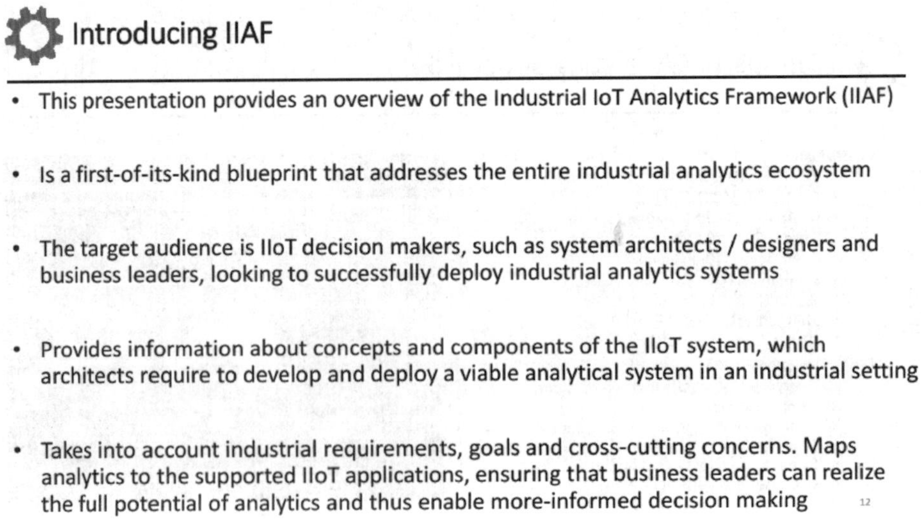

Introducing IIAF

- This presentation provides an overview of the Industrial IoT Analytics Framework (IIAF)

- Is a first-of-its-kind blueprint that addresses the entire industrial analytics ecosystem

- The target audience is IIoT decision makers, such as system architects / designers and business leaders, looking to successfully deploy industrial analytics systems

- Provides information about concepts and components of the IIoT system, which architects require to develop and deploy a viable analytical system in an industrial setting

- Takes into account industrial requirements, goals and cross-cutting concerns. Maps analytics to the supported IIoT applications, ensuring that business leaders can realize the full potential of analytics and thus enable more-informed decision making

图2-64　IIAF介绍

定者，这些政策的决定者可以看这些建构，看一下分析系统就知道怎么作决定，提供的就是部件、分析、信息，可以应用到工业互联网上。同时考虑在这个背景之下有这样一个信息带回到应用上，可以支持这些应用。另外同时也可以尽力发挥出我们业务上的潜力。这是它的框架结构。列出来的重点就是主要的内容，之前的演讲人员提到IT和OT的融合，也是为我们创造了很多的机遇。然后看一下这些机遇、框架，可以分成两个部分。第一部分跟AII&IIC是一样的，第二部分最主要的解释就是现有的信息技术，比如说大数据、人工智能怎么进行应用，有一个引言我想给大家介绍，也是框架、文本上的，如果数据算一个新的"油"，即资源，数据分析就是新的引擎，我们可以通过这个新的引擎进一步深化工业互联网的变革和转型。

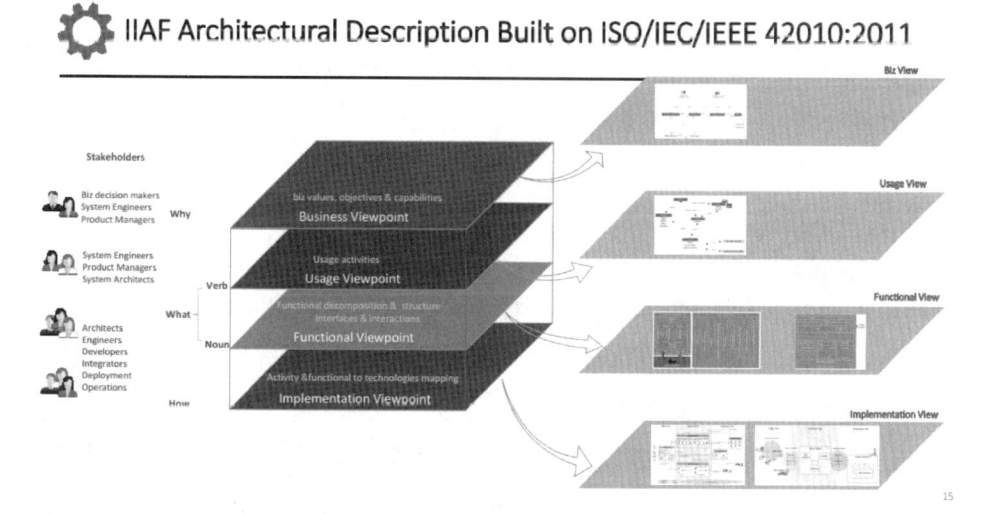

图2-65　IIAF架构

现在看到就是这些分析如何能够用在工业背景上，之前我提到过像工业互联网、工业IAC，斯蒂芬·梅勒在他的演讲中也提到过，我们在很多行业中都见到这个词或者应用，它不仅可以用到制造业上，还可以打造IIAF，如从总功能、使用性来解释IIAF，我们的担心有哪些？从这个方面出发建立起这种架构。

我想给大家看一些样本。这个幻灯片看起来非常复杂，但主要是提供一

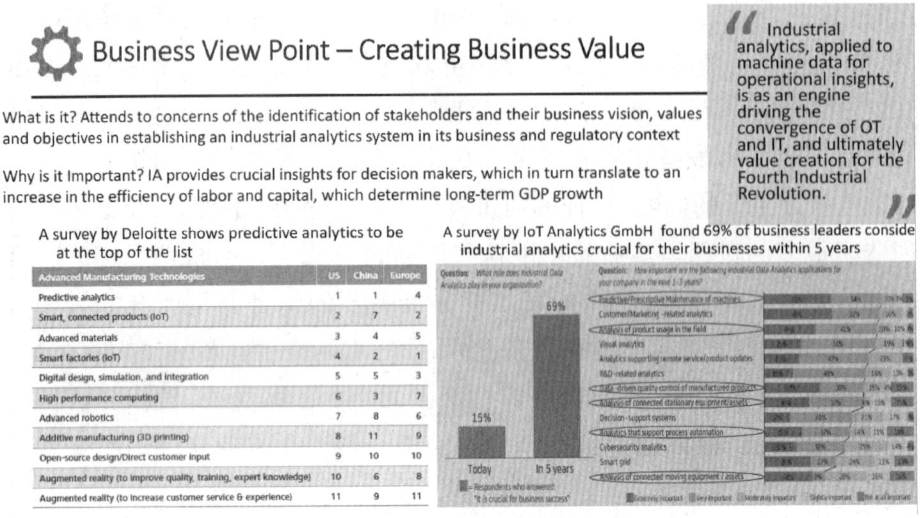

Advanced Manufacturing Technologies	US	China	Europe
Predictive analytics	1	1	4
Smart, connected products (IoT)	2	7	2
Advanced materials	3	4	5
Smart factories (IoT)	4	2	1
Digital design, simulation, and integration	5	5	3
High performance computing	6	3	7
Advanced robotics	7	8	6
Additive manufacturing (3D printing)	8	11	9
Open-source design/Direct customer input	9	10	10
Augmented reality (to improve quality, training, expert knowledge)	10	6	8
Augmented reality (to increase customer service & experience)	11	9	11

图2–66　业界观点

些信息，这实际上是业界各个业务的领导者的一些观点。想要进行生产的话需要这些分析，告诉你一些见解和洞察，在过去的几十年IT是在一个公司或者说组织的内部变得越来越重要，而且大家都是使用IT来衡量整个组织的性能怎么样，用KPI指数或者性能上的指数。同时可以调整一下KPI，因为要看未来的发展趋势怎么样，看一下微观层面上，有资本、劳力，要做出决定如何提高这些资本和劳力的效率，因为它们才促进了长期的GDP增长。因此看一下在工业互联网上面，我们通过这种技术的使用，可以转型制造，而且在我们生活方式中、在我们这一代就可以看到。

这些信息支持一是服务，还有预测性的维修保养，另外70%的领导者认为分析也非常关键，未来五年，作出政策和决定是重中之重。70%的领导者认为分析可以用在工业互联网上，对他们来说非常重要。

这里看另外一个例子。首先开始的时候看一下IIAF，分为三个领域，一是描述性，二是预测性，三是给相应的洞察和见解，可以看一下是不是应该做出细节的分析以及做出决定。看一下我们功能上面的观点。这个也是我们的架构、目标上的观点和限制。我们也是把它分为五个功能性的意义：控制、运营、信息、应用、业务，当然这里有一些不同的分析。我们有工业控制等，这些都涵盖了不同的功能域，通过功能域在边缘计算非常快，而且可以控制不同的

Usage View Point – Getting Started with Industrial Analytics

What is it? Addresses the concerns of expected system usage.

"Industrial analytics are used to identify and recognize machine operational and behavioral patterns, make fast and accurate predictions and act with confidence at the points of decision"

Analytics fall into 3 areas:
- Descriptive
- Predictive
- Prescriptive

The framework introduces unique requirements when planning to deploy industrial analytics

Correctness	Industrial Analytics must satisfy a higher level of accuracy in its analytic results. Any system that interprets and acts on the results must have safeguards against undesirable and unintended physical consequence.
Timing	Industrial Analytics must satisfy certain hard deadline and synchronization requirements. Near instantaneous analytic results delivered within a deterministic time window are required for reliable and high quality actions in industrial operations.
Safety	When applying Industrial Analytics, and interpreting and acting on the result, strong safety requirements must be in place safeguarding the wellbeing of the workers, users and the environment.
Contextualized	The analysis of data within an industrial system is never done without the context in which the activity and observations occur. One cannot construct meaning unless a full understanding of the process that is being executed and the states of all the equipment and its peripherals are considered to derive the true meaning of the data and create actionable information.
Causal-oriented	Industrial operations deal with the physical world and Industrial Analytics needs to be validated with domain-specific subject matter expertise to model the complex and causal relationships in the data. The

图 2-67 使用的角度

Functional View Point – Architecture Objectives and Constraints

What is it? focuses on the functional components in an industrial analytics system, their structure and interrelations and the relation and interactions of the system with external elements, to support the usages and activities of the overall system.

An end-to-end IIoT system in the IIRA is functionally decomposed into five functional domains:
- Control
- Operations
- Information
- Application
- Business

Figure 4-1. Analytics Mapping to the Industrial Internet Reference Architecture

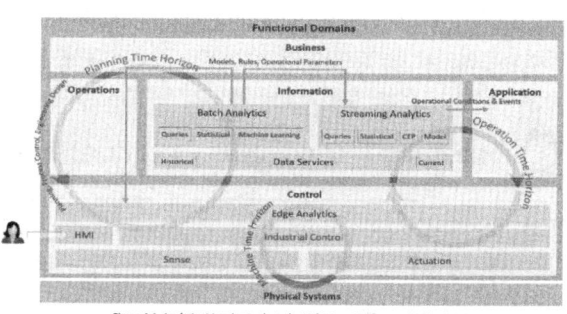

图 2-68 功能的观点

领域,甚至有些跨功能的领域,但是非常耗时。

另外一个非常重要也是这个文件中的内容,执行上的观点,这方面也是非常令人欣喜的。我们来自不同背景,我是IT背景。我们在共同讨论时要看自己的挑战是什么,有一些相应的术语等。同时像云计算或者是边缘计算是非常热门的一些词,边缘计算是更加热门,有一个问题提出来我们为什么要进行分析、决定? 可能我们的观点不一样,比如在描述这些解决方案时,看一下

Implementation View Point – Design Considerations

What is it? Deals with the technologies needed to implement functional components (functional viewpoint), their communication schemes and their lifecycle procedures. Major sections include design and capacity considerations as well as deployment models and data preprocessing, transformation and curation. Below is an example of design considerations

"One of the common questions is *where* the analytics should be performed."

Considerations such as **scope, response time and reliability, bandwidth, capacity, security, volume, velocity, variety, analytics maturity, temporal correlation, provenance, compliance** etc. determine where the analytics run.

The framework introduces a table with these factors

Industrial Analytics Location

Evaluation Criteria	Plant	Enterprise	Cloud
Analysis Scope			
Single site optimization	X	X	X
Multi-site comparison		X	X
Multi-customer benchmarking			X
Results Response Time			
Control loop	X		
Human decision	X	X	
Planning horizon	X	X	X
Connectivity Reliability			
Site	X		
Organization	X	X	

图2-69 执行的观点

事实或者说分析，有范围，像安全、带宽、量、数据的多样性等，这些是相应的术语，也都是我们要考虑的内容。这些要考量的因素就会影响到你的决定。比如说看一下你想要控制边缘计算，通过分析控制边缘计算。

另外像很多厂商收集来的数据，可能把这个数据放到云上面，然后我们再看这些案例时，看在制造业上面的运用，包括云计算、云平台上面的一些情况，

Emerging Technologies – Artificial Intelligence and Big Data

What is it? Innovations in a number of areas related to AI and Big Data are being applied to IA. The framework looks at taxonomies of artificial intelligence and emerging computational techniques in big data in relation to industrial analytics.

" In IIoT applications, machine learning and deep learning provide new approaches to build complex models of a system or systems using a data-driven approach. "

" Big data requires computational systems and networks to be designed around the data. It will transform how businesses operate and the digital/physical divide. "

Figure 6-2 Artificial Intelligence (AI)

Figure 6-8 Deep learning workflow

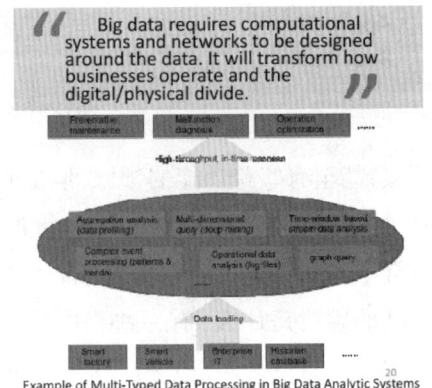

Example of Multi-Typed Data Processing in Big Data Analytic Systems

图2-70 新兴技术

之后把这些案例给大家看一下。这有可能是我们基于这些分析提出的解决方案。下面看到的就是我们现在的信息技术，比如说谈到非常热门的两个话题，一是人工智能，一是大数据，在人工智能上面我们也分为深入学习或者是机器学习，在这里看到案例就是深入学习的整个进程，通过数据进行深入学习。深入学习和机器学习是有区别的。更倾向于神经元方面的学习，可以用这种形式。

传统上认为计算机越大越好就会越快，但是现在有不同的见解，看现在的数据资产到底有多少？我们知道有一个实验，可能这个实验需要几个月的时间进行准备，而且它生成很多的数据，而且需要几十年的分析还有数据的积累，比如说曼哈顿有交通系统，交通系统会生成很多交通的数据，但是有可能在不同的时间段生成的数据使用性不一样。因此在工业互联网上面我们有相应的数据，但是要看一下你需要什么样的功能，利用这些功能可以做哪些事情。有时候那些功能可以用大数据来支撑完成这些工作。

另外一个非常重要的就是模式、建模，在图2-71（PPT）上看到可以进行分类、进行培训，建造起这些模型，我们根据这个需求建模。看到有一些故障，这些事件也是可以帮助你进行建立模型。这是IIC所做的其他工作。大家看，我们并不是孤立，而是相互之间进行协作，这里是关键信息，是我所演讲的主要内容。

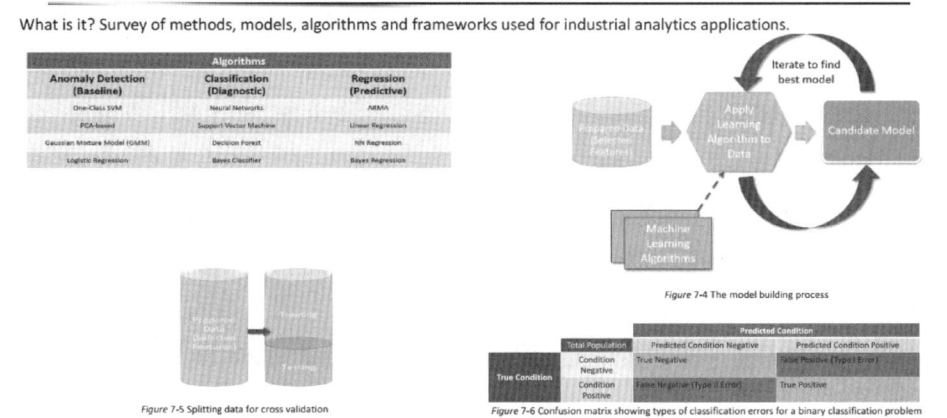

图2-71 模型建立

Relationship with other IIC documents

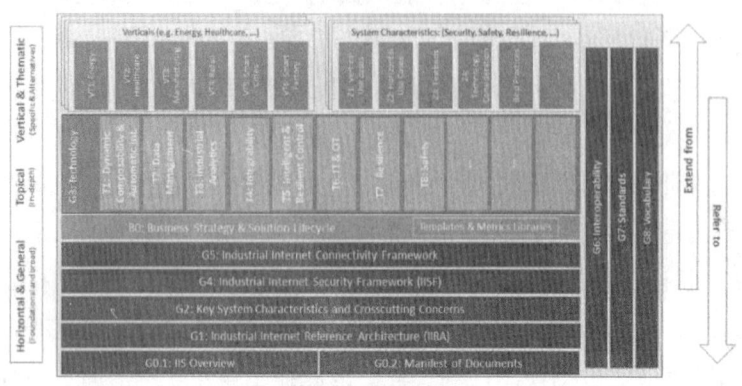

图 2-72　和其他 IIC 文件的关系

　　分析非常重要，而且可以帮助政策决定者观察整个生态系统做出决定，然后看一下我们这个业界的需求到底是怎么样，来解决他们的痛点。同时看下面一步未来的发展，我们现在已经有白皮书、框架，同时还有信息技术，比如说大数据，我希望可以鼓励大家积极参与到 IIC 或者说 AII，参与到我们的项目之间。

　　上次我们来到这边，就是我们的白皮书的翻译成中文和日文，在不同的地域可以应用这些文本。同时有新的合作伙伴、新的联络对接人等。在不久前也有相应的会议，我们希望举行这种会议，大家集思广益就可以进一步扩展我们的深度和广度。

　　最后总结：我们要打造一个生态系统全球解决方案。IoT 是三个维度，针对计算架构来创造价值。IoT 最主要是看传感器的网络，还有我们的分析最主要针对这些数据的消耗来创造价值。我们要看整个生态系统，然后我给大家的一个例子就是我说的生态系统指的是什么，IIC 建议整个跨界、JTC、工作组看整个大数据的工作情况怎么样。ECC 针对边缘技术方面的内容，CICT 和 AII 最主要是看整个生产系统，以及中国的情况到底是怎么样的。然后看到我们的连接，大家可以在上面下载文本、信息，还有我们的白皮书和框架。还有一个视频给大家描述我们之前做的分析工作。

Concluding Remarks: It Takes An Ecosystem!

Big Data, Analytics and IoT are **3 sides of the same coin**!
- IoT is focused on sensor networks that *source* the data
- Big Data is focused on compute architectures that *process* the data
- Analytics is focused on the *consumption* of the data to *create value*

Successfully deploying industrial analytics is key to realizing the full IIoT business potential
- Requires consideration of the technology, industrial requirements, vertical applications driving the business and a look at the entire platform

IIAF is a first-of-its-kind blueprint for decision makers that addresses the entire ecosystem

IIC, its Technology WG and IA TG are working with a coalition of partners. For instance*
- IIAF that defines the overall framework, business drivers and reference requirements
- ISO/IEC JTC 1/WG 9 (Big Data) is looking at the compute BDRA
- ECC is working on edge technologies
- CAICT/AII is looking at the entire ecosystem and providing a China perspective

* Above not a comprehensive list but for example

图 2-73　总结

Concluding Remarks: IIC Analytics White Paper and Framework Useful Links

IIAF (Published 1017)
https://www.iiconsortium.org/pdf/IIC Industrial Analytics Framework Oct 2017.pdf

White Paper (Published 0317)
https://www.iiconsortium.org/pdf/Industrial Analytics-the engine driving IIoT revolution 20170321 FINAL.pdf

Press release on IIAF
http://www.businesswire.com/news/home/20171024005049/en/Industrial-Internet-Consortium-Publishes-Industrial-IoT-Analytics

Video Discussing IIC's Industrial Analytics
https://youtu.be/g0rs5YlMgtA

图 2-74　IIC 分析白皮书和有用的链接

谢谢大家的聆听，也非常感谢大家给我这个机会在此做演讲。谢谢。

主持人：每次听完威廉·迪亚布的演讲都很佩服，可以将工业分析技术框架文件 50 多页、接近 60 页的内容在这么短的时间内给大家做精准的简介，非常佩服。一开始讲到，很多其他的发言也提到，在工业互联网中对设备的连接是基础，从这些设备收集数据进行分析，从中提取有价值的信息，将信息反馈到我们的设备、制造业的流程，重新产生价值，这是我们的目标。显然，安全是整个价值链的实现保障。要作分析，需要大量的计算资源，实时进行流式分析，这是需要计算资源、建立模型，从已经收集的大量数据里面提取有价值的模型，把模型放到生产现场，对设备的数据进行实时的分析，这些都需要大量的计算资源。这些计算资源怎么部署？怎么满足工业生产和设备运营的特殊要求，比如说从安全性、可靠性、通信成本方面考虑，怎么有效地部署这些计算资源？下一位演讲者史扬，边缘计算联盟需求预架构组主席、华为网络产品线首席产业规划专家，将在这个主题为我们解析目前最新的思考。请大家以热烈的掌声欢迎史扬先生。

边缘计算在工业互联网中的应用

ECC需求与架构组主席　史　扬

非常荣幸,在过去两年里一直参加AII&IIC会议,所以今天见到很多熟悉的面孔,也是参加这两个产业界很重要会议的人。学习到很多,包括思考边缘计算以及对产业的发展有很大的帮助。所以我非常感谢。

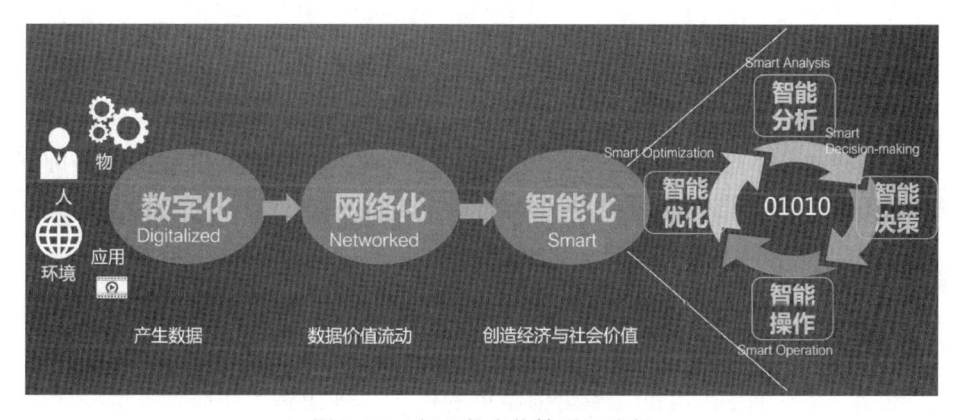

图2-75　行业数字化转型三阶段

行业数字化转型是全球各个行业关注的热点。简单来看,行业数字化转型包括三个阶段。首先通过数字化产生数据,通过产业化实现数字化的价值流动、社会化创造价值。智能化成为大家更爱用的一个词,包括有智能制造、智慧水务、智能交通。智能称为"Smart",是大家更为关注的点。

整个行业智能化分为两个阶段:第一个阶段是大家所熟悉的商业应用智能,比如说通过互联网访问一些OTT应用,或者说购物推进。未来包括边缘

图2-76 智能化2.0

计算和产业界更关注的万物智联和全流程的协作，这个不是愿景，只是分布而已。在制造业看到预测性维护，在工业互联网看领先的企业，比如说GE都在实现整个产品全生命服务周期全流程的协同。其实技术和创新、商业需求一直是一个互为的过程。1.0阶段，正是由于购物需求是一个非常动态，整个基础设施架构必须支持适应动态负载能力。数据是非常海量的，提供成本非常有效的数据库存管理的能力，正是在这样一个需求的追踪下，在过去十年里，云计算、大数据有一个迅猛的发展。看新的行业，智能2.0里面有两个关键：一是以前对很多事情的理解都是模糊化、经验化，未来要科学化、模型化；二是过去以产品为中心，未来转型成从产品到产品全生命周期服务。一个简单的例子就是类似于智能机，苹果手机横空出世之后，大家不光看到的是一个更加酷炫的手机，商业模式也发生很大的变化，苹果手机的盈利模式不仅仅是卖给你手机的硬件，还通过APP价值昆虫的模式。改变是从商业到技术模式全系列的改变。两大改变是否需要新的技术体系来支撑？是我们需要思考的问题。

2.0和1.0很大的变化是把虚拟世界和物理世界建立连接，借助数字双胞胎的技术的连接虚拟世界和物理世界的共享。好处是可以看到ICT行业在过去几十年里发生了非常惊人的指数性的增长。以网络来讲，大监控过去十年里增长了几千倍，计算成本相对10年之前是过去的1/60，网络成本是过去的1/40。正是由于经济可行性和指数性的上升，可以把基础存储能力分布到每

图2-77 物理和虚拟世界的联系

图2-78 物理世界与云联结存在的挑战

一个节点上,实现智能的分布式,提供了一个非常现实的、非常扎实的基础。

大家想到一个云,把物理世界和云连接,看到四大挑战。第一是时延,在工业场景里面是要求10毫秒以内。还有一个带宽,无人驾驶骑着10G数据,还有一个工业界所探讨的结果,工业的装备被人设计出来,所以90%的行为是预期的,所以这个数据对多数人来说是没有价值的数据。相反更有价值的数据是边境的小数据,反映这个装备异常行为的数据。显然把一个装备所有的数据上云,是没有意义的,还额外增加了很多带宽成本的问题。第三是安全隐私,陶总也做了很精彩的解读,就不啰嗦。第四是可靠性,云的连接肯定不可靠,这是显而易见的。

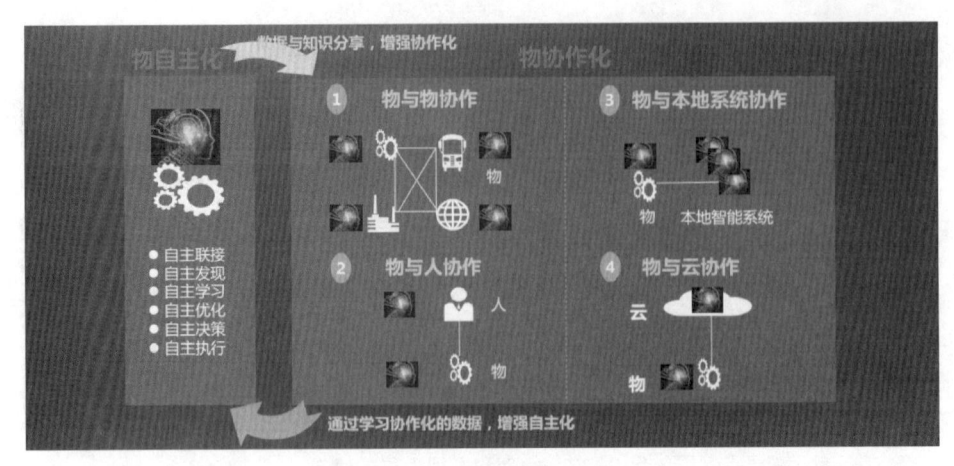

图 2-79 物的自主化和协作化

一个显而易见的设计理念就是把智能分布化,通过分布化实现物自主化和协同化,把行业打开之后抽象成四种协同行为,一是物与物的协同,无人驾驶就在这里面;二是物与本地系统协同,比如说制造业、PRC 和 MAS 系统的协同;三是物与人的协同,这是显然的,都需要与物协作;四是物与云的协作。有这样四种协作。无论是物的自主化还是物的协作化都是智能的,协作化过程中的数据交互可以增强物的自主化。

图 2-80 实现行业智能化 2.0 面临的产业挑战

实现这样一个智能化,我们从 DIKW 来看是一个非常挑战的事情,首先从一开始讲行业智能化是以数据作为生产要素,以数据价值流动作为基础,我们看现实是不能乐观的。看 WISE DATA 这个过程,全站超过 6 种各种工业的以太,超过4种以上的工业总线,IoT平台全球有200多个,还有各种云的适配,所以整个全站是非常复杂的。当然可以看到IIC还有很多的产业组织也定了很多标准,包括OPC的努力。但是其实应用起来还是需要走很长的距离。第二块是OT与IoT的协作,我相信这都是AII和IIC深感困难的一点,因为这里面要整合机械电子ICT跨界技术,大家有不同的知识背景和不同的文化,所以融合过程是比较痛苦的。第三块模型化其实是2.0的关键,人工智能的兴起让大家看到新的可能和方法,但是客观上讲人工智能的技术现在应用的场景还非常有限,包括余总分享的场景,人工智能还是在一些质量检测某些环节用的。本质的问题无论是深度学习还是大数据,其实是一种统计模型,其实是寻找一个数据的规律。对数据的样本广泛性都有很高的要求。我刚才讲了在工业里面更有价值的是小数据,所以怎么保证你的数据足以能够应用所有的场景?数据的质量本身是一个分布性,质量都是很大的一个问题。第二点不像AI在目前人脸识别很多的场景,很多场景下不是一个决策,工业场景不能接触黑核,一定是一个非常准确、可靠的。这样AI一定是方向,但是它作为一个非常成熟的方式用在整个工业的全过程,目前来看还有很大的一个挑战和很远的距离要走。

图2-81 边缘计算开放平台

我们看到最终的解决方案是总物理系统一直覆盖整个DIKW的过程,非常长的链条,有太多的东西,存储、计算、应用开发者、芯片厂商、系统集成商等,这么长的链条就把前面三个问题放大了。所以产业需要一个新的边缘分布式的架构,简单来讲就在靠近物、靠近数据源的地方,提供网络计算存储、开放的平台,可以作为连接物理世界和虚拟世界的桥梁。在这个平台上有四个关键部分:第一个关键部分是智能的资产,叫行业应用资产更合适;第二个是需要智能网关;第三是需要一个智能的设施,智能设施一般都部署在本地;最后是智能服务,智能服务可能部署在云端也可能在网络边缘侧。

Connection　Real-Time　Data Optimization　Smart　Security

IDC:
到2020年将有超过500亿的终端与设备联网;
未来超过50%的数据需要在网络边缘侧分析、处理与储存;

图2-82　边缘计算价值

我们希望通过这样一个分布式架构提供这样的五大价值,连接、实时、数据优化、业务智能和安全。边缘计算和云计算,去年成立边缘计算联盟时提出这个观念,业界很想关注边缘计算和云计算的区别,我们做了一个总结,不一一念,但是结合我们的商业实践总结几个关键点:

第一,资源可获得性。我们想一个问题,工业里面很多的场景,首先关注满足功能,关注成本有效性。其次,产品使用周期非常长,所以有可能一台设

典型差别	云计算 Cloud	边缘计算 Edge Computing
驱动力	IT系统优化、成本、移动终端及应用、安全	物联网、行业数字化转型
主要场景	人-人交互、人-应用交互	物-物交互、物-人交互、物-应用交互
资源可获得性	资源池化、弹性扩展	资源受限,需要细粒度调度和优化
可靠性	假设失效是常态,基于资源冗余获得可靠性	假设失效是异常,首先立足于单机高可靠
实时性	时间只意味着性能,而非正确性	时延对系统的正确性而言非常关键
确定性	不追求确定性,重传等机制可接受	确定性是系统基本属性
大数据	基于大数据挖掘关联关系	更关注因果关系,机理模型、领域知识是关键
异构性	运营方对ICT软硬件标准化和定制化、一致性高	物理对象差异大,大量异构系统并存,包括40+总线、6+实时以太,异构的计算等
分布性	集中部署为主	地理上分散
安全	集中式为主,黑名单机制,强计算模式	分布式为主,白名单机制,弱计算模式
物理环境	提供温度、湿度等环境保障	温度、湿度、粉尘、电磁等恶劣挑战

图2-83　边缘计算和云计算的差异

备如果计算存储这些能力，随着时间的推移往往资源是受限的，云计算强调资源是无限的，可扩展。第二，工业性。大家不会做这么多冗余，会希望设备非常可靠，而在云计算其实通过一种资源的冗余来获取可靠性。第三，实时性。云计算实时性比较长，在工业里面控制的对象实时性就不是正确性的问题。所以从这些因素看，边缘计算和云计算是两个完全不同的产业、不同的技术体系支撑。所以在设计边缘计算整个架构体系、产业时，一方面需要借鉴云计算的很多成功理念，比如说 IaaS、PaaS 理念，借鉴差异性定义一些创新、一些技术。这是我们对产业的思考。

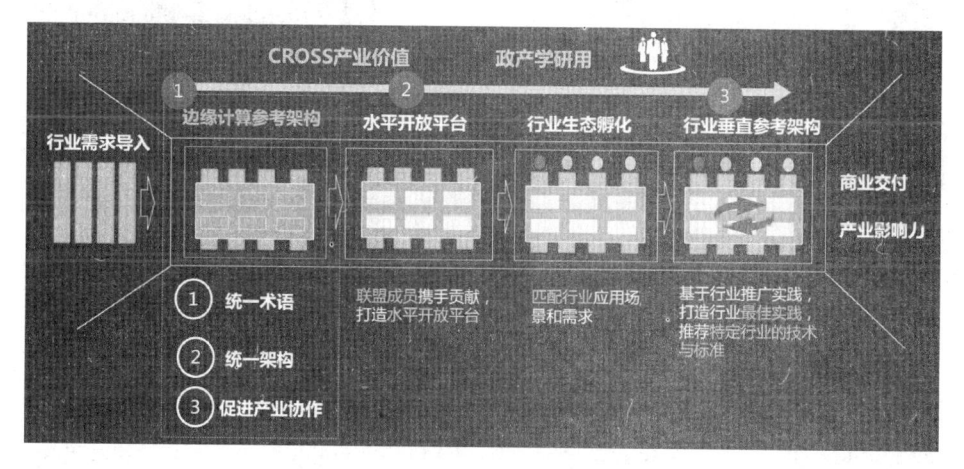

图2-84　边缘计算产业化三部曲

边缘计算的产业发展会经历三个阶段：第一个阶段要定义一个统一的参考架构，这个参考架构不会是凭空，会从垂直行业的需求，找到这个行业的需求共性问题，通过一个参考架构可以团结产业上下游一起来做这个事情。参考架构只是个报告，没有任何的约束力，所以希望通过业界的合作伙伴一起定义这样一个开放平台，通过这样一个开放平台，能够把水平服务于垂直行业的理念应用起来。这是第二个阶段。最后即第三阶段在这个开放架构还定义垂直架构，这是基于商业实践，由此构建一个从水平到垂直、再从垂直返回到水平做优化，这样一个三部曲的架构。在这个链条里定义一个水平的参考价值是非常关键的，是一切事情的起点。

水平参考架构的设计思路，核心是要建立一个模型驱动的架构设计与部署，这里在 word 版本里有五点，因为空间有限，所以挑出三点来讲：

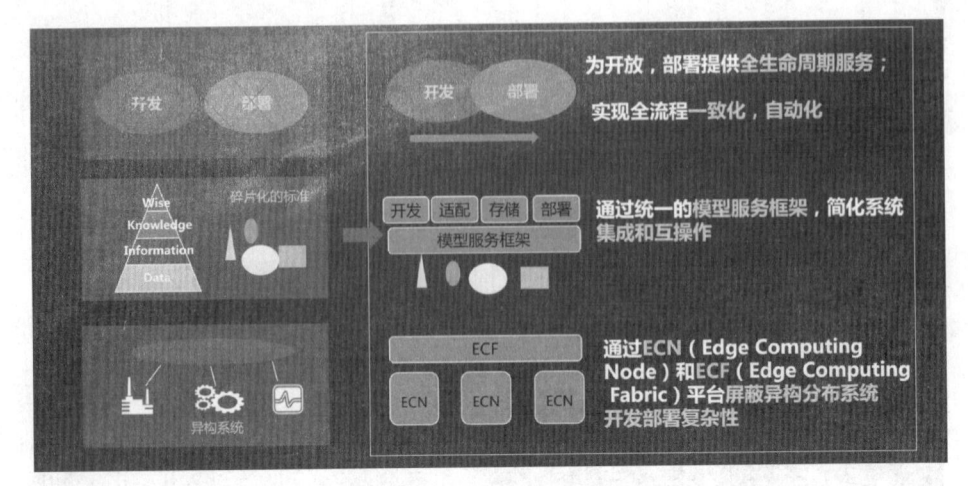

图2-85 参考架构设计思路

第一，需要把开发和部署全流程建立一个闭环。无论是云计算还是其他的技术框架，很重要的一点是通过一个开放的接口，把接口标准化，接口标准化带来的好处在开发过程是一致的，降低了应用集成，简化开发。另外，通过接口开放可以实现部署的自动化。这个过程一定是闭环，不可割裂的。

第二，刚才讲到整个按照DIKW，整个全流程各个全球产业组织都在定义这个标准，这个标准非常多、非常碎片化。现在业界需要一个框架解决几个问题：一是提供统一的接口，解决开发的问题；二是这个框架一定不是重新造，而是利用现在产业组织用的模型，我只不过做一个模型的影射，提供一个工具帮助不同的模型之间可以自动化做识配，可以降低整个开发的存储。另外一块，提供集中的对象存储的管理接口，包括对象的部署。有了这样一个框架就很自然地支撑第一点如何把开发和部署全流程化。

第三，要有一个解决边缘的办法。边缘有很多问题，看到一个节点无论是哪一块存在很大的问题，就是说有一个协议，还有安全性和保护实施性，要有一个技术支撑。分布式计算有一个经典的话，分布式计算系统设计的成功关键尽可能避免分布式。但是在边缘计算里不可能避免的是分布式，这里牵涉怎么知道哪个计算节点资源有效性。如果可能的话通过一个开放的接口，去把它整个复杂资源情况通路开放接口，这样上层业务可以根据灵活的需求去调度，所以提出了一个ECN的理念，最终把整个边缘的基础设施变成所有的节点，不管是工业设备还是机损还是一个ICT设备还是网关，都抽象成一个框

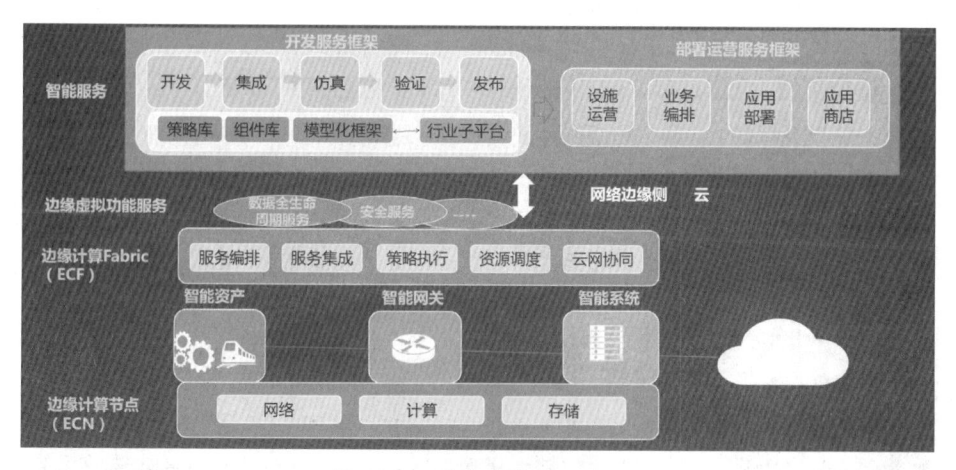

图 2-86 边缘计算参考架构

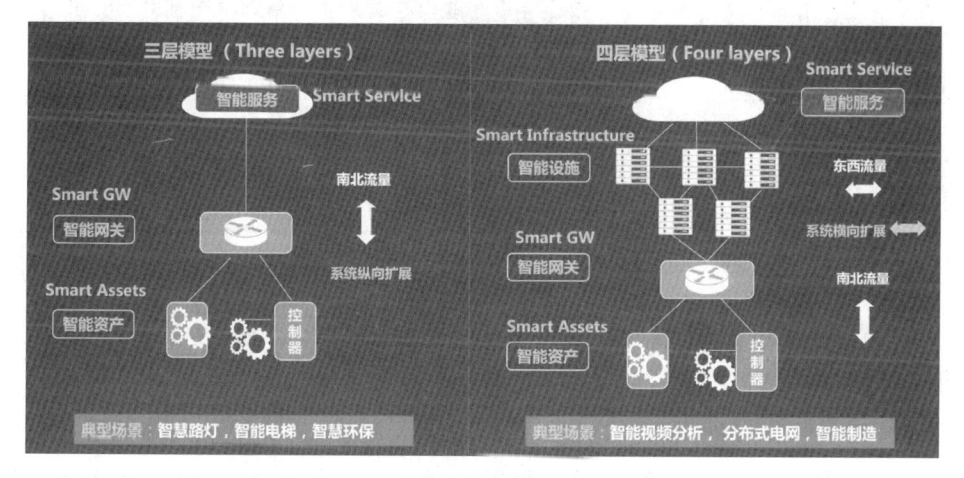

图 2-87 部署模型:灵活应对应用场景多样性

架出来,在一个框架上,把资源开放出来,把所有的东西都转换成计算节点,怎么用这个资源是应用决定的,我们把资源开放出来。

按照这样的理念定位,这个边缘计算的参考架构,应包括如下几层:第一层是边缘,就把物的复杂性解决掉,包括业务实施性,里面会融入TISN、虚拟化的技术框架;在这个上面可以孵化出智能的资产和智能网关、智能系统。我们通过Fabric抽象,实现降低分布式架构的复杂性。上面利用智能服务连通开发和部署一个服务框架可以去开发出智能的服务,把服务部署在框架上;最上面智能服务把开发和部署能够全流程闭环。整个体系其实就是基于模型化的接口去实现上下层的协作。

整个部署典型有三层模式现在用得非常多，这是第二种模式是方向，比如在分布电网很多的场景已经需要，包括智能制造。跟上一层变化有一个智能的设施，在里面部署本地的一些数据分析、MIS等一些系统。讲几个案例。

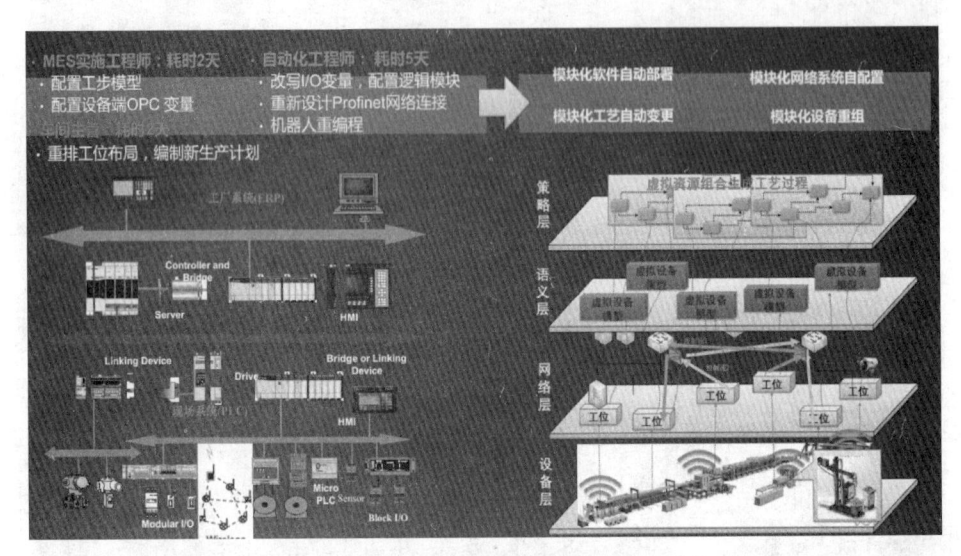

图2-88　智能制造：基于策略模型实现业务快速部署和运营

第一个例子是智能制造。在工业里面是物理架构为中心的社区设施，有很多专业设备。经常存在这个问题，有小批量需求来了之后或者说设备攻关的时候，把物理上的设备连接更改或者命令行更改，这样很难适应变化。大道至简，很多东西是相通的，这里可以接近SDN的思想，在物理层之上有一个抽象层，把整个物理的部署抽象层工序公布，这瞄准的业务逻辑，跟你具体用什么样的厂商POC一样，这里把业务逻辑定义出来，从业务逻辑到设备配置之间的可以借助自动化工具来做，这样整个架构可以很容易适应新的需求变化。

第二个例子是智能电梯解决方案。电梯行业在过去几年内进入一个发展的平台期，因为新装机的数量越来越少，大家更多希望通过厂商把价值点放在运维保服务。类似华为这样的厂商，我们不懂电梯，但是我们懂通信、懂计算，所以提供一个通用的网关。工业企业懂机理，把它的创新通过软件的方式封装成基顶模型，提供ICC，这样提供一个协作。

图2-89 智能梯联网解决方案

图2-90 结题

最后以大处着眼、小处着手作为我的结题。谢谢大家。

主持人：非常感谢史扬先生为我们分享目前对计算和网络资源部署的最新的思考。根据史扬先生的演讲，为了保障工业生产的基本需求、安全、可靠、时延，还有网络的成本，我们的计算资源分布应该是分布性的，从边缘到云都有。对计算资源的有效部署必须把通用、具有共性的资源管理作为平台化、智能服务、其他智能能力通过模型来实现。今天下午既谈到安全的保障，也谈到工业互联网核心技术、需求、分析方法，亦谈到为实现这种分析所需要计算资源的部署和管理。最后自然地引出了最后一个课题。对大家关心工业互联网同盟的一些朋友大家可能都关注到工业互联网亮点,就是测试床,对工业互联网来讲测试床是创新和探索的数控平台。系统在部署和投产之前对新的产品、新的应用、新的服务,还有新的流程、新的商业模式进行开创性的思考,最接近真实的环境之下进行部署和测试,以确定其有效性和可行性。今天,我们有幸邀请到IIC测试床组的赛灵思市场战略总监丹·艾萨克斯(Dan Isaacs)先生,为我们来介绍一下IIC测试床的范畴还有一些具体的案例。请大家以热烈的掌声欢迎丹·艾萨克斯先生。

IIC测试床：范畴与实践

赛灵思战略市场开发总监　丹·艾萨克斯

今天算是比较长的一天。首先非常感谢主办方,谢谢你们邀请我在这里演讲,同时我要特别感谢一下林诗万博士,谢谢您。我们之前也是有这样一个机会来给大家介绍一下测试床方面的相关知识。谢谢AII&IIC组织了这次会议,这是我的荣幸。

今天我想给大家介绍的测试床到底是什么样的一个概念。然后为什么有测试床这样的概念,还有它的一些关键要素及优势是什么。大家看到在IIC里面有不同的联络组,还有斯蒂芬·梅勒（Stephen Mellor）的工作组,也就是说我们组与组之间有非常强的合作,同时也有相应的机会共享。把创新和能力共享起来。通过这种方式我们也可以取得差异化。在这里大家已经看到这个版本的幻灯片,我就不作细的解释。看一下右下角（PPT）,测试床代表一个沙盒,我们的学术界行业还有政府通过这个沙盒就可以共同合作创新,以及使能。

地图上有不同的国家、不同的区域在我们这个项目之中,而且同时还有很多其他的组织,他们也发起了相应的工作组,这是一个生态系统的项目。希望能够变革,实现我们业务的一个社会转型。花一些时间看这些创新如何转化为现实,而且同时可以用到工业互联网上,得以实现。

这里大家看到的就是我们旗下的成员,大家想象一下AII跟IIC一样,有很多的不同成员,这确实是一个全球性组织,也是全球都在为之努力,在测试床上面我最主要讲的就是给大家介绍一些深入的领域,在这个演讲当中已经

The Industrial Internet Consortium is a global, member supported organization that promotes the accelerated growth of the Industrial Internet of Things by coordinating ecosystem initiatives to securely connect, control and integrate assets and systems of assets with people, processes and data using common architectures, interoperability and open standards to deliver transformational business and societal outcomes across industries and public infrastructure.

Member Organizations Spanning 30 Countries

Launched in March 2014 by five founding members:
AT&T, Cisco, General Electric, IBM & Intel.

The IIC is an open, neutral "sandbox" where industry, academia and government meet to collaborate, innovate and enable.

图 2-91　工业互联网联盟任务

图 2-92　IIC 成员

听说过一些，比如说涵盖能源、医疗、安全等，现在已经超过 25 个测试床已经宣布，而且后续有很多的项目。同时也有相应的渠道，我在这里主要想介绍两个测试床，其中一个是有关于安全方面的测试床，这个测试床也是一年前提出来的一个项目。同时还有智能工厂上的测试床，这个主要是针对预测性、维修保养。这个测试床也是 9 月刚刚提出来的。

接下来我很快给大家介绍一下安全的测试床。实验室过程当中我们实时进行运营并且汇总这些数据，之后想看一下怎么样把这些数据能够集约起来给大家，并且使新的成员加入其中。在我们 IIC 网站当中发布了大家发表的安全方位的测试床意见,在2016年2月进行公布,有7—8家不同的公司都是我们合作的企业,都帮我们一起来做测试床。可以看到测试床需要打造一个开放的、可以配置的网络安全平台,这样可以进行评估,大家觉得安全方面有什么样的纷扰和挑战。为了做到这一点首先必须要确保从终端打造一个OTE包括边缘的集合体,一切都是在边缘进行集合。怎么样保证安全,确保把不同的创新材质的合作伙伴加入到联盟和合作网络当中。

今天谈到不同的框架,包括工业互联网的安全框架,由IIC进行发布,还有其他的框架,夜以继日、努力把这样的文件呈现给大家。我们希望把测试床和最终的目标进行验证,联结在一起,最终这些我们的框架中如何得以验证。在这个图2-93中,上面图是谈到终点,怎么样对终点进行保护,确保终点是安全的,我们有专攻这一领域的合作伙伴,包括对身份、对其他的沟通安全性进行监管。除此之外包括其他方面的安全性,有其他的合作伙伴帮助我们做工程来展现这样的案例。

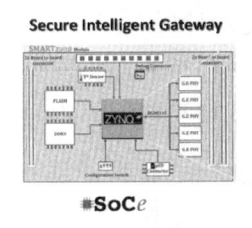

图2-93 工业互联网安全框架

中间(PPT)可编程的SOC线上系统,不仅仅是一个硬件,还是一个软件,除此之外系统所运用的应用程序也在其中,这是另外一个合作伙伴进行安全的监控和分析,可以进行监控、可以分析,最重要的一点是以此为行动的基础。在另外一个角度上,我们进行了配置,怎么样对这些设备提供安全的保护,还有其他的合作伙伴给大家展示不同的概念。可以让大家了解到这些非常强悍的硬件身份。

我们打造了一个多层安全生态系统的扩展,没有万灵药,没有放之四海而皆准的灵丹妙药,是一个结构有素,含多终点的声带系统,包括智能、医疗器械、智能电网、智能无人驾驶、智能制造,基于云当中通过网端进行沟通,所以安全测试床提供了一个安全、多层次的框架,可以使我们对产品和技术进行创新,展示这一概念和框架。

图2-94　IIC概念和现实

另外一个测试床最近刚刚批准它,就是关于智能工程、机器学习,作为我们PM,预防性保养、维护。所有这样的公司对于很多汽车主的传动性由数控机床进行生产。接下来从概念到现实的跨越,希望测试床的概念可以走到现实,是一个有结构的过程,IIC做了很多完成这样的里程碑,能够确保这样的一些测试床有真实的价值。一些数的链条,可以看到有的时候密密麻麻看不清楚,大家会发现如果能够把这一点都做好,可以带来无限大的好处和功能。

我们宣布这样一个测试床,在上一次成员会议当中已经宣布,在我们的IIC测试床网站当中可以找到,会描述它的价值是什么。另外也会考虑到经典的用户案例,让我们了解如何采取行动。这个测试床的目标是进行评估,并且验证机器学习的技术,开发它的不同领域,主要是关注于预防性、预测性的维护,从预防性的维护到可以预测性的维护,预测性的维护非常重要,希望能够提高有效的运行时间,降低宕机时间,这是一个关键的基石,能够确保资产可用性得到提高,有一系列的参与方。当我们进行安全测试床测试时,可以看到只有6个合作伙伴,现在已经有12个。现在希望有一个机器学习去兼顾安全的学习技术,除此之外也扩展到机器学习的其他领域。

Goals
- Evaluate & validate Machine Learning (ML) techniques for Predictive Maintenance (PM) on high volume production machinery to deliver optimized system operation
- Achieve increased uptime & improved energy efficiency utilizing ML techniques for advanced detection of system anomalies and fault conditions prior to failure

Participants
- Sponsors: Plethora IIoT: R&D of ML IP, Oberon system & applications with visualization
  Xilinx: All Programmable Technology, Connectivity IP, Security, Machine Learning framework and related IP
- Supporting: Bosch, Microsoft, Thingswise, Infineon, GlobalSign, RTI, NI, iVeia, SystemView, Titanium Industrial Security, Aicas

Phases
1) **Lab Development and Test**: Utilizes simulated data and degradation/fault conditions for ML exploration - Spain
   - Development / Exploratory phase: understand, implement & validate requirements for CNC Manufacturing system and preparation for pilot factory deployment
2) **Pilot Factory**: Initial Deployment in limited production facility - Spain
   - Field test in controlled facility – emphasis on PM and ML deployment on production manufacturing machines
3) **Production Facility**: Deployment of ML and real-time analytics in Automotive OEM facility – Confirmed -TBA
   - Deployment, validation of ML techniques on production CNC systems for optimized operation and energy efficiency

图 2-95　测试床简介

测试床分三个不同的过程。一个在实验室过程当中,进行数据模拟,根据之前机器学习的算法,包括神经网络的分析、深度神经网络、实际的分类等,这都是我们开放探索的阶段;接下来就是中试阶段,这是一个控制的系统,评估不同类型算法的好处;最后一点在生产线当中这些算法怎么样直接在系统当中应用,这样提供一个自动化的传动性当中预测性的维护。数控机床开发了这么多数据,包括曲轴、连接杆、传动系,这都是和传动系相关的部件,这些已经达到量产,这是我们的量产系统,现在OEM的车厂商也是这样做的。他们的能力是什么呢? 首先运用这个,可以在这个系统宕机之前发现这个问题,一旦发生问题再去修补就非常贵,可以提前找到这个问题的发生,这样就可以进行时间的安排,确保不需要停止生产线。它的商业价值是能够确保生产这个产品,降低成本,提高竞争性,提高运营的效率,使工厂效率提高,因为能够使它不断地保持正常的运行,有很大的价值。我们有一个处理器的机器、数控机床,是几百万美元成本的数控机械,这些生产线都是自动化,接下来把元素嵌入其中,它向下一步进行努力,希望把它能够成熟化,确保一个完整的生产线。

生产线都用了不同的技术类型,可以把它更上一层楼。不同的生产线同时利用这样的技术,这样就可以把工厂的不同生产线,总体的生产量和另外不用这个系统的工厂进行对比,我们将用继续学习的算法看一下融合,包括信息技术、运营联合在一起,就能够运用不同的机器学习算法,进行预测性的维护和保养,以此化为行动的洞察。

这就是我们一直谈到GE所采取的系统,和GE一直进行协作,他们希望用它进行预测,这样一个技术已经得到广泛的应用,工业物联网技术的扩展,还有其他的合作伙伴也用了这个技术,我们的测试床可以确保以光速的速度在生产线、在商业环境当中去测试创新的观点。

- **Showcases** Machine Learning-based Predictive Maintenance as a key element **of Smart Factories**
  Provides Industry Thought Leadership representation based on real world production manufacturing facilities
- **Fosters collaboration & enables integration with IIC technologies**, related testbeds primary & IIC working groups
  Including: Connectivity-TSN testbed, Security-SCET testbed, Industrial Analytics and related testbed) and other interested IIC members technology in: Analytics, Machine Learning, Systems, Applications Services
- **Establishes a readily adaptable testbed framework, from edge to cloud**, extensible to other domains/use/factories
  Example: Smart Grid for predictive maintenance using different sensor suite and algorithms
- **Provides opportunity to** propagate experiences/lessons learned for technology awareness via existing IIC liaisons
  Including: Existing new member relations with Edge Compute Consortium (ECC), Industrial Value Chain Initiative (IVI), Platform Industrie 4.0, (PI4.0), and other focused research institutes – Singapore, Government bodies (CDTI –Spain); UPM-HPC group- Spain, US, others under discussion
- **Enables** proliferation of Machine Learning-based Predictive Maintenance technology **to global-base of Auto OEMs**
  Expansion to CNC machines from Etxe-Tar, Plethora IIoT's parent company, operating in Automotive manufacturing facilities today

图2-96 测试床重要性

看测试床的重要性不仅仅体现在利用机器学习进行预防性的维护过程当中的竞争力,也能够在工作小组、其他的利益相关方之间打造连接关系。之前我们谈到了一些不同的领域,沟通小组在连接过程中打造一个适应性非常强的测试床框架。如果一些参数发生了变化,可以变成一项智能电网一样,智能调节,这样可以给我们提供机会。以此为基础,利用这样一些经验,确保在不同的组织过程当中使用,包括边缘计算、IVI等一些领域,他们和政府机构打交道的,这些技术,实际上是在边缘,能够帮助我们进一步使用,把工业互联网推向更多的应用领域当中。

非常感谢大家的耐心聆听。谢谢。

主持人: 非常感谢丹·艾萨克斯(Dan Isaacs)先生为我们作对IIC测试床

的简介以及两个测试过的测试床。首先是工业互联网安全的测试床，另外是十分关注的核心技术工业分析，也是工业大数据分析测试床。今天非常感谢大家，不仅非常关注所有的发言，同时也坚持到最后。从一开始，不仅对工业互联网的历史、未来的趋势展望、技术的应用、国际上的合作，还有在国内发展的成果、以后执行的行动计划，有了一个比较广泛而深入的讨论。下一部分对具体的技术、安全、数据分析，对工业互联网计算资源、部署和管理，最后为了实施这些技术所能做到的有效性、可行性的测试床。内容非常丰富、完整，非常感谢大会组委会安排得这么丰富，而且是一致性的演讲内容。

最后，感谢各位主旨演讲的嘉宾为大家所作的内容深入、丰富和广泛的演说。我宣布大会圆满结束。谢谢大家。

第三篇

全球网络安全产业创新论坛

主持人*：尊敬的各位领导、各位嘉宾，女士们、先生们：

大家下午好。我是上海社会科学院的副院长王振。前面的开幕式跟第一段的演讲由我来主持。

2017年全球网络安全产业创新论坛在这里马上将要开始。作为2017年全球城市信息化论坛的分论坛，网络安全产业创新论坛以网络强国战略和网络空间命运共同体思想为宗旨，围绕网络安全产业的创新与合作，旨在为我国网信事业健康发展贡献产业智慧，为各国网络安全企业创新发展提供科学指引。本论坛由上海市经济和信息化委员会和上海社会科学院联合主办，是我们全球城市信息化论坛的第二个大的论坛。我们这个论坛面向全球，汇聚网络安全领域的重要决策者、产业领袖和专业学者，开展深入交流与智慧碰撞，力争给大家带来一场思想盛宴。

下面，首先请允许我介绍出席今天论坛的嘉宾。他们是中国工程院院士沈昌祥先生，中国工程院院士倪光南先生，德国国家科学工程院院士克里斯托弗·梅内尔先生，中国互联网发展基金会理事长马利女士，上海社会科学院党委书记于信汇教授，上海市经济和信息化委员会总工程师张英女士，中国信息通信研究院副院长王志勤女士。出席今天论坛的还有相关部门的领导、专家学者和业界人士，在这里我谨代表主办方感谢各位嘉宾的到来。

今天论坛的上半场包括三个环节，一是领导致辞，二是"上海赛博网络安全产业创新研究院"揭牌，三是主旨演讲。下面我们进入第一个环节，领导致辞。首先有请中国互联网发展基金会理事长马利女士致辞，大家掌声有请。

---

* 王振，上海社会科学院副院长、信息研究所所长。

中国互联网发展基金会理事长马利致辞

尊敬的沈院士、倪院士、张院长、于信汇书记，尊敬的各位嘉宾，女士们、先生们，朋友们，还有我们的记者朋友们：

下午好。非常高兴有机会和大家汇聚一堂，参加由上海社会科学院和上海市经委共同举办的全球城市信息化论坛，参加今天下午由上海社会科学院和上海市经委组织的网络安全产业创新分论坛。我代表中国互联网发展基金会，对本次论坛的举办表示热烈的祝贺。

过去的20年，互联网的应用普及可以说日新月异，深刻地改变着我们每一个人的工作和生活。中国是最主要的网络大国，我们已经拥有了超过全球1/5的网民，4家全球市值前十位的互联网大公司。大量互联网创新走在了世界的前列。在许多领域，我们已经从过去的跟跑，到现在的领跑，互联网的中国模式可以说吸引了全世界的目光。

但是，我们也需要清醒地认识到，信息化发展和互联网普及也给我们带来了严重的、严峻的网络安全问题。从斯诺登事件到徐玉玉事件，网络安全不仅关系国家安全和企业发展，它也影响到每一个人的切身利益。2014年，党中央成立了网络安全与信息化领导小组。习近平总书记担任组长，他提出了没有网络安全就没有国家安全的重要论断，做出了加快建设网络强国的战略部署，其中网络安全产业发展和人才培养尤为关键。

中国互联网发展基金会是一个全国性的互联网公益基金会，习总书记提出的让互联网发展成果惠及13亿中国人民，这就是我们所有工作的根本宗旨。我们也在积极地通过公益的力量，推动我国网络安全的发展。2016年，我们第一个专项基金就募集了3亿元人民币，成立了中国网络安全专项基金，也就是为了鼓励网络安全人才的培养，我们今天在座的沈院士和倪院士，也都是当时启动仪式的参与者,也是我们的专家。

网络强国建设是一个长期的系统的工程,不仅需要体制和政策的创新,更需要产业和技术的创新。网络安全为人民,网络安全也要靠人民,需要开放、融合,汇聚各方的智慧和力量,因此我觉得今天的产业创新论坛就是一个很好的形式。

上海社会科学院是国家的高端智库,他们发挥了自身的优势,不仅可以促进上海网络安全产业的创新和发展,也在为我国网络强国建设先行先试,充分体现了专业、开放、海纳百川的上海精神。未来,我们的基金会也将进一步地加强与上海网络安全各界的交流与合作,共同来推动我国网信事业的发展。

最后预祝本次论坛取得圆满成功,谢谢。

主持人:谢谢马利理事长的致辞,特别感谢中国互联网发展基金会对2017全球城市信息化论坛的大力支持。下面有请上海社会科学院党委书记于信汇教授致辞。大家掌声有请。

上海社会科学院党委书记于信汇致辞

尊敬的马利理事长、沈院士、倪院士、梅内尔院士、张总、王院长，各位来宾，女士们、先生们：

大家下午好。首先请允许我代表上海社会科学院，向热情参与本次论坛的各位领导、各位嘉宾和来自海内外的朋友致以热烈的欢迎和诚挚的感谢。

在这秋高气爽的11月，非常高兴我们能够相聚在黄浦江畔，在全球网络安全产业创新论坛这个平台上，共同探讨网络安全产业创新之道和全球网络安全产业合作之路，为我国网信事业健康发展贡献智慧。

近年来，互联网技术正在飞速发展，信息网络已经渗透到人类生活活动的方方面面。网络科技为经济社会注入了强大的发展动力，对人们生活品质的提升发挥了难以替代的巨大作用。与此同时，网络安全态势却日趋严峻，严重威胁全面发挥。网络安全已经从专业技术领域上升到国家战略高度，成为关系各国国家安全、经济发展和社会稳定的核心议题。

习近平总书记提出，没有网络安全就没有国家安全，安全与发展是一体之两翼，驱动之双轮，为我国网络安全产业创新发展指明了方向。我国相继制定了网络安全法、国家网络空间安全战略、"十三五"国家信息化规划等重大基础性战略性文件，进一步为网络安全产业发展提供了法律保障和政策指引。从产业发展角度看，网络安全是动态的发展的，网络安全领域发展的变化非常快，新技术新应用带来了新的问题，新挑战也层出不穷。网络安全产业应当承担起维护我国网络空间安全的责任。

今天到会的嘉宾有国内外重量级的学者、网络安全产业界的精英、国内外知名智库的研究者、政府决策部门的领导，衷心希望本次论坛成为网络安全产业创新发展、思想汇聚、智慧凝结的平台，为网络安全产业的发展带来有益的贡献。

最后,再次感谢大家的到来,并预祝本次论坛取得圆满成功。谢谢各位。

主持人:谢谢于信汇书记的致辞。下面请上海市经济和信息化委员会总工程师张英女士致辞,大家掌声有请。

上海市经济和信息化委员会总工程师
张英女士致辞

尊敬的沈院士、倪院士、马利理事长、于书记,各位专家学者,各位来宾:

下午好。很高兴在第19届国际公约博览会召开、第21届全球信息化论坛召开之际,与海内外同仁一起探讨网络安全法实施背景下的网络安全产业创新这样一个话题。在此,我首先代表上海市经济和信息化委员会对在上海城市产业发展、信息化建设和网络安全保障过程中,一直给予关心关注支持的各界人士,表示衷心的感谢。

打造面向未来的智慧城市,是上海建设卓越的全球城市、改善城市发展环境、促进城市功能提升、提高公共服务水平的重要举措,在智慧城市建设过程中,互联网已经成为驱动产业创新变革的先导力量。随着"互联网+"行动的全面推进和两化深度融合,物理世界和网络空间的相互交织,给城市运行和安全管理带来新的威胁和挑战。

与此同时,金融服务、移动普惠、智慧政务、云数联动、工业制造、智能物联等,为网络安全保障服务的高端化和网络安全产业的创新提供了难得的发展机遇。习近平总书记在4月19日讲话中提出了关于信息技术设施保障,全方位全天候安全态势感知,构建强有力的防御能力和威慑能力的重要使命,必须以强大的网络安全技术产业为支撑。网络安全产业已经成为保障国家安全网络的核心产业,网络安全法的明确要求,省、自治区、直辖市人民政府加大网络安全投入,扶持重点网络安全技术产业和项目,大力推进网络安全的产业创新,是我们经济和信息化部门落实网络安全国家战略的重要着力点。

上海是我国信息产业的重要地区,在国产的操作系统、中间件、数据库等基础产品、行业软件和国产密码应用方面具有比较优势。随着大数据、工业互联网等国家级示范城市的建设,一批像华为、中兴生产线的投入,浦西软件园等一批重大项目的建设，为上海大力发展网络安全产业提供了产业基础和应用优势。上海将进一步加快产业保障安全和发展的力度，为此我们将按照党的十九大报告中提出的促进云计算、大数据和人工智能与实体经济融合发展的总体要求，在科创中心建设的统筹布局下，加快推进网络空间安全产业创新工程，大力培育和发展网络信息安全服务四新经济，建设工业互联网，工业控制系统的安全等研发转化平台，筹建网络安全产业创新研究院，加快重点领域的关键网络设备和专用网络安全产品的国产化替代，努力夯实保障国家网络安全和城市运行的基础产业支撑。

今天我们在这里汇聚一堂，围绕网络安全产业创新进行精彩的演讲和对话交流，共同探讨这个行业的解决之道，我相信一定会为上海的产业转型升级和智慧城市的创新发展贡献智慧和力量。最后预祝本次大会圆满成功，谢谢。

主持人：谢谢张英总工程师的致辞，也特别感谢上海市经信委携手上海社会科学院，我们两家共同承办了2017全球城市信息化论坛，这也是我们第二次共同携手来举办这么一个论坛。非常感谢。下面有请中国信息通信研究院副院长王志勤女士致辞，大家掌声有请。

中国信息通信研究院副院长王志勤致辞

尊敬的沈院士、倪院士、马利理事长、于书记，各位领导，各位来宾：

大家下午好。非常高兴能够参加此次全球网络安全产业创新论坛，首先作为论坛的协办单位之一，我谨代表中国信息通信研究院对参加本次论坛的领导和嘉宾表示热烈的欢迎。

党的十八大以来，以习近平同志为核心的党中央高度重视网络安全工作，将网络安全纳入国家安全工作予以部署，开启了网信事业的新篇章。随着网络安全法等战略规划和法律法规的出台，网络安全工作的指导思想和理论基础更加体系化，我国网络安全产业发展进入了快车道。2017年，我国网络安全产业规模快速增长，技术领域创新活跃，态势感知、监测预警、云安全服务等新技术新服务不断涌现，网络安全企业的实力得到了较大的提高，出现了一批具有产业整合能力的龙头企业。但相对而言，我国网络安全产业发展还处于起步阶段，与发达国家在技术基础、模式创新、产业环境等方面存在一定的差距。互联网领域发展迅猛，新技术新应用新业态层出不穷，网络攻防非对称的态势日益突出。这也对网络安全保障能力提出了新的更高的要求。加快发展安全产业，加快网络安全技术创新，已经成为当前工作的重中之重。

中国信息通信研究院在网络安全领域开展了一系列前瞻的布局，2012年成立了安全研究所，致力于网络安全领域政策、标准、基础研究和支撑工作，此外牵头编制了"互联网+"、网络强国等重大战略规划，相继发布了网络安全相关的多份白皮书，积极为我国网信事业和网络安全产业贡献智库的力量。

习近平总书记在党的十九大报告中提出，要瞄准世界科技前沿，强化基础研究，实现前瞻性基础研究引领原创成果的重大突破，为网络强国建设增强有力的支撑。此次论坛以全球网络安全产业创新为主题，在科技创新中心的上海举办,对于网络安全产业拓展新局面、迎接新挑战、取得新发展,具有重要意义。

此次论坛汇集了众多国内外的网络安全产业的院士专家学者和产业界的人士,共同为产业发展献计献策,必将凝聚出更多的共识,沉淀更多的成果。中国信通院也将继续做好网络安全的研究支撑工作,进一步发挥支撑政府服务行业的作用,搭建企业惠及的平台,服务和支撑好网络安全产业的创新发展。

最后预祝本次论坛取得圆满成功,谢谢大家。

主持人: 谢谢王副院长的致辞,也特别感谢中国信通院对我们这个论坛的支持。信息通信研究院在信息通信特别是网络安全方面,是我们国家最权威的研究机构之一。

非常感谢刚才几位领导的热情洋溢的致辞,对本次论坛的召开表示了祝贺,也对我们网信事业发展和网络安全建设提出了期望。让我们再次用热烈的掌声对他们的致辞表示衷心的感谢。

主持人： 下面进入第二个环节。上海赛博网络安全产业创新研究院正式启动。我在启动之前做一点背景的介绍。大家知道，信息安全越来越重要。2016年4月19日，在中央网信工作座谈会上，习近平总书记对网络安全产业发展提出了明确要求，包括推动核心技术成果转化、推动强强联合、协同攻关，探索组建产学研用合作联盟。今天这个启动也是我们响应习近平总书记的指示，贯彻落实中央网络强国战略、网络安全法、"十三五"国家信息化规划以及上海的关于加快建设具有全球影响力的科技创新中心的意见等文件的要求，来进行的行动。

在此，我们采取了政产学研的协同创新模式。"政"就是政府，主要是经济和信息化委员会；"产"，我们采取了新的模式，由一家著名的在网络安全产业里面的一家著名公司来承担这个产的功能。当然，这个研究院，也会承担主要的运作功能。"学""研"会组织社科院、各个研究院，还有大学的力量，来形成一个新的模式。

我想简单介绍一下承担这个研究院的运作的载体。主要是一家公司，这家公司叫做上海众人网络安全技术有限公司。这家公司，韩正书记在2016年的8月25日和2017年的8月29日，两次到上海众人网络安全技术有限公司进行调研，对这家公司提出，要求他们在网络安全上进行突破、发展，在政产学研的这个新的合作研究当中发挥更加积极的作用。

我们也期待着这么一个新型的研究院。通过今天的启动以及未来的发展，能够为上海，特别是为整个国家的网络安全做出更多的应有的贡献。

下面有请几位尊敬的专家们上台见证研究院的启动。请大家用掌声有请沈昌祥院士、倪光南院士、马利理事长、于信汇书记、张英总工程师、王志勤院长以及上海众人科技有限公司董事长谈剑峰先生上台共同启动上海赛博网络安全产业创新研究院的启动仪式。

启动仪式：（略）

谢谢各位领导，谢谢今天与会的各位代表见证这个研究院的筹备启动。

各位领导、各位与会代表，下面进入第三个环节——主题演讲。首先，我

图3-1 "上海赛博网络安全产业创新研究院启动仪式"

们非常荣幸地邀请到了院士级别的三位重量级专家,为我们带来真知灼见。安全是发展的前提,不言而喻,建设网络强国,网络安全是基本前提和首要保障。怎样才能构筑坚实的网络安全防线?下面有请中国工程院院士沈昌祥先生做题为《用可信计算筑牢网络安全防线》的演讲。大家掌声有请。

可信计算筑牢网络安全防线

中国工程院院士 沈昌祥

各位来宾，我谈一点关于网络安全怎么保障的问题。用可信计算筑牢网络安全防线。时间有限，我简单讲一下什么是网络安全，怎么树立科学的网络安全观；什么是可信计算，可信计算怎么创新的；可信计算怎么构筑网络安全。大家还记得，5月12日所谓的勒索病毒，一天时间横扫世界100多个国家，正是我们"一带一路"大会召开的前一天，对我们进行了严峻的考验。因为我们中央电视台，电子新闻的编制，是媒体数字的。如果这个病毒把我们的信息加密了以后，我们的电视基本就不能播出了。还有电网、电路系统，也是用可信计算来构筑网络安全，结果证明就是我们中国的可信计算顶住了横扫世界的勒索病毒，证明了我国网络安全法16条是非常正确的。

网络安全法16条讲的是怎么解决中国的网络安全的核心技术问题。国务院、省、自治区、直辖市人民政府应当统筹规划加大投入，扶持重点网络安全技术产业和项目，支持网络安全技术的研究与开发和应用。请注意，强调了推广安全可信的网络产品和服务，保护网络技术知识产权，明确提出了要用安全可信的产品与服务来构建网络安全的保障体系。同时，国家发布的网络空间安全战略，在夯实网络安全基础上再次强调加快安全可信产品推广应用。

为什么强调安全可信？我们从科学安全的手段去研究问题，网络安全现在是国家的一级学科，应该说有深厚的基础理论，非常核心的关键技术，有重大的工程应用。计算科学，少了攻防理念，我们在计算体系结构上就是个重大缺失，缺防护部件。就像生的孩子没有免疫系统，因此在计算模式、工程应用上，也没有安全服务。这样的问题，我们进行了科学的认识，利用逻辑缺陷攻击是永远的主题，因为人们对逻辑的认识有局限性，因此只能局限于为完成工作计算任务的逻辑组合，来完成我们的计算任务。不可能也不需要把所有的逻辑组合都完成。因此利用逻辑缺陷攻击是永恒的主题，是没完没了的，我们很难应对。因此说我们必须从逻辑的正确验证、体系结构、计算模式进行科学创新，才能解决逻辑缺陷不被供给侧所利用的问题，这样弥补计算科学的缺失，形成矛盾的统一体。

为了确保完成逻辑计算的组合不被篡改，这是我们的安全目标，也成为主动免疫的防御。人们也很聪明，没有免疫系统的孩子只能生活在无菌状态下，因此我们给计算机系统杀病毒，建防火墙是被动的，不解决根本的问题，也是过时的。我们应该主动进行安全防护，计算全程可测可控，不被干扰。这样我们就有计算也有防护，改变了只讲计算效率的片面的模式。这是一种预算和防护并重的主动免疫的新的计算模式。免疫的基因是什么？是以密码为基因、免疫、状态度量、保密存储等功能，这是信息安全的词，也是生物体的免疫的词，识别自己和非自己，从而破坏和排斥进入机体的有害物质。这就弥补了没有防护系统的体系的缺失。

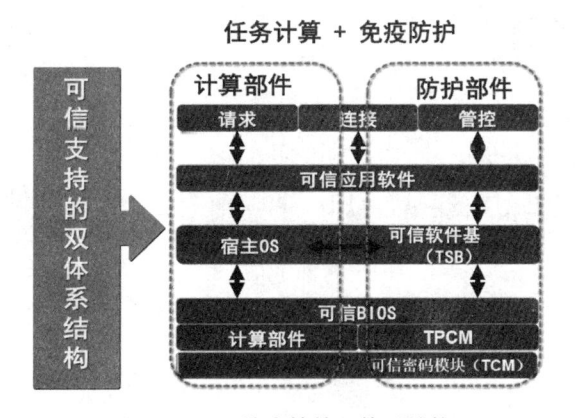

图3-2 可信支持的双体系结构

怎么样的体系才是科学的？左边就是我们微机体系结构、主板、操作系统、应用程序。我们还应该补上防护部件，也就是密码模块作为基因，补上可信计算节点，实现实时的探查。这样才能解决现在新出现的云计算、大数据、工业控制系统、互联网等新型应用，做到体系结合、资源配置、数据存储、设备管理是可信的不被篡改的，构成可信的安全管理中心支撑下的三重防御体系。

图3-3 安全防护效果

什么三重？计算环境要可信，边界要可信，传输要可信。管理中心很重要，系统资源管理，就一个单位的监控系统、审计系统，不能缺。这样让攻击者进不去，进去了拿不到东西，拿到了看不懂，想篡改马上恢复，最后攻击行为也赖不掉。我们多次的测试验证，所有的这些病毒都无效。新发现的病毒我们也做到了主动免疫。这里不展开讲了。

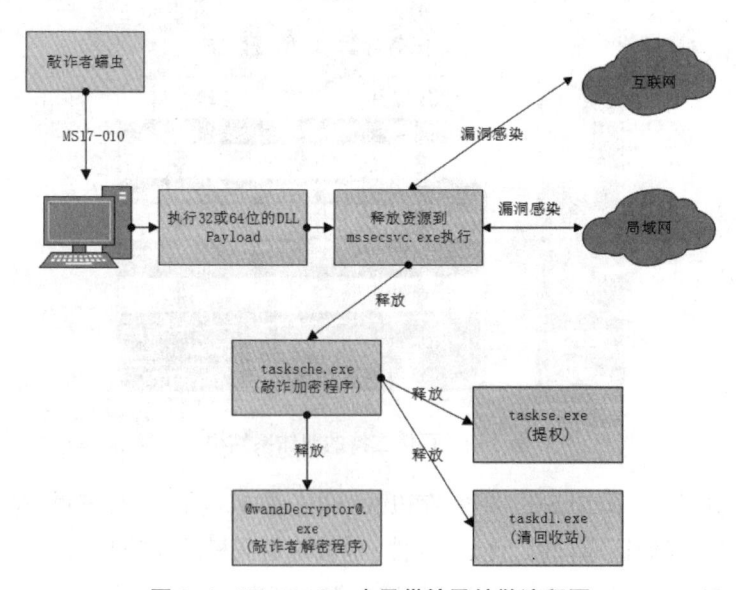

图3-4 WannaCry木马供给及扩散流程图

它利用互联网四个端口,注入它的加密数据的代码,然后告诉你加密了,让你交钱,交比特币。交了以后给你解锁才能用。我们可以主动的,同反腐败一样,发现了产生四个在0day(零日)没有的代码,不能执行。我们进行了系统的创新,20世纪90年代初为了保护国家的核心机密、重要系统,立项研究主动免疫防护系统,军民融合,我们获得了自己的创新体系。可信计算构筑网络安全,可信计算网络安全主动防御时代,为此,我们开了个高层次的研讨会,系统报道了我们科技创新的成绩。

创新何在?我们说说创新的证据何在,我们选择了标准体系,多层次的可信标准,主体支撑,系统配套,可信有用。我们国家标准也发布了。

密码体系创新更是非常重要,理论上完善了,安全性提高了,可用性也提高了,采用我们的体制改进了TPM1.0跟TPM1.2,现在1.2的基础上又发表了TPM2.0,成了国际标准,IOS这个体系是我们的。所有的算法都由我们自主的,体系结构的多层次的,我们一层 层进行了创新的发展。然后解决了整体的主动免疫的体系,改变了被动防御的局面。我们讲是3.0主动免疫,PC机为主的是2.0,早期利用可信的手段,检测故障,解决故障排除的问题,这是1.0。我们3.0涵盖了1.0、2.0,和信息系统融为一体,构筑一个完整的体系。

我们坚持自主可控、安全可信,成立了中关村产业联盟,进行产业化。我们抢占了网络空间安全核心的战略制高点,在Windows XP停止服务以后,不打补丁照样安全,对Windows10我们也有自己的看法。我们的"五可""一

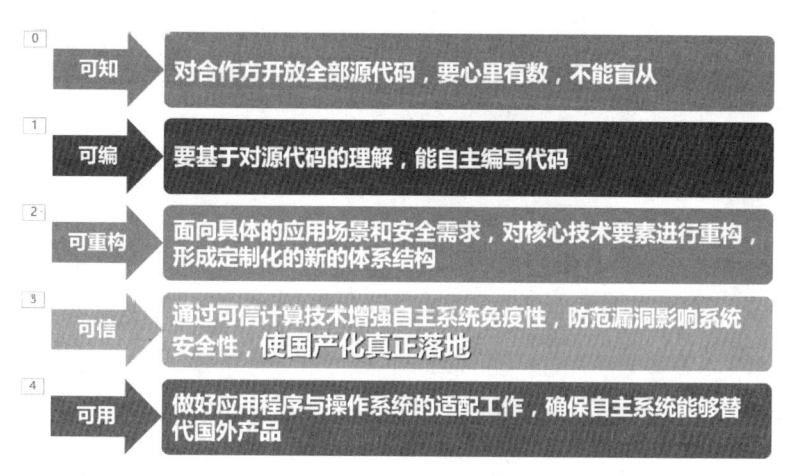

0	可知	对合作方开放全部源代码,要心里有数,不能盲从
1	可编	要基于对源代码的理解,能自主编写代码
2	可重构	面向具体的应用场景和安全需求,对核心技术要素进行重构,形成定制化的新的体系结构
3	可信	通过可信计算技术增强自主系统免疫性,防范漏洞影响系统安全性,使国产化真正落地
4	可用	做好应用程序与操作系统的适配工作,确保自主系统能够替代国外产品

图3-5 "五可""一有"

有",就是说要创造发明,注意自己的知识产权,做了一系列的工作。我们构筑了主动免疫的防护体系,有产品,我们能防住一切的攻击行为。中央电视台是很复杂的,我们做到了主动免疫,防住了勒索病毒的攻击。电力系统也是很重要的,我们的系统很复杂,经过严格的测试考核,这次也经历了供给实验测试,我们也是主动免疫的。

谢谢大家。

主持人:谢谢沈院士为我们做了一个非常重要也非常前沿的很专业的精彩演讲。下面有请中国工程院院士倪光南先生与大家分享,构建安全可信的信息技术体系,大家掌声有请。

中国网络安全状况和网络空间斗争主动权

中国工程院院士　倪光南

中国网络安全的状况与网络空间斗争主动权的问题。首先讲这个情况。目前中国的网络安全情况，整体规模来讲，我们是世界的网络大国，我们所占的联网人数在全世界五分之一以上。这是我们的网络空间的地位。

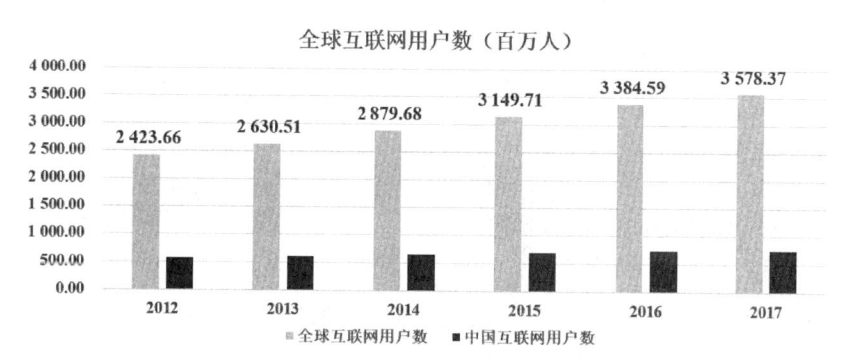

全球互联网用户数（百万人）

年份	2012	2013	2014	2015	2016	2017
全球互联网用户数	2 423.66	2 630.51	2 879.68	3 149.71	3 384.59	3 578.37

ITU预测，2017年全球联网人数达到35.78亿，占全球人口数的48%。其中，中国互联网用户数达到7.51亿，占全球21%。保障网络安全越来越成为一个全球性的重大问题。

图3-6　全球互联网人数

特别提到现在互联网的发展，我们看到互联网联网的设备已经超过了人口。而且还会大大发展，因为联网的结果，使得人和人，人和万物联网，今后连在网络上的人和设备的数量将会越来越大，几百亿甚至更多。

这是ITU有一个指标，对于网络安全指数。不评论这个指标，同比中国，

物联网设备数量（亿台）

- 2016: 64
- 2017: 84
- 2020: 204

根据Gartner数据，2017年，全球联网设备数量达到84亿台，比2016年的64亿增长31%。2017年全球人口数量75亿，联网设备数量首次超越人口。物联网的安全问题也同样会造成严重威胁。

图3-7 物联网设备数

2017年ITU全球网络安全指数

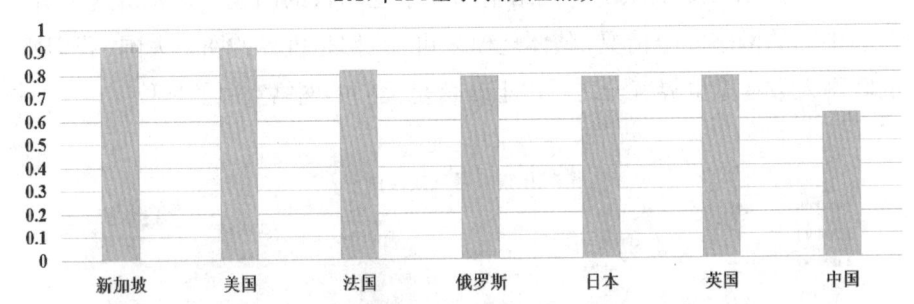

（柱状图：新加坡、美国、法国、俄罗斯、日本、英国、中国）

2017年，ITU全球网络安全指数相对2016年有提升。ITU将193个国家的安全战略划分为三个阶段，有21个国家处于领先阶段。中国排名第32，处于成熟阶段。

图3-8 全球网络安全指数

同样用这个指标来看，中国还是在发展。在ITU的指标体系当中，2017年中国已经处于第32位。

由于网络安全的重要性，全世界已经有38%的国家发布了网络安全战略，有些国家还没有跟上，但是这是大势所趋。我举网络安全最近的三件大事，不一定全面，我觉得比较重要的是不同的特色。第一件，徐玉玉，主要是一个安全意识的问题，保护隐私的问题；第二件是关于互联网相关的病毒的问题；第三件是再有勒索病毒的问题。

对于徐玉玉事件大家知道，不用重复了。一个考取大学的女孩子的隐私

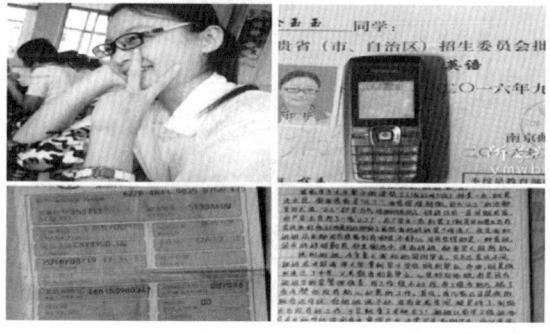

2016年8月，临沂女孩徐玉玉遭遇信息诈骗，不幸离世。此案件引起全国范围内广泛关注。这一悲剧的主要原因是信息泄露。"山东省高考网上报名系统"存在漏洞，泄露了包括徐玉玉在内64万名考生信息。

图3-9 全民网络安全意识崛起

泄漏造成的悲剧，说明隐私信息的重要、造成问题的严重性，也唤起全民对于网络安全意识加以重视。我们可以看到，目前公共部门是黑客攻击的重点，包括政府、金融、医疗等。主要的各种手段，包括网站篡改、植入后门、假冒、仿冒等之类的。公共部门，我们看到这个态势的发展，总体来看是有增无减，安全是一个长期的事情。

引起我们对徐玉玉这个事件的反思，有关部门也做了针对性的改革，比如说非法买卖银行卡信息，公安部整治的专项，以及最高法、最高检之类的网络

1. 2016年9月，央行、工信部、公安部、网信办等联合开展联合整治非法买卖银行卡信息专项行动。
2. 2016年12月，公安部延长打击整治网络侵犯公民个人信息专项行动。网信办统筹协调各相关部门开展打击整治行动。
3. 2016年12月，最高法、最高检、公安部共同发布的《关于办理电信网络诈骗等刑事案件适用法律若干问题的意见》，网络诈骗最高无期。
4. 2017年，教育部开展网络安全综合治理行动，"治乱、补漏、补短、规范"。

图3-10 徐玉玉事件引起的网络安全变革

Akamai在《2017年第二季度互联网安全报告》中统计了Mirai发起的DDoS攻击。圆形代表被攻击目标。

Akamai被Mirai僵尸网络攻击了1 246次，而最大受害者被攻击了10 500次。

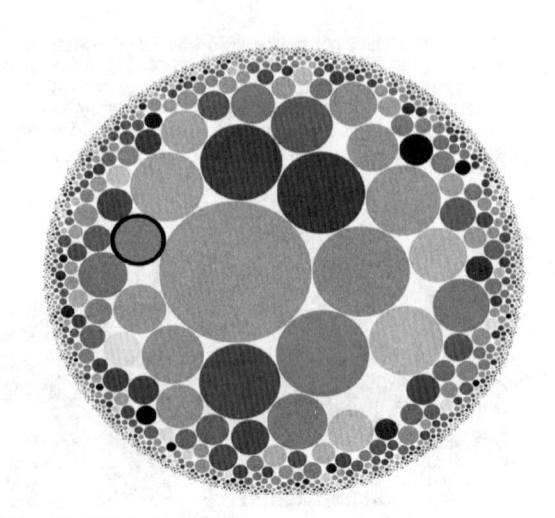

图3-11　Mirai发起的DDoS攻击

诈骗的案件，这些问题也是引起了社会对这个事情的重视。

　　第二个例子就是Mirai这个病毒，这是2016年发生的事件，主要是互联网的僵尸网络，由于受到攻击，美国互联网瘫痪。我们看到统计，发现目标是非常多的，最大的应该是，这里讲到了攻击的次数、受害者被攻击最大的一万多次等。

　　我们看到攻击之中整个的发展，这个趋势也是从后来我们看到2016年不断地增加。从中国CNVD，中国漏洞库收集的，我们也看到互联网的新的问题，对网络安全的重大挑战。像麻省理工科技评论，他们认为这个是很难阻止

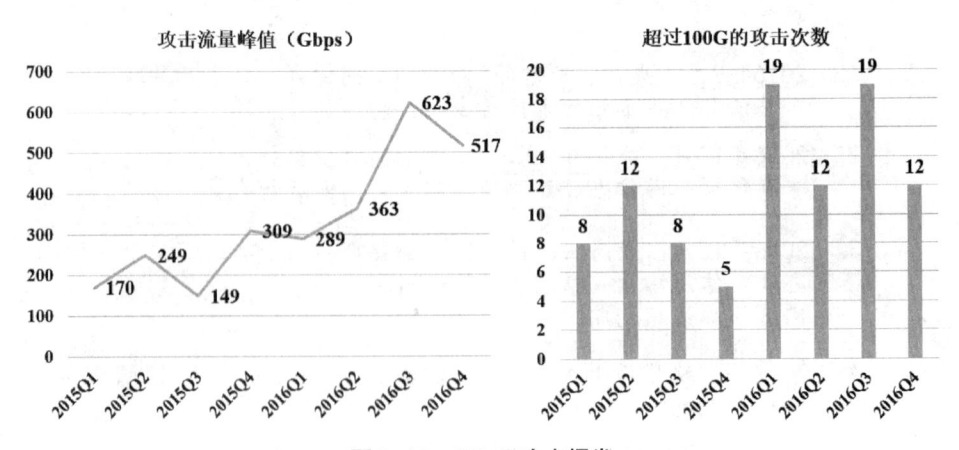

图3-12　DDoS攻击爆发

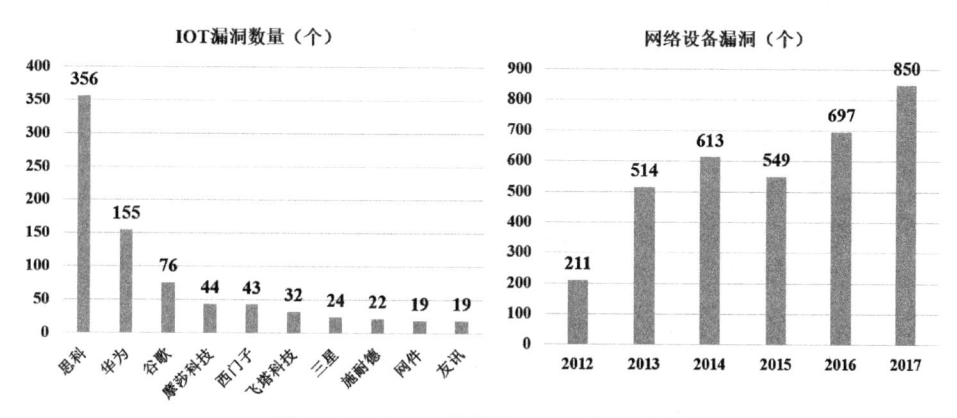

图3-13　CNVD收录的1 117个IoT漏洞

的。360，中国的网络安全公司，也收集有关的数据，提到每天增加100万台的新设备。

僵尸物联网破坏大、难阻止

- 2017年2月，《麻省理工科技评论》把僵尸物联网列为2017全球十大突破性技术。僵尸物联网对互联网的破坏能力将会越来越大，也会越来越难阻止。
- 2017年9月，360捕获到脱胎于Mirai的恶意样本IoT_reaper。IoT_reaper已经感染了近200万台设备，并且每天增加10 000台新设备。

图3-14　僵尸物联网破坏大、难阻止

第三个就是前面说到的勒索病毒，勒索病毒对全球攻击的影响，我们知道150多个国家地区，波及10多万个组织机构，30多万网民。它是一个很大规模的影响。我们知道，这个触发点，开始从乌克兰和俄罗斯爆发，迅速地蔓延到全球。这是受到攻击的影响,平均每天多少次？

这样的情况下我们想到一个问题，网络空间的主动权问题。我们面对这样的攻击，目前的情况怎么样，刚才沈院士也讲到了主动防御的问题。由于目前我们所使用的操作系统、这些核心技术不是我们自己研发自己开发的，所以往往我们会处于被动的情况。这有什么问题？为什么要有主动权的问题？如果你要实现发现漏洞，就可以做好准备。但是目前的情况，我们往往不能事先发现。像勒索病毒，往往是在发现了攻击之后才知道有这个漏洞。而且你发现这个漏洞，也不是你能修补的，你没法自行打补丁，得等待别人给你补丁。这个补丁有没有效、是什么机理，说不清楚。只能在实践之中实验。这使得在网络攻击当中处于被动挨打，并不能进行主动防御。

所以这样的情况，前不久我们对这个漏洞进行了分析，这是很有代表性的，所谓脏牛漏洞（"Dirty Cow"），它的机制是由于Linux系统的代码存在漏洞，可以轻易地用一个小程序把安卓手机得到root的权限。像这类漏洞，为什么从发现到现在，2007年以后应该就有了，但是直到2016年10月份才发现。这么长的时间为什么看不见？有人说这个开源软件是全世界几百万的眼睛都在看，但是没有发现。就说明这个病毒隐藏是很深的，很难发现。它的所有的攻击都是通过正常的功能，利用了系统的正常功能。所以用常规的检测方法是没有效的。

我们研究这个就是说，像这样一个开源软件，大家都可以反复研究，但是也没有看到这个漏洞。如果这个操作系统代码你看不到，那这有什么问题就更不知道了。

由于这个情况，这是网站发表这个漏洞的消息。2017年4月，中国网络空间协会召开了座谈会，研讨会，对这个漏洞进行研讨。刚才说了，这有一定的特殊性。中国科学院大学的杨教授领导的团队介绍了他们的补丁方案，介绍了对现有补丁的评估等。这个为什么要研究？操作系统的有关的人为什么要研究这个安全？因为这种漏洞的补丁，并不是一般人打的，这个补丁是Linux的创始者本人打的，不是一般人能够打的。

这个补丁，杨教授团队认为它的补丁也没有把问题全部消除。他们自己提的方案也许是更加安全，但是需要多消耗一些时间。

通过这个例子希望让大家知道，这个漏洞需要信息安全界和操作系统研制者等很好地跨界融合解决相关的问题。比如创造一个新的系统，这个新的系统可以避免看起来是很正常的实际上有很大危害性的漏洞。这需要大家努力去创造。

OS类型 网络安全评估	采用进口的专有OS（例如Windows）或合资公司的无自主知识产权、不掌握核心技术的OS	采用基于开源软件发展的自主OS（例如国产Linux OS）或自主发展的OS
是否能事先发现漏洞？	N	Y
是否能独立分析漏洞机理？	N	Y
是否能自打补丁？	N	Y
是否能深入评估补丁效果？	N	Y
是否有网络空间斗争主动权？	N	Y
是否能免除"后门"？	N	Y
是否能成为网络强国？	N	Y

图3-15　采用不同操作系统的网络安全效果评估

图3-15是说，我们主张要用基于开源软件发展自己的操作系统，或者完全通过创新来搞操作系统。因为在我们的网络空间斗争之中，我提了7个问题，你能不能事先发现漏洞？如果用别人的操作系统，不管是别人给你的，还是合资公司的，没有知识产权没有技术的这种合资公司，也没用，就是你不可能事先发现漏洞。能不能自己分析漏洞的机理？也不行。是不是能打补丁？不行。是不是能评估补丁的有效没效？只能去碰运气。是不是有主动权？没有。是不是能够免除后门？同样也不可能。

所以最后的问题就是说，归结到我们的目标，中国是要建设，按照习近平总书记的要求，我们要建设成为网络强国。可是如果我们用别人的操作系统，或者用别人的操作系统改头换面，能不能变成网络强国？不可能。所以从我们的目标来讲，我们未来要达到网络强国的要求，就必须将核心技术，特别是操作系统这类核心技术，必须用自己的研发的成果，或者基于开源的，或者自己研发的。这是很清楚的，对网络安全态势分析可以得到。

同样我这里简单花几分钟，我们已经制定了网络安全法之类的网络安全审查办法，一系列的法律规范。同时我们也在推进多维度测评。网络安全属于非传统安全，我们要统筹传统安全和非传统安全。非传统安全就是说，这个安全性里面包含可控性，我们希望通过自主可控评估，更好地保障网络安全。

- 在网络安全范畴中"安全"的内涵与传统领域中"安全"的内涵有所不同。实际上,前者的内涵更大、更广,例如自动驾驶汽车的"安全"性不仅包含了传统汽车的"安全"性,还包含了能抵御网络攻击、能保护用户信息等,所以需要评估"安全性"和"可控性"
- 为此,有关部门提出了实行多维度测评的要求:
    - **自主可控评估**——对产品/服务/系统的自主可控性进行评估,这种评估可以是针对CPU、操作系统等核心技术产品,也可以针对一个信息系统或一项信息基础设施
    - **质量测评**——对产品/服务/系统的功能、性能等等技术指标进行测评
    - **安全测评**——对产品/服务/系统的安全性进行测评,这种测评有可能与"等保""分保"的测评相结合

图3-16 多维度测评

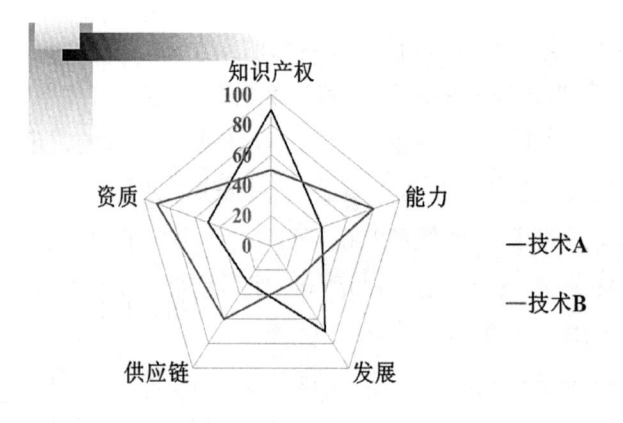

图示的自主可控评估方案,比较适合CPU、OS这类产品,如果是对云计算、大数据等云服务,除评估这些指标外,还应重点评估:

- 所用软硬件是否自主可控?
- 基础设施是否部署在境内?
- 敏感信息是否不出境?
- 用户隐私信息是否不泄露?
- 是否能防御网络攻击?

……

图3-17 自主可控评估的一种方案

谢谢大家。

主持人:谢谢倪院士的精彩演讲,给我们上了关于网络安全的非常深刻的一课。我自己也得到了很大的收获。

下面有请克里斯托夫·梅内尔先生为我们做演讲。今天上午大会论坛的时候,梅内尔先生已经做了非常精彩的演讲。今天下午又再次请到他,他演讲的题目是《面向网络空间安全的大数据体系结构和分析方法》。大家掌声有请。

面向网络空间安全的大数据体系结构和分析方法

德国国家科学工程院院士　克里斯托弗·梅内尔

女士们、先生们：

很荣幸能参加在上海举办的全球网络安全创新论坛。

因为网络安全是网络的关键，很高兴能在这里分享知识工程和网络安全的知识。因为人们不了解安全系统，知道如果不以正确的方式处理，不能保证安全。我们现在面对的形势很复杂，所以在德国，我们会和各个大学、组织和研究机构合作，设置不同的学位，包括硕士和博士学位。

其中有一个机构便是负责研究网络安全，所以这里主要有三个项目：一个是安全识别教育，这种网络安全的程度有点像高基因技术的安全程度。第二个项目是面向架构的云端和SOA安全的。当然，我们也提供云端的合法使用权限。第三个是网络和网络安全。

今天，我向大家介绍其中的一个项目，这个项目致力于提供实时的安全系统。什么是实时？就是我们有很多的数据并且能在很短的时间内进行处理，这就是著名的大数据。大数据进行分析，并将结果输入到系统不同区域的安全操作中，所以大数据包含了无法预期的知识。

大数据分析改变了研究方法，原来我们做研究是基于假设，然后我们进行实验去验证这个假设是正确的还是错误的；在未来，是计算机提出假设，我们要做的就是验证计算机提出的假设是正确的还是错误的，因为在大数据时代，计算机的分析能力会更强，人工智能，机器学习都在推进IT领域的研究，这些技术能让我们从一些工作中解放出来，从而从事更多的工作。大数据其实已

Fact Sheet: Hasso Plattner Institute, and Digital Engineering Faculty at University of Potsdam

12 Departments in the field of Digital Engineering

- 500+ Bachelor- und Master students for IT-Systems Engineering
- 140+ PhD students
- 150+ researchers
- 240+ students in Design Thinking Program

USP: *HPI Future SOC Lab | D-School | Research School | openHPI ...*

图3-18 人才教育简况

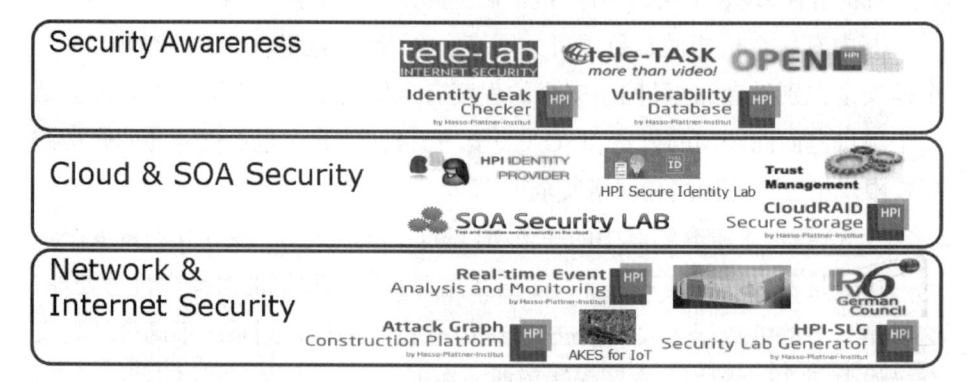

图3-19 安全产品与品牌

经发展了超过10年，但只有最近我们才能真正使用它，在那个硬件受到限制的年代，需要特殊的硬件分析大数据从而达到实时的效果，我们需要安全且强大的计算能力，需要新的数据库模式才能在很短的时间内进行数据分析。但随着科技的发展，计算机变得越来越强大，越来越便宜，所以它可以广泛地运

Why Big Data Analysis is Important? Why Big Data Changes How We Do Research?

- Big Data contains unexpected hidden knowledge and valuable information
- With the new powerful machines big data opens complete new ways to investigate and research humans / environment / society / world:
- Last centuries: Research was driven by hypotheses
- New Big Data century/ies: Data are invested by machines to detect pattern that lead to hypotheses
- Indeed machine is able to do this using methods like
  → Artificial Intelligence → Machine Learning → Deep Learning → ...

图 3-20　大数据作用

用于我们的分析工作中,也更加有效。我们可以运用知识工程进行数据分析,现在我们可以将它们融合形成新的使用方式,比如说 Hadoop, Spark, Kafka, R, HANA 等,所以大家都明白了大数据分析和开源技术,这些都使现在的研究更加容易。

当我们谈到大数据分析和网络安全的时候,我们来看一下,这个公司一共有 90 000 名职员,有 IT 基础设施,WIFI,智能手机,这里你能看到监控数据,这

Why Big Data is a Hot Topic Nowadays?

Big Data has been around for more than a decade, but we have just recently started taking advantage of it
- **Limitation of scaling-up (more powerful hardware)**
  ◦ Advances in distributed systems/storage (scaling-out)
    – Distributed and parallel computing
    – Distributed databases like HDFS, Cassandra
- **Decreasing hardware costs**:
  e.g. CPU, Storage, Memory, Bandwidth, ...
- **Data science (R)evolution**
- **Popular Big Data and data analysis (open source) technologies:** e.g. Hadoop, Spark, Kafka, R, HANA, and etc.

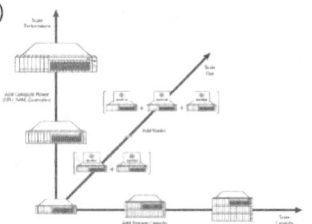

图 3-21　大数据分析

些数据都是由活动中不同设备所提供。当我们需要进行分析时,我们会对这些大规模数据进行分析,这是一天当中所收集的数据,我们用这些数据预测一些事件的发生,每一个事件都会产生数据,这些数据都需要分析,从而确定是安全或者不安全的状况。所以总的来说,我们必须做那些对于安全有益的事情,所以大数据和分析需要大型的系统,新的大型平台和大管线提供分析。

Big Data Analytics for Cybersecurity – Security Related Big Data

HPI Hasso Plattner Institut

Consider 90,000 Employees

IT Infrastructure

Devices	#
Servers	20K
WiFi AP	16K
Desktops+Laptops	150K
Smartphone	60K
Cloud Storage	15PB

1 Day

Event Log	# Events	Size
Proxy	422M	0.75TB
DNS	777M	1.2TB
Windows Event	954M	2TB

TOTAL: ~ 2B Events/Day
~ 4TB/Day

Big Data ➝ Big Systems / Platforms / Pipelines

图3-22 大数据安全

数据的产生随处可见,所有的系统、软件和应用,每一项行动都会产生数据,这些数据都需要分析。我们需要进入主系统进行分析,所以需要数据的操作系统。数据网络和应用都在我们身边,并且这些数据需要在不同的情景下进行分析,所以现在的问题就是我们什么时候进行分析,所以我们要研究的是如何通过分析数以百万计的事件日志以挖掘其中的安全价值,各种生产性的系统将产生数据,实时并不意味着细微,但实时却要求精确到秒,这样才能在不同环境中做一些事情,所以大数据对于数据安全来说非常重要,所有用户行为都需要考虑,这些用户行为提供了数据,这些数据也需要分析。知道这些数据能帮助我们专注于分析,以发现外部的恶意危险和状况,典型的就是我们找到不同寻常的状况,发现那些没有按照寻常规则发生的事情,并且在大多数情况下,面对不安全的事件我们必须识别用户没有必要的系统使用,这就是我们要做的事情。

让我们来看看4个关于Rick的故事。在这幅著名的漫画里有5个Rick,

Big Data Analytics for Cybersecurity – Our Objective

Derive **security value** by analyzing several billion (TBs) of real-world log events generated **daily** by various productive systems (e.g., domain controller, proxy, DNS, DHCP, various servers and workstations, etc.)

图3-23　大数据分析的安全目标

找到Rick有不同的方法，可以通过签名和模式识别的方法，只要把规则设定好，系统就会按照规则的设定进行识别，我们的案例给出了一个角色，让系统检查是否符合这些规则，从而找到Rick。

Case Study: Find Rick – Task

* From the science fiction "**Rick and Morty**"

图3-24　一个案例

比如说，在这个案例中，可以寻找实验服或者灰头发，系统可以在很短的时间内找出，所以如果你看这幅漫画，这个就是Rick，而这个就不是Rick，因为头发和衣服都不符合既定规则。关于模式识别的挑战，Rick如果看起来不一样，则标注为"漏报"，或者有其他看起来像Rick的，标注为"误报"，所以选择的特征是有限的，临界值必须人为地提前设定和适应。

图3-25　辨识过程

现在我们有了新的方法，那就是机器学习，我们可以训练机器来识别Rick，选择很多情景，很多Rick的图片，机器不仅能识别出Rick是谁，还能知道Rick平常的行为表现和他所接触的人，然后将该模型应用到自动分类和识别当中。当前存在的挑战有以下几点：缺少高质量的数据；多变的应用场景；对手的存在；很难得到工作模型（什么才是最有关联的特点？它是怎么运作的？还会接触哪些实体？）最重要的是，数据非常的大，需要专门的硬件和软件进行处理。

所以我们要做的工作是将这些东西整合，你能看到将安全信息和事件管理系统、CM系统、去干扰系统和数据科学实验室进行整合，组合后能预先分析管线和工作流的安全性。

我们的系统叫做实时事件管理和监控系统，我们有自己的平台做大数据的分析，我们必须将数据标准化，并将这些数据进行整合，所以各种日志的数据模型都需要自己设计对象日志的格式，也就是说，通过所有的用户，研究者

Case Study: Find Rick
– Approaches: Machine Learning-based Analytics

- Train a Model that learns (**by Machine**)
  1. How does Rick usually **look like**
  2. How does he usually **behave**
  3. Who does he usually **interact with**

- Apply the Model for **autonomous** classification/identification

HPI Hasso Plattner Institut

Big Data in Cyber Security
Prof. Dr. Chr. Meinel

图 3-26 基于学习的分析

Big Data Analytics for Cyber Security
– Pipeline and Work Flow, our REAMS

■ A unified, fault-tolerant and scalable system/platform that is capable of **processing**, **analyzing**, and **storing** large quantity of data efficiently.

■ **S**ecurity **I**nformation and **E**vent **M**anagement + **I**ntrusion **D**etection **S**ystem + **D**ata **S**cience **L**ab

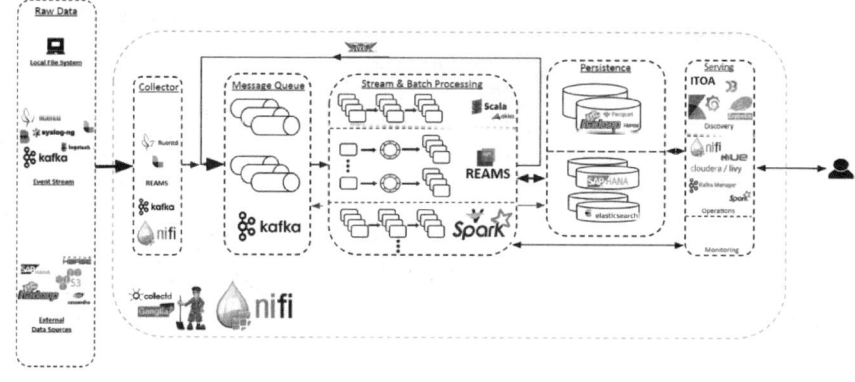

图 3-27 数据分析结构

和公司,高速事件流将会提升,所以标准化的数据在高速事件流中是非常重要的。

关于机器学习和图表分析,将它们进行整合,很多研究需要看系统的不同

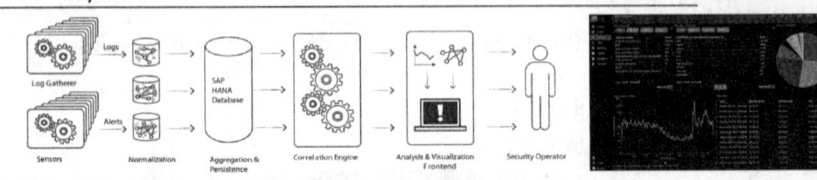

图3-28 实时分析系统监控

方面,所以机器学习和图表分析需要我们深入研究。今天简短的介绍就到这里,谢谢大家的支持和关注!

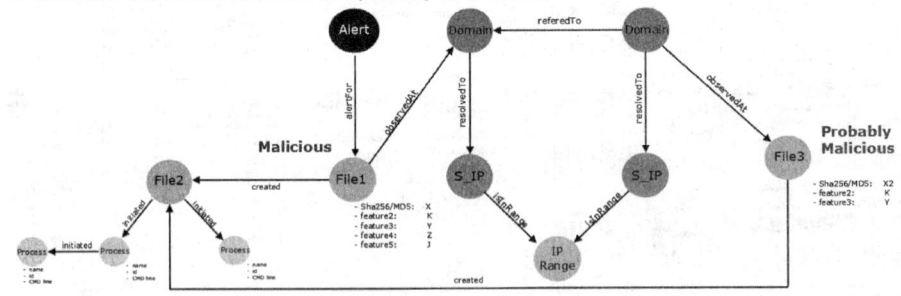

图3-29 机器学习分析图

主持人: 谢谢梅内尔先生的精彩演讲。3年前,我们也邀请梅内尔先生到上海来为我们做了一个德国"工业4.0"的演讲,让我们对德国"工业4.0"有了全面的了解。今天他又为我们讲了信息安全的深入的问题,非常感谢。刚才三位院士都是在信息安全领域的重量级专家，为我们做了精彩的演讲。我提议，我们再次用热烈的掌声对三位院士的演讲表示衷心的感谢。

接下来的环节，我们将有请信息安全与通信保密杂志社执行副社长唐莉女士主持。下面有请唐莉女士为我们承担下面的主持任务，大家掌声有请。

主持人*：谢谢。各位嘉宾，各位领导，下午好。我是唐莉。刚才王所长介绍给我们这本《信息安全与通信保密》杂志。这本杂志有40年的历史，见证了我们网络空间安全产业发展的全过程。我非常荣幸能够站在这里，带着它不断创新的姿态，来主持今天这么一个环节，我备感荣幸。而且这个主题关键词就是产业创新。我们知道，产业取胜的秘诀不仅仅取决于技术的领先、产品的优秀，更重要的是集各界的力量，营造一个共享、共担、共赢的生态环境，以创新作为发展的第一动力，把创新的意识融入理念中、体现在机制里、落实在实践上。

今天后面几个环节，基金发布、智库报告以及创新分享，汇集了多位来自极具创新价值和潜力的机构代表，他们将从各个角度引领大家品鉴一场丰富的网络安全创新的盛宴。

首先有请来自提升政府治理能力大数据应用技术国家工程实验室雷吉成主任，他将进行大数据应用技术国家工程实验室开放基金的发布。

---

* 唐莉，信息安全与通信保密杂志社执行副社长。

应用技术国家工程实验室开放基金发布

提升政府治理能力大数据应用技术国家工程实验室主任　雷吉成

很高兴有机会参与全球网络安全产业创新论坛,并有机会发布我们实验室的第一批基金项目。

今天主要介绍四个方面:第一是实验室的介绍,第二是开放基金的介绍,第三是开放基金的项目指南,第四是面向全球招募我们工程实验室的首席科学家。

实验室,我们是2016年的11月23日国家发改委正式批复的,是国内首个大数据方面的国家实验室。2017年5月24日在贵阳塑博会前夕正式揭牌。我们的建设主体单位是中电科大数据研究院有限公司,是由中国电子科技集团公司与贵州省、贵阳市三方共同投资组建,注册资金2.6亿元。我们特聘了刚才的沈院士和杨院士,以及阿里巴巴的王坚,以及行业内的大约20位专家作为专家委员会的委员。我们也汇集了我们集团公司、贵州省、贵阳市的优势资源,联合实验室的共建单位,有电子科技大学、优易数据公司、贵阳新技术研究院和贵阳块数据公司等数家单位,共同开展政府治理能力和大数据应用技术研究和示范应用研究。

我们是要通过建平台、聚资源、做应用,力争成为我们国家治理能力大数据的基础科研平台,作为政府治理领域大数据应用开放的合作平台。另外要作为我们面向行业服务社会的大数据前沿技术的创新平台。

这是我们的研究布局,围绕需求牵引和问题导向,我们设立了7个研究方向,要突破一批关键技术,同时产出一批成果,包括专利、标准规范、著作权等。

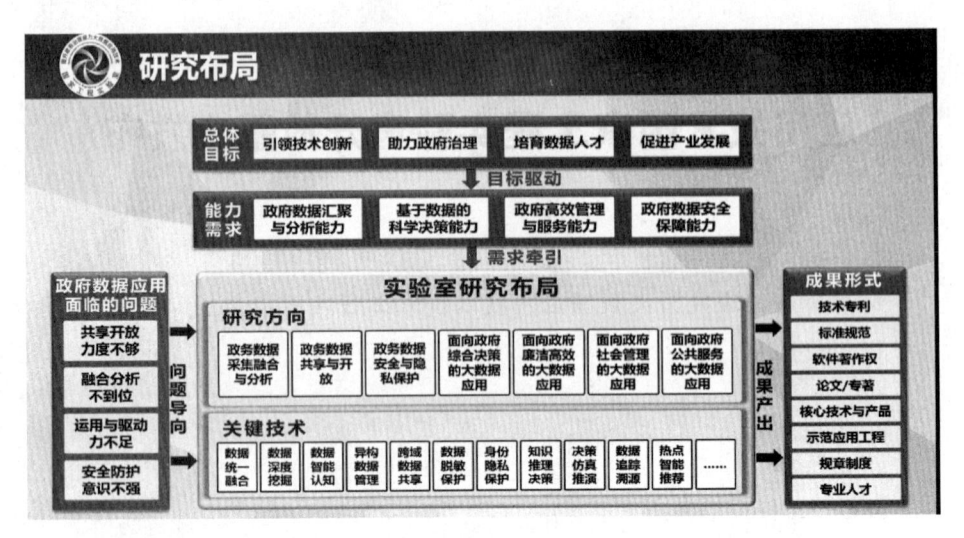

图 3-30　研究布局

我们研究方向主要是分两大块,一个是三大共性基础,一个是四大典型应用。一个是政务数据的采集融合与分析、政务数据的共享与开放、政务数据的安全与隐私保护。四大领域,包括面向政府的廉洁高效、综合决策、公共服务和社会管理,对政务数据安全隐私稍微展开一点讲。

针对数据安全隐私保护这一制约政务数据的融合共享开放的瓶颈性问题,从数据和系统两个层面开展技术研究及新产品的研制,制定相关的标准规范,支撑防控一体的政务大数据的安全保障体系的构建。我们研究方向主要有五个方面,一是面向政务数据的可控脱敏保护技术,二是全生命周期的安全监管技术,三是失泄密监察与预警技术,四是统一身份管理与隐私保护,五是政务大数据的平台安全威胁态势感知技术。

下面,介绍一下开放基金项目。汇聚国内外的优秀科研团队,支持提升政府治理能力大数据应用技术的创新研究。开放基金项目面向国内外发布,择优支持具有良好技术优势和成果基础的高等院校、科研机构、优势企业和创业团队,我们可以为这些团队提供政务数据开放仿真的测试环境。

关于开放基金项目的指南,我们将其分成三类,第一是重点支持项目,第二是开放创新研究及应用项目,第三是政策理论研究项目。这个也鼓励跨学科跨领域方向的项目申请。

重点支持项目,我们支持有实力的科研团队,重点结合政府治理大数据的相关背景开展研究,总经费控制在1 000万元左右。我们单项课题是50万—150万元,实施周期不超过两年。聚焦四个研究方向:数据采集融合与安全共享;政府的廉洁高效与科学决策;大数据驱动下的社会管理与公共服务;区块链技术的应用。

数据采集融合与安全共享,包括:政务数据的融合认知与分析挖掘,面向政府的非结构化数据的智能识别与脱敏,政务网络空间实体的可信身份管理与隐私保护,数据溯源与安全监管等方向。

廉洁高效与科学决策方面也是四个方面,一是基于自然语言处理的政府公共智能处理,二是知识图谱及构建,三是仿真推演、智能预测与评估,四是权力监督与技术反腐,以及其他方向。

在社会管理与公共服务方面,我们主要基于全景涉信的大数据的社会信用评估,网络空间舆情监管大数据应用,这主要是政务方面的,如精准扶贫大数据关键技术与算法模型,基于视频监控数据的智能行为分析,等等。

在区块链技术方面,我们主要是研究区块链技术在政府治理模式创新上的可能应用,包括但不限于社会信用服务、信用交易服务等。比如,有些应用,包括溯源和确权等。

在开放创新研究应用项目方面,我们支持有创意、有创新、有前景,贴近前沿的新技术和新应用。我们这里不限定方向,但是要聚焦"大数据+政府治理"的奇思妙想,总经费是400万元,单项课题是30万—60万元,实施周期也是不超过两年。

在政策理论研究方面,我们聚焦政府治理新理论新机制,研究相关的政策、标准、法规,总经费是100万元,这是一个软课题,单项不超过20万元,实施周期不超过1年。

这里面的研究方向,从管理学的方向解析政府治理痛点与难点,标准规范与管理制度,政府权力监管的理论体系,大数据加政府治理的探索及解决思路,效能评价体系,大数据思维下的政府行政流程优化再造,等等。

我们开放基金发布的平台有三个渠道,第一是我们大数据院本身的微信公众号,这个实验室的网站还在建设过程中,要在集团公司统一建;第二是贵阳市人民政府的网络;第三是贵阳市政府数据开放平台网站。

最后在这里也做个小广告,我们面向全球招募我们国家工程实验室的首

	中电科大数据研究院有限公司微信公众号
http://www.gygov.gov.cn	贵阳市人民政府网站
http://www.gyopendata.gov.cn	贵阳市政府数据开放平台网站

图3-31　开放基金项目发布平台

面向全球招募

提升政府治理能力大数据应用技术国家工程实验室

首席科学家

联系人：姜庆 18081082965
邮　箱：hr@cetcbigdata.com

图3-32　全球招募

席科学家，欢迎有志的专家学者报名。我们也欢迎各位有空到贵阳去实地考察，谢谢大家。

主持人：谢谢雷总。开放基金项目不仅在这些平台发布，很多微信公众号都在转发，尤其是我们杂志的微信公众号转发以后，很多学者、专家都在关注、都问我认不认识雷总。我说我也不认识。所以，我想借此机会大家也都认识雷总了，也预祝实验室的实施能够圆满顺利。

我们的信息技术带来的变革让我们生活和社会都发生了翻天覆地的变

化。它的速度是惊人的，那么我们就不用展望遥远的未来了，下面我们就有请 Gartner 公司的陈勇先生。Gartner 作为全球最权威的 IT 研究顾问与咨询公司，他们在业内有非常高的权威性。有请陈勇先生。

2018年十大战略科技发展趋势

Gartner公司CIO团队研究总监　陈　勇

大家下午好,非常荣幸有这个机会和大家做一个简短的分享。今天分享的内容是《2018年十大战略科技发展趋势》。

我们Gartner公司每年都会发布下一年的十大战略科技趋势。2017年的是在10月3日于美国的奥兰多举办的IT峰会上发布的。距现在大概只有一个月的时间。希望通过这次分享,让大家看到一些未来的战略趋势,而这些战略趋势是所有人、所有企业都不能忽略的。

我们选择哪些技术放到我们的十大战略趋势?一般来讲我们不会选择现在已经成熟的技术,这些技术大家都已经看到了,比如云计算或者移动,这类技术已经趋于成熟了。我们也不会选择那些20年以后、30年以后才成熟的技术,因为它太遥远了。我们基本上会选择那些两三年以后或者5年以后会成熟的技术。它们虽然在两三年以后或者5年以后才能成熟,但是在今天这个时候,已经有很多领先的企业开始尝试着使用这些技术。可能有10%或者更多一些的技术已经开始尝试使用这些技术。而且有些企业也已经取得了不错的成效。

我们今天讲十大战略趋势,分三个主题。

第一个主题是智能,在这个主题里面我们会有三个技术。第一个,我们把它称为人工智能的基础理论;然后我们把人工智能的基础理论运用到软件和分析上,我们就把它称为智能应用和分析;如果我们把人工智能的这些基础理论运用到硬件上,那么我们就把它称为智能的物件。这三者构成了我们今

图3-33 三个主题

天的第一个主题。

第二个主题是数字化。也就是把物理的世界和虚拟的世界联系在一起，这个主题下有四个技术，前面两个是和互联网相关的，后面两个是和用户体验相关的。数字孪生，是指我们有一个物理的实体又有一个虚拟的实体，两者像双胞胎一样共存。云到边缘，我们从2016年开始，大家看到很多边缘计算的这样一些相关的研究，我们说云和边缘计算互相之间会形成一个平衡。会话型平台是指我们人和机器交互的方式会发生改变，而沉浸式体验是指我们人会沉浸在数字化的世界里面，得到新的体验。这四个技术就构成了我们今天第二个主题，数字化。

第三个主题是格网，或者说网格也可以。它是指我们的连接会更加丰富，物与物的连接、人与人的连接、人与物的连接，都会形成新的态势。其中第一个，区块链技术，业务和业务之间的联系产生了新的方式，和原先的集中式的技术会有所不同。第二个是事件驱动模式，通过事件触发一些新的事件。最后一个是今天的主题，安全。今天在座的都是安全专家，我不是安全专家，所以最后一个主题我讲得少一点。

我们进入第一个主题，智能化。我们有一个预测，到2020年，30%的企业的CIO会把人工智能放在他的投资重点的前五名。今天是什么样的水平？今天还不到前十名。今天企业的CIO的投资重点会放在哪里？会放在云计算，会放在数据分析，会放在移动，会放在ERP，会放在数据中心。这些是前五名。

人工智能还没有进入前十名。但是我们预计2020年30%的企业会把它放入前五名。

另外一个预测，到2020年30%的新开发的项目里面会含有人工智能的元素，不管是你新开发的软件也好，新开发的硬件也好，都会有人工智能的元素放在里面。今天大概多少？不到5%。所以我们可以看到，人工智能确实在未来是一个值得关注的主题。

在人工智能的基础理论上，我们说可能在20世纪40年代或者60年代，人工智能就有一些雏形。但是那个时候的人工智能和今天讲的人工智能还是有一些区别的，那个时候的人工智能基本上是讲决策、搜索之类的理论。今天我们大概来讲，大家提人工智能基本上指的是机器学习。当然原先的决策搜索这些还属于人工智能的范畴，但是我们在谈的时候，其实是讲机器学习。机器学习大概分三个大类，一个叫监督学习，监督学习就是你给它一些带标签的数据，比如给他一百万张图，每张图上都有标签，然后再给它一张新的图，它就会告诉你这是哪个标签。无监督学习，就是给它100万张照片，再给它一张新的照片，让它找出和这张新的照片最相像的十张照片。最后一个是强化学习，你给它强化的激励机制，告诉它你做这件事情是好的，要继续做。它就继续做。如果说这件事情是好的不要做了，它就不做了。像AlphaGo下围棋，就是给它这样的强化机制，通过不断的学习它就可以知道哪些地方应该这样走哪些地方不应该走。这三者形成了机器学习的大的范畴。我们今天还有听到另外一个词，深度学习，或者有一个同义词，神经元网络的学习。其实它和深度学习是同样的概念。原先机器学习是给它一个原始数据，它出来一个结果。现在给它一个原始数据，它出来一个中间结果，再中间结果，再中间结果，一层一层推到最后出来结果，这就是有层次有深度，深度学习。深度学习是机器学习的一个运用的最新的技术。这个技术的发展的原因是什么？是因为我们的计算能力的提高，我们有能力进行更复杂的计算。十年前要算明天的天气预报，可能两个星期之后才能算出明天的天气预报，那就毫无疑义，今天可能两个小时就可以算出来，这就有意义了。

我们现在讲的人工智能，我们称为弱人工智能。所谓弱人工智能就是它现在只能在某一个特定的领域起到作用，比如说它只会下围棋，或者只会识别人脸，它不能做所有的事情，如果它能做所有的事情了，那么我们就把它叫做强人工智能。强人工智能什么时候才能出现？这个业界都有争议，有的人说到2080年，有的人说强人工智能是永远不可能出现的，我们今天不讨论这个问题，我们讨论现在、当前、两年三年以后的问题。也就是说两年三年以后肯定不会出现强人工智能。

人工智能用在软件上，我们就叫做智能的应用和分析。它可以用在现有的软件上，现有的打包应用上，现有的定制的应用上，现有的安全应用等方面的应用。这些方面都有应用。比如说垃圾邮件的识别，就是现有的应用，现有email的应用，一百万封邮件，打上标签，这个是垃圾邮件那个不是垃圾邮件，等到新来一封邮件它就知道是垃圾邮件还是不是垃圾邮件。

新的应用，完全因为人工智能的产生而产生的一些应用软件，比如说聊天机器人、虚拟个人助理等，这一类的应用。这一类的应用可以有很广泛的应用，比如在医院可以有虚拟的护士，这也可以是一个应用，来帮助患者管理他每天什么时候应该吃药什么时候应该打针，回答一些患者关心的问题。这是虚拟护士，虚拟的应用。

在人工智能的应用领域里，会在分析这一块产生新的影响。分析这一块产生的影响，就是我们把人工智能运用到数据分析的领域，产生的影响就是增强分析，我们取一个名字，增强分析。它会造成两方面的影响，一个是普通人，我不是数据分析的专家，我可以通过类似谷歌搜索的技术得到分析，只要打字进去说，请你告诉我过去5年的销售趋势，它就可以告诉你了。或者说分析一

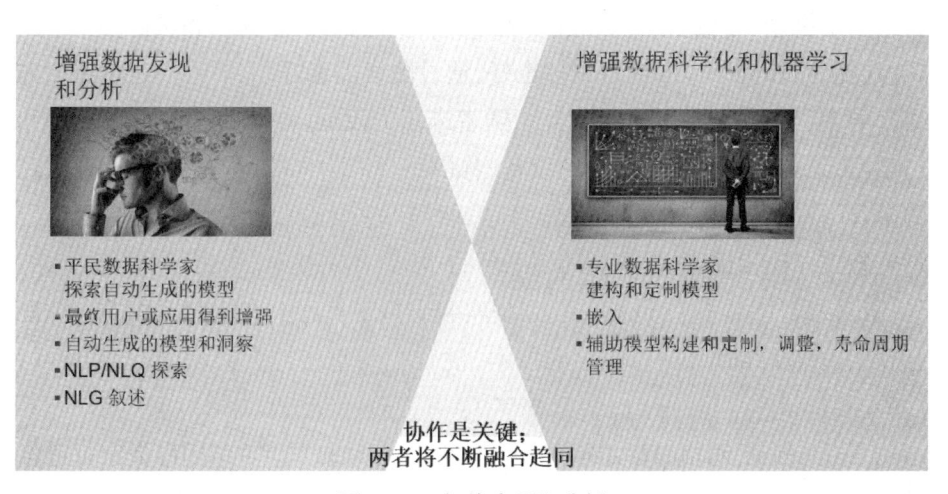

图3-34 智能应用和分析

下哪个区域发展最快，它就帮你分析，用自然语言进行数据挖掘，这是一个领域。另外一个领域就会产生专家，专家可以利用人工智能的技术建立各种各样的模型，挖掘数据里面更深层更复杂的洞察。

硬件上的应用也可以分成现有的硬件和未来的新的硬件。现有的硬件，比如说我在家用电器上可以有人工智能的元素，比如说家里的彩电可以有人工智能的元素，家里的冰箱可以有人工智能的元素。医疗器械，像核磁共振的扫描仪，在扫描的器械上加上了人工智能以后，它可以自动帮你读片子，而且读片子的成功率会比医生要高，医生的成功率大概在80%，用人工智能的成功率大概可以达到90%。这是现有的硬件上。新的硬件上，可能在机器、机器人、无人驾驶等领域都会有相应的应用。

机器人，将来你会听到一个新的词，集群。一群无人机或者一群无人驾驶汽车协同进行工作，这也是人工智能未来的趋势。

下一个主题，数字化。数字化里面第一个就是数字孪生，有一个物理的物件，又有一个虚拟的物件，两者之间起到对应关系。虚拟的物件可以帮助你观察真实的物件，帮助你操控真实的物件，以及帮助你优化真实物件的运营。

云到边缘，我们说过去的计算在中心化和非中心化互相之间摇摆，从主机到PC到云到移动等，互相之间在摇摆。未来会形成云和边缘之间的平衡，也就是我们通过一些架构师的设计，把一些计算能力部署在云端，另外一些计算能力部署在边缘端。

会话型平台，也就是人和机器交互的方式，我们说原先人和机器的交互方式，比如通过键盘也好，通过鼠标也好，通过触摸屏也好，人需要通过学习的方式来学会怎么样和机器进行交互。随着未来的发展，越来越多的设备需要你来学习，比如你的眼镜成为你的设备，你的手环成为你的设备。我们需要改变的是什么？不是我来学习怎么样用你，而是你来学会怎么样让我用。机器要学会怎么样让我用，这就是会话型平台的作用。

沉浸式体验，这就是AR，增强现实和虚拟现实融合在一起形成的一个混合现实，然后再加上一些传感的技术，混合在一起使得大家可以得到更深的体验。

最后一个是网格，区块链技术就不讲了，区块链技术的应用，大家都已经看到了。在比特币上面取得了一些成功，在其他方面还有待更进一步的发展。

区块链分类账
共享，分布式
去中心化，令牌化
不可撤销的记录
基于算法的信任

延伸特征
动态行为
控制更新
控制访问
备选认证和验证

- 企业以太坊联盟
- 微软 Coco 框架
- IBM Hyperledger Fabric
- 行业方案：银行，医疗卫生，供应链

图 3-35　区块链：减少不同格网之间的冲突

事件驱动的模式就是某一件事情来驱动未来的发展。比如说原先的驱动是请求驱动，我要求系统做某件事情，我要求系统下一个订单，它就下一个订单了。未来可能是某个事件驱动，比如冰箱看到我的冰箱里没有牛奶了，就下一个订单到超市，超市把牛奶发过来，这就是事件驱动。

最后一个是自适应的风险。现在风险防范的很多方法，过去的一套方法，防火墙、杀毒软件、身份认证，这就相当于一个人穿了一件盔甲，这件盔甲还需要穿着。但是自适应的理论就是说，既要穿着盔甲又要看他有没有来攻击我，

策略
预测　　　　　　　　　　　　　　　预防
网络安全策略管理　　　　　　　　　DevSecOps

用户
应用
系统
系统活动
载荷
网络

　　　　　　　　　　　　　　　　　软件定义边界
　　　　　　　　　　　　　　　　　欺诈防御技术
响应　　　　　　　　　　　　　　　检测
合规

到 2020 年，采用 CARTA 战略方式的数字化业务项目比例将从 2017 年的不足 5% 增加到 25%。

图 3-36　连续自适应风险和信任

来攻击我我就躲避,这就需要预防、预测、响应。这样形成一个闭环。

今天时间关系就介绍到这里,谢谢大家。

主持人:谢谢陈勇先生把我们带到了精彩纷呈的不远的未来。刚才,我们隔壁还在发布中国网络安全的蓝皮书的仪式,我们前排的有些领导专家都过去参与了那个活动。

在我们国内有很多优秀的智库,都在做类似的研究。接下来我们要请出中国信息通信研究院安全研究所研究员赵爽女士,她带来的智库报告是《2017年中国网络安全产业发展报告》。有请。

2017年中国网络安全产业发展报告

中国信息通信研究院安全研究所 赵 爽

尊敬的各位领导，各位嘉宾：

大家下午好。我是中国信息通信研究院安全研究所的赵爽。我今天用十几分钟时间跟大家分享一下《网络安全产业白皮书（2017）》的主要内容，展望一下网络安全的发展态势。

当前大家看到网络空间的竞争博弈在不断升级，网络安全威胁也呈现全球化蔓延的趋势。无论是2014年的心脏滴血的漏洞还是2017年勒索病毒的大爆发，我们看到网络安全产业已经成为网络安全能力建设的重要的支撑。同时习近平总书记也在"4·19讲话"中提出，要"加快构建网络空间的关键信息基础设施安全保障体系""全天候全方位感知网络安全的态势"，也迫切地要求我们进一步推动我国的网络安全产业发展壮大。

2017年也是我们中国信通院第三年发布网络安全产业的相关研究成果，希望通过我们的研究能够为发展我国的网络安全产业贡献我们智库的力量。

从我们研究的范围来看，不论是网络安全形势的发展，还是网络技术的演变，应该说是赋予了网络安全产业新的内涵和外延。我们也看到当前，像云计算、物联网、工业互联网以及区块链技术都成了新兴的安全热点。我们报告主要的网络安全产业范畴是重点覆盖面向国家关键信息基础设施和重要行业领域，互联网+的新兴领域，以及企业级的用户网络安全技术产品和服务。我们不涉及一些专用领域或者涉密领域的安全的相关范畴，同时也不涉及信息技术的自主可控的范围。

下面，我分别从国际和国内两个部分，为大家介绍一下我们的研究成果。从国际的整体环境来看，网络安全产业是呈现非常好的发展态势，2017年的全球网络安全产业规模是达到了928亿美元，较2015年增长8.2%。这个增速是有所回落，但是整个增长趋势是呈现非常持续的状态。

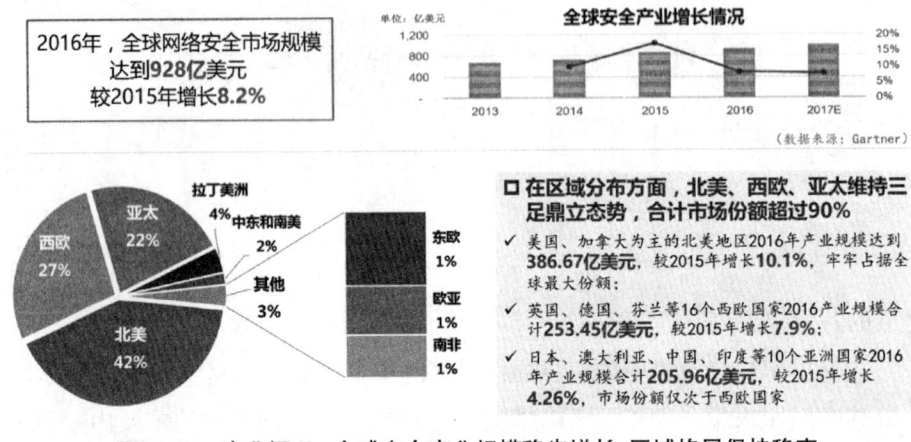

图3-37 产业概况：全球安全产业规模稳步增长，区域格局保持稳定

从区域的整个格局分布来看，我们看到北美、西欧、亚太呈现三足鼎立的格局。北美就是以美国和加拿大为代表的北美区域，占据全球网络安全产业的最大份额，达42%。不仅在份额上，增速上也是非常领先，达到了10.1%。其次是西欧国家，应该说西方国家在网络安全产业上还是有很强的优势。

2015年以来，国际主要国家安全产业扶持政策层级不断提高，政府在安全资金投入、技术创新引导、人才培养储备、企业孵化培育等方面扶持力度不断加大

- 2016年《网络空间安全国家行动计划》提出，加强对安全产业中长期发展的规划；
- 加大初创企业资金扶持，2016年，国土安全部为安全企业提供了130万美元的资金支持。

- 英国《国家网络安全战略（2016-2021）》提出，要大力发展网络安全专业机构，建立世界级的安全保障和网络人才力量
- 2016年底，英国在网络安全加速器计划基础上，组织具有潜力的安全企业，**制定了涉及市场、用地、资质、融资等方面的一整套扶持方案**。

- 2016年，以色列推出了升级版网络安全产业发展计划"KIDMA 2.0"，打造网络安全产业强国，措施包括：
- 对于从事突破性和颠覆性技术研发的企业，政府从**每年精选2~4家企业给予4年的大额补贴**
- 对于更小规模的网络安全企业，政府要求**3家以上相关企业建立研发联合体**，打造产业集群，资助期为**2年**。

图3-38 政府政策：促进安全产业发展成为政府安全政策的重要内容

从产业的政策来看，随着网络安全受到重视，各国在网络安全产业的培育政策上不断地加码，无论是在资金投入、技术创新的引导、人才的培养储备，还有企业培育等，各个方面全面发力。特别是在创新企业的孵化方面，我们看到美国、英国、以色列都相应推出了增强级的产业扶持计划。以英国为例，他们是在2016年推出的，在原有的网络安全加速器计划上提出了增强计划，制定了涉及市场、用地、资质、融资等方面一系列一整套的扶持政策。首批参与这项政策的七家企业，应该说现在已经顺利的毕业了。它们不仅获得了融资支持，还得到了一些大型企业的订单。应该说他们的技术也是得到了应用。

相似的，以色列也是在2016年推出了升级版的网络安全产业发展计划，他们的产业扶持体系非常成熟，我们看到他们针对不同的技术领域，针对不同发展阶段的企业，是采取差异化的培育措施。对于从事突破性、颠覆性技术的企业，政府每年选择两到四家，给予四年的持续性的支持。对于更小规模的企业，他们要求三个企业组成研发联合体，通过联合研发的模式来给予企业资助，资助期相对比较短，是两年。

● 受到网络安全形势利好影响，上市企业市值业绩普遍提升，CheckPoint、Symantec、Palo Alto Networks、Trend Micro等10家典型企业平均营收12.25亿美元，约合人民币83.25亿元，营收平均增长21.45%

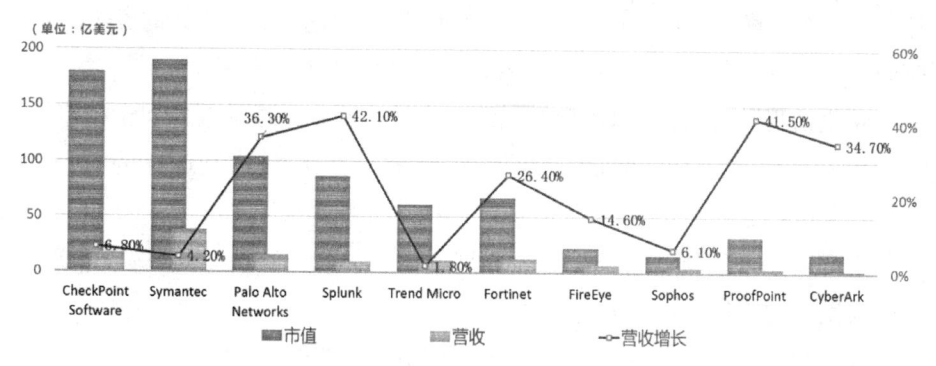

图3-39　企业发展：上市企业营收持续高速增长，发展态势向好

在国际的上市企业的发展情况来看，受到整个网络安全形势利好的驱动，上市企业也是市值业绩双疯涨，像赛门铁克等这些国际网络安全巨头，也是获得了非常好的业绩。他们在2016年平均营收达到了12.25亿美元，折合人民

并购活动保持活跃态势，并购热点向中小安全企业集中

◆ **2016年全球共完成了137起并购活动**，较2015年小幅下降，但仍处于历年高位水平

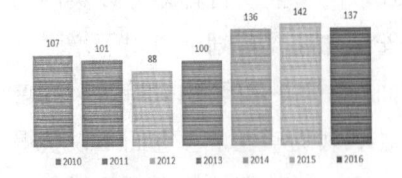

  2010: 107　2011: 101　2012: 88　2013: 100　2014: 136　2015: 142　2016: 137

◆ **并购活动逐渐向中小企业集中**

  ✓ 被并购企业规模在5000万美元以下的达到105家，超过并购总量半数以上

初创企业融资再创新高，以色列成为全球各国竞相布局的安全技术创新沃土

◆ **2016年，268个创新企业收获了42.95亿美元的资金支持**，企业数量与融资金额再创新高

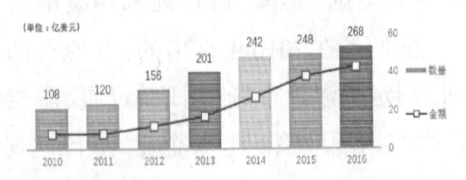

  （单位：亿美元）
  2010: 108　2011: 120　2012: 156　2013: 201　2014: 242　2015: 248　2016: 268

  ✓ 以色列网络安全企业年共获得5.81亿美元融资，全球占比达15%
  ✓ 融资中有超过1/3来自跨国企业，包括德国电信、华为等

图3-40　生态环境：并购、创投市场持续活跃，产业生态圈合作密集

币约82.35亿元。平均的营收增长达到了21.45%。大家可以注意一下这两个数值，可以和我国的安全企业情况进行对比。

国际网络安全产业的生态环境是非常好的，我们分别从并购和融资的角度进行了分析。一方面并购活动应该说还保持一个非常活跃的态势，2016年全球共完成了137起并购活动，仍然处于历年的高位水平。并购的重点逐渐向中小企业集中。原因是因为前两年有一些大中型的企业已经完成了兼并收购。另外在初创企业融资方面，2016年有268个创新企业收获42.95亿元的资金支持。应该说无论在企业融资的数量还是融资的金额上，都创了新高。

特别值得注意的是，以色列的网络安全技术受到全球的瞩目和竞相布局。2016年以色列网络安全企业收获了5.81亿美元的融资，占全球比例的15%。这些融资中不乏来自德国、英国以及包括我国企业的融资支持。

下面看一下我国网络安全产业发展的情况。我分别从产业概况、新兴技术以及发展的展望三个部分进行介绍。

总体看的话，应该说我国网络安全产业规模，受益于环境的利好和国家的高度重视，网络安全产业进入了良好的发展阶段。通过我们的持续测算，2016年我国网络安全产业规模达到了344.09亿元，较2015年增长21.7%。同时安全服务领域也是创新非常活跃的领域，像态势感知、监测预警、云安全等新兴技术和业态层出不穷。为什么特意提到安全服务，是因为从整个的全球安全

我国网络安全产业规模高速增长

- 根据中国信息通信研究院统计测算，2016年我国网络安全产业规模约为**344.09亿元**，较2015年增长**21.7%**，预计2017年达到**457.13亿元**。

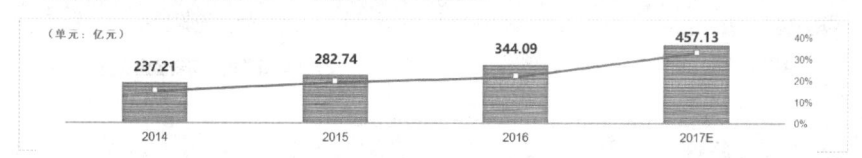

（单位：亿元）

2014	2015	2016	2017E
237.21	282.74	344.09	457.13

安全服务领域创新活跃

- 网络安全产业正由产品主导向服务主导转型，态势感知、监测预警、云安全服务等新技术新业态层出不穷，网络安全技术密集化、产品平台化、产业服务化等特征不断显现。

图3-41　产业概况：我国网络安全产业发展进入崭新阶段

成都、深圳、上海、武汉、西安等重点城市加快网络安全产业布局，引导企业、科研、人才等资源集聚，增进政产学研联动，打造网络安全产业新高地

- 西安：加快人才培育和技术孵化
- 武汉：打造网安领域中国硅谷
- 成都：建设国家网安产业基地
- 上海：为互联网经济发展保驾护航
- 深圳：打造国家自主创新示范区

图3-42　区域分布：重点城市加快产业布局，产业集群效应逐渐显现

产业的格局来看，安全服务和安全产品是呈现六四的分布比例。我国应该说安全服务相对规模比较小，我们也看到了我们目前正在服务转型的趋势。

整体区域分布上，我们看到除传统的网络安全的重点城市以外，成都、深圳、上海、武汉、西安，也在重点加强网络安全产业的布局。这些城市确立了网络安全产业的不同的定位，也通过一系列的配套的政策措施来吸引网络安全的企业、科研和人才的聚集，推动政产学研的联动。

特别值得注意的是，武汉自从去年网络安全宣传周以后，推出了一整套的人才和创新扶持的政策，应该说非常给力。上海也提出了要为互联网经济发

上市安全企业业绩创新高，新三板企业发展态势总体向好

2016年，10家上市安全企业总营收达到146.95亿元，营收增长34.94%；
- 平均净利润为2.25亿元，增长49.92%

2016年，40家新三板挂牌安全企业总营收达到27.88亿元，15家企业营收增长超过50%

2016年主板、创业板上市安全企业业绩（单位：亿元）

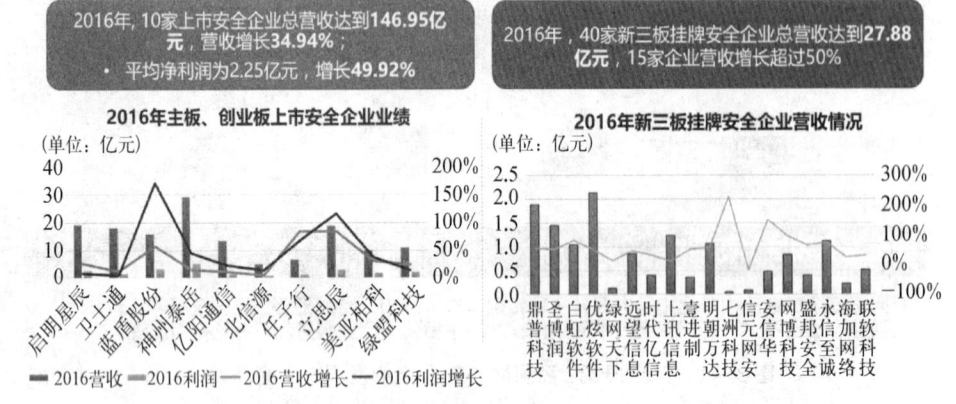

2016年新三板挂牌安全企业营收情况（单位：亿元）

图3-43　企业发展：国内安全企业整体发展态势良好，产业阵营逐步扩大

展保驾护航的安全发展的目标和主题。

从我国企业发展的情况来看，国内企业的整体发展态势是非常好的，上市企业业绩创造了新高。2016年从10家上市企业的营收来看，总营收入为146.95亿元，营收增长的总幅度达到了34.94%，应该说增长幅度是超过了10家国际上市安全企业的增速。平均净利润也是达到了2.25亿元，增长接近50%。除了在业绩上的增长，企业的利润才是这个企业发展的长久的或者说是未来创新的主要的支撑力量。我们也非常高兴地看到，我国的安全企业有这样一个好的业绩。

除了大企业以外，在新三板，我们观测非常多的网络安全初创的和中小型

互联网企业影响力显著提升，成为安全圈重要成员

- BAT依托云平台优势，在网络攻击防护、应用安全、病毒防护等方面取得进展

  Ex. 腾讯，腾讯云提供主机安全、移动安全、业务安全以及应急响应支持等产品服务

- 互联网企业与安全企业、通信企业等建立了紧密的战略合作、协同联动关系，共同推动安全生态建设

  Ex. 阿里，阿里云与绿盟等诸多安全企业联手，对接阿里云平台180万有安全需求的客户

传统通信企业、大型国企积极开展安全布局

- 大型国企整合优势资源，推动构建完整的网络安全生态体系

  Ex. 中国网安（中国电子科技集团公司（CETC）信息安全产业子集团）

- 传统通信企业逐步加强网络安全能力的输出

  Ex. 中国电信（云堤产品）　Ex. 杭州迪普（防火墙）
  Ex. 中兴通讯（APT防御产品）　Ex. 新华三（云安全）

图3-44　企业发展：国内安全企业整体发展态势良好，产业阵营逐步扩大

的企业的业绩。2016年40家新三板企业,总营收达到27.88亿元,其中15家营收增长超过50%,也是呈现了非常好的发展态势。

除了这些上市的企业,一个新的态势就是互联网企业日益通过安全能力的输出,通过他们和传统的安全企业以及和通信企业达成战略合作伙伴的关系,成为安全圈一个重量级的成员。

● 创新企业收获多轮融资,网络安全领域创投活动高度活跃

企业名称	创立时间	技术领域	天使轮/Pre-A		A轮		B轮	
			金额	投资方	金额	投资方	金额	投资方
FREEBUF（斗象科技）	2014年	安全媒体	3 000万	线性资本	—	—	7 000万	银杏谷、嘉铭浩春、张江科技投资等
瀚思	2014年	大数据安全	数百万	光速中国	3 000万	恒宝股份、赛伯乐中国、南京高科	1亿	国科嘉和、IDG资本、南京高科
微步在线	2015年	威胁情报	1 000万	北极光创投、云天使基金	3 500万	如山创投、北极光创投、华软投资	1.2亿	高瓴资本、如山创投、北极光创投

● 产业基金继续发力,为产业发展注入新活力

中国互联网投资基金正式成立
2017年1月
✓ 国家网信办和财政部共同发起,经国务院批准设立
✓ 基金规模总规模1000亿
✓ 首期300亿已募集到位

百亿网络安全母基金启动
2017年5月
✓ 该母基金由北京日报报业集团联合中信建投证券股份有限公司、金汇金投资集团发起设立
✓ 总规模100亿元

图3-45　生态环境:企业融资高度活跃,产业生态不断优化

传统通信企业和大型国有企业在积极开展网络安全的投资和布局,在生态环境方面,应该说我国的网络安全融资环境得到非常好的改善,从我们对刚刚成立两到三年的初创企业的融资形势的分析来看,基本上都能够完成一到两轮的融资,而且融资规模也是超过亿元的水平,这是非常好的态势。

另外,产业基金业不断地发展,为产业发展注入新的活力。包括中国互联网投资基金,包括百亿级的网络安全的母基金等,一系列的基金将会使更多中小企业受益。

在信息技术方面,主要有三个方向,第一个是态势感知,从概念慢慢地走向落地。我们也看到不同的企业结合他们自己在技术、数据与分析能力等方面的优势,从不同的角度来推动安全态势感知的落地,包括云上的感知能力,包括态势感知与安全运营的结合,包括以大数据为核心的感知风险,以及感知风险和风险处置联动。

虚拟化方面,我们看到虚拟化整个环境的变化,包括云的发展也驱动云安全服务的演变。越来越多的安全产品以软件或者服务的形式来呈现。第三

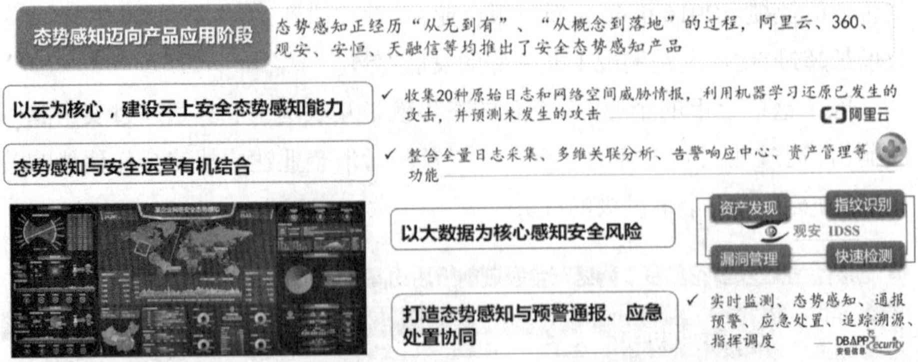

态势感知迈向产品应用阶段	态势感知正经历"从无到有"、"从概念到落地"的过程,阿里云、360、观安、安恒、天融信等均推出了安全态势感知产品
以云为核心,建设云上安全态势感知能力	收集20种原始日志和网络空间威胁情报,利用机器学习还原已发生的攻击,并预测未发生的攻击 阿里云
态势感知与安全运营有机结合	整合全量日志采集、多维关联分析、告警响应中心、资产管理等功能
以大数据为核心感知安全风险	资产发现 指纹识别 观安 IDSS 漏洞管理 快速检测
打造态势感知与预警通报、应急处置协同	实时监测、态势感知、通报预警、应急处置、追踪溯源、指挥调度 DBAPPSecurity

图 3-46 安全技术:新兴技术与安全技术加速融合发展

虚拟化技术推动安全产品形态演进	在虚拟化环境下,安全产品逐渐以软件或云服务的方式呈现,实现产品在云环境下的灵活部署、使用和扩展
	• 依托SDN网络架构,将防火墙、入侵防御系统、DDoS攻击防御系统等传统安全产品和服务向云端迁移,利用NFV技术突破专用安全硬件的壁垒,实现安全产品的软件化、通用化和云化 HUAWEI SANGFOR H3C
人工智能有望驱动网络安全技术革新	利用机器学习、深度学习等人工智能技术分析处理安全大数据,以改善安全防御体系,应对0day攻击、未知威胁等安全问题
	• 中兴推出了**基于机器学习的未知威胁检测平台**,通过学习人工判定逻辑、深度学习流量处理、挖掘关联关系等方式,发现海量数据中的可疑痕迹,并对复杂威胁行为做出自动判定 ZTE
	• 悬镜安全实验室推出了**基于机器学习的威胁语句检测引擎**,其利用云端的威胁大数据进行自我训练与知识迭代,实现对SQL注入、XSS攻击和WebShell的检测

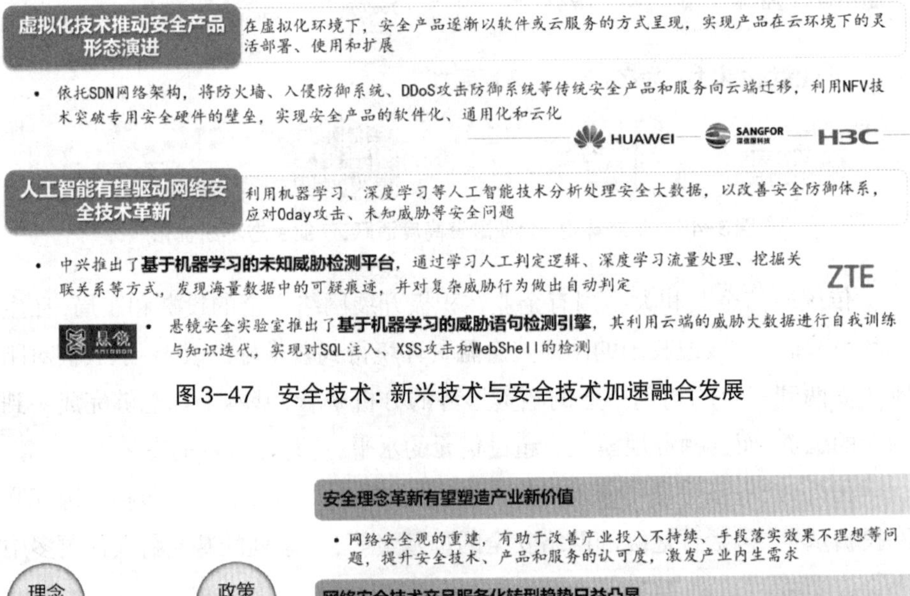

图 3-47 安全技术:新兴技术与安全技术加速融合发展

	安全理念革新有望塑造产业新价值
理念重塑 政策红利 产业转型 国际拓展 主要方向	• 网络安全观的重建,有助于改善产业投入不持续、手段落实效果不理想等问题,提升安全技术、产品和服务的认可度,激发产业内生需求
	网络安全技术产品服务化转型趋势日益凸显
	• 网络形态的转变,倒逼着安全产品加速向服务形态转型,步入软件定义的时代,也将催生更加繁荣的安全服务市场
	产业政策红利持续释放,助力产业快速成长
	• 《网络安全法》的出台实施,特别是对于关键信息基础设施实施重点保护的要求,将进一步拉动网络安全产业内需增长;
	• 国家及地方产业发展扶持力度不断加大,为产业发展注入新的活力
	网络安全"国际化"将以更大力度在更大范围和深度开展
	• 融入国际安全圈,加深与国际产业界的交流合作,引进先进理念、技术和人才,日益成为中国网络安全企业打造"高精尖"技术布局的必要举措

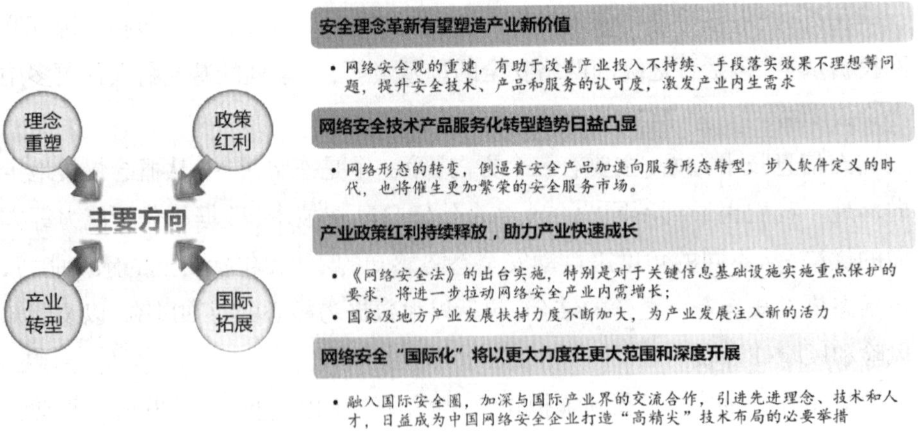

图 3-48 我国网络安全产业前景展望

个就是人工智能有望驱动网络安全技术的革新。刚才也分享了人工智能的进展，我们也看到越来越多的安全企业在人工智能方面积极发力，未来更多的深度学习、人工智能的分析技术，有望提升整个安全保障水平。

最后是从理念重塑、产业转型、政策红利、国际拓展四个维度对产业发展进行展望。首先，整个新的安全观的确立，有望打破传统的以合规为核心的市场的增长瓶颈，为产业发展激发出新的需求。其次，就是刚才提到的产业格局方面，技术产品的服务化转型，应该是能够驱动安全服务市场的进一步的繁荣。再次，就是产业政策红利，这个也不用再多说，无论是网络安全法还是国家新兴领域的，像互联网+、工业互联网等战略计划都在强调安全与发展同步。相信未来这些战略的实施过程也会促进产业的发展。最后，企业层面，国内很多企业，无论在国际标准、产品认证检测还是国际安全社会的参与，还有攻防竞赛等方面，取得了积极的进展。未来我们也相信，国内安全企业将会更多、更大力度、更大范围上进行国际化的拓展，不仅在市场布局上，更多是在前沿技术领域，希望能够对标国际，能够建立引领的优势。

图3-49 网络安全产业白皮书下载方式

以上就是我今天分享的全部内容，感谢各位领导专家以及产业界的支持，我们也将继续开展我们的产业研究。完整的网络安全产业白皮书可以在信通院的网站上免费下载。谢谢大家。

主持人：谢谢。随着信息技术的飞速发展，企业提升自身的能力现在日益成为核心的任务。上海社会科学院互联网研究中心也是今天这个论坛的承办方之一，该中心一直致力于企业竞争力的研究。接下来，我们就请出该中心高级研究员王滢波先生，他将发布《全球网络安全企业竞争力评价》。有请。

全球网络安全企业竞争力评价

上海社科院互联网研究中心　王滢波

各位领导各位专家，大家下午好。今天我简要介绍一下我们最近的一点研究成果和心得，全球网络安全企业竞争力评价。第一，介绍我们的评价指标，评价指标的科学性和权重如何保障。第二，介绍我们的评价结果，评价结果最终评出了全球网络安全企业一百强。第三，从这次评价过程中得到的一些结论。

首先看一下评价指标。我们把评价指标大致分成两个部分，第一部分是创新力，第二部分是增长力。创新力主要是从技术的角度考察一个企业，增长力从企业的创新能力和技术能力是否能够在企业增长、市场发展中得到体现。其实，这就是一个维度的两个方面，这两个方面各占50%的权重。

第一部分，创新力大致分为三个方面，即创新投入、创新产出和创新环境：

创新投入方面重点考察企业的研发密度和研发投入，研发密度大概占据5%的比重，研发投入大概占15%的比重。因为我们认为研发投入更加重要。一个企业的规模太小，研发密度达到50%也没有实际的意义。而且研发投入对于一个企业的成长和技术能力是非常关键的指标，所以我们赋予了比较高的权重。

创新产出有三个指标，第一是专利数量。第二是产品迭代周期，我们认为一个企业的成长，产品一定会非常快的迭代，包括版本的更新、新产品的推出。专业获奖赋予了比较高的权重，大概是10%。第三是所属国的创新能力，这是从产业集聚的角度提出的。我们认为产业集聚对一个企业的创新有一定的推动作用。

创新环境，我们认为这是网络安全的一个比较基础的特征，因为网络安

竞争力维度	分类要素	评价指标（方法）	评 价 说 明
创新力（50%）	创新投入（20%）	研发密度（5%）（定量评价）	研发投入占营收比例，以50%为最高分，按比例递减计算
		研发投入（15%）（定量评价）	研发投入费用，按照具体金额折算费用，20亿美元及以上统一为最高分，按比例递减计算
	创新产出（20%）	专利数量（5%）（定量评价）	公司所获专利数量，1 000项以上为最高分，按比例递减计算
		产品迭代周期（5%）（综合评价）	新产品推出或原有产品新版本的迭代周期，三个月之内为第一档，半年之内为第二档，一年之内为第三档，一年以上为第四档
		专业获奖（10%）（综合评价）	在国际顶级技术大赛中如曾获AV-TEST年度奖、获漏洞库（CNNVD）年度特别贡献奖等，参加国际重要攻防赛（Pwn2Own, Defcon）等获奖。分为四档，国际主要大奖，区域/行业主要大奖，国家主要大奖以及无。
	创新环境（10%）	所属国市场空间（5%）	分为四档，其中中美为第一档，高度发达国家为第二档，中等发展国家为第三档，其他国家为第四档，按比例递减计算
		所属国创新能力（5%）	基于全球创新指数，分为四档，瑞士、瑞典、荷兰、美国、英国、丹麦、新加坡、芬兰、德国、爱尔兰为第一档，韩国、卢森堡、冰岛、日本和法国、香港、以色列、加拿大、挪威、奥地利为第二档，新西兰、中国、澳大利亚、捷克、爱沙尼亚、马耳他、比利时、西班牙、意大利、塞浦路斯为第三档，其他国家为第四档，按比例递减计算
增长力（50%）	增长规模（15%）	主营营收（10%）（定量评价）	近三年营业收入总额平均值
		主营利润（5%）（定量评价）	近三年利润总额平均值
	增长质量（20%）	营收增长率（10%）（定量评价）	（本年度营业收入－上年度营业收入）/上年度营业收入（CAGR），近三年收入年均复合增速
		利润增长率（5%）（定量评价）	（本期利润－上期利润）/上期利润，近三年利润平均复合增速
		资产负债率（5%）（定量评价）	负债总额/资产总额
	增长潜力（15%）	主营业务市场排名（10%）（综合评价）	基于Gartner数据，分为4档，领先者为第1档，挑战者为第二档，愿景者为第三档，其余为第四档，按比例递减计算分数
		国外营收占比（2%）（定量评价）	国外营收占总收入的比例，以50%为上限，按比例递减计算
		企业政府关系（3%）（综合评价）	分为三档，强政府背景，弱政府背景，无政府背景，按比例递减计算

图3-50 评价指标

全是一个国家重点关切的领域,任何一个国家不可能把安全问题委托给一家外国公司。一个国家的经济规模可能决定了一个企业的成长空间,所以我们也把这个市场空间作为一个重要的指标来考量。

第二部分,增长力。增长力主要是从财务指标考察一个公司的市场发展增长的情况,分三个方面:

第一个是增长规模,具体分为营收和利润。

第二个是增长质量,分3个指标,一是营收增长率,二是利润增长率,三是资产负债率。我们可以看到有一个很大的差别,营收和利润增长率中间有一个比较大的差距,营收大概占的比重是10%,但是利润只有5%的权重。为什么这么考量?因为我们认为这是数字经济的一个基本的特点,我们认为数字经济有非常强的马太效应,或者说是规模收益递增效益,边际收益递增的效应。就是长期来看,它规模的效应可以弥补短期的亏损,这样的企业有可能会用短期的利润损失,来追求长期的市场份额的提升,最终获取收益。所以我们在营收和营收增长率方面赋予了更高的权重,利润相对来讲会弱化一些。

但是光有营收和增长显然是不足够的,如果一个企业只有增长没有利润,长期看它的持续经营可能会出现问题,现金流可能会断裂。那么我们增加了一个指标——资产负债率,要重点考察这个企业的现金流、资产负债,会不会资不抵债,会不会存在持续经营的问题。这是几个财务指标。

第三个是增长潜力,我们有3个指标,一是业务的市场排名,这主要是基于Gartner的数据,按照比例进行排名最后给出分数;二是国际化的考量;三是企业与政府关系。刚才讲过了,企业与政府如果有比较强的关系,那么它可能在获取订单方面会有比较大的优势。所以我们分成三档,强政府关系、弱政府关系和无政府关系。

这是评价指标,总体是100分,这个指标,对于我们所选择的公司进行了评价。我们选择有两个基本的原则,第一,就是传统的认为是网络安全公司,包括赛门铁克、国内的绿盟。第二,我们一般认为不是网络安全工作,像微软、华为,但是在网络安全产业有巨大的影响,我们也列入进来。还有一些公司虽然我们认为长期来看可能会对网络安全产业产生重要影响,比如说现在比较火的人脸识别,现在不认为是网络安全工作,是人工智能和大数据公司,而且没有推出相应的安全产品,所以这次评价当中,这些公司我们暂时没有办法列

1	Cisco	威胁防护和网络安全	cisco.com	美国	75.12
2	Microsoft	操作系统安全	microsoft.com	美国	74.25
3	Symantec	端点云和移动安全	symantec.com	美国	73.87
4	Mcafee	反病毒和端点安全	mcafee.com	美国	72.95
5	Raytheon	网络和国土安全服务	raytheon.com	美国	72.54
6	IBM	企业IT安全解决方案	ibm.com	美国	72.075
7	HPE	网络安全	hp.com	美国	72
8	Checkpoint	移动设备管理和安全	checkpoint.com	以色列	71
9	Palo Alto Network	威胁检测和预防	paloaltonetworks.com	美国	70.76
10	Oracle	接入管理	oracle.com	美国	70.7
11	Splunk	数据挖掘和数据安全	splunk.com	美国	70.11
12	Kaspersky Lab	恶意软件和反病毒解决方案	kaspersky.com	俄罗斯	70.1
13	Palantir	大数据分析	palantir.com	美国	69.48
14	Synopsys	应用安全测试	www.synopsys.com	美国	68.85
15	华为	反病毒引擎和解决方案	huawei.com	中国	68.5
16	Fortinet	网络防火墙	fortinet.com	美国	68.32
17	FireEye	APT攻击防护	fireeye.com	美国	68.2
18	BAE Systems	网络安全解决方案和服务	baesystems.com	英国	67.97
19	BT	安全和风险管理解决方案	bt.com/security	英国	67.84
20	SonicWall	网络安全解决方案	sonicwall.com	美国	66.91
21	F5 network	Web应用安全	f5.com	美国	66.76
22	Thales	安全IT解决方案	thalesesecurity.com	法国	66.64
23	奇虎360	企业安全业务	360.cn	中国	66.29
24	Cloudflare	云安全	cloudflare.com	美国	65.7
25	Lockheed Martin	网络安全解决方案和服务	lockheedmartin.com	美国	65.69

26	Forescout	物联网安全	forescout.com	以色列	65.68
27	Digital Guardian	身份和接入管理	digitalguardian.com	美国	64.8
28	RSA	情报驱动安全	rsa.com	美国	64.78
29	CrowdStrike	APT攻击	crowdstrike.com	美国	64.64
30	Leidos	反恐和国土安全	leidos.com	美国	64.51
31	Tanium	安全和系统管理	tanium.com	美国	64.13
32	Juniper	威胁情报和网络安全	juniper.net	美国	64.12
33	NetScout	态势感知和事故响应	netscout.com	美国	63.94
34	Tripwire	高级网络威胁检测	tripwire.com	美国	63.84
35	Gemalto	数字认证管理	gemalto.com	法国	63.8
36	Akamai Technologies	安全云和移动计算	akamai.com	美国	63.57
37	Gigamon	数据中心和云安全	gigamon.com	美国	63.4
38	Pindrop Security	手机欺诈预防	pindrop.com	美国	63
39	Pwnie Express	企业威胁检测	pwnieexpress.com	美国	62.83
40	CA	身份管理	www.ca.com	美国	62.53
41	Veracode	应用安全检测	veracode.com	美国	62.32
42	Dell SecureWorks	管理安全服务	secureworks.com	美国	61.76
43	ProtectWise	大数据安全	protectwise.com	美国	61.73
44	Illumio	自适应安全平台	illumio.com	美国	61.27
45	Thycotic	特权账户管理	thycotic.com	英国	61.18
46	Zscaler	安全网关和云安全	zscaler.com	美国	60.97
47	SailPoint	身份和接入管理	sailpoint.com	美国	60.38
48	INSIDE Secure	移动设备安全	insidesecure.com	法国	60.04
49	AT&T Network Security	管理安全和咨询	business.att.com	美国	60
50	Sera-brynn	网络风险管理	sera-brynn.com	美国	59.79

51	深信服	防火墙和上网行为管理	sangfor.com.cn	中国	58.995
52	Proofpoint	安全服务	proofpoint.com	美国	58.95
53	Ziften	端点威胁检测	ziften.com	美国	58.82
54	Darktrace	网络威胁防护	darktrace.com	英国	58.65
55	Code Dx	软件可靠性分析	codedx.com	美国	58.43
56	Skyhigh Networks	云安全软件	skyhighnetworks.com	美国	58.34
57	AlienVault	威胁检测和响应	alienvault.com	美国	58.23
58	Trend Micro	服务器、云和内容安全	trendmicro.com	日本	58.14
59	Centrify	统一认证管理	centrify.com	美国	58.11
60	Clearwater Compliance	风险管理和合规	clearwatercompliance.com	美国	57.98
61	Herjavec Group	信息安全服务	herjavecgroup.com	加拿大	57.96
62	Rapid7	漏洞管理	rapid7.com	美国	57.37
63	Digital Defense	管理安全风险评估	ddifrontline.com	美国	57.2
64	CyberArk	特权账户管理	cyberark.com	以色列	57.02
65	Brainloop	安全文档管理	brainloop.com	德国	56.97
66	MobileIron	移动安全	mobileiron.com	美国	56.88
67	DFLabs	风险自动响应	dflabs.com	意大利	56.84
68	启明星辰	移动安全、云安全	venustech.com.cn	中国	56.52
69	Okta	身份管理	okta.com	马其顿	56.41
70	Avast	反病毒	avast.com	捷克	56.18
71	Checkmarx	软件开发安全	checkmarx.com	以色列	55.68
72	Nexusguard	云DDOS保护	nexusguard.com	中国香港	55.28
73	Radware	应用安全	radware.com	以色列	54.66
74	Entersekt	银行认证和欺诈防护	entersekt.com	南非	54.29
75	Bayshore	工控安全	bayshorenetworks.com	美国	54.24

76	猎豹移动	移动安全	cn.cmcm.com	中国	54.21
77	Imperva	数据和应用安全	imperva.com	美国	54.13
78	安天实验室	网站防护	antiy.com	中国	53.72
79	AhnLab	企业安全防御系统	ahnlab.com	韩国	53.52
80	Sophos	统一威胁管理	sophos.com	英国	53.04
81	拓尔思	软件和数据安全	trs.com.cn	中国	52.70
82	OneLogin	企业身份认证管理	onelogin.com	美国	52.7
83	Malwarebytes	恶意软件检测和保护	malwarebytes.com	美国	52.29
84	Qualys, Inc	云安全	qualys.com	美国	52.29
85	Northrop Grumman	网络和国土安全服务	northropgrumman.com	美国	51.88
86	Barracuda Networks	电子邮件和网络安全设备	barracuda.com	美国	51.74
87	迪普科技	网络应用交付	dptech.com	中国	51.65
88	安恒	可信网络	dbappsecurity.com.cn	中国	50.82
89	任子行	网络内容与行为审计和监管	1218.com.cn	中国	50.81
90	SAS	欺诈和安全分析	sas.com	美国	50.76
91	Bitdefender	反病毒和端点安全	bitdefender.com	罗马尼亚	50.65
92	翰思	大数据安全	hansight.com	中国	50.51
93	F-Secure	互联网设备安全	f-secure.com	芬兰	50.32
94	山石网科	数据中心安全	hillstonenet.com.cn	中国	50.28
95	Panda Security	反病毒和互联网安全	pandasecurity.com	西班牙	50.17
96	卫士通	商用安全手机和商用安全密码	westone.com.cn	中国	50.11
97	ESET	多设备端点安全	eset.com	斯洛伐克	50.
98	绿盟科技	安全大数据	nsfocus.com.cn	中国	49.26
99	天空卫士	数据防泄漏（DLP）	skyguard.com.cn	中国	48.95
100	美亚柏科	电子数据取证	300188.cn	中国	48.48

图3–51　评价结果

入，主要列入的是刚才讲的前两类的公司，传统的网络安全公司和对网络安全产业有重大影响的公司。最终我们建立了300家公司的公司池，对这些公司进行了评价。数据获取的主要方式，上市公司主要是通过财报包括相关信息，非上市公司我们做了调研和问卷。

由于我们的指标大部分是定量，数据的可靠性还是有一定的保障的。最后我们评出了全球网络安全100强。第一是思科，第二是微软，前10名基本都是美国的公司，只有一家以色列的公司。华为大概排名第15名。还有一些其他国家的公司，美国、英国、法国的公司，甚至还有马其顿的公司。总体来看国别的分布比较广泛。

我们最终构建了一个赛博罗盘，我们按照创新力和增长力分别作为横轴和竖轴，把企业划分成四个象限，第一个象限是创新力和增长力都比较强的企

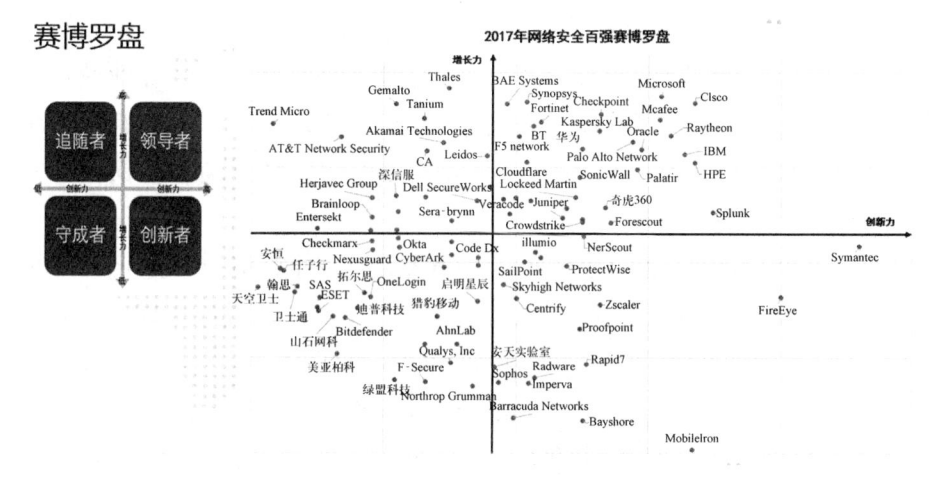

图 3-52　赛博罗盘

业，我们称为领导者，也就是通常意义上的蓝筹股。第二个象限是创新者，它的技术能力很强，但是财务表现、市场增长可能不如预期，这部分我们可以称为潜力股，也就是创业板。第三个象限是增长力比较强，但是相对来讲技术实力弱一点。这种公司如果长期的话，技术创新不能跟上增长的幅度，从长期来看它的发展可能会受到一定的影响。第四个象限我们称为守成者，创新能力、增长力都相对比较弱的公司。

在100强评价过程中，我们根据这些公司的数据得出了一些结论。

下面介绍一下第三方面，我们的结论。

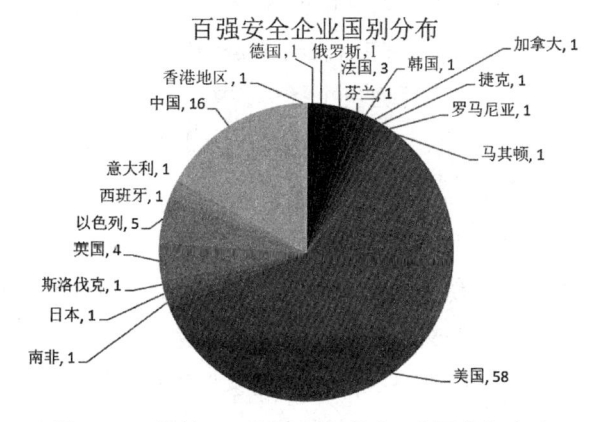

图 3-53　结论一：美国一枝独秀　中国奋起直追

第一个结论,美国一枝独秀,中国奋起直追。美国一枝独秀应该是意料之中的,我们的数据也支持这一点。但是有一点很意外的是,中国的企业进入排行榜的超过我们的预期,我们预期不超过10家,但是最终有17家,包括中国香港的一家。中国企业的财务表现还是非常亮眼的,当然技术获奖方面差了一点,我下面还有详细的介绍。

还有一个比较意外的是以色列,以色列是网络安全强国,而且它的网络安全产品出口仅次于美国,是全球第二。但是评价过程中发现以色列一个很大的问题就是初创企业很多,但是上规模的很少。营收超过10亿美元的大概只有一家,第二名只有2.7亿美元,所以它上榜的数量很少。但是这几年微软、思科并购了很多以色列初创的安全企业。以色列作为全球安全技术的策源地,比如唯一上榜的物联网企业,就是以色列的公司。

	百强公司数量	平均研发投入(亿美元)	平均研发投入占比	平均营收(亿美元)	平均利润(亿美元)	营收平均增长率	利润平均增长率	平均资产负债率
美国	58	2.5	25%	10	1.68	16.9%	14%	47%
中国	17	0.35	15%	2.5	0.28	33%	24%	27%

图3-54 中美网络安全企业百强数据比较

我们对重点安全企业百强进行了细分的比较,可以看到一些比较有意义的结论。从数量来讲,美国是58家,中国17家,美国大概是中国的3倍多。研发投入,美国是2.5亿美元,中国是0.35亿美元,美国大概是中国的7倍多,不到8倍。平均研发投入美国比例也比中国高,美国大概是25%,中国大概是15%,比中国大概高了70%。平均营收美国是中国的4倍,平均利润美国是中国的7—8倍。我们可以发现后面三个指标,中国企业表现得非常好。营收平均增长率,美国大国是16.9%,中国是33%。中国企业的营收增长率几乎是美国的将近1倍。利润平均增长率,中国比美国高了10个百分点,大概比美国高70%。平均资产负债率中国的表现也好于美国。我觉得这个可以得出一个很有意思的结论,我们虽然研发实力不行、技术实力不行,但是我们的增长速度很快。这可能得益于中国整体经济发展的大环境,只要中国经济的增速一直高于美国,中国经济和美国经济之间的差距越来越小,我们可以预期中国网络安全产业的增长会保持比美国更高的速度,而且中美之间的差距会越来越小,

图3-55　结论二：集成化和平台化渐成趋势，科技巨头优势巨大，独立安全厂商面临严峻挑战

　　而且中国非常可能利用中国的市场，来改进我们的技术和研发。

　　我们的第二个结论是集成化和平台化渐成趋势，科技巨头优势巨大，独立安全厂商面临严峻挑战。集成化是什么意思？我们以微软为例，微软这些年大概花了40亿美元，收购了几十家安全公司，2016年推出了Windows defender，一经推出市场上骂声一片，AB测试以后认为根本不好用，但是不妨碍它的市占率提高得非常快。为什么？因为从我们大家来讲，它的集成度非常好，而且不需要我们再另外安装软件，不会影响系统的运行速度，对于普通用户来说是足够了，而且它本身的安全能力也在飞速的提高。微软在最新的Windows10更新中已经强制卸除其他的杀毒软件。我们发现传统软件的独立安全厂商的市场被微软逐步侵占，那么市场会萎缩得非常厉害，会面临非常严峻的生存危机。不光是微软，包括思科和华为，思科在全系产品中都嵌入了安全功能，对独立安全厂商是非常压迫式的打击。最近几年几个标志性的独立安全企业表现得不好，赛门铁克的增长基本停滞，而且2017年亏损，这在以前几乎是不可想象的。火眼现在的市值大概只有二十多亿美金，前年鼎盛的时候大概有100多亿美元。而且最近宣布了新一轮融资，它的资产负债率非常差，它的规模越大亏损得越厉害，长期来看可能面临非常大的风险。

　　但是我们说是不是初创型公司就没有机会？我们认为不是这样。这种传统的安全产业变成蓝海，但是网络安全产业的基本增长点在于新的技术和新的市场。而且这种新的技术和新的市场大多来自边缘性的创新，它会颠覆我们现有的安全市场。我们大致列了四个方向，第一个是刚才大家讲的人工智

四大新兴领域

◆ 人工智能（大数据分析）

◆ 物联网安全

◆ 威胁情报平台

◆ 生物特征识别

图3-56　结论三：边缘性创新增多

能，这一块比较代表性的公司，Splunk，现在市值已经超过百亿美元。

另外物联网安全，我们知道它和传统的互联网通信有非常大的不同，它的维护更新安全功能都变得非常困难。这一块随着物联网的推进，预计未来也会涌现出很多安全公司。

第三个结论是显示数据的平台效应会越来越显著，它的价值会随着数据量的剧增呈指数的跃升。现在各个公司都推出了自己的平台。刚才讲的这次榜单中暂没有列入的，但是我们认为会成为未来互联网和物联网的一个身份证、一个入口，会成为一个流量入口，会成为非常重要的安全工具。相信未来的榜单中一定会列入这些公司。

第四个结论是安全日益成为业务支点。现在一个设备没有安全性，一定是卖不出去的。思科和华为，我们就不举例了。

第五个结论是行业融合加速，边界日趋模糊。我们发现现在网络安全的边界越来越模糊，涉及的公司越来越大，很多公司我们已经分不清楚是安全企业还是传统企业。

第六个结论是全球化发展与产业空间集聚相互统一。我们这个榜单中包括20几个国家，它的全球化的分布其实相当广泛。但是同时我们可以发现一个相反的趋势，产业有一定的集聚度。比如在美国硅谷，美国70%的网络安全企业大多集中在硅谷。特拉维夫、孟买、马其顿和北京，也都集聚了一批安全企业。

第七个结论是地缘政治因素导致企业空间碎片化倾向。这就是我们讲的,它其实跟政府的关系非常密切,所以往往局限于本国的发展。

谢谢大家。

主持人:谢谢。我们非常开心看到很多中国的企业榜上有名,希望越来越多的中国企业能够上榜。

接下来,我们请出来自俄罗斯卡巴斯基实验室安全研究团队负责人格莱布·格里特塞(Gleb Gritsai),欢迎。

智能技术信息安全的基石

俄罗斯卡巴斯基实验室安全研究团队负责人　格莱布·格里特塞

大家好，我的名字叫格莱布·格里特塞（Gleb Gritsai），主要工作是给客户提供实践服务，比如说客户需要一些智能设备和工厂设备的维护等。

首先我们来谈一下物联网。大家都知道物联网的核心是互联网，作为信息安全的实践者，最大的物联网网络的产生是完全有可能的，大家看屏幕，有62对注册和密码，在这个网络下，历史上发生过最大的DDoS，因为同一个原因，这个最大的DDoS在登录之前的1/3秒内由基于图像的同一个闭路电视设备发出，在座的各位都能看到，我们提供了这些攻击的来源，因为这些图像都是用于城市监控，从莫斯科、北京、上海到纽约等城市。

Largest DDoS attack ever?

Meet, *Mirai*
- **62** pairs of login and passwords
- 665 Gbps

```
🔒 GitHub, Inc. [US] | https://github.com/jgamblin/Mirai-Source-Code/blob/6a5941be681b839eeff8ece1de8b245bcd5ffb02/mirai/bot/s...

add_auth_entry("\x50\x4D\x4D\x56", "\x54\x4B\x58\x5A\x54", 9);              // root     vizxv
add_auth_entry("\x50\x4D\x4D\x56", "\x43\x46\x4F\x4B\x4C", 8);              // root     admin
add_auth_entry("\x43\x46\x4F\x4B\x4C", "\x43\x46\x4F\x4B\x4C", 7);          // admin    admin
add_auth_entry("\x50\x4D\x4D\x56", "\x1A\x1A\x1A\x1A\x1A\x1A", 6);          // root     888888
add_auth_entry("\x50\x4D\x4D\x56", "\x5A\x4F\x4A\x46\x4B\x52\x41", 5);      // root     xmhdipc
add_auth_entry("\x50\x4D\x4D\x56", "\x46\x47\x43\x47\x4C\x46\x56", 5);      // root     default
add_auth_entry("\x50\x4D\x4D\x56", "\x48\x57\x43\x4C\x56\x47\x41\x4A", 5);  // root     juantech
add_auth_entry("\x50\x4D\x4D\x56", "\x13\x10\x11\x16\x17\x14", 5);          // root     123456
add_auth_entry("\x50\x4D\x4D\x56", "\x17\x16\x11\x10\x13", 5);              // root     54321
add_auth_entry("\x51\x57\x52\x52\x4D\x50\x56", "\x51\x57\x52\x52\x4D\x50\x56", 5); // support support
add_auth_entry("\x50\x4D\x4D\x56", "", 4);                                   // root     (none)
add_auth_entry("\x43\x46\x4F\x4B\x4C", "\x52\x43\x51\x51\x55\x4D\x50\x46", 4); // admin  password
add_auth_entry("\x50\x4D\x4D\x56", "\x50\x4D\x4D\x56", 4);                   // root     root
add_auth_entry("\x50\x4D\x4D\x56", "\x13\x10\x11\x16\x17", 4);               // root     12345
```

图3-57　DDoS攻击记录

所以，对于物联网当前的问题来说，不仅仅是关于其漏洞的问题，比如一些公司开发了一种特殊车载路径设备，修正汽车在道路上的路线。事实上，所有关于汽车和设备的号码信息都可以验证汽车，这些设备搜集汽车的GPS位置，这些信息在网上大部分根本没有任何安全可言，任何人都可以得到这些位置的实时信息。

Anti-theft / tracking hardware …

Secret location inside vehicle is stored in archive available to everyone
And geolocation of those vehicles

Passwords for 540,642 GPS vehicle tracking devices leaked online

SVR Tracking failed to protect passwords and other sensitive data on an AWS S3 bucket, causing over a half million vehicle tracking devices to be exposed to the public.

图3-58 防盗跟踪硬件

所以，智慧技术的安全不仅仅是物联网的安全，物联网只是智慧技术的核心，最大的智慧技术是智慧城市，需要很多系统和网络的支持，智慧城市很关键的一点在于，物联网会将诸如能源系统等系统连接在一起。除了智慧城市，另一种智慧技术则是智慧工业，比如说工厂的零库存，这意味着老的工厂有能力和外界连接，当我们谈到CNC机器时，这是一个美国控制的计算机，这个设备可以在任何场景下使用，比如公交、机场、地铁等，事实上这个设备由工厂的项目逻辑控制设备控制着。所以我们今天在这里都在讲同一个概念——连接。用智慧或者机器去连接万物达到控制的效果。

让我们来看一个智慧技术的例子，这是一个关于动车网络的例子，在今天中国，俄罗斯和欧洲都广泛应用，它们有相同的交互界面，这是中央系统路线，也就是原来的协调系统，有趣的是，这套系统由很老的软件构成，这个软件没有安全机制的设置，大部分老的软件都会有这种安全问题。这是一个系统的例子，我们可以看出时间是1992年，其他用户在相同的系统里使用相同的密

And what about safety and critical infrastructure

Smart city – "system of systems"
- Smart hospital, kitchen, car, transportation, traffic management, police, home, grid, buildings

Transportation
- Railways, Automotive, Maritime, Aerospace

Energy sector: generation, transportation, distribution

Smart Industry
- IIOT - Industrial Internet of Things
- Industry 4.0
  - Manufacturing CNCs in the cloud
  - Example of CNC contents? That PLC from power plant in Iran

图 3-59 安全标准结构

码，这种现象随处可见。

下一个要介绍的智慧技术是智慧汽车，这非常值得注意，因为这是一个发展很好的技术。自动控制工厂在几年前意识到了自己的安全问题，在那个时候，德国很快予以关注，当然，这里也有很多问题，大家在屏幕上可以看到。

所以，很多公司建立自己的智慧设备供应链，在这个背景中，大家能看到汽车的组件，这就意味着当一些开发人员制造设备的时候，他们其实是在制造生产机器，这些机器提供了其他的器件，比如说，我们要向另一个公司购买处理芯片支持自己公司的 Wi-Fi，这些改革推动了产业链的变革。在公司当中，比如说 VMW 公司，他们并不知道什么时候去购买系统作为安保，也不知道还

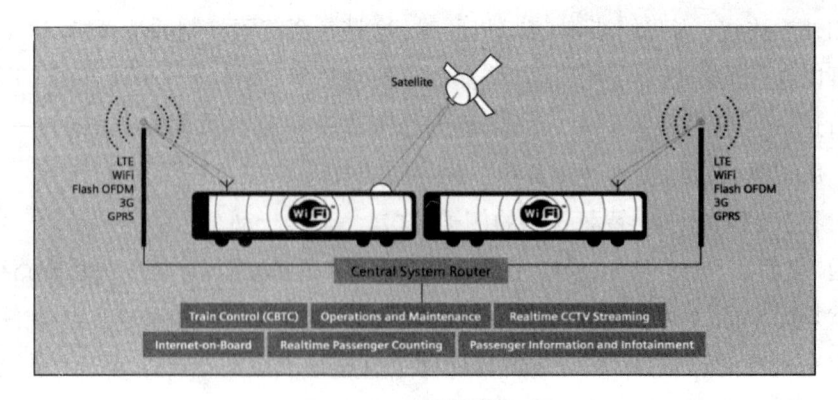

图 3-60 信息传输回路

Smart cars security

- Extensive attack surface
- No liability/regulations for secure development
- Supply chain issues

Cyber Security and Resilience of smart cars, Good practices and recommendations, ENISA

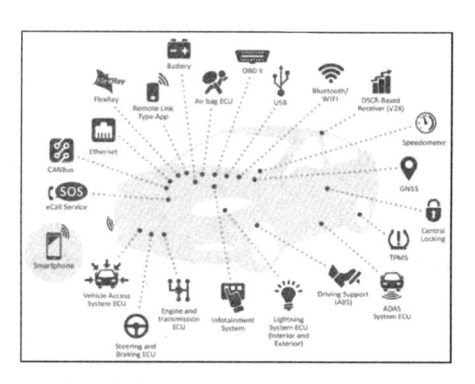

图 3-61　安全智能车

Supply chain

Hardware components
Processors units, Memory units, Communication chips, Board developers, etc.

Software components
Operating system, Drivers, Communication stacks, Applications and services, Data storage, etc.

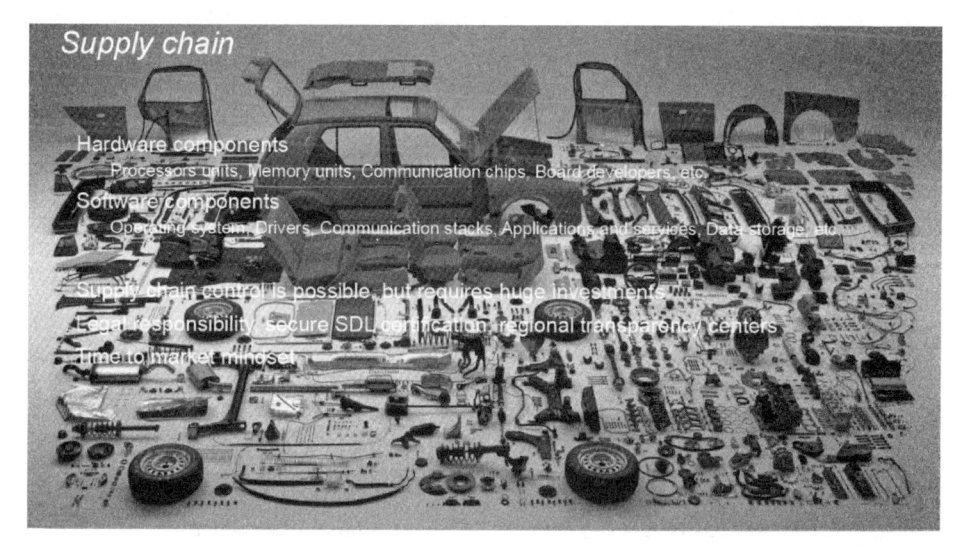

Supply chain control is possible, but requires huge investments
Legal responsibility, secure SDL certification, regional transparency centers
Time to market mindset

图 3-62　供应链

有什么其他系统融入了该系统,他们不能控制其中的核心部分。

这些智慧技术都带来了新的巨大挑战,比较典型的一个例子是发生在美国,这是一种级联效应,一列脱轨的火车影响到了整个城市的道路、水力、电力等系统。所以,不同地区的政府制定了不同的应急模型,比如说加拿大的关键基础设施保护工作队,这也能很好地影响到其他基础设施的管理。

如果我们想知道物联网设备和智慧技术在网络中的安全等级,我们可以看到,物联网的密码设置,没有身份验证,没有加密和安全云等,都会对城市造成一些影响。对于网络安全,我们能看到攻击手段完全不同,主要是有价值的信息和用户认证信息以及合同的泄露。

我们怎么构建公司网络的安全?通过对网络的监控,进行提前预警,从而达到对于安全的保障,安全网络可以提供很多信息,例如谁正在使用,哪里有潜在危险,谁正试图攻击等,这些技术都能帮助完善智慧技术的安全性。

New challenges for connected technologies

Cascade effect
- Derailed train in Baltimore influences railways, roads, water, electricity, phone lines, networks, paralyzed corporation branches

70% of produced energy is for cities
- How much is not enough?

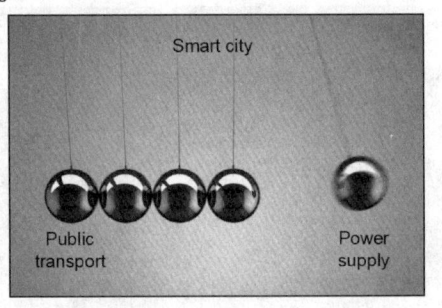

图3-63 连接技术新挑战

Sophisticated attacks in IoT?

Internet of Things

Not sophisticated
- Weak passwords or no authentication, no encryption, insecure cloud
- Carna – default or no password, Mirai – weak default credentials and basic self protection, Remaiten – bruteforce, Hajime – added p2p communications, Dallas sirens – passwords, road signs and traffic lights incidents - passwords

Motivation
- Power for calculations, traffic generators, surveillance (Samsung TV by *unknown actor*, Vault 7 leak (c))
- Public, transport, etc. safety

Corporate/CIP networks

- Ranging from $0 to $*millions* for attack toolkit development and operations
  - Zero day vulnerabilities, novel bypass techniques,
  - Understand business logic: ATM/POS, SWIFT alliance, centrifuges and energy distribution
- Motivation
  - Money, valuable data exfiltration (money), destructive attacks, idea
  - Access to corporate network, leaked user credentials and insider contacts – all are **market goods** right now

图3-64 受攻击的物联网

Approaches for building security for Smart technologies

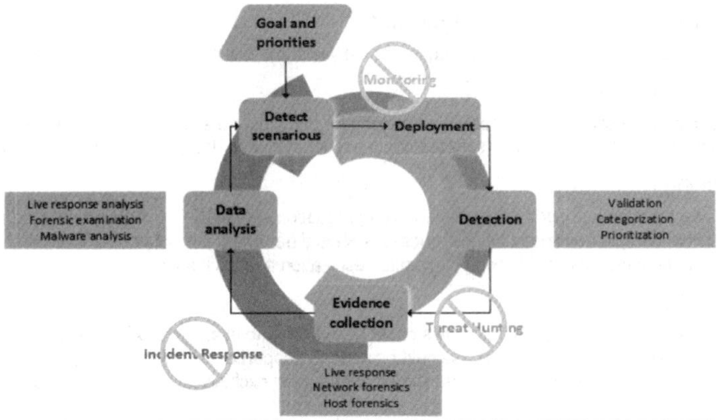

图3-65 智能技术构建安全的路径

这是来自物联网的开发人员关于提高安全性的建议，比如和互联网切断连接，改变默认的认证信息，隐藏内部组织等。那么我们如何评估智慧技术的安全性呢？大家可以看看屏幕上的这几点，比如说基础安全的承诺、渗透测试、认证等。

How to enhance security of Smart technologies

Cryptography for communications and integrity control

Authentication and Authorization
- Every user should be authenticated and actions authorized

Efficient update process

Auditing, alerting, logging to support security operations

No backdoors, hardcodes, etc.

Secure by default
- Minimize attack surface
- Do not setup encryption as option
- Do not provide default password, do not generate password on reversible algorithms

Failsafe solutions

图3-66 用智能技术提升安全

How to assess security of Smart technologies

Basic security requirements compliance
- Organizations should verify that products comply with the basic security requirements

Penetration testing
- Penetration testing is a recommended method for verifying the security of smart city products. When faced with real-world attacks, services could misbehave, leak data, or even crash.

Hardening
- System hardening needs to be verified. Non-production services are not expected to be reachable from a network perspective and solutions processes should be running in isolated sandboxes that are available only to restricted users (blocking permission escalation attacks if successful).

Certification
- In smart cities, certification authorities could be available to evaluate products and solutions on behalf of organizations. These certifications could be used to support decision-making, but the testing scope and procedures should be verified. They should not be used exclusively, as the results could be wrong or misleading.

Operational security verification and validation
- Validate security processes are running correctly and that the right audit data is being captured.

图3-67 对智能技术构建安全的评估

谢谢大家！

主持人：谢谢。接下来我们请出中国电子科技网络信息安全有限公司总工程师、中国电科集团首席专家饶志宏先生。饶志宏先生将为我们分享互联网安全。

万物互联时代之安全挑战与发展建议

中国电子科技网络信息安全有限公司总工程师　饶志宏

大家下午好。时间很紧张，15分钟，我就直接进入主题。我讲的主要是物联网安全，主要从四个方面，第一个方面大概过一下。

第一个方面就是物联网。大家知道物联网，这是ITU的定义，其实就是有

ITU的定义：通过二维码识读设备、射频识别(RFID)装置、红外感应器、全球定位系统和激光扫描器等信息传感设备，按约定的协议，把任何物品与互联网相连接，进行信息交换和通信，以实现智能化识别、定位、跟踪、监控和管理的一种网络。

图3-68　物联网定义及概述

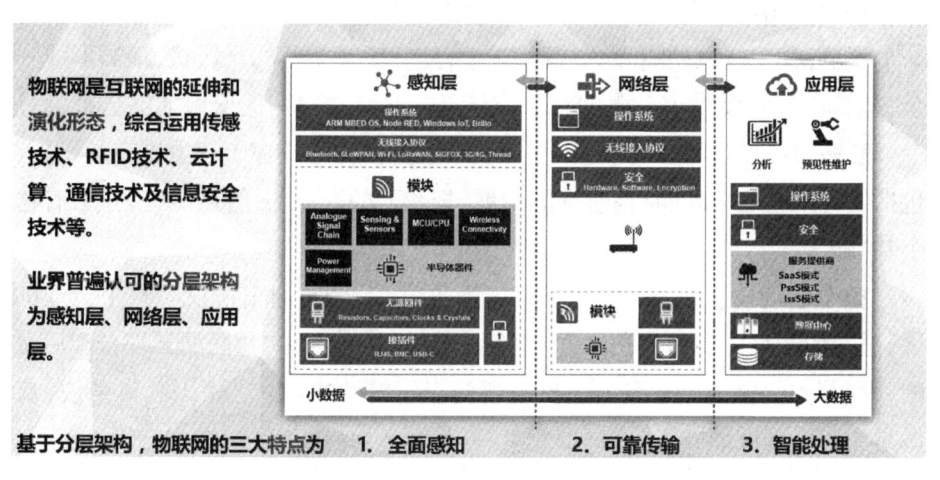

物联网是互联网的延伸和演化形态，综合运用传感技术、RFID技术、云计算、通信技术及信息安全技术等。

业界普遍认可的分层架构为感知层、网络层、应用层。

基于分层架构，物联网的三大特点为　1. 全面感知　2. 可靠传输　3. 智能处理

图3-69　物联网层次化架构

很多的传感器,包括有些处理,连接成网络,最后进我们的互联网。然后解决什么问题?解决它的智能化的识别定位跟踪监控和管理这个问题。整个的核心应该是传感器和物联网的设备,这个不展开。

整体上它的属性应该是它的连接特性和通过这个连接能够解决,包括我们说的智能化和人工智能这一块,怎么来决策相应的数据。它整个的应该说,我们传统的或者比较规范的说法就是,整个物联网有三层即感知、网络和应用。

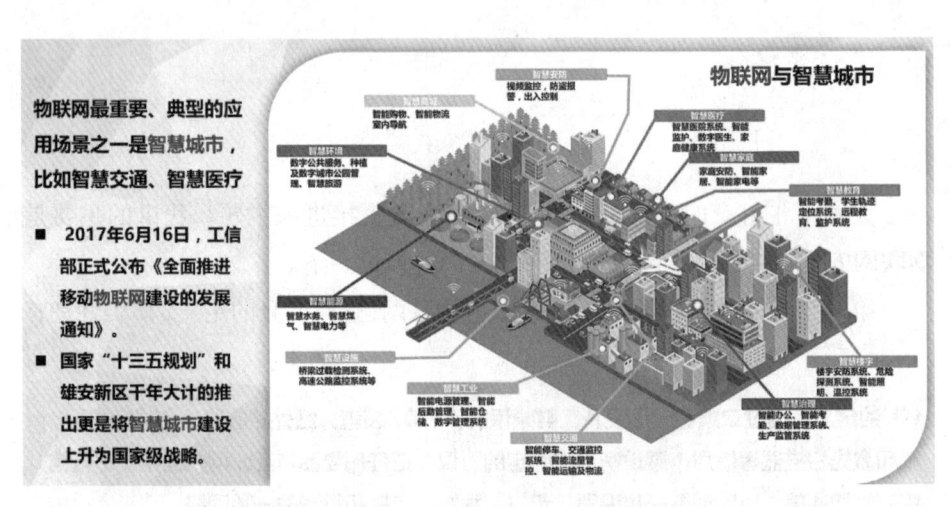

图3-70 物联网应用场景——智慧城市

整个应用现在都知道,物联网,其实智慧城市要发展,除了条状的,比如每一个环节,我们智慧的能源、智慧的工业,这一块是条状的。块状,最后形成一个智慧城市,智慧城市最大的特点应该是未来是物联网的发展能够去推动整个智慧城市更加智慧。所以说,应该说物联网强力地支撑了智慧城市的发展。包括还有未来的车联网、物联网的发展,把我们的智能的、智慧的车,才会有这个基础。

整个它的协议有两块,一个是接入协议,一个是通信协议。整个产业的话,现在的产品主要体现在,一个是智能终端,还有网关,物联网云平台和后台的一些服务。整个产业目前应该说还处于比较散的状态。中国总体来说,应该是在四个区域形成了集聚,即北京—天津、上海—无锡、深圳—广州、成都—重庆。

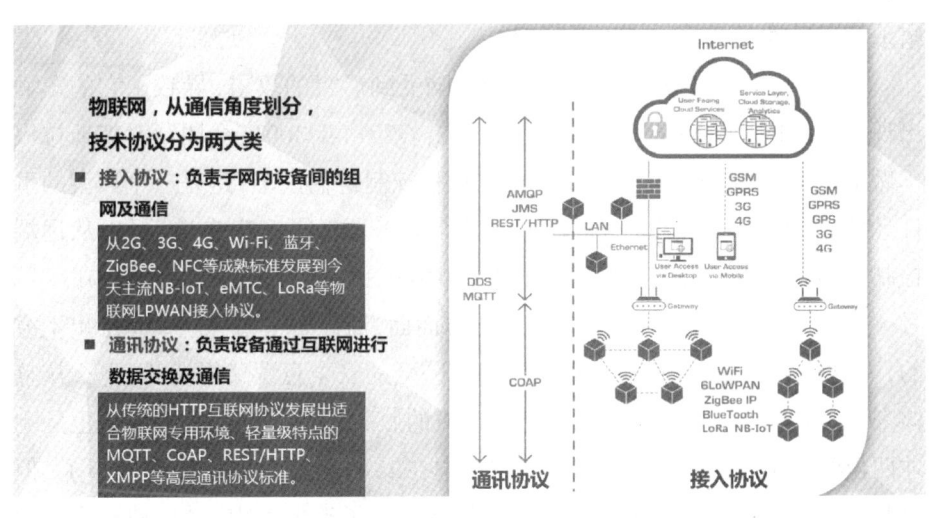

图 3-71　物联网技术现状

整体来说，物联网这个产业整个生态还没有形成，为什么没有形成？目前为止这个产业还没有形成一个巨型的企业，没有一个龙头企业带动这个产业的发展。只有一个龙头企业或者几个龙头企业起来了，形成良好的生态，来推动物联网的发展。

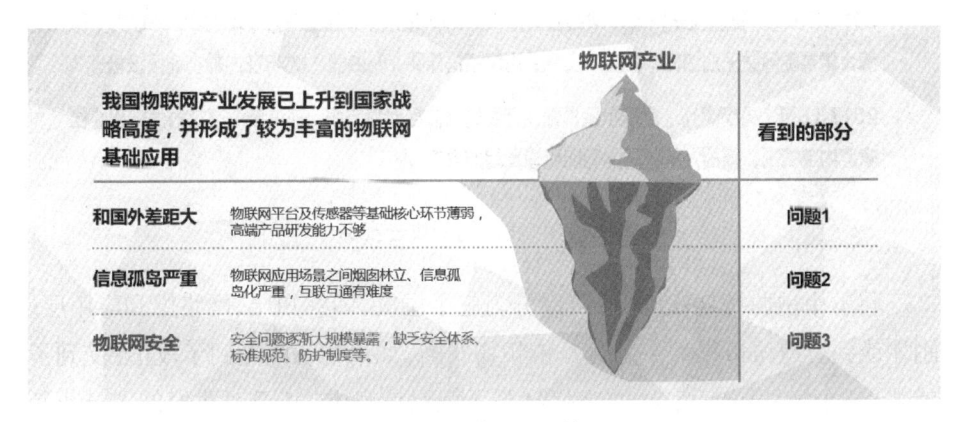

图 3-72　物联网显现的问题

物联网的发展面临很多问题，主要体现在，一个是和国外的差距不用说了，另外是信息的孤岛问题，最重要的我今天要讲的就是物联网的安全问题。

这个威胁应该是，可能大家都非常有感受，包括 2007 年切尼的心脏病发作，当时怀疑他的心脏除颤器是通过无线连接控制的，后来被关闭了，怀疑是暗杀者通过物联网攻击了这个除颤器。

2010年，美国某个汽车经销商的电脑受到后台的攻击，导致了它的车辆出现异常。这是从整个车后台发起的攻击。2014年360安全团队对特斯拉汽车做了一次渗透，发现它的漏洞，可以远程控制这辆汽车，这是一个典型的事件。还有2015年HackPWN对比亚迪整个服务器做了一次渗透，可以从远端控制车辆。这也是很典型的案件，包括2016年10月份的DDoS，还有2017年6月……其实整个物联网，因为它牵涉方方面面，所以整个事件应该是层出不穷的，不胜枚举。随着物联网的发展，我们公众的安全意识又很淡薄，那么从整体来说，安全问题对于我们方方面面造成的威胁还是非常巨大的。这也是刚才两位院士都提到的，这次Mirai攻击，它在2016年10月其实已经发布了，但是我们没有很好地解决它，那么在21日就造成了整个大规模的，通过物联网攻击互联网DNS域名解析，导致了美国互联网的中断，直接经济损失是1 000万美元，间接的经济损失无法评估。它只是攻击互联网，如果互联网再攻击物联网会导致什么？火车撞车，智能汽车包括自动驾驶、无人驾驶，大家可以想象。

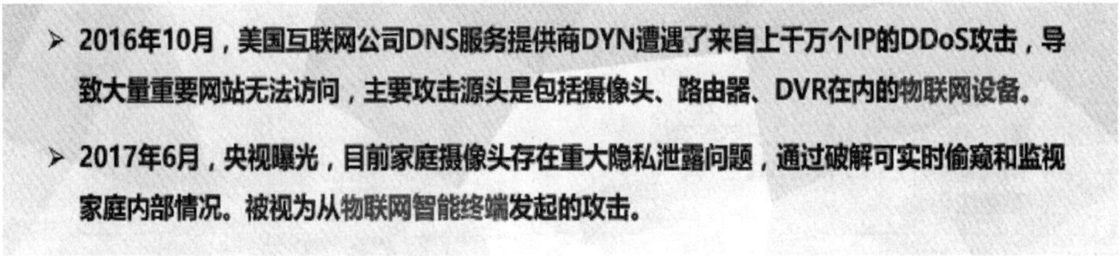

> ➤ **2016年10月**，美国互联网公司DNS服务提供商DYN遭遇了来自上千万个IP的DDoS攻击，导致大量重要网站无法访问，主要攻击源头是包括摄像头、路由器、DVR在内的物联网设备。

> ➤ **2017年6月**，央视曝光，目前家庭摄像头存在重大隐私泄露问题，通过破解可实时偷窥和监视家庭内部情况。被视为从物联网智能终端发起的攻击。

图3-73 物联网受攻击案例

将整个威胁按层次来分，可以分为三个层次，即感知层、网络层和应用层。刚才谈到智慧城市很大一部分是依赖物联网，如果物联网受到了攻击，受到了威胁，整个智慧城市相应的会对我们，不只是信息上，甚至对我们的人身或者是方方面面，包括生活，也会带来严重的威胁。

物联网的安全架构和对策。整个物联网安全的目标，一样要瞄准机密性、完整性、可用性、可控性、可审查性五个方面。其实我们最主要的是要保证它的可用性。它从传感到接入网络，再到应用，方方面面的安全需求都是非常明显的。这是一个物联网的架构，由于时间关系不展开叙述。

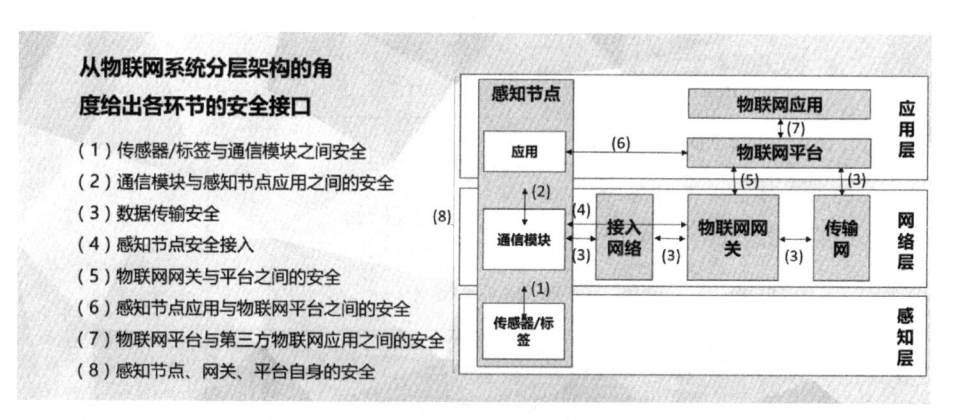

从物联网系统分层架构的角度给出各环节的安全接口

(1) 传感器/标签与通信模块之间安全
(2) 通信模块与感知节点应用之间的安全
(3) 数据传输安全
(4) 感知节点安全接入
(5) 物联网网关与平台之间的安全
(6) 感知节点应用与物联网平台之间的安全
(7) 物联网平台与第三方物联网应用之间的安全
(8) 感知节点、网关、平台自身的安全

图3-74 物联网安全问题及措施

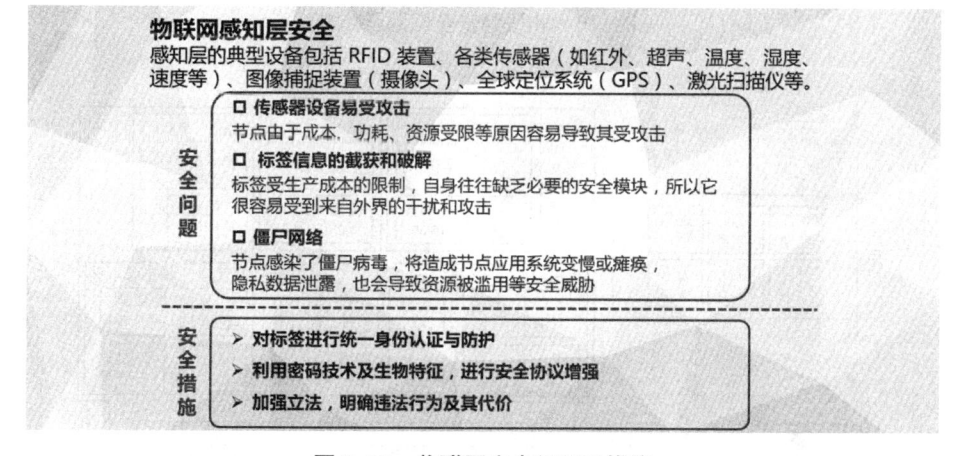

物联网感知层安全

感知层的典型设备包括 RFID 装置、各类传感器（如红外、超声、温度、湿度、速度等）、图像捕捉装置（摄像头）、全球定位系统（GPS）、激光扫描仪等。

安全问题

□ 传感器设备易受攻击
节点由于成本、功耗、资源受限等原因容易导致其受攻击

□ 标签信息的截获和破解
标签受生产成本的限制，自身往往缺乏必要的安全模块，所以它很容易受到来自外界的干扰和攻击

□ 僵尸网络
节点感染了僵尸病毒，将造成节点应用系统变慢或瘫痪，隐私数据泄露，也会导致资源被滥用等安全威胁

安全措施

➤ 对标签进行统一身份认证与防护
➤ 利用密码技术及生物特征，进行安全协议增强
➤ 加强立法，明确违法行为及其代价

图3-75 物联网安全问题及措施

在整个感知层，它易受到威胁，比如我刚才说，它的整个设计，因为它低功耗，包括我们简易的处理，现有的安全防护措施基本上没办法应用到这些传感设备上，而这时候很多是没有考虑安全问题的。

第二个方面，像我们说的 RFID 这种电子标签的无线的，基本上没有加密，要想欺骗是很容易。另外一个，这些传感器，包括刚才有卡巴斯基的朋友说到的摄像头，这些东西其实已经是一个小处理器了，而这些东西都可以作为肉鸡、僵尸，来对其他的网络节点发起攻击，这样的话，其实物联网连得越多，如果安全问题不解决，僵尸的规模就可能比互联网大得多。所以我们的措施是要用标签来统一做身份认证和防护，用密码和生物特征进行协议增强，另外还要立法。

物联网网络层安全

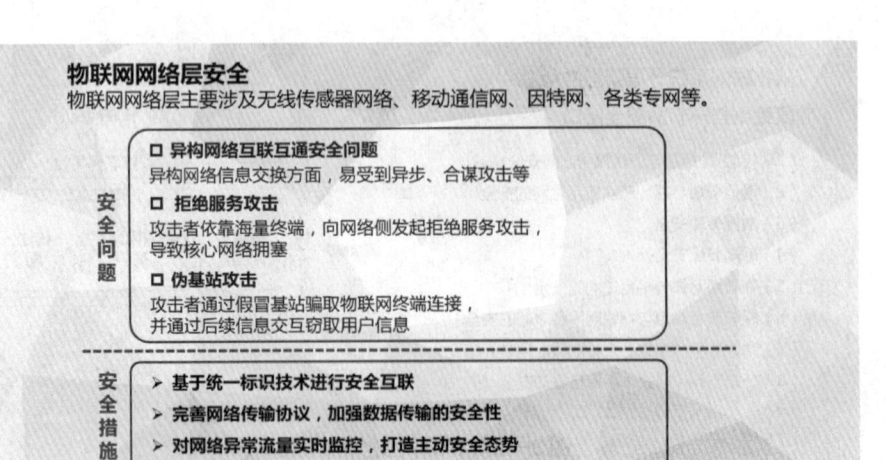

物联网网络层主要涉及无线传感器网络、移动通信网、因特网、各类专网等。

安全问题
- 异构网络互联互通安全问题
  异构网络信息交换方面，易受到异步、合谋攻击等
- 拒绝服务攻击
  攻击者依靠海量终端，向网络侧发起拒绝服务攻击，导致核心网络拥塞
- 伪基站攻击
  攻击者通过假冒基站骗取物联网终端连接，并通过后续信息交互窃取用户信息

安全措施
- 基于统一标识技术进行安全互联
- 完善网络传输协议，加强数据传输的安全性
- 对网络异常流量实时监控，打造主动安全态势

图 3-76 物联网安全问题及措施

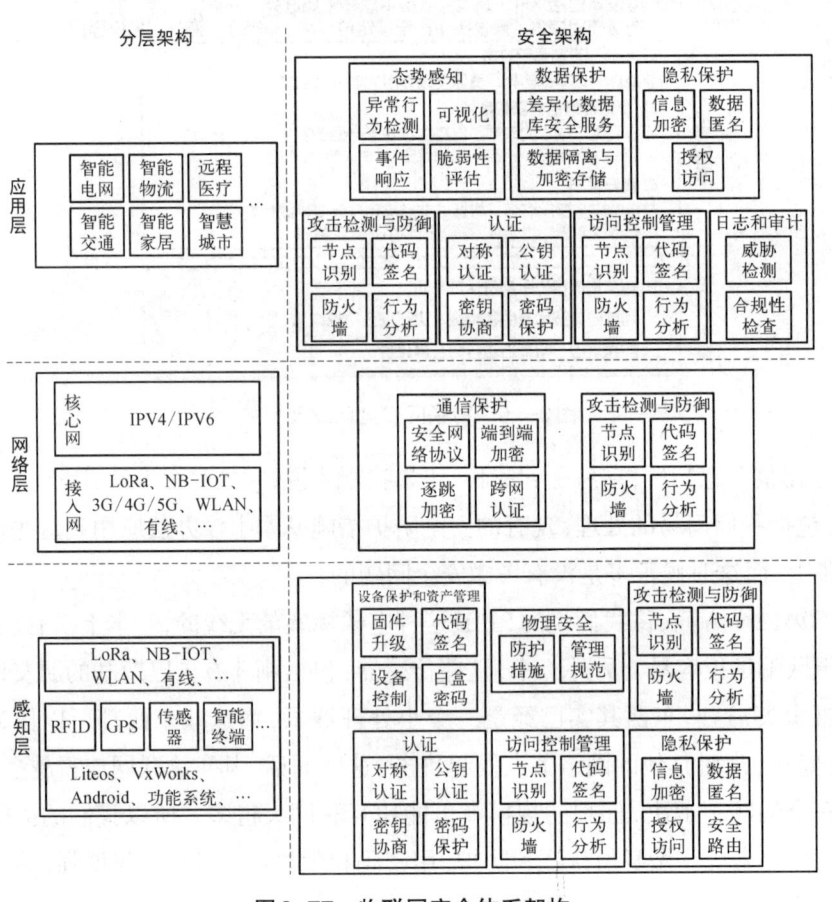

图 3-77 物联网安全体系架构

网络层的措施，基本上接近于传统的，所以我们要用统一的标识，进行安全互联。另外传输过程中加强传输的安全性，还有整个在攻和防实时动态的情况下要建立防御体系。

应用层主要是数据库的管理，即业务控制和确保整个包括外来的中间件的安全，上传之前都要做安全审查，最后还要加强整个基于攻防结合的、对攻击的溯源，还有网络取证，形成威慑。

整个它的架构，安全架构是从感知、网络到应用，我们提出了整体的安全架构，因时间关系我们不展开了。

我们说，要真正形成一个生态，或者形成一个良好的循环，要建标准，突破关键技术，搭建刚才提到的"五性"，最后我们能够支撑，有一个物联网的安全生态，能够很好地去支撑物联网良性的产业链。

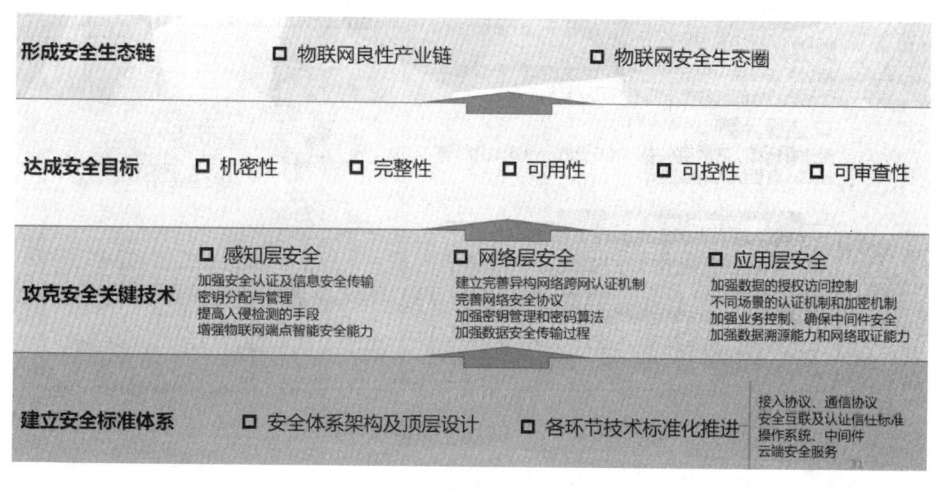

形成安全生态链	□ 物联网良性产业链		□ 物联网安全生态圈	
达成安全目标	□ 机密性	□ 完整性	□ 可用性	□ 可控性	□ 可审查性
攻克安全关键技术	□ 感知层安全 加强安全认证及信息安全传输 密钥分配与管理 提高入侵检测的手段 增强物联网端点智能安全能力	□ 网络层安全 建立完善异构网络跨认证机制 完善网络安全协议 加强密钥管理和密码算法 加强数据安全传输过程	□ 应用层安全 加强数据的授权访问控制 不同场景的认证机制和加密机制 加强业务控制、确保中间件安全 加强数据溯源能力和网络取证能力	
建立安全标准体系	□ 安全体系架构及顶层设计		□ 各环节技术标准化推进	接入协议、通信协议 安全互联及认证信任标准 操作系统、中间件 云端安全服务

图3-78　物联网安全体系架构

相应的关键技术，其实刚才已经谈到了，物联网传感器设备本身，虽然是处理器，但是为了功耗和各方面的原因，现在的密码算法，包括公开的，包括专有的，它的算法的运算量其实我们的处理器是不足以支撑的。所以我们要研制相应的轻量级密码算法来支撑物联网的发展，它是一个核心，来支持传感器端的安全的核心。另外网络这一块，目前5G已经在大力地研究，NBLT，窄带移动，来支撑整个物联网传输，包括安全，这是我们在设计的，从传输上解决相应的安全问题。

最后还有一个自组网，我们这个网络对于物联网连起来以后，包括整个传感器，它在自组织的时候，我们要给它设计一个安全的自组织网络协议栈，主要目标还是要增加相应的身份确认和互认机制。另外我们还要构建一个应对假的机制，因为攻击者往往以伪装的方式来欺骗和控制，这个我们要怎么发现这些假的节点，这方面的技术，特别是整个体系架构。

第四方面，谈一下整个物联网未来的安全形态。我们认为物联网要想很好发展，安全应该是整个物联网发展的基础，所以在座的各位朋友，如果要发展物联网，首先，要考虑安全问题。否则像互联网到了现在，只好不停地打补丁。其次，可以解决的问题，还有刚才Gartner的专家谈到的，其实在后台和前端一直在摇摆，其实随着物联网的发展，虽然功耗要求很低，但是随着它的处理能力和功耗能力，就是我们的芯片的工艺能力的增强，我们每一个终端设备

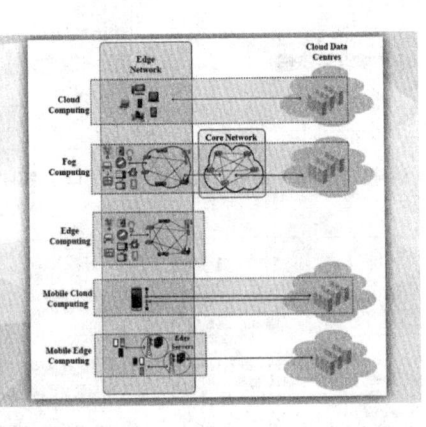

图3-79　雾计算和边缘计算

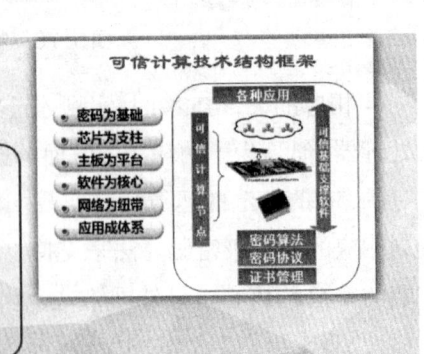

图3-80　物联网安全与可信计算

能力的增强，其实我的资源，我们如果是用云的架构模式的话，出现了后台传输是面临很大的压力。大家都知道，这个带宽要求很高。随着我们终端端点的计算能力越来越强，就出现了雾计算和边缘计算，雾计算就是在交换节点完成，边缘计算就是传感的数据进行预处理，整个网络上的流量就会下降，来减轻整个网络的资源。另外在端点能够完成很好的计算，传的只是一些参数的话，整体的安全能力就会相应的增加，因为整个信息泄露的就要少。这一块应该说，物联网安全的发展我们要高度的关注边缘计算。

可信的问题，刚才沈院士已经谈到，这一块应该是对物联网未来的发展提供很好的解决方案。

区块链的去中心化，包括分布式账本、安全的存储交换这一块应该能够给互联网提供很好的支撑。这一块也是在不断地研究，看怎么很好地契合。大家知道，区块链对于各个节点的运算能力还是要求挺高的。

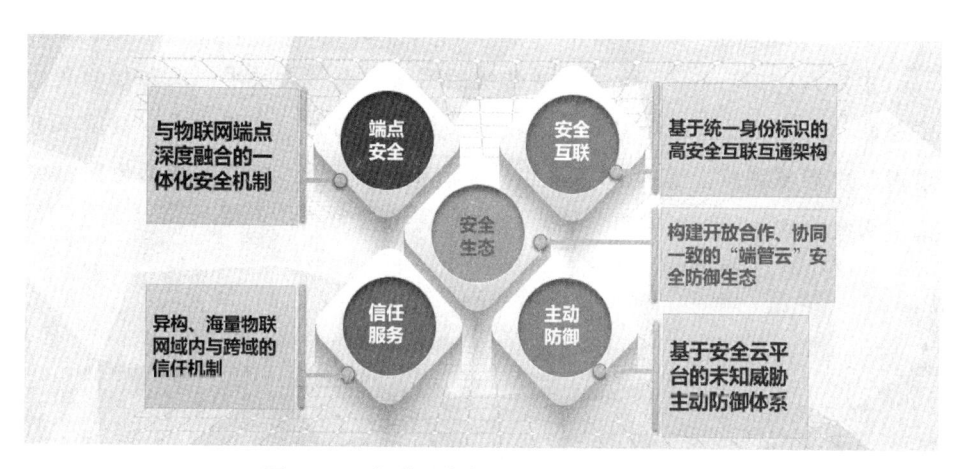

图3-81　物联网未来安全形态之技术趋势

整体应该说，它的技术在端点安全这一块，应该是会跟物联网的整个，包括它的处理深度融合。端点这一块不需要像我们现在，还有一个安全设备，还有一个安全模块，有可能就是一个协议，第二安全的互联我们要建立基于统一身份表示的高安全的统一架构。第三异构、海量物联网域内与跨域的信任机制，另外还有主动防御，未来的发展重点就是主动防御。我们要构建一个开放、合作、协同的云管端的安全生态。这是整个的格局。

最后说一下我们公司，我们公司是2015年才成立，中国电科的两个所，目

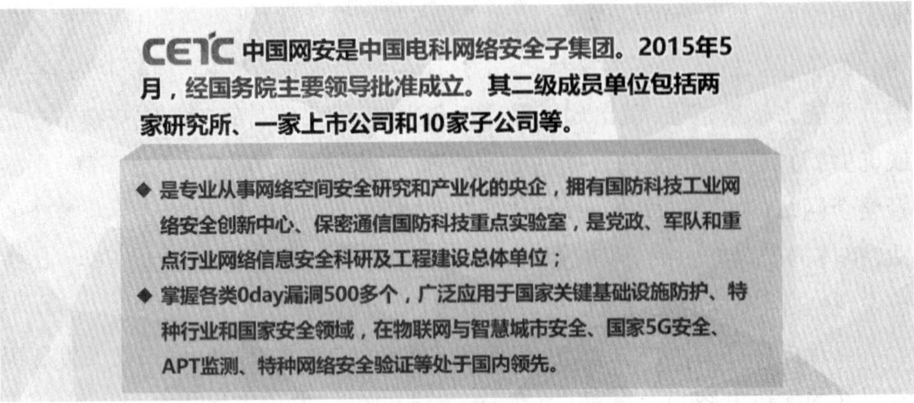

> CETC 中国网安是中国电科网络安全子集团。2015年5月，经国务院主要领导批准成立。其二级成员单位包括两家研究所、一家上市公司和10家子公司等。
>
> ◆ 是专业从事网络空间安全研究和产业化的央企，拥有国防科技工业网络安全创新中心、保密通信国防科技重点实验室，是党政、军队和重点行业网络信息安全科研及工程建设总体单位；
>
> ◆ 掌握各类0day漏洞500多个，广泛应用于国家关键基础设施防护、特种行业和国家安全领域，在物联网与智慧城市安全、国家5G安全、APT监测、特种网络安全验证等处于国内领先。

图3-82　中国网安简介

前我们掌握了500多个0day，不公开的，为物联网安全的企业，包括政府、行业和军队提供服务。我的汇报就这些，谢谢各位。

主持人：谢谢饶总。大家知道传统的网络安全防御技术以及防控的新的安全威胁，Gartner也讲到需要新的技术来构建我们新的发展方向。接下来有请微软中国首席安全官邵江宁先生，他带来的演讲是《人工智能助力网络安全检测和响应》。有请。

人工智能助力网络安全检测和响应

微软中国首席安全官　邵江宁

尊敬的各位领导、各位专家：

非常荣幸今天能够有机会汇报一下微软在人工智能和网络安全防护方面结合的一些经验和心得。我准备的内容稍微多一点，时间关系我就讲得比较快。

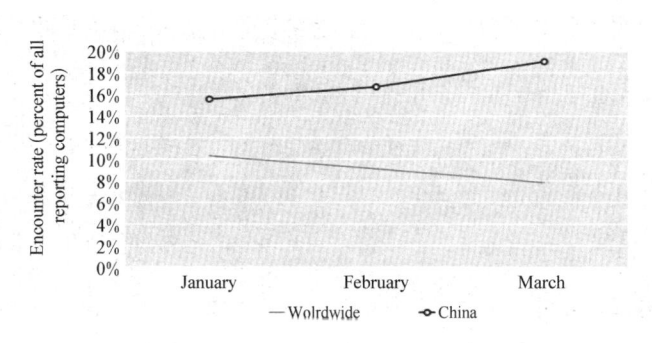

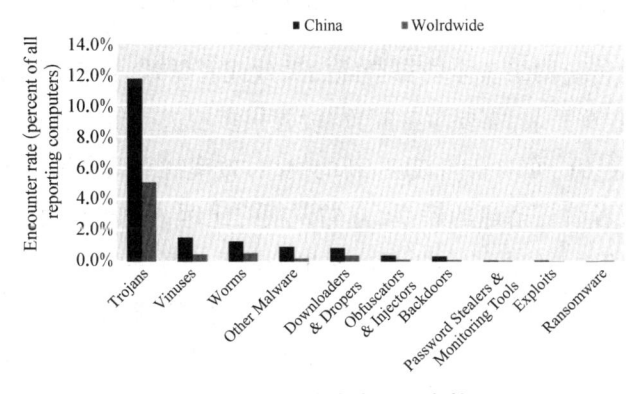

图3-83　网络安全严峻态势

微软花了很多时间和精力做网络威胁态势的研究和调查，从最近发布的半年期安全调查报告上可以看到全球的趋势，其实我们网络安全的态势并不是特别乐观。从中国境内流行的网络威胁来看，前三类非常典型直观：木马、病毒和蠕虫。

在这里面我们也看到一些中国独特的东西，就是中国流行的一些恶意代码，差不多有20%，这是在全球其他地方看不到的，也就是有将近20%的恶意代码的流量是有中国本土特色的主流威胁。我们也看到网络威胁有很大的改变，原来的三大件，杀毒软件、防火墙、蠕虫检测，来应对很多的恶意代码。但是在新的攻击形式下，很多的黑客或者恶意攻击发起的组织，是瞄着用户身份去的。一旦获取用户身份，可以用一些不法的工具加以攻击，这是目前最大的威胁。而且我们从一些安全事故的分析报告里面可以看到，攻击在全球被发现的时间长达八个月，也就是黑客攻入你的系统里面，可以有两百天的时间隐身入你的网络，为所欲为。

通常传统的IT安全方案		
● 非常复杂	● 容易误报	● 设计用于边界防御
初始设置、调优、定义规则、阈值/基准，需要较长时间	每天接收海量的报告，其中夹杂误报，要求用户投入其无法负担的宝贵时间去调查	当用户身份被窃取而攻击者藏身于内网，现时的防御提供的保护及其有限

图3-84　传统IT安全方案面临的挑战

我们应对传统网络安全防御措施的失效或者低效，传统的手段存在三大问题，第一是非常复杂，需要手工配置，设置很多的边界条件、初始的门槛和策略，导致不够灵活。面对新的威胁、新的挑战，效率特别低。第二容易误报，我们很多手工或者编程搭建的模型，它的误报的比例非常高。第三是万物互联的时代，传统的边界防御非常难了。这里分享一个数字，我们看到在微软，在平台上，平均每天监测到的恶意代码的攻击数目，达到900亿个。这900亿个恶意代码在全球范围内，它里面96%的恶意代码只在一台机器上出现一次，在1 000台以上机器出现过一次的代码只有0.01%。这样大的挑战就意味着，我

图3-85 网络攻击杀伤链

们传统的速度、比较慢的手工防御或者手工干涉的机制，其实不能适应恶意代码本身的迭代和进化的速度，我们必须要用新的手段，包括使用人工智能，提高响应的整个流程的自动化。

这是我们今天面对的一个严峻的形势，黑客攻击发起的链条其实非常长，同时我们防御的锛条也非常长。中间只要存在一个薄弱环节黑客就可以攻进来，攻进来要做的第一件事就是取得身份信息，然后就可以为所欲为。我们要比的就是比谁快，习近平总书记也在网络安全的报告里提出说，我们网络安全的能力实际上最终取决于攻防之间的对抗，如果你不能比敌人快，你就会成为最后的牺牲品。

微软在打造或者应对网络安全威胁方面投入重金，每年我们在网络安全方面的投入是10亿美元，我们在全球有3 500名网络安全专家。就是这样的投入，这样的网络安全人才的队伍，我们还是觉得不够强大。而且在全球现在争夺网络安全人才，各个公司都在做。找到或者是雇用、发现比较合格优秀的网络安全人才，非常困难。我们在网络安全方面，必须采用一些策略，我们的策略就是三个方面，一是平台，我们要保证平台的安全。从开发开始，就像前面两位院士讲的，从根本上把代码写得安全。二是打造全球网络安全威胁情报，网络安全威胁情报，可能国内市场上听到这个炒作的概念比较多，它真的是很有用。三是我们依赖于合作伙伴。前面也提到有些专家提到我们自己打造了自己平台上的一些安全软件，但是这些安全软件是不排他的，我们也非常依赖全球各个国家的安全合作伙伴来跟我们打造一个统一的生态系统平台，保护网络平台的安全。

我们的策略其实非常朴素地讲是这么三步，即保护、探测、响应。每一步

+1B Windows 设备更新

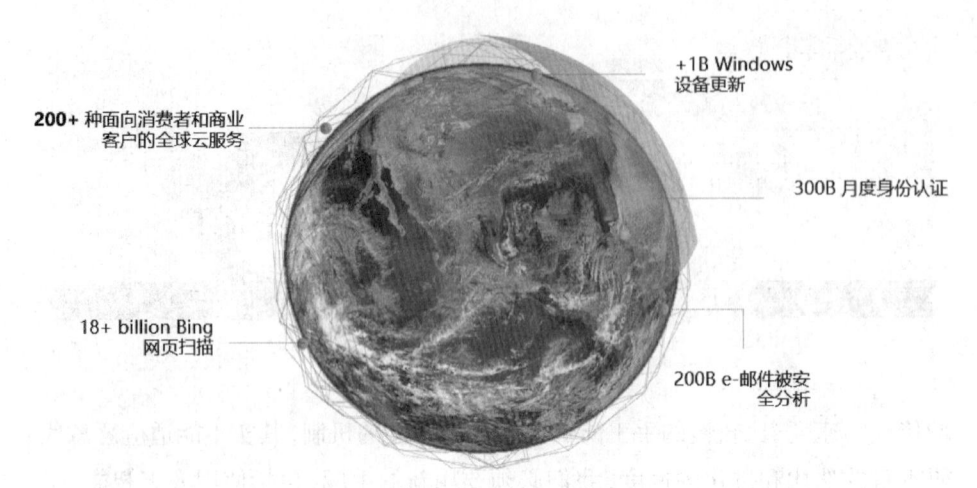

200+ 种面向消费者和商业客户的全球云服务

300B 月度身份认证

18+ billion Bing 网页扫描

200B e-邮件被安全分析

图 3-86　微软智能知识图谱

在传统的定义上都有突破和创新。我们的保护是跨越各个终端，希望从终端这一块，能够捕捉很多有用的数据。这些数据会成为我后面要讲的深度学习人工智能平台的输入。在探测这一块是要形成一个完整的循环，探测只是整个响应流程中的起点不是重点。响应这一块的目标非常简单，就是缩短发现和响应之间的时间是最终的目标。

我们也利用我们全球的平台优势，打造一个智能知识图谱的能力。智能知识图谱，如果大家熟悉人工智能的话，人工智能除了大家经常听到的机器学习和深度学习网络以外，知识图谱是非常有用的一个分支。知识图谱能够利用一些小数据，集成专家的经验，取得比较好的效果。

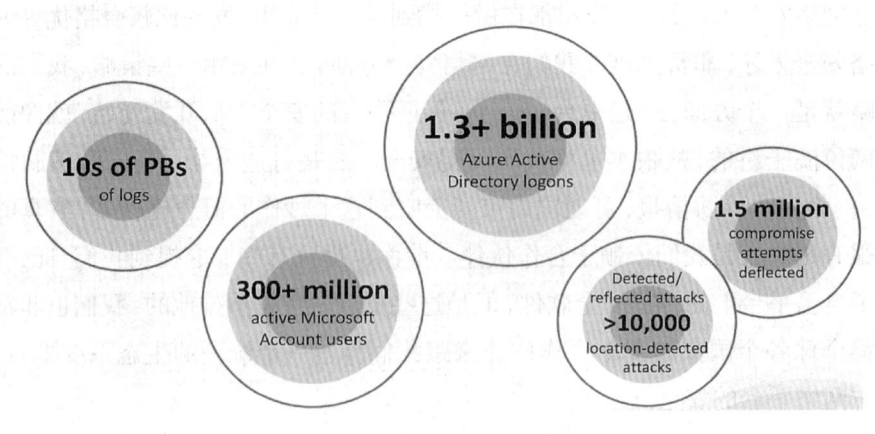

10s of PBs of logs

1.3+ billion Azure Active Directory logons

300+ million active Microsoft Account users

Detected/reflected attacks >10,000 location-detected attacks

1.5 million compromise attempts deflected

图 3-87　宇宙级的安全告警数据

我们做网络安全知识图谱的基础是什么？取决于我们在平台上有大量的数据。还有我们自己的安全专家。我们在平台上有宇宙级的数据，这些数据不是我们非法收集的，而是每天每时每分每秒保护用户和网络攻击做对抗过程中产生的数据，它不是隐私数据，而是一种对抗数据。这些数据本身，我们在后面利用人工智能，把它后面真正的大数据的价值榨取出来，产生很多可以重复使用和可扩展的模型。

我们在使用数据的时候，大家可能经常会遇到一个问题，就是数据太多了。由于数据太多，没有办法去使用这个数据，造成没有太大的价值。这肯定是很多使用人工智能和网络安全进行结合的探索的公司都会遇到的麻烦。

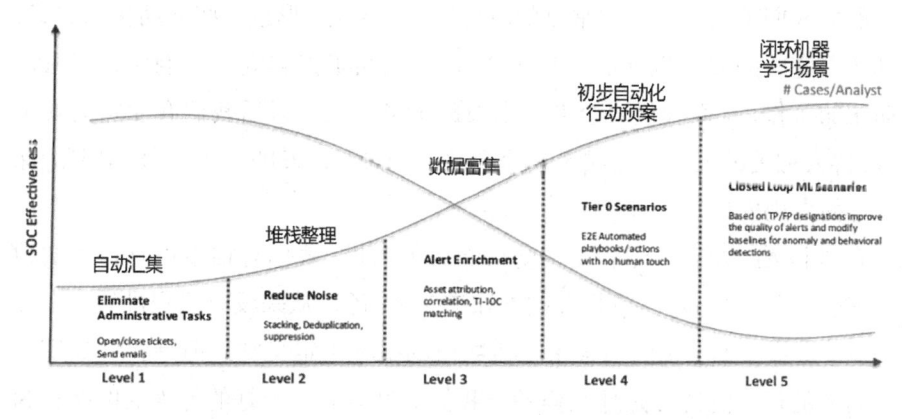

图3-88　安全自动化成熟模型

我们要把数据的价值榨出来就要采取策略，包括在检测、情报等都需要从底层开始做很大的创新。这个创新的结果就是打造一个自动化训练的平台模型，我们对自动化训练的模型也分成熟的级别，从第一级到第五级，每一级代表不同的能力。第一级别比较简单，就是自动的汇集工具，比如从安全报警到安全的团队相应的工单系统，自动有很多触发机制，本身就是自动汇集。第二级别是堆栈数据的处理，我们很多数据是离散型的，我们在平台上是按照杀伤链来的，实际上按照整个杀伤链的杀伤数据进行汇集，汇集成单个的安全事件，这样梳理出一条主线出来。第三级别是数据富集，不同平台不同安全的探测器，包括防火墙、杀毒软件、安全网关等，得到的数据种类是不一样的。这些数据如果能够进行非常好的相关分析，可以建立一个非常全面的安全攻击的场景，为安全分析的响应提供指南。

- 检测异常（异常值）有时比常规模式更有用
- 现有研究侧重于基于单个数据集检测异常
  - 可能导致一些异常漏报或迟报
  - 或使用稀疏数据集时过度检测（虚警）

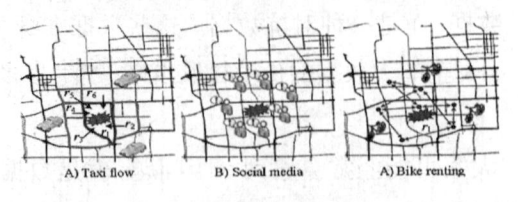

图3-89 异常侦测

然后我们把安全专家的常见的响应策略自动化，形成一些自动化的方案，一旦获得完整的安全报警信息和安全数据，即可通过自动化的响应预案触发自动化的工作，从而降低安全响应人员的劳动强度。最后我们有专门的安全人员，接入相关的人工智能或者是深度学习的安全研发的工作，创建更多的深度学习的专用模型。

在进行AI，人工智能和安全防御结合的时候，我们有很多很有特色的地方。第一个是异常检测，就是我们不知道一个事情，从来没有遇到过的一个坏的事故会是什么样，我们很难用一些数值的指标去定义它。但是我们知道一个好的人的行为的边界是什么样的。我们通过定义一个好的行为的网络行为的合法边界，我们就可以反过来去定义一些异常的检测行为，就是通过大数据的画像技术，导入防御里面，这是一个比较大的突破。

安全检测技术的进化

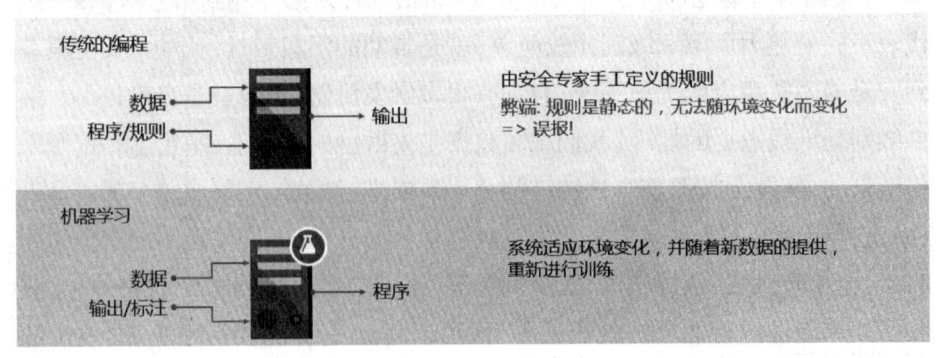

图3-90 降低误报

我们利用机器学习人工智能的技术，还能够提高响应的速度，能够降低误报。上面是传统的安全研发的技术，利用语言、利用数据规则建立模型，最后关注的是输出。下面是机器学习。人工智能里面用在安全防御里面的基本的原则，就是利用数据，尤其是标注的数据，利用深度学习的模型，最后训练出一个模型来，把这个模型放在实际的环境里面进行应对。它的好处是说，这个模型本身能够应对的这样一些场景比较多，应对复杂性的能力也比较高，将来有更好数据的话也可以重复训练它，提高模型的准确度。

这个平台很简单，下面是一个云计算的训练平台，上面是数据和算法，最后生成模型。我们需要什么？数据科学家，可能不是普通的编程人员。

特性
- **Adaptable**：可自适应
- **Explainable**：可解释的，无法归因和解释的结果是难以理解的
- **Actionable**：可行动的，检测必须为下游的工作提供指导

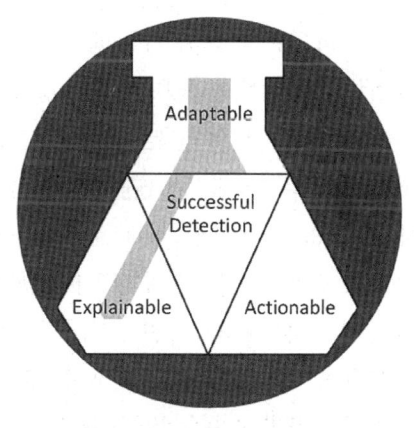

图 3-91　AI 成功的标准

定义成功的标准有三大原则。第一是可自适应的。如果还是过去那种基于特征检测的，一种特征只能检测一种变种的，这不是成功。第二是可解释的。做出的模型和安全专家的经验不相匹配，不能解释，就不能使用这个黑箱。我们的安全里面，它的这个可靠性是非常重要的。第三是要可行动。我做了一堆人工智能的模型，最后做出来的结果不能给安全响应人员带来任何的劳动效率的提高，提高它的响应速度，那么这个人工智能用在网络安全里面有什么样的价值？

在人工智能里面最重要的是数据，现在微软做了很多数据。特别提一下这一块，在训练模型的时候，其实最好的一种数据是来自安全团队的对抗，所谓外科手术式的红队的攻击演练可以产生大量的有用的数据。收集互联网上

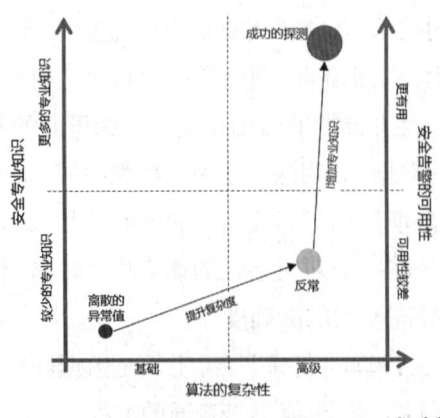

图 3-92　成功框架

的攻击也可以产生很好的数据。微软把这些数据开源出来给大家用，如果大家想做相关的网络安全和人工智能研究的话可以拿去试一下。

这是我们的整体框架，实际上前面一部分我们依靠机器算法的检测，后面需要利用人工的专业知识进行匹配，验证完了以后才能成为比较有用的算法。而且这一块，举个例子，我们98%以上的工作是放在前端，用一些轻量级的机器学习模型进行检测，2%的变种是放在后台。后台会有超过160种的机器学习的模型，大概在400毫秒以内进行分析判断，很快响应到前端。通过前端和后端的有效配合，提高响应的速度和应对新变种的能力。

最后达到非常好的效果，这个效果就不说了。它也能够识别，包括发现内网的，使用一些合法工具发起的攻击。用户对它是透明的。未来也可以和虚拟现实进行相应的集成，穿透物理和数据的边界。它能达到质量、速度和响应的统一。我们在云计算中心里面集成了很多种检测方式。

我们今天微软也已经不是传统的操作系统平台了，我们是人工智能平台，Windows10是我们第一款人工智能操作系统。我们的责任是普及人工智能，整个平台很多都是开源的，大家可以随时上去用。让大家一块儿来努力实现人工智能。

微软希望更多的加强和本地厂商的合作，来打造本土的自主可控的安全产品。谢谢大家。

主持人：谢谢邵总。接下来我们有请上海阅安信息科技有限公司CEO张新福先生，他给大家分享《人工智能开启网络安全新模式》。有请。

人工智能开启网络安全新模式

上海阅安信息科技有限公司CEO　张新福

今天学习了很多,刚才听到很多东西,这个过程中我也想到一个问题,安全问题不仅仅是技术对抗的问题。阅安公司,我们的母公司是上海阅维,我们做的是公安、国安的业务。依托这些业务基础,我们现在也在做一些安全问题。

简介

张新福 天津大学 管理科学与工程专业博士
上海阅安信息科技有限公司CEO、互联网普惠金融研究院副院长。
具有多年计算机工作经验,作为骨干参与中国人民银行第一代反洗钱信息系统架构设计和建设工作,拥有大型企业核心系统、信息系统建设经验,主导多家大型企业的战略规划。目前,主要关注"互联网+"背景下企业创新模式研究,从事网络空间下网络行为的人工智能算法的研发和产业化。发表著作《互联网+新经济》。

上海阅安信息科技有限公司,是上海阅维信息科技有限公司的控股子公司,依于母公司在业务优势,定位于为国家安全、公共安全领域提供网络空间的人工能解决方案,致力于成为虚拟社会管理的实战专家。

上海阅维信息科技有限公司,立足于国家安全、公共安全领域,为行业客户提供全方位的信息化应用系统及技术服务。作为所属行业的领导者,阅维科技参加并主导了公安部、工信部等多项国家标准的制定,以国家安全为使命,致力于智慧产业在各个行业的深度定制化应用。

图3-93　张新福、阅安简介

安全问题本来就是一个软件,我们现在做的东西是比安全问题更软的东西,刚才大家讲的技术是硬件的,我们做得更软一些。

习近平总书记六次阐述"网络强国"

2014年2月27日,中央网络安全和信息化小组第一次会议,"建设网络强国,要有自己的技术,有过硬的技术";要有丰富全面的信息服务,繁荣发展的网络文化;要有良好的信息基础设施,形成实力雄厚的信息经济;要有高素质的网络安全和信息化人才队伍;要积极开展双边、多边的互联网国际交流合作。

2015年10月29日,《中共中央关于制定国民经济和社会发展第十三个五年规划的建议》,实施网络强国战略,加快构建高速、移动、安全、泛在的新一代信息基础设施。

2015年12月16日,浙江乌镇第二届世界互联网大会,实施网络强国战略、国家大数据战略、"互联网+"行动计划,发展积极向上的网络文化,拓展网络经济空间,促进互联网和经济社会融合发展,提出4点原则、5点主张。

2017年10月18日,中国共产党第十九次全国代表大会,"突出关键共性技术、前沿引领技术、现代工程技术、颠覆性技术创新,为建设科技强国、质量强国、航天强国、网络强国、交通强国、数字中国、智慧社会提供有力支撑。"

2016年4月19日,网络安全和信息化工作座谈会,我国网信事业发展要适应新发展大趋势,在践行新发展理念上先行一步,推进网络强国建设,推动我国网信事业发展,让互联网更好造福国家和人民。

2016年10月9日,中共中央政治局第三十六次集体学习,6个"加快":推进网络信息技术自主创兴、数字经济对经济发展的推动、增强网络空间安全防御能力、用网络信息技术推进社会治理、提升我国对网络空间管理的国际话语权和规则制定权、提高网络管理水平。

图3-94 习近平总书记六次阐述"网络安全"

我们经常听到网络强国,习近平总书记有六次系统地阐述了网络强国的概念。这个过程中有一次强调的是网络主权。互联网不是一个法外之地,我们是要有主权的。那什么是互联网的主权?我们之所以说这么多问题是因为,我们今天谈到这么多的网络安全的技术问题,是因为在黑客面前我们好像没有一个主权的概念。网络空间这个概念下我们讨论的东西很多,习主席谈到网络强国的过程中,党的十九大报告里更强调的是什么?网络强国、数字中国、智能社会。整个虚拟空间、网络空间,这个过程中虚拟好像不那么虚拟了,为什么不那么虚拟?刚才我们讲到,专家讲到说我们在网络攻击过程中产生的直接损失是1 000亿美元。1 000亿美元有多少人民币?按现在的汇率算,6 000多亿元。e租宝产生的损失是多少?500亿元。e租宝产生的这500亿元损失,但是它产生的技术能量大吗?不大。所以这个过程中,我们看到互联网已经不虚拟了,为什么我们的钱没了,它不虚拟了。

下面我们引入一个概念,这个世界上网络空间和物理空间的打通,现在每时每刻都在做一件事情,刷手机。刚才讲到网络安全问题,攻防对抗非常强烈,我们不能把自己的隐私告诉别人,我们不能容忍别人进入我的空间,把我的隐私拿走。但是我们现在在做的是什么?我们分分秒秒都在报告自己的信息,不管你用的哪款手机,你的手机都会问你,我要采用你的GPS的定位,可不

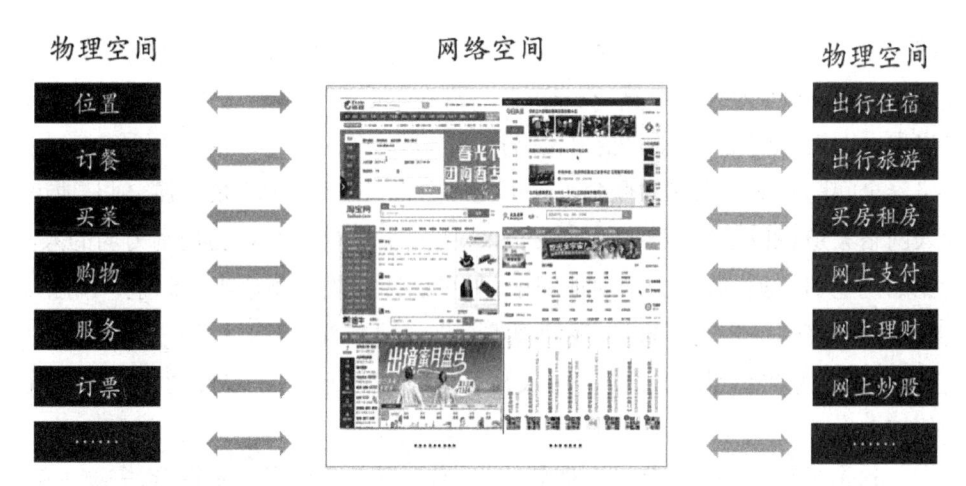

2016年我国电子商务市场交易额为26万亿元，截至2017年6月，我国网民规模达到7.51亿，手机网民规模达7.24亿。

图3-95　网络空间和物理空间的融合

可以？你如果说不可以，它每次就问，可不可以？如果你一直用，那总有一天你会说，可以。那么我们在做什么？每天早晨第一件事，开手机，报告我已经起来了。晚上睡觉前最后一件事情干什么？用手机，告诉互联网我现在要休息了。

原来我们说，人类一思考上帝就发笑，但是我们还很庆幸，我们思考的时候只有上帝知道。现在我们每一次思考都要告诉互联网，而且在这个过程中还有一个很有趣的事情是，我们以为别人不知道。在互联网上，在虚拟世界上表现出我们的本能。

还有更恐怖的是什么？我们相当于在镁光灯下，我们这个大厅里有无数的摄像头在关注你，你每天要用多少的APP？我在什么地方，摩拜知道，微信知道，地图知道。我们现在整个互联网已经不是虚拟世界了。为什么不是虚拟世界？我们可以从整个产业链去看。任何一个产业，互联网都成为必经的一环，没有互联网你完成不了，所以它不叫虚拟。

我们看，位置信息、订餐信息、买菜、服务、订票、旅游、买房租房、网上支付、网上理财，所有这些东西都分分秒秒告诉互联网你在干什么。虽然我们讲到加密，虽然每个网站都在努力使自己可以看，别人不能看，但是你上炒股的网站你就告诉互联网，你在炒股。你上一个赌博网站你就告诉互联网，你可能是在赌博。而在这个过程中，我们出现一个新的问题是，我们现在跟大家讨论的是，网络上的空间，我们开始从网络安全问题讨论网络犯罪的问题。

黑客，是因为我逮不着，我只能防。现在互联网上开始出现了什么问题？出现了网络渠道犯罪，不是依靠网络技术犯罪。在这个网络空间里面，这个网络安全问题就不是以前的概念了。可能这个人，网络技术不是太强，但是他进入网络渠道，比如说全国去找老头老太，去骗那些自己对自己控制力弱的人。比如说电信诈骗，我们为了逮他回来，如果法律法规不做适当的调整，不能从互联网上找到一些数据的话，我们很难去把他逮捕着，没有证据。这个事情的开始，斯诺登告诉世界人民，美国人知道我们做的所有的一切，而我们不知道他们在做。

这个过程中有一种技术叫做软技术，有一种技术叫做人工智能，需要去解决这些事情。

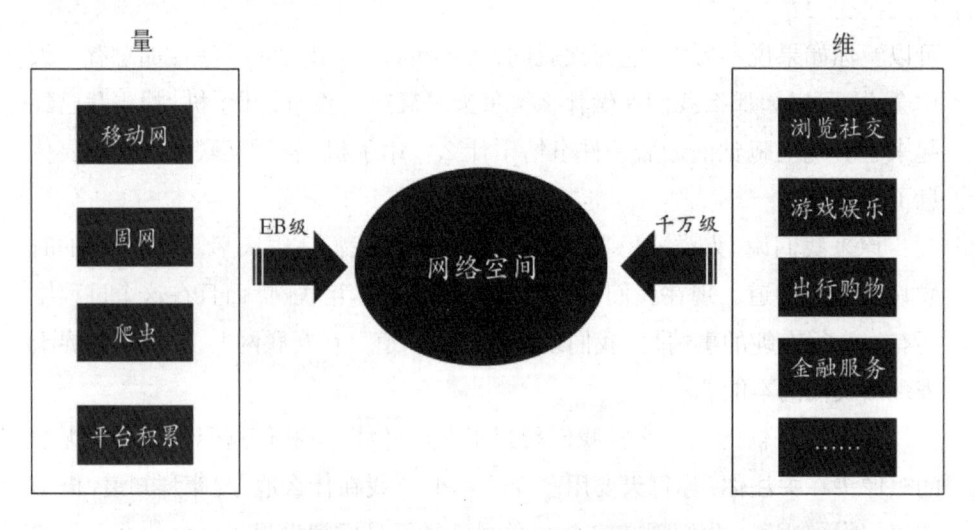

图3-96 网络空间大数据：量和维

我们再看，互联网的时代出现一个量和维的问题，以前我们讲数据的时候，光有量也不行，光有维也不行。现在因为每个人都把生活移植到了互联网上，所以我们现在的状况是什么？我们在互联网上，我们的行为已经被完整地记录，所以我一直在出去讲课的时候说，现在是一个被全息记录的时代。而且你不知道谁在记录你，也不知道你的数据存在世界上哪个角落里。因为有那么多的服务器，有那么多的人在收集你的信息。

这个过程当中，网络安全当中，今天的主题讲网络安全，产业里面有一个很重要的，其实现在每个人并不是说做好防御就行了，是每天每时每刻都在主动出去。以前我们把家里锁好就行了，现在每天要出门，小孩要上学。所以现在的家长都会开车送小孩上学，为什么？外面不安全。那么网络上我们是不是要给每个客户提供一个安全策略，什么样的网站要上，先给你做一个评估，然后告诉你哪些类型的网站能上哪些类型的网站不能上。企业也是，仅仅是守护住自己吗？因为我要不停地跟人去交互。作为APP来讲，我自己要有一个防护，我还要调用别人的功能，跟别人合作，你做好防御了别人没有做好防御，那么你的后门就不知道在哪里了。

这样我们在量和维的空间里开始讨论，市场上的战斗已经不仅仅是物理上的战斗。美国的法律规定，在美国本土是不允许收集任何一个人的通话信息、通话内容、网络交互内容，但是美国人民在收集美国本土以外所有人的信息是可以的。我们从技术的角度，从各位专家的角度，不管怎么样我们有一些人在研究这种技术，怎么用互联网上的网络行为去认识一个人，发现一个人，这种技术研究好以后，在国家征用的时候，我们是很好的网络部队。

图3-97　网络指纹：网络空间的唯一标识

在网络安全的过程中，不仅仅是卫士的问题，还有一个警察的概念。是有一个犯罪的概念在里面。这个过程中，我们的网络指纹就成了唯一的标识。互联网上，经常你打开电脑，你看着电脑的哪个位置我都知道，至少大型的互联网网站知道。为什么？因为使用的习惯，因为你有这么多的数据，这么多的上网行为。当你在互联网上操作，即使你把手机扔了，即使你把身份证号换了，但是因为你有那么多的上网行为，你的人还是那个人，你的指纹是不会变的。哪怕到互联网，人工智能达到一定的程度，我看你打字的速度就知道你是谁，你拼音输入的时候哪个字打错了，你带口音，我都知道你是山东人还是北京人。这个过程中的一种技术就是说，有一级指纹、二级指纹、三级指纹。

那么，未来技术发展的过程中，应该有一个网络安全产业的软科学，去研究它可能是另一个层次的技术问题。关于网络犯罪的问题，不仅仅是网络安全的问题。可能抢劫犯不需要太多的技能，后果影响也很大。网络精英当你面对整个数据的时候你就会发现，现在一个省的运营商的数据，可能在500 G到1 000 G。这时候在攻防处理的时候就需要很强悍的数据。

网络安全，如果在政府的阵地上，那其实就是战争。在国内的话就是犯罪。这个过程中我们看，真正的人工智能，应该成为我们网络安全的利器的时候，我们怎么去思考。我们应该有一种技术去分析，我们应该找到一个合理的数据源。当然我们在强调数据安全的时候，数据来源当然要安全，当然是要合法的。但是合法安全的情况下，还有标签体系。现在的标签不是几十个几百个，是上千万个标签，这是需要用硬件打标签，而不是软件。这也是技术问题。

我们形成人工智能，形成整个网络指纹，这个网络指纹有人的问题，有企业的问题，有路由的问题，有网关的问题，有服务器的问题，其实网络上所有的东西都有一个网络指纹，我们的技术在上升的过程中，可能涉及个人安全的问题，我们提供防御策略，提供安全出行策略，互联网上的出行策略，这些术语都要变。企业也有防御的问题，安全策略的问题。网络上我们要防止诈骗，对于公共安全来说也是犯罪的问题。

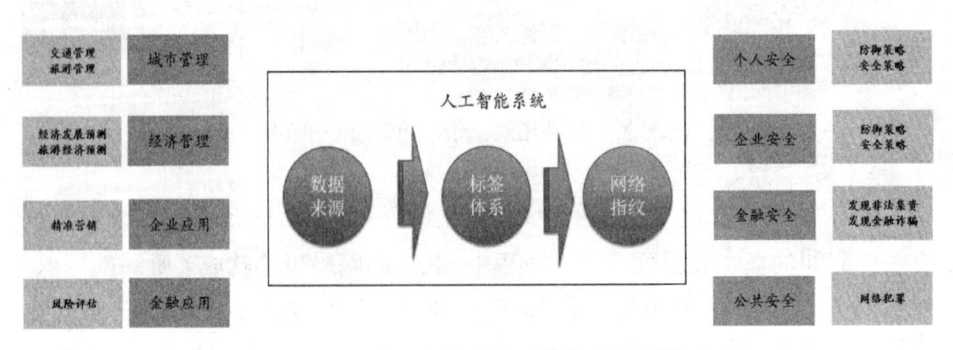

图3-98　人工智能成为网络安全的利器

整个大数据出来，网络指纹出来，如果把隐私去掉，我们还可以用于城市管理、企业营运等。这个过程中我们讨论的一个核心问题是，网络安全问题有硬件的技术、有软件的技术。而人工智能将在这其中开启一个新的篇章。

谢谢大家。

主持人：谢谢。到这里我们进入了尾声，最后欢迎来自上海观安信息科技有限公司CEO胡绍勇先生给大家分享《大数据时代数据安全保护实践》。有请。

大数据时代数据安全保护实践

上海观安信息科技有限公司CEO　　胡绍勇

各位领导、各位专家、各位同仁：

下午好。今天我给大家分享的内容是大数据时代的数据保护的实践。在分享之前还是老话重提，先看一下我们当前面临的形势。这个我有一些比较新的材料，包括2017年全球数据泄露的成本的这样一个研究报告。这里面也是像IBM研究机构，对400多家公司做了调研，包括每条数据损失造成的损失成本，以及一些我们的数据的泄露量。包括像美国等数据泄露还是比较多的，这些是数据泄露的情况。

同时包括数据泄露的方式，这里面占了比较多的是40%多是攻击的事

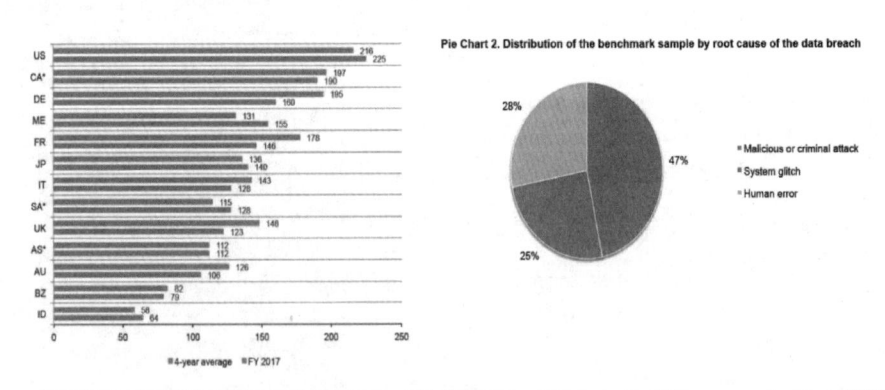

《2017年全球数据泄露成本研究》报告发布。研究结果显示，IBM Security和Ponemon Institute两家研究机构针对419家公司进行调研，每条包含敏感和机密信息的丢失或被盗记录的平均成本达到141美元。对比往年，今年企业和组织数据泄露的规模较以往更大，平均规模增长了1.8%。

图3-99　数据泄露愈演愈烈

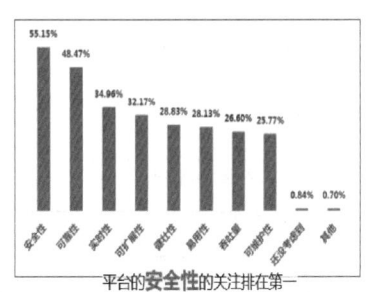

图 3-100　大数据时代的风险来临

情，另外还有一些内部的人员导致的数据泄露。最后是一些它自身的系统故障。

随着大数据时代的来临，目前大数据的平台在各个行业的应用都非常广泛。在大数据时代到来的契机下，我们数据的风险也是越来越多。随着我们现在数据的聚合，包括集中的存储，也都增加了数据泄露的风险。可以说现在大数据时代也带来了大规模数据泄露的很严重的安全问题。

从图 3-100 中右边的图显示我们对使用大数据平台的企业所关心的问题可以看到，大多数使用大数据平台的人第一个关注点就是数据放在这个平台上安不安全，这已经是大家非常关注的一个话题了。

同时因为大数据平台将很多的数据进行了汇集，也会造成大规模的数据的泄露风险点。这里也是我们对平台上的敏感数据关注保护的重点。

这里面还有另外一个数据，随着近些年来，现在主流的大数据平台的技术爆发的安全事件，主流的大数据平台都存在数据泄露的影响和事件。这里面有一个统计，在 2017 年 6 月，全球的 Hadoop 服务器存在敏感数据泄漏的台数已经到了 4 500 台。虽然这个数量比较少，但是泄露的数据量是非常大的，占到 5.12 PB。虽然台数上少，但是数据量是非常大的。这里可以看到现在主流的企业把数据都已经放在开源的服务器上，这里面的数据是非常引人关注的。

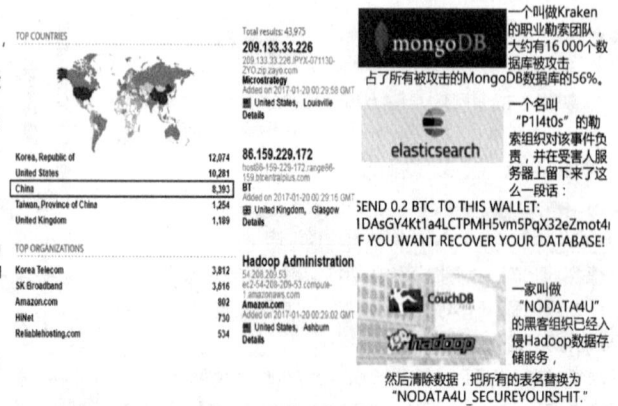

图3-101　大数据平台面临恶意攻击

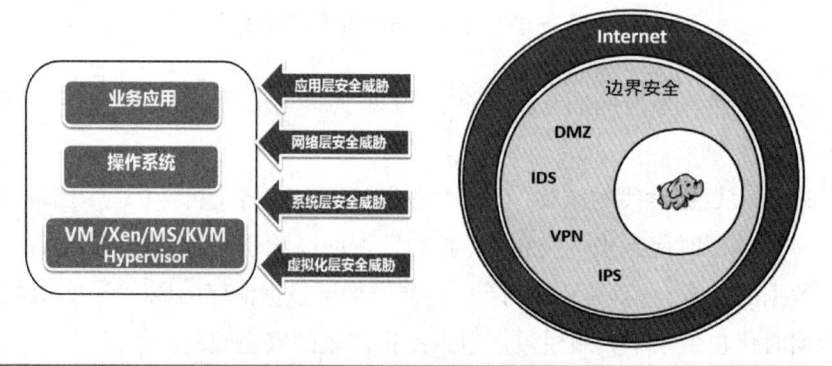

图3-102　风险来源1：基础环境风险

图3-103　风险来源2：平台自身风险

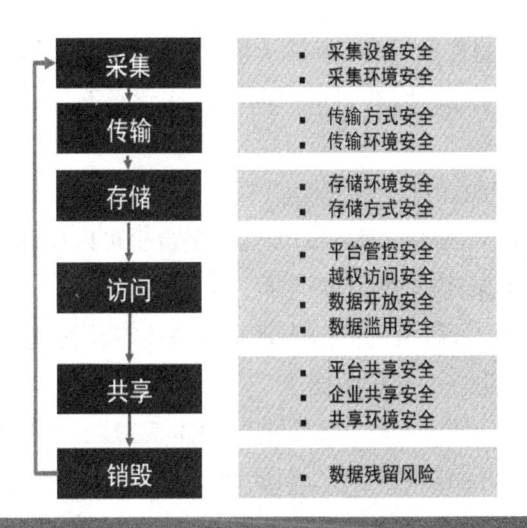

图 3-104　风险来源 3：数据风险

我们分析一下风险的来源，第一个还是传统的基础的环境的风险。这和传统的，从网络层、计算层和应用层的传统的 IT 安全架构是类似的。第二块，大数据平台自身的安全性，包括前面提到的像 Hadoop 等，很多是来自开源的组件，这些组件设计过程中可能对安全这一块的关注本身就比较少。另外是访问控制等安全功能上，平台自身就会缺乏一些薄弱环节。第三个是数

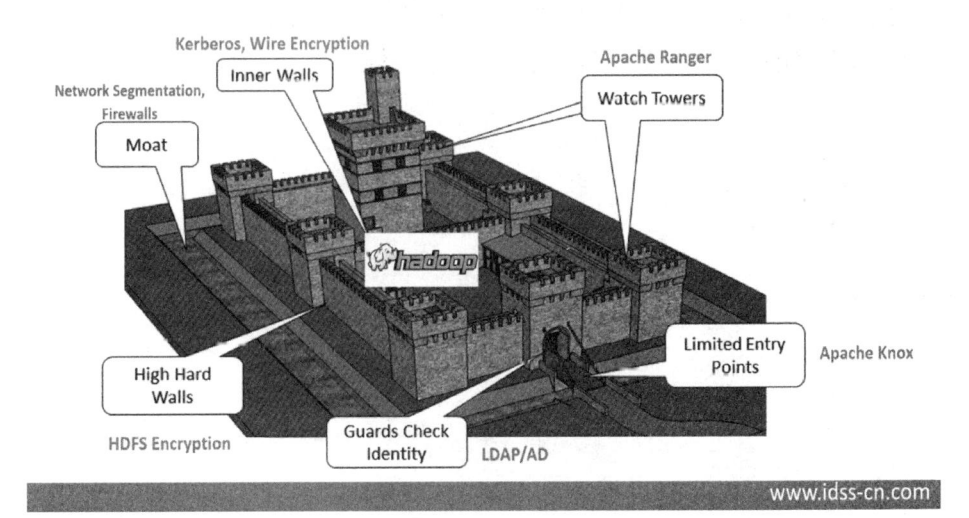

图 3-105　Hadoop 保护思路

据的风险，我们从数据的生命周期，包括采集、传输到使用、访问、共享等环节，都存在相应的薄弱点。同时在目前泄露环节比较多的，更多是在访问和共享环节。

我们如何进行更好的保护？这里用图3-105来表示，现在很多安全都在讲纵深防御的理念。对于Hadoop类似的大数据平台也可以用这样的理念，比如我们可以构建一些护城河，进行访问控制，另外也可以做一个更好的授权，更好的认证和权限控制，可以引用像门或者是用一些审计的概念。另外也可以利用加密的手段获得更好的保护数据。

基于这个思路，我们会有大数据安全的防护体系，核心是从下面的发现、评估、保护和审计四个方面对数据生命周期做安全防护。发现这一块，因为是大数据平台，所以我们有自己的一些特性。这里面除了数据以外，首先要看到平台上有哪些资产，这个资产包括主机、组件、数据。首先看到大数据的平台有多少个集群，它的集群里面有多少节点，平台里面每个节点上安装哪些组件。另外在组件上又承载了哪些数据，这些数据哪些是敏感的。

这是一个详细说明，包括集群节点的设备的发现、组件识别，还有逻辑、上下文的算法，来发现敏感数据。同时，最关键的是对数据进行分级分类，对敏感数据打上标签。

在发现之后对平台上的资产进行安全评估，这个评估包括第一个是针对平台基础技术架构的，包括组件的安全的检查，包括比如Hadoop等自身的安全性是不是能够达到要求。第二点是对我们的完善性进行检查，包括组件的

发现

- 资产发现
  - 集群节点设备
  - 平台组件识别
- 敏感数据定位手段
  - 敏感数据识别
  - 模式、逻辑、上下文、算法
  - 数据分类分级+数据标签

图3-106　发现保护对象

具体配置文件。做完配置以后也会做一些对访问控制或者加密上做一些架构上的处理。

针对数据这一块的防护手段，包括比如说传统的一种是加密，包括还有一种就是针对一些数据的脱敏，这是目前两种主要的方式。这两种方式也是各有利弊，加密的话，传统的做法会觉得加密会影响使用的情况，因为它需要对大数据平台有一个加解密的过程，会影响性能。

脱敏，包括实时访问的脱敏，动态脱敏，还有存储层面的脱敏等。第二个防护手段就是对整个平台的访问控制和授权，这里面也举了一个我们常用的，比如平台的大数据常用的认证防护机制，做一个统一的认证防护，不管是平台上的组建，基本上都会用这样的集中的访问控制的授权机制。访问控制实现的方式一般有两种，一种通过平台自身的组件方式，还有通过网关代理的模式。

前面提到了脱敏，具体地把动态脱敏的方式再介绍一下。动态脱敏就是为了弥补前面加密方式会影响性能，我们会采用动态脱敏，比如用户针对数据访问过程中，根据用户的请求，通过请求里面的对用户身份的识别，对于用户进行语法的改写，这样达到不同身份的用户能够访问到符合权限设计的相应的数据。

防护手段之外就是审计了，第一个层面是对数据的审计，包括敏感数据的，看有哪些人访问，敏感数据的视图；第二个层面是使用情况的审计。

某移动业务支撑系统部针对业务支撑网后台数据进行大数据安全防护，通过数据发现，策略评估，共制定232条安全策略，对ORACLE、TD、DB2、Hive、HBase等各类数据库18个、131个表、232个敏感字段进行安全防护处理。

通过细粒度权限控制管控敏感账号77个，涉及开发人员、运维人员等各类人员。

项目获奖情况
1. 中国移动通信集团业务支撑系统部（当年业务支撑网安全试点工作 - 最佳数据安全奖）
2. 中国移动通信集团XX有限公司（当年科技进步类优秀奖）
3. 电信与互联网行业网络安全示点示范项目

图3-107　大数据安全实践

最后简单介绍一下，我们针对前面的大数据防护的思路，我们的试点。我们在某一个运营商，针对后台的数据库，包括传统数据库和大数据平台来做了这样一个防护体系的实践。各类数据的类型，总共有18个，我们制定了200多个安全策略，对100多个包含敏感数据的表达进行了动态和静态的防护。同时在细粒度控制账号有77个，包括开发人员、运维等各类人员。我们这个项目也是获得了工信部的一个示范工程奖，同时也是在移动的集团里获得了创新的工程奖，也取得了不错的好评。

时间关系我今天的分享就到此结束，谢谢大家。

主持人： 谢谢胡总。到这里，我们整个报告分享就到此结束。预祝以上的机构和专家们在未来的产业发展过程中以创新驱动我们的产业发展，为我们的信息安全产业带来更大的力量。

接下来的环节就到了圆桌板块，我将把话筒递给来自上海社会科学院互联网研究中心的执行主任惠志斌先生。

圆 桌 讨 论

主持人*：感谢大家坚持了一个下午，最后时刻我相信大家应该还能收获一些精彩的观点。

我们最后一个环节是圆桌讨论，现在有请上海交通大学网络空间安全学院院长李建华教授，上海经信委信息安全处副处长刘山泉处长，北京八分量信息技术有限公司创始人、CEO阮安邦先生，威努特公司创始人兼CEO龙国东先生，斗象科技创始人兼CEO袁劲松先生。有请五位专家领导上台。

应该说，网络安全产业创新这样一个话题是我们今天的主题。之前蓝皮书发布会，我个人的主观判断，网络安全或者我们国家网络强国的建设，上半场接近比较圆满的句号，战略、体制机制，包括重大的法律出台，我们有了顶层的设计。但是，最终要想做成网络强国，网信事业加速发展，离不开产业的发展，我们要通过技术、人才的整体提升，带动整个网络强国建设。所以今天也非常荣幸请到，应该说产学研各界的学者专家，有学界非常著名的李建华教授，又有政府的长期从事网络安全管理工作的刘处长和几位非常新锐的，也是颜值担当的CEO，共同探讨网络安全产业的创新的问题。

我直接抛出问题，这样的问题大家都可以回答，但是我想点一下，有更好的观点也可以主动来回应。首先问一下尊敬的李院长，在这样一个大的新一轮的网络信息技术创新变革的背景下，我们网络安全的产业的内涵或者是它的外延是不是依然还是原来的形态？它的产业边界是不是已经发生了重大的

---

* 惠志斌，上海社会科学院互联网研究中心执行主任。

变化？以及产业规模是不是也会急速地扩大？包括专业人才的培养，因为李院长是专门做这样的一个理论研究和人才培养的，所以这样一个话题首先有请李院长给我们分享。

李建华：谢谢。从传统的安全产业来讲，大家可能对防火墙、蠕虫检测、VPN、杀毒软件，有一个蛮深入的理解。那么从网络空间安全的角度来讲，至少有四个维度可能对原来的互联网有影响，你怎么保证你的系统不被摧毁不被破坏不被干扰？还有一个信息安全，信息安全主要是解决机密性、完整性、高可靠、高可用。但是在网络空间中还有两个，一个是认知域，内容安全，也就是你怎么使在网络空间的社会公众和网民在意识形态领域达成共识，增加控制安全、国防安全。还有一个是社会域，网络安全的问题。也就是说线上线下，现在暴恐问题、群体性事件也是非常多的。

从这个角度来讲，现在的技术发展，尤其是云计算、物联网、大数据，包括人工智能的发展，给我们这样一个传统的安全产业带来了很多新的生机。还有一个趋势，即原来以产品引导型的往服务型转化，这也是一个很显著的变化。另外从人才的角度来讲，2015年国务院学位办批准网络空间安全为一级学科之后，今年又新增了大量的学历教育，但是我觉得人才培养，除了这一块之外，还有继续教育，还有技能教育，还有认证，还有全民信息安全教育。所以它的人才的面是非常宽的。

主持人：虽然是一级学科，非常重要，但是对于像李教授这样的专家或者教授，其实也带来一些挑战，因为他要不断地适应这样的一个新技术的发展。确实讲到技术发展，我觉得我们的一些公司或者是创业者，可能会更加敏感，因为始终要找到网络安全技术的最前沿，要去做他的研发，去占领市场。下一个问题我想问一下网络安全，全球网络安全发展的趋势，目前最主要的增长点在哪边？我知道物联网、公共安全，包括大数据安全，大家都非常关注。但是我想问的是，在一些更加细分的领域里面，未来有没有可能产生一些单点突破的重大的技术？阮总我知道您也是牛津大学的博士，海归回来，也在做一些安全的前沿性的技术研发。能不能跟我们分享一下这方面的最新趋势？

阮安邦：我想从我个人的观察来看，我在牛津大学的时候我们做信息安全，整个牛津大学信息安全的博士的培养项目是我导师一个人建立起来的，拿到了欧盟的资金。他的一个观点是，信息安全不再是计算机方面的问题，不是计算机学科甚至不是理学科的问题。所以我们招生的时候，除了招理科生之外，我们也招大量的社会学、经济学、政治学方面的人才，哪怕是一点程序都没有编过的人，我们在一起探讨。其实也算是对上一个问题的小小补充，在我看来边界拓宽得非常非常大。

其实我们在做科研的时候，有时候讨论也在思考一个问题，我们最担心的是什么，最大的安全问题是什么，其实不是我的数据有多安全我的密码有多安全，而是我人身的安全。我不觉得世界上有任何国家可以保证每个公民在下一秒钟依然是活着的，连我自己都不知道我下一秒是否是活着的，而我并没有因此而惊慌失措。

面对这样巨大的不确定性，我们并没有用到网络安全的技术，就已经可以给人这样的安全感，这其实有时候来自政治体制，来自经济。所以其实在我们看来，作为一个小创新公司，或许回答这个问题，像现在很多大的安全公司，巨头垄断的时代，在我们看来有很多超越计算机边界的创新点还没有被人发现。简单一句话，有无限的可能，可以让我们一些小公司，一个小小的初创团队，找到一个突破点，创造出新的事物新的技术，为整个全世界的信息安全建设添砖加瓦。

谢谢。

主持人：阮总还是非常乐观，特别是对于初创企业的安全技术，还是很乐观。但是从我这两年的观测来看，我觉得在这样的"互联网+安全"的大的发展态势下，我觉得大量互联网公司的平台化的发展，大量的寡头公司，大量的囤积网络安全的技术、人才，因为他们有钱，可以很任性地做一些技术的储备，甚至不一定用，但是把这帮人收购了，直接就囤积在那边。问一下两位，龙总和袁总，其实都是初创的非常优秀的企业家，两位是如何面对这样的寡头的技术的垄断，怎么做自己的技术创新，以及自己的人才队伍的建设？这个我相信是大量初创企业非常关心的问题。

龙国东：大家好，我是北京威努特的龙国东。我先打个小广告，我们是做工业安全的，工业控制系统的安全，现在很符合国家的"互联网＋智能制造"的这样一个大的命题。

刚才主持人讲的关于人才竞争的问题，确实是我们作为初创公司来讲面临的很大的门槛。安全行业比较激情，不太正常。企业的人均营收是比不上很多的类似网络设备厂商，其他业务领域的类似厂商。网络安全人才的平均薪酬水平比较高，这就是一个矛盾。同时大公司会把技术团队作为技术储备放在整个的团队里面，可能不会作为业务力量而作为一种震慑的力量，类似核威慑这种。这应该说是摆在我们面前很明显的问题。

对于我们威努特来讲，我们在人才团队的搭建上，其实主要是采取，首先是我们自己小圈子的一些核心骨干，这是我们的基础。其次我们会重视交叉学科的人才，因为我们是做工业安全，所以我们对工业方面的人才和对信息安全的人才，会有一个交叉。我们会选两个学科中都有一定积累的人才作为复合型的人才。所以我们本身同大公司不是一对一的竞争人才，纯安全的人才我可能需要，但是需要不是特别强，我更多的是需要两个业务领域都了解或者都理解的人才。这也是符合现在网络安全，从纯粹的数字安全或者纯粹的信息安全，往业务安全方向去走的大的趋势，或者从虚拟世界和物理世界连接的角度来讲，我们需要的是这种人才。

袁劲松：我们公司也是一家初创公司，斗象科技，主要是以做安全服务安全漏洞挖掘为主。在上海招聘安全人才，其实跟其他地方来对比的话，招聘还是比较难的。比如我们培养一个人培养了几年之后，可能会被周边的大的公司给吸引走，这其实是我们这两年碰到比较多的。

我们现在在做安全人才梯队建设的时候，有两点措施：第一点是做一些有差异化的地方。比如说现在流行的大数据分析和人工智能这一块，传统的大数据分析都是基于海量的数据做表现特征，做关联分析，分析完了之后其实安全预警相对比较滞后。安全这个领域有一句话，分秒必争，所以一定要在安全事件发生的第一阶段发现这一问题。我们公司在这一块是有一定的研究，鼓励毕业的实习生能够研究未知的领域。第二点是基于人工智能这一块，人工智能其实在很多领域应用非常多，比如说人脸识别，像今年比较流行的智能音箱等，但是安全领域应用得比较少。我们现在也在组建实验室，尝试在安全领域利用人工识别的方式，识别一些风险和威胁，能够基于杀伤力模型，能够在攻击第一阶段发现问题。这些创新的技术，我相信也是吸引安全人才的一种方式。

主持人：今天下午也有研究员做了一个关于全球网络安全产业竞争力的报告，报告里面也有一些寡头型的公司，甚至有像微软这样的，它有安全的业务的，其实竞争力也非常强。当然也有中小型的新锐公司。在这样的一个大公司，有海量的用户，有各种的连接点，可以去做很多的基于数据的创新，那么这样的一些中小公司，必须依附在这样的一些大公司的生态上去发展的时候，我一直在想这样一个问题，是不是中小公司最终有可能。"互联网+安全"这样的生态就纯粹的安全技术的研发的公司而言，未来的空间是不是能够真正地打开。这始终是一个大家可以探索的问题。

今天由于是上海主场，所以我们更多想讨论一下，从这样一个地方，当然上海也有一定国际化的背景，包括国家战略的先行先试的背景。上海这么多年，在网络安全产业发展中，我觉得是有很多成就的，或者是有很多好的做法，但同时在未来，我觉得它也是很多挑战和机遇是并存的。

正好我们有刘处长在这边，能不能分享一下上海在过去发展中的经验，以及对未来上海网络安全创新的设想？

刘山泉：简单说一下，上海安全产业与整个城市信息化的建设和应用水平，包括跟整个上海的信息产业的总体规模相比，实际上是不适应的。总体上来讲，过去很多年，我们在安全产业中的很多工作是不到位的。那么这里面有两方面的原因，一是对做安全保障的人来说，产业是个要素，如果它搞不定，资源就不在它手里面。二是产业做产业的部门，安全是个小的品类，规模不大，龙头企业少。过去十几年的整个网络安全产业的发展，基本上按照合规驱动，企业靠惯性，基本上是按照行业区域分割这样一个大的状况，持续了十几年。

现在不同了，我们首届网络安全产业创新论坛，传递了几个信号，第一个，我们要正儿八经地把网络安全产业作为一个板块进行推进。为什么要做网络安全产业？因为我们的需求规模在那里，因为它对国家安全的重要性在那里。第二个，因为我们整个IT的长期的持续性的创新，在芯片、操作系统、数据库、中间件，包括应用软件等，我们可以支撑一个强大的网络安全产业的创新。当然，前面也谈到了，2017年6月1日实施的网络安全法，明确地方正确发展网络安全产业促进技术创新是你的法定职责。这个角度讲我们必须担负起这个法定职责，就是要做网络安全产业。到底怎么做？这里面的话题是比较大的，时间关系，简要谈下，首先，指导思想上要开放创新、融合发展，这也是这次论坛的一个很重要的基调。比如说今天我们台上的三位企业代表，有两位就是以北京作为第一注册地。实际上从上海发展这个产业的角度来讲，除了盘活存量、优化组合存量之外，很大程度上是增量的水准决定了我们这个产业很重要的未来代表的高度，从这个角度来说我们要坚持开放。第二个就是说，融合发展，安全产业、安全人、安全企业，不能再盯着自己的那一个小逻辑、老三样或者新五样，总归是八大类十三种，还是那几样。原因很简单，因为现在必须要考虑网络、考虑系统、考虑业务、考虑应用、考虑数据。其实它是一个融合的时代，安全的技术、产品、服务也必须要融合到整个大的发展趋势上，从大的指导思想上必须秉持这样一个开放创新、融合发展的理念，到底路径怎么做，老实讲，你们没有完全想好，但是至少有几个东西可以做。比如我们今天正式开始筹建的研究院，很重要的目的就是打通产业链、技术链和创新链原来很多的缝隙，通过研究院这样的形式，能够对接产业的资本、产业的技术，包括第三方的智库的力量，当然也包括媒体。让大家把这个产业发展的相关要素，能够更高效地聚集。

中午的时候我跟马利理事长讲，第一，要先搞一个望远镜，帮企业看到方向看到发展的路径，这是政府要做的。第二，在科创中心建设的过程中，我们要搞18个研发转化平台，其中一个是工业控制系统安全研发转化平台。还有即是显微镜，让企业看到一些技术的细节，但是未来这个平台是开放的机制，他可以进入这个平台进行创新。这个按钮谁来掌握？企业主体，政府的资源都会开放。企业来看远看近，来确定自己的方向。越来越多的企业愿意加入这个阵营里面来，该聚焦的政府要聚焦，叠加资源，该交给市场的，通过社会化方式解决的，尽可能减少管制、审批、许可。当然这个过程也是跟国家拉开的放、管、服的改革趋势是一脉相承的。当然这需要一个过程，但是至少它今天发出了一个明确的信号,至少我们这个部门要把网络安全产业创新作为我们的主业加以推进,大概是这样的情况。

主持人: 谢谢刘处,刘处给我们描述了一个上海非常好的网络安全产业创新的愿景。我相信其实不管是李院长在培养人才的时候,或者是驻扎在上海本地的企业,或是在北京的企业,都会从对上海的网络安全产业创新的探讨中,获得对自身企业发展的一些启示。

最后花一点时间,请在座的几位企业家朋友和教授专家,用一句话总结上海网络安全产业创新。

李建华: 其实我觉得,就像我自己做这么多的人才培养,也非常关注产学研,也跟业界很多朋友有非常好的关系。上海网络安全产业创新用一句话概括就是:追求卓越,不忘初心。

刘山泉: 未来网络安全产业的大市场,真正是属于那些理解安全、熟悉业务、精通数据、勤于创新的企业。

阮安邦: 上海给我的感觉就是开放、自在、舒服,我觉得在这边做"安全",其实很容易能让我们打破思维的壁垒,做出非常舒服的"安全"。

主持人: 看来阮总是一定要把业务开拓到上海来了。

龙国东: 我们在上海已经有全资的子公司,我们已经开始在上海生根发芽。通过在上海两三年,我发现一个比较好的现象,上海的客户或者上海的用户,是非常重视产品本身的安全效果的。这其实对全国、对我们公司来讲,是一个正向的反馈。我想用一句话来概括,即是需求引领创新,这是我觉得上海做得最好的一点。

袁劲松: 希望将来上海政府这块能够降低安全企业进入项目的资质,能够在人才引进这一块带来更多的方便。

主持人： 也是非常实在的需求。我相信在在座各位的共同努力下，政产学研的共同合作，上海的政府包括领导足够重视网络空间安全这样一个产业的背景下，我们齐心协力往前走的话，这样一个产业空间是非常之大的，对于中国网络强国建设也会发挥非常好的标杆作用。

再次感谢各位的参与，谢谢大家。

主持人[*]**：** 谢谢各位。最后我再做一个结尾。到这里为止，我们首届全球网络安全产业创新论坛到此结束。今天，大家都在说信息量很大。我坐在这里一边听一边学习。我想起了李大钊先生说的一句话，他说，黄金时代不在我们背后，就在我们眼前，不在过去，就在将来。我想我们的网络安全产业已经迎来了黄金时代，希望我们大家齐心协力，共同努力，加强推动全球治理，砥砺前行，人类必将迎来一个更加美好的未来。谢谢大家。祝大家身体健康，谢谢。

---

[*] 唐莉，信息安全与通信保密杂志社执行副社长。

第四篇

国际开放数据与城市创新峰会

主持人： 尊敬的各位领导，各位嘉宾，现场观众，大家上午好！欢迎大家来到国际开放数据与城市创新峰会暨2017年SODA颁奖盛典的现场！

今天的活动是第十一届全球城市信息化论坛的三大平行论坛之一，由国家发展改革委、国家工业和信息化部、中央网信办和上海市人民政府联合指导，由上海市经济和信息化委员会、杨浦区人民政府联合主办，本次活动由中国工业设计研究院、上海苏打数据科技有限公司、复旦大学数字与移动治理实验室、上海感知城市数据科学研究院以及上海树融数据科技有限公司联合承办，本次活动得到了世界银行与英国驻沪总领事馆大力支持，让我们对这些单位的支持表示感谢。

这次活动的举办得到了众多领导和海内外嘉宾的关心和支持，请允许我为大家介绍到场的嘉宾，他们是：上海市经济和信息化委员会副主任、上海市国防科技工业办公室主任吴磊先生，中央网信办信息化发展局副局长张望先生，工业和信息化部信息化和软件服务业司软件产业处副处长李瑛先生，联合国经社事务部公共政策和发展管理司司长玛丽安·巴泰勒米（Marion Barthelemy），世界银行开放数据专家蒂莫西·赫尔佐克（Timothy Herzog），伦敦市政府助理总监安德鲁·克林吉（Andrew Collinge），前多伦多市开放数据主管基思·麦克唐纳（Keith McDonald），英国地理测绘局国际政策与合作总监约翰·凯尔达（John Kedar），开放数据曼彻斯特CEO朱利安·泰特（Julian Tait），万维网基金会开放数据实验室亚太研究主管迈克尔·佳纳斯（Michael Canares）。

此外，今天峰会上还有上海各部门的领导以及企业界的代表，欢迎各位拨冗出席此次峰会。

下面，让我们有请上海市国防科技工业办公室主任、上海市经济和信息化委员会副主任吴磊先生为本次论坛致辞。

上海市经济和信息化委员会副主任吴磊致辞

各位来宾,女士们、先生们:

大家上午好!

很高兴出席国际开放数据和城市创新峰会。今天我们邀请了联合国、世界银行、万维网基金等国际组织代表,伦敦、曼彻斯特、多伦多等国际城市的朋友,以及众多政府领导、知名学者、企业领袖,共同分享开放数据和城市创新的发展趋势、经验举措。首先代表上海市经济和信息化委员会向各位来宾表示热烈的欢迎,对国家发改委、工信部、中央网信办的大力支持表示由衷的感谢!

当前数据已经成为国家的基础性战略资源和关键的生产要素,也是上海建设具有全球影响力的科创中心的重要支撑。近年来,上海加强统筹规划,积极部署大数据人工智能等,新型技术的创新应用和产业布局,激发了市场的活力,统筹数据资源,推动流通增值,构建数据产业创新生态。目前上海三大基础数据库已经拥有了237万法人单位,2 400万常住人口,以及全市空间地理基础的信息,市政府数据服务网累计向社会开放数据资源达到3 000万条,同时我们连续三年举办了上海的开放数据创新应用大赛,聚焦城市管理和社会治理的热点、难点,鼓励社会各方积极参与共同开放数据的挖掘和创新应用,共同提升城市服务能级。

今后几年,我们将进一步贯彻习总书记对上海提出城市科学化、精细化、智能化管理水平要求,积极推进开放数据在城市发展各领域的深入应用,形成数据汇集、协同服务、社会监督、决策分析等联动机制,探索大数据、物联网、人工智能等新一代信息技术与城市管理的深度融合,加快建设智慧城市、创新超大型城市管理和社会治理的新路径。

希望通过本次的峰会，广泛听取各位专家的意见建议，分享观点，分享经验，为上海提升城市管理能级，建设全球卓越城市出谋划策，同时今天也将举行2017年上海开放数据创新应用大赛颁奖典礼，在这里，我向获奖团队表示热烈的祝贺。

最后预祝本次峰会圆满成功，谢谢大家！

主持人：感谢吴主任的致辞，接下来将有请中央网信办信息化发展局局长张望先生致辞。

中央网信办信息化发展局局长张望致辞

尊敬的吴磊主任，各位来宾，女士们、先生们：

大家上午好！

非常高兴参加国际开放数据与城市创新峰会，我谨代表中央网信办信息化发展局对峰会的举办表示热烈的祝贺，向长期关心支持网络安全和信息化发展的各界朋友表示衷心的感谢，也向2017年上海开放数据创新应用大赛的获奖团队表示祝贺！

当前，信息技术创新持续活跃，互联网应用迅猛发展，全球数据规模呈现爆炸式增长。据有关机构统计，2005年至2015年的10年间，在全球实物贸易增速减缓背景下数字化商品和服务的贸易量却出现结构性的增长，跨境数据的流动规模增长了45倍。所以围绕如何更好地释放数据红利，世界各国都积极推动政府数据的开放。有关资料显示，已经有110多个国家实施相应的数据开放计划，政府数据的开放不仅创造出巨大的经济价值，同时也有效提升了政府部门的治理管理能力和公共服务水平。

中国也高度重视数据资源在经济社会发展中的作用，习近平总书记在十九大报告中指出，中国特色社会主义进入新时代，要求贯彻新发展理念，建设现代化经济体系，特别强调了要推动互联网、大数据、人工智能和实体经济深度融合，要提高社会治理社会化、法治化、智能化、专业化水平，要善于运用互联网技术和信息化手段开展工作，为了更好地利用政务部门和公共企事业单位积累的海量数据资源，中央网信办会同有关部门共同起草了《关于推进公共信息资源开放的若干意见》，2017年2月6日中央全面深化改革领导小组第32次会议已经审议通过。按照部署中国将积极推动建立公共信息资源开放平台，逐步向社会开放多个重点领域的政务数据，中国的大部分省区市已经制定出台公共信息开放的相关政策文件,一些省级开放平台也正在逐步上线,基于开放数据的创新创业如火如荼,数据开放的经济价值和社会效益正在不断的显现。下一步,我们将深入学习贯彻党的十九大精神和习近平新时代中国特色社会主义思想,继续发挥好在统筹推进信息化工作中的积极作用,会同相关部门共同推进数据开放和应用创新的有关工作,一是贯彻落实中央深改组第32次会议精神,支持部分有条件的地区在公共信息资源开放上先行先试,探索经验,为全面部署创造条件。二是积极推动政务数据与社会数据的融合发展,逐步建立和完善社会数据流通的管理制度体系,引导平衡好产业发展与个人隐私保护商业秘密保护之间的关系,推动我国大数据产业的健康发展。三是制定和完善数据安全的相关制度,加强安全监管手段建设,提升大数据安全的保障能力。

各位嘉宾,数据是国家基础性的战略资源,也是最重要的生产要素和社会财富,其在经济发展、社会运行和国家治理中的作用正在逐步显现,今天的峰会为产业界、学术界和政府部门搭建了一个共同交流的平台,我们期待大家在交流中贡献出更多的真知灼见,碰撞出更多的智慧火花,同时也希望大家为中国的大数据发展提供更多更有价值的建议。

最后借此机会,祝本次大会圆满成功,祝各位嘉宾身体健康,事业顺利,谢谢大家!

主持人:感谢张局长的致辞,接下来有请工业和信息化部信息化和软件服务业司软件产业处副处长李琰先生致辞。

工业和信息化部信息化和软件服务业司
软件产业处副处长李瑛致辞

尊敬的吴磊主任，张望副局长，各位嘉宾，女士们、先生们，大家上午好！

非常高兴参加国际开放数据和城市创新峰会，暨2017年上海开放数据创新应用大赛颁奖典礼。受司领导委托，首先，我谨代表工业和信息化部信息化和软件服务业司对这次峰会的召开表示热烈祝贺，对长期以来关心和支持中国大数据产业发展的各界同仁表示诚挚的感谢。借此机会，谈三方面内容，与大家交流。

第一，学习领会党的十九大会议精神，推动大数据和实体经济深度融合。习近平总书记在党的十九大报告中全面阐述了我国经济社会发展的成绩和工作重点，也对我国大数据产业创新发展提出了新要求和新指引，明确了使命和责任。报告强调，要贯彻新发展理念，建设现代化经济体系，要加快建设制造强国，加快发展先进制造业，推动互联网大数据人工智能和实体经济深度融合。在中高端消费创新引领、绿色低碳、共享经济、现代供应链、人力资本服务等领域培育新增长点，形成新动能。结合党的十九大报告的新思想、新论断、新举措，在中国特色社会主义进入新时代的历史时期，一定要进一步强化大数据产业发展的使命感和历史责任感，把大数据产业发展和践行习近平新时代中国特色社会主义思想相结合，深入推进各项工作落到实处。

第二，我国大数据产业迎来全面良好发展新局面。党的十八大以来，在国家政策的推动下，在各界共同努力下，我国大数据产业发展迅猛。一是顶层设计不断加强，政策机制日益健全，国务院印发促进大数据发展行动纲要，发改委、工信部、网信办等46个部委共同建立了促进大数据发展部级联席会议制度。二是关键技术领域不断取得突破，创新能力显著提升，大数据软硬件自主研发实力快速提升，一批大数据技术和平台处理能力跻身世界前列。三是行业应用逐渐深入,对经济发展的带动作用凸显,政务、电信、互联网、交通、金融、工业、农业、医疗等行业领域应用不断深化,大大改变了人们的生产生活方式。四是区域布局持续优化,产业规模不断扩大,全国推进了8个国家大数据综合实验区,开展大数据方面的实验探索,形成了京津冀、长三角、中西部和东北等一批聚集发展区。五是产业发展环境日益完善,大数据基础设施法律法规标准体系,安全保障人才队伍以及产业联盟建设不断加快加强。总体来说,我国大数据产业正在进入加速发展时期,为提升政府治理能力,优化民生公共服务,促进经济转型和创新发展做出了积极贡献,成为推动经济社会发展的新动能。同时,大数据产业也存在着数据的开放共享水平低、技术创新与支撑能力不强、大数据发展应用程度不均衡等问题,亟须统筹协调解决。

第三,凝心聚力,为推动大数据产业发展做出新贡献。工业和信息化部认真贯彻落实党中央、国务院决策部署,大力推动大数据产业发展,发布了《大数据产业规划2016—2020》,规划发布以来,我司统筹推进规划宣传落实,技术产品研发,标准研制应用,产业生态建设等方面工作。下一步,将继续深入大数据相关政策的落实,促进在各领域的深入应用和产业发展。一是深入贯彻国家大数据战略,落实十九大会议精神,推动大数据和实体经济深度吻合,推进促进大数据发展行动纲要和大数据产业发展规划相关内容落到实处。二是深化供给侧结构性改革,进一步加强大数据等新一代信息技术领域关键技术攻关,提升大数据技术、产品、服务供给能力。三是着力解决大数据领域区域之间、行业之间、企业之间发展不平衡不充分的问题。深化行业应用,大力推动大数据发展,积极落实国务院深化互联网+先进制造业发展工业互联网的指导意见,持续推动两化深度融合,利用大数据改造提升传统产业。深入推进数据开放共享,是贯彻国家大数据战略的重要举措。

近年来,上海市在推进数据开放共享,加快技术产业发展和行业应用等方面,开展了一系列的工作,取得了显著的成效。探索形成一套包含顶层规划、平台载体、配套举措、前瞻研究等较完整的开放推进机制,同时以竞赛为抓手,以需求为导向吸引社会各界积极参与,公共开放数据的价值挖掘和创新应用,形成了政企协同联动的良好氛围。

今天国际开放数据与城市创新峰会是上海大数据和开放数据走向国际化的重要标志,希望大赛能够作为上海大数据创新创业的一张名片,推动更多团队和项目的落地孵化,推进上海乃至全国大数据产业的蓬勃发展。

最后预祝本次大会圆满成功,谢谢大家!

主持人: 感谢以上三位领导的精彩致辞,接下来将进入今天活动的主题演讲部分,今天四个主题演讲还有一个圆桌论坛,今天第一个主题演讲是来自开放数据曼彻斯特的CEO朱利安·泰特(Julian Tait),演讲主题是《开放之城、智慧之城》。

开放之城、智慧之城

开放数据曼彻斯特CEO　朱利安·泰特

大家好！非常感谢主办方邀请我来做今天的演讲，我会给大家讲一下我们的项目到底做什么，我们始终相信城市应该是开放之城、智慧之城，像刚才主持人已经介绍了我是Open Data的CEO，我在IT行业有多年的经验。

曼彻斯特这个城市，如果大家不知道的话，它位于英国的西北部，同时是英国最大的工业城市之一。通常，人们认为他是英国第二大城市，也有人认为曼彻斯特是英国第一大城。

先看一下这个城市的背景，曼彻斯特是一个有悠久历史的工业城市，同时也是工业革命诞生的城市，当时是在19世纪。在工业革命发端之后，曼彻斯特城市出现了快速的发展，公路的建设、铁路的建设，大量的人从岛屿迁移进入曼彻斯特，成为工业革命的劳动力，曼彻斯特也是一个港口，所以有很多的东西出口到世界各地。我们现在曼彻斯特还有很多的工业设施依然在运营古老的设施，比如一个非常先进的现代的购物中心旁边不到200米的地方有一个古老的裁缝店。曼彻斯特也有一个非常著名的曼联足球队，从城市来讲，我们有一个非常美丽的雄伟的大教堂，我们有一个Joy Division组织，曼彻斯特现在还有一个快速发展的数码行业，包括一些数据科学神经网络深度学习，人工智能等的主题在这里得到了迅速发展，因为这个城市的工业传统以及技术基础和人才基础，使得这样的行业可以在这里快速发展，也有很多英国的城市不具备这些条件。曼彻斯特是一个非常独特的城市，虽然它有一个后工业经济的持续发展，但是我们依然感受到了制造业衰退的影响。

我们城市有一部分地区住着一些低收入的人群，所以这个城市市民的收入跟机会并不平等，这是曼彻斯特现在面临的最大的社会问题之一。我们认为如果它成为开放之城的话，至少是一种方法，帮助这些穷人获得更多的收入，获得更多的机会。数字技术在快速发展中，使得更多人可以通过掌握数字技术这种技能获得更多繁荣的机会。同时我们也有很多的基础设施已经陈旧了，通常有一些设施沿袭第一次工业革命的时候，所以我们需要从公用事业、交通运输、建筑环境上做进一步的更新。我们需要更好地提供医疗保健、社会护理和教育，同时在这个方面，数据是可以提供很大的帮助，另外曼彻斯特预算紧张，并没有足够的钱做我们想做的事情。

曼彻斯特的人口是283万，跟上海相比是非常小的一个城市，但是我们所面临的一些城市的困难或者说问题跟上海却有异曲同工之处。我们城市分成多个区域，这是我们城市协作工作的基础。我们希望能够对这些战略进行控制，使得不同的区域，包括市政区域都可以进行协同的工作。因为现在还有一些系统分割的问题，体系分割的问题，或者说存在一些壁垒，每个区域都有自己的数据基础设施，有不同的处理方法，同时有不同的体系。所以我们需要打破这些壁垒进行协同工作。

我们有很多的知识储备，有很多的信息和创新，但是因为这些各自为政的壁垒的存在，有一些知识和创新都是束之高阁，并没有得到充分的利用。如果这些知识数据可以让更多的人进行访问获取的话，一定可以释放出巨大的潜力。也可以让更多的人参与到决策的过程当中来，所以我们有很多的潜能还没有得到释放，曼彻斯特也是这一类城市当中非常具有代表性的一座。

在讲具体的开放数据之前，先来看一下在哪些领域可以现行进行开放，首先，开放的数据是让更多的人有机会访问这些数据，重新使用这些数据，让这个数据为人们创造更多的价值、同时开放的标准也非常重要，因为我们现在手上有多种系统，他们有不同的表述，不同的格式，使用不同的软件，而这些数据不见得跟其他的数据可以进行比较，可以兼容，所以这是一个很大的问题。我们需要对数据进行标准化，同时是一个开放的数据，现在有不同的权威机构，他们掌握着自己的标准，所以需要对他们的标准进行协同或者统一，这是非常重要的一点。同时，开放的基础设施也意味着数据的连接性更好，如果不同的IoT技术或者骨干网连接技术各自为政的话，就减低了数据流动的速度，信息也无法进行自由的流动，这是我们需要进行开放技术设施建设的根本原因。

我们现在也需要进行开放的创新，让创新解决方案的制作人员以及用户进行充分的交流。OpenData Manchester 的项目，参与的不仅有技术人员，还有艺术家、新闻人员，还有一些来自医疗行业的从业人员，所以我们是一个城市各个社区广泛参与的项目，同时我们把政府数据进行公开发布，希望政府可以以免费许可授权的方式让更多的市民对数据可以有访问权，同时我们也举办各种讲习班和培训，突出艺术实践状态，举办活动，同时我们也开发与数据有关的新的方法，推广数据工作干得非常出色的组织机构对他们进行表彰和推广。我们所做的其他工作包含一些开放的数据标准、数据治理、互联网创新项目，所以我们整个的机构最关键的主题词是数据。我们这个项目叫 OpenData Manchester，最早叫城市开放项目，在 2010 年开始，我们把它改名为 OpenData Manchester，这是一个不以盈利为目的的项目，它用节庆的形式探索科学、文化之间的截面，现在已经成长为以节庆形式出现的项目。

我们意识到开放数据正在改变着世界，这个世界包含用户企业和政府，开放数据当时还是一个新的概念，我们所做的工作，不光是建立一个需求端的数据，同时，也能够加入一些需求端的案例，所以我们建立了数据商店，让这些数据可以进行融合，自己可以进行使用，而且把这些数据转换为信息。同时我们希望能把这些数据交付给一些公共团体，让他们来充分利用这些数据，造福人民。因为不同的人群有不同具体的挑战，他们需要数据的帮助，同时，也会有一些创新发展的挑战。我们期望能够通过提供这样的数据了解他们困难背后的逻辑。一旦数据进行公布之后，就会刺激更多需求，同时创建新知识，这些知识是来自数据，这些数据是不是好的格式，是不是有一个妥善的描述，这就充分进入了一个所谓开放数据创新生态学的概念。

开放的数据是需要以开放的基础设施为依据的，曼彻斯特是一个不断在延展的城市，但是我们发展空间是受限制的。刚才讲到了有一些区域更发达一些，他的发展是不平衡的，东边的部分城市是比较贫困的，而西边就比较的富裕。我们希望能够通过开放数据来使发展更加平衡，同时还有现有的基础设施容量不足的问题。刚才讲到这些组织机构都是各自为政的，所以在整个城市的范围要找到正确的信息并不容易，而且缺乏信息也意味着效率低下，而且风险变大，因为你没有全局的认识就非常容易出现偏颇的情况。我们所具

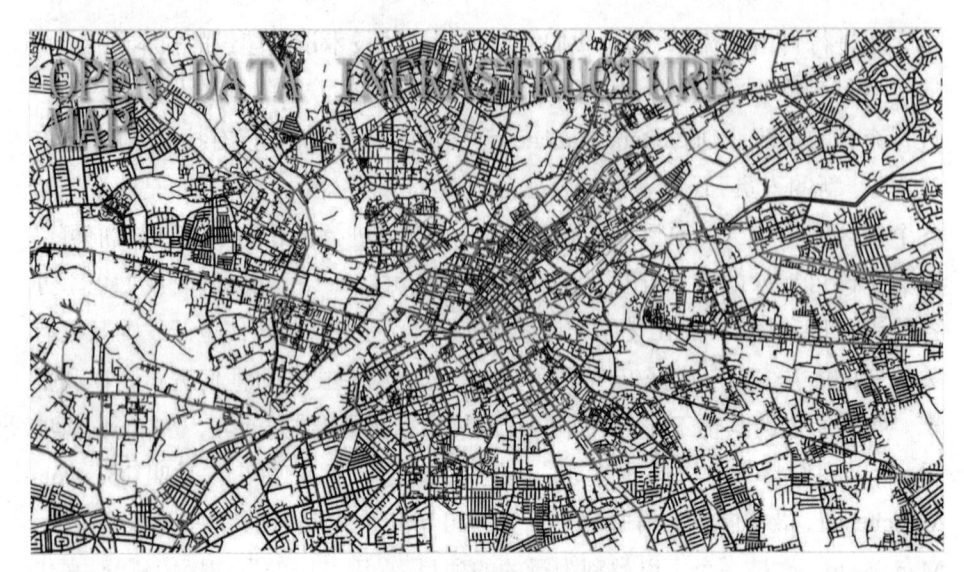

图4-1　城市电网地图

有的信息更多来自私营公司，而不是来自整个城市的全面的数据。我们不仅需要一些地理空间数据，同时我们也需要一些水的基础设施、电的基础设施等这些基础设施的信息。因为我们希望人们对这些公用事业公开的数据进行掌握。

图4-1地图是整个城市电网的数据，这张地图有非常多的细节，你在发展一个新的校园或者新区域的时候，就要知道这个周边有哪些最近的水网可以连接，哪些最近的污水网可以连接，如果不知道这些细节会造成更大的经济负担或者造成成本的增加。像这样详细、准确并且最新的数据是非常重要的。关于交通方面的例子，我们有很多的大巴是有40多家大巴运营商进行运营的，这里显示的是不同的交通站点等，作为一个智能城市怎么把不同的站点结合在一起，这里显示的数据，有1.4万多个不同的站点，另外有15个大巴大公司，98个有轨电车站点，还有一些地铁，包括换乘区域，还有和高速公路连接的节点。怎么样能够使公众了解这个实际的情况，在过去的时候大家可能把信息打到公交卡，现在人们觉得与其打到公交卡不如使用APP了解，而不是静态的了解。这里显示的是城市地图，地图上显示的是APP在曼彻斯特交通系统当中的一些分布情况。通过不同的形式，通过APP的方式知道能够在哪个路段通行比较顺畅，哪个路段比较拥堵。除此之外，如果是有这样的开放数据的话，根据数据可以做一些决策，包括路径的选择，包括日后的工作机会的选择

等等都可以作为决策的基础。曼彻斯特的交通局发布了这样的开放数据,有了这样发布出来的开放数据,大家就可以更好地使用。

随着时间的推移,大数据的教育也是越来越风起云涌,在英国,人们希望能够通过这样不同的渠道来获得不同的关于开放数据的信息和知识。我们把它叫做流程图,这里显示的是不同区域的具体实时的情况,显示的是各个街区和乡镇等。除此之外,环境保护,作为一个城市怎么更好地了解其噪声的情况,包括伦敦噪声建模,通过建模分析哪个区域污染比较严重,而且通过开放数据,包括噪声数据、污染数据等,大家可以更好进行日后规划,包括进行分区式的管理,还可以帮助我们打造更健康的社区。

我们现在的问题是数据太多了,这些数据简直是一团糟,没有办法结构化,有各种各样的电子表格,从头看不到尾。怎么办?怎么把数据形成一个非常好的格式,而不是现非常奇怪的格式,或者没有办法使用的格式。这个数据有什么用?我们认为它起码应该做到可即读还有其他标准,这样才能使人们更好地使用它。公共交通的数据很多,但是没有办法使用。我们需要有一个标准化的模型和模式使其可即读,包括满足其他的标准。开放数据的标准是什么?我们推出了360Giving项目,通过这个项目我们组织了很多子项目,通过在英国各个大城市当中设立标准化,包括协议相同性可以确保数据可使用。说起来容易,其实是非常复杂的。图中显示2013年、2014年本地VCSE的收入情况,80%的政府资金是通过合同外包方式购买服务,这个钱用在哪个合同里,大家不知道,深色是中央政府,浅色是地方政府,自愿、社区、社会企业的部门。通过这个方式可以更好地知道政府支出怎么做,这里显示大曼彻斯特区域涉及的款项如此之多,大曼彻斯特人口200多万,这是2011年数据,这里显示整个资金的分布情况。各种不同的社区,包括不同的区域的情况,这些资金接收方是什么,资金金额是多少,这里显示每个人获得的平均资金的人均情况。

健康和医疗是非常重要的话题,在英国医疗成本非常之高昂。在过去,这样的医疗数据是闭路,非开放式,这些服务是非标准化,这样使得医疗不堪重负。医疗系统本身就复杂,而且影响因素很多,包括很多利益相关方身处其中,缺乏互操性。作为利益相关方会对他们的数据加锁,不希望分享。我们认为一个健康医疗系统应该有一种信息的流动作为支撑,所以我们希望即时和互操性的信息为工作者分享,这样一个开放的标准就非常重要,我们刚才多次

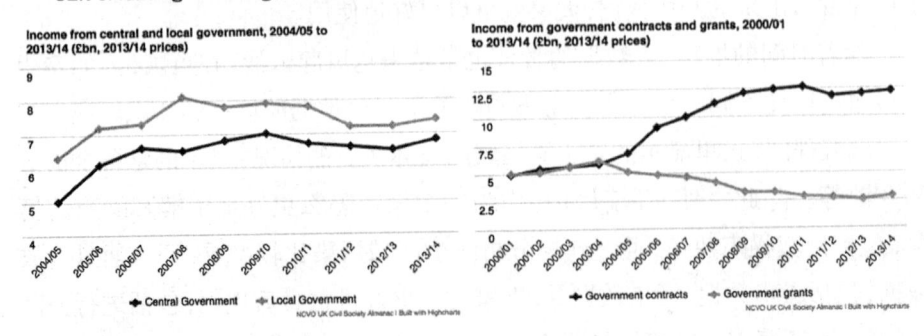

图4-2　2013/2014年VCSE收入情况图表

谈到为了增加效率有一种互操作性。这是非常标准，我们推出OpenEHR。

基础设施也是非常重要的，我们希望打造公共的基础设施，这样城市和社区都能够受益。这里显示是打造建设开放的基础设施，我们希望大家能够结合在一起，能够开放的使用这些数据，而且鼓励通过一些互联网和物联网的方式来创新，这里显示的是在公共数据网络当中不同的节点，这些节点是不是能够为大家所用，而不仅仅只有少数人接触。如果是开放的基础设施，你可以利用这个环境营造出更多的附加值，但是前提是要对基础设施有一种可积极性，而不是遥不可及。

类似这样的案例很多，相信中国有很多关于基础设施开放数据的案例。怎么样打造这样的开放基础设施？这有不同的方法。例如，开放网络协议，支持物联网社区，尤其在北部推出举措，希望在北部成功以后推广至全曼彻斯特，帮助政府和社区能够更好地理解问题并且消除问题或者减轻问题的严重性。对于成功的案例则希望分享，我们目标是打造一个很好的环境，使人们愿意参与其中，共同分享。

如果谈到开放创新，我们现在面临着一个共同的问题，创新往往带来风险，比如说我在的地方工资不错，但是突然由于技术的演进，我们希望能够更好地推进技术方面的革新，这样降低创新的门槛，有的时候大家想创新，但是门槛非常之高，成本非常之高昂，通过开放数据曼彻斯特这样的项目使不同利益相关方能够参与其中，包括创客空间，包括共同协作的空间，包括主题挑战赛、竞赛等方式，使得技术人员和创新者能够共同在一起研究数据，开放数据，更好地把开放数据和物联网结合在一起，推出一些数字化的项目。

我们的目标是以开放和创新把大家结合在一起，这样降低了入门的门槛等。通过这个方式，让每个人都能够参与城市的管理，帮助城市变得更美好。谢谢！

主持人： 谢谢朱利安·泰特（Julian Tait），刚才给大家分享了曼彻斯特数据开放的经验，但是Julian Tait先生比较坦诚，讲了在数据开放当中遇到的很多问题，譬如说水电煤能源公共数据的获取很不容易，还有像数据质量不高，这些问题都是存在，最后通过各种建议，希望未来数据能够开放。这些建议相信对在座各位有很多启发。接下来把目光从欧洲迁移到亚洲，接下来为我们带来演讲的嘉宾是万维网基金会开放数据实验室亚太研究主管迈克尔·P.佳纳斯（Michael P. Canares），他带来的主题是亚洲的开放数据与开放城市。

亚洲的开放数据与开放城市

万维网基金会开放数据实验室亚太研究主管
迈克尔·P.佳纳斯

非常感谢！尊敬的吴磊副主任，尊敬的各位的领导和嘉宾，包括中央网信办的信息化发展局的张望副局长，女士们先生们，非常高兴能够与会，跟大家分享一下我们的做法。如果谈到我们的机构，我们把它叫做万维网，万维网的发起人是他，我们在万维网项目下，有了万维网基金会，我负责开放数据实验室，尤其是亚太区的研究。

谈到开放的实验室，我们希望通过这样的举措，来探索更好的使用开放数据的方法，包括能够获得政治经济和社会的效益，如果谈到我们的数据，开放数据有各个渠道的数据，包括政府数据、社会方面的数据等。政府的数据应该是为公民所享有的。这些数据来自公民，它也应该为公民服务。如果谈到大数据的话，大家往往是有这样的一些结构，大家认为在整个大数据或者是数据信息和知识方面的架构，金字塔底端是数据，事实和数字，具有特定性，但是它们并没有结构化，第二部分是信息，基于场景而且是分类，经过计算和压缩的数据。第三个层次，形成知识，我们的技巧包括理解、经验、洞察、感知和已经场景化的信息等。什么叫开放数据？开放数据有几个特性，可及性、可机读性、可重复利用，满足这三个标准称为开放的数据。我们拥有的数据很多，但是往往是PDF，PDF没有办法编辑，没有办法进行很好的使用。开放数据必须是可再使用的，不管是在线还是离线，同时不需要授权费（当然需要许可让你进行免费使用）。

为什么我们需要开放数据，因为我们首先是需要数据让每个人所用，每个人都有权利获得信息获得数据,同时确保这些数据是政府发布的公开数据是人们所需要的数据,同时是容易使用的。从2013年开始,我们就发布了一个开放数据晴雨表的指数,同时,这也是几个国家联合发布的一个白皮书,几大指数包含准备度的意思是关于信息的揭露发布是不是有政府相对策略。同时我们需要对这些数据进行汇编,创造出更多的价值。不管政府是不是公开、主动地来发表这些数据,这些数据都是具有高价值的数据,包括一些立法的数据、犯罪数据、预算的数据等。这些数据必须是准确的数据,同时我们要确保他是以透明的方式来进行使用。

我们是2013年启动的,现在130个国家覆盖数据,我们可以清楚看到这个世界正在变得越来越开放还是变得越来越封闭。有2015年7月份到最近,我们发布了多次的报告,我们看到有一些政府变得越来越开放,然而对总体而言只有7%的数据是完全开放的,这个还比去年少了一点。我们看到所有的国家并不像我们预想或者期望的那样开放,同时,我们也希望这些数据是更容易使用的,但是现在有很多的数据并不容易使用,他的格式也好,可机读性并不非常高。这些数据应该是公民所需要的数据。虽然有一些政府会把预算数据进行公布,但是花费数据并没有完全公布,比如说只有3%的政府会把政府的支出数字进行公布。在选举方面大概有11%的公布率,健康方面7%的公布率,环境方面6%,合同承包方面3%,说明这些是公民所需要的数据但是政府并没有公开。同时我们对不同区域进行比较,北美开放性比好,撒哈拉以南非洲技术以及东南亚国家是处于比较低的地方。

对印度尼西亚这个国家的研究,相比技术较强的非东南亚国家,包括韩国、新西兰、日本而言,它们在开放性方面的排名是比较前的,有一些国家,特别是东南亚的国家,他们是位于整个排名的底部。这意味着什么?我们来看看这些地区的背景信息,这些数据更多的是关于科学和教育,在东南亚国家大概有50%的国家会对科技和教育的数据,包括贸易的数据进行开放。但是有很少的国家会把政府的支出数据进行开放,包括一些立法的数据,以及犯罪数据以及跟政府之间的承包或者合同数据来进行开放。在这样的情况下,公开数据是不是形成了影响?所以它形成的影响是非常小的,尤其是在大部分的国家,包括韩国、日本、澳大利亚、新西兰,是比较独特的,因为这些国家的开放数据力度比较大。亚洲地区是不是也有越来越多的城市成为开放之城,实际上我们的调查数据发现这一点并不是一个乐观的回答。

当然,亚洲的城市变得越来越智能化了,而且变得越来越智慧,但是开放性却不见得在增加。为什么是这样的情况?像上海、新加坡东南亚的城市,还有台北、悉尼等,在智慧城市的举措上是遥遥领先的,同时还有日本的城市、印度尼西亚的城市、泰国曼谷,在智慧城市发展上紧追其后。但是智慧城市并不见得就是开放之城。我们在东南亚地区有很多的智慧城市领先城市,它们更多是来自它们的智慧技术的大量采用,因为它们的互联网技术采用以及大数据的使用,但是并不见得它们有很多的市民参与、透明度协作,也就是说公民不见得对他们的数据技术有广泛的访问权,这是为什么说有一些智慧城市并不见得在开放城市方面是领先的。很多政府都是扮演超人的角色,像这些数据都是来自超人所拥有的系统的数据,同时一些数据项目也是这个城市政府所拥有的。像这样的现象并不是新的,在2015年就有某个市长写过一篇文章,我们看到智慧城市的轨迹,智慧城市更多的还在理论化的层面上,智慧城市的叙述要么更多以技术发展的过程来进行描述,要么是作为社会构建人们参与的角度来进行描述,但是现在更多的是前者在主导着话语权,我们认为智慧城市更有效的系统,内部治理,以及政府就数据做出响应和行为,以及如何在智慧城市执行过程当中涉及公民。

雅加达有智慧城市的项目,我们看到一些理论和实践比较,日本有很多的项目,这些项目已经进入了实践。这些项目也能够给市民更多地提供一些参与的机会,但是作为政府的一些花费支出的数据也并没有完全公开。我们也有一个雅加达的项目,更多是对废物运输路径进行跟踪,我们可以看到哪些区域哪些路线可以承包给同一家卡车公司,这样可以节约成本,使运作效率提高。同时,我们认为这些数据是有公民所创造的,但是这些数据也能够满足政府的一些目标或者目的。但是,这些信息一旦被收集之后并没有广泛地跟公民进行分享,比方说它并没有在某个地区有哪些废物的数据,不管这些废物的集聚让政府做出怎么样响应,这些数据实际上都是存在的,但是公民却没有办法访问这些数据。

数据的准确性是很大的问题,我们在不同的城市展开调查,一年之前,我们看到贫民窟很多单位社区根本买不起技术和互联网的介入。要用这样的一些技术程序、应用程序,必须有这样的基础设施,但是这些代价对穷人来讲太昂贵了，所以他们也会对这些知识的访问权有特别低下的情况存在。同时有些人也认为个人数据的收集对他来讲是觉得有很大的不确定性，因为一旦我的数据被他们收集的话，政府或者这些机构完全了解我想要什么，政府或机构也知道我的电话号码，同时这个事情还会变得越来越复杂，本来只是自愿把数据报告给政府或机构，但是有可能会对我不利。所以有很多的人对这个数据的公开还是心存疑虑的。同时很多人对数据项目感到非常失望，因为他看到数据虽然被收集到但并没有得到充分利用只是被存储和展示。

很多人都说政府收集海量数据但并没有真正进行利用，所以政府应该更公开告诉大家这些数据是可以进行分享的，政府又是如何对这些开放数据进行利用的。我认为开放是我们新的智慧之城的技术，包括城市的政府应该更多地去关注开放性，同时成为政治议程的重要方面，特别是对公共数据的公开方面，政府需要投入更多的努力。同时要让更多的公民来进行参与，这也是体现包容性的一个方面。应该让更多的个体得到关注，而不是更多地去关注，现在更多关注的是技术。同时创新也非常重要。

在雅加达我们有一个开放数据的宪章，里面规定所有政府数据必须公布，同时必须是完全完整的数据，是可用的数据，是可以进行比较和进行互操作的数据，同时这些数据的目的是促进城市治理和公民参与，同时支持包容性发展，同时支持创新，马来西亚和菲律宾都是我们的合作伙伴，我们会有一些共同的关键的行动计划，我们的目标是更开放的政府，更开放的治理以及更合作性的开放数据。所以我们作为政府更多在公开发布数据的时候来考虑到哪些数据更重要。所以有一个优先排序的问题。

公布数据是在线公布，同时有离线数据，照顾到不同人群访问需要，促进更多的人访问数据，理解数据，使用数据，并且通过数据创造更多的价值。现在有很多的数据很难以理解，如果没有给他太多的背景数据，是很难进行理解的。我们要大量鼓励人们更多访问这些术语，理解这些数据再进行利用。第四点，政府提供了平台，来促进中介机构媒体公民社区展开对话，他们可以共同来讨论技术的问题，同时找到大家都能接受的解决方案，谢谢大家的倾听。

主持人：非常感谢迈克尔·P. 佳纳斯（Michael P. Canares）的精彩分享，在迈克尔·P.佳纳斯的演讲当中分享了一个非常有趣的研究现象，在我们现在很多的亚洲的智能城市，智能水平非常高的城市，在数据开放度上，还不一定很高，所以我们相信在未来随着新一轮的政府数据的开放的过程当中，我们亚洲的许多新型智能城市将会变得更加智能。接下来把眼光再放回欧洲，伦敦市助理总监开放数据主管安德鲁·克林吉（Andrew Collinge），他带来的主题是《伦敦的城市数据创新之路》。

伦敦的城市数据创新之路

伦敦市助理总监开放数据主管　安德鲁·克林吉

大家上午好！非常感谢主持人的溢美之词。各位贵宾，我们也感谢主办方对我的邀请，使我有机会跟大家分享我们伦敦的做法，我尽可能把速度放慢一点。

今天上午跟大家分享的是伦敦的城市数据创新之旅，我们面临的一些在数据开放方面的挑战，以及我们的应对之策，讨论数据，如果谈到数据对于城市的重要性，大家有目共睹，如果谈到伦敦，也是概莫能外，大家听到曼彻斯特。我想同伦敦而言将通过创新方式使数据为我们所用来进行城市的管理。

跟大家分享一些具体案和数据，包括开放数据怎么样进行使用怎么进行分享，还有一些数据的科学，通过数据科学的合理使用怎么能够解决城市管理的问题，然后给大家分享一下我们的策略是什么，我们推进了一些平台，通过这些平台的推出，我们可以形成很好的伦敦市的数据架构，这样可以为未来打下很好的基础。所以这样的话，通过这个方式我们伦敦真正迈向了创新的城市之旅。

我经常自问，城市的街道是不是有足够的智慧？现在的城市的街道智慧达不到我们要求的水平。建筑师也好，市政规划人员也好，他们都考虑怎么样能够更好地推出好的街区，包括行人、车辆、公共交通设施能够自由地在无阻碍的街道穿行，这是很重要的，这是我们的想法，但实际上在各处有各种各样的拥堵。

大家知道随着时间的推移，相信未来伦敦还有许多充电桩和充电站进行部署，怎么样有一些能源管理系统，能源管理系统不仅限于出行、车辆，还涉及楼宇和建筑能源管理,技术的进步给我们带来便利。技术随着时间推移,随着技术的成熟和普及,价格也会下降,这样我们有了这些条件,成熟之后,我相信我们可以在这些挑战当中寻找机会。作为一个城市,像伦敦这样一个城市必须采用长远策略来更好地研究城市机理,在此基础上应用相应的技术使城市变得更智慧。

这些行人他们是参与者,他们是倡导者,他们也是实际的使用者。大家谈到了怎么样免费地使用WIFI,有朝一日怎么免费自由使用公共数据,这也是我们的目标。包括印度尼西亚的同事跟大家分享了怎么样更好地描绘智能城市的远景,我们采取实践的方法,已经推出试点和实验的方法和项目,通过这样的不同的方式来更好的尝试,包括怎么面对城市管理的机会,怎么解决城市管理挑战等。数据的获取和分析是非常重要的,数据一定要进行结构化或者分析之后为我们更好地使用,否则海量的数据并没有办法使用。我们面临城市管理的很多问题和挑战,作为政府必须考虑怎么样能够进行解决,随着信息技术风起云涌怎么把它为我们所用,能够运用城市的管理等,这些信息的技术改变了我们的思维,改变了我们的一些积习和固有的惯性,这样才有开放的心态解决安全、隐私等问题。问题很多,我们面临挑战也很多。作为政府治理包括城市治理怎么解决这些问题。

图4-3 数据驱动的新商业模式

这个图片大家已经看过了，这是表明了怎么样产生新的数据，怎么样推动商业模式的改变。技术和商业模型的改变，其实他中间会形成断层，作为政府怎么样紧跟时代技术的变化，紧跟商业模式的变化来更好地与时俱进，这很重要。昨天谈到了这样的业务，我们谈到了在伦敦市更好地推动开放数据的方式，使人们更好地产生新的价值，提供更好的服务。如果谈到城市的地图，城市地图推出APP，这样大家可以更好地利用数据，这个数据不只为个人所用，还可以为管理者所用，创造更多的附加值。这里有一种需求。什么需求？什么样的数据是可互控，同时可机读，使大家更好地使用？随着这样数据的完整，相信人们在出行的时候也会事先规划更好的优化出行线路和路径等。

伦敦的数据存储项目，和曼彻斯特有相似之处，很多地方有这样的数据存储项目，2012年启动的项目，通过数据存储，2012年推出了伦敦数据存储项目，透明也是非常重要的。市政预算，通过合同外包的方式购买服务，这些合同外包方式透明度有多高，我们希望通过这样的数据存储项目，把数据披露出来，2012年项目进一步推及，这样使市民和公众更容易的获得数据，我们开发了城市仪表盘，这是2012年，通过这个方式把运输、交通、特性融入这个项目，这个数据还是静态的数据，并不是动态的数据。怎么做？针对静态数据，几乎实现APP的方式基本上实现实时的交通数据的实时反馈。今天看来有1 200个数据级，可机读可互操，1 200个数据级都可以实现这样便捷使用。这样使市民在出行过程当中能够更好地受惠于数据。通过数据存储项目，市民融入系统当中，他们使用这些数据。我们跟他们商讨怎么在未来更好使用数据，包括一些方法，参与什么方法使用这些开放的数据等，帮助我们进行未来的规划和策略的制定，另外退出APP，使人们能够跟我们互动，告诉我们什么样的方法是更好的，他们希望什么样的场景，包括社会媒体，包括可视化，包括形式，包括其他方面，等等。

怎么用这些数据级？我们也经常自问，为什么要这么做？对我而言，我们要实现一种平衡，包括一方面海量的数据；另一方面，这些数据能够公开，能够为公众所使用，这是一个平衡，我们要达到这种平衡。要实现这个平衡还有很多的事情要做。在这方面大家看一下推出数据存储，每个月访问量7万多次，通过不同的方式来看一下，怎么更好地理解这样的数据存储，在此基础上进行使用。这个过程中，在24%的访问者往往是个人来访问，另外30%是伦敦各个区政府，包括5.4%是市政府，还有9.2%针对学术和教育，23.9%是其他方面。通过其他方式，每个月七万的访问量通过这些分析，我们通过Google，还有其他的一些途径和其他的应用，大家通过这样的数据存储使用各个方面各个种类的数据。在上海，数据工作管理的复杂性非常之高。30%来自伦敦以外的，以下是各个政府部门、地区政府部门。有了这样的参与，我们数据的质量得以稳固提高。一方面不只数据来为我们自己使用，也可以为其他公众所使用。

现在跟大家分享，谈到为什么开放这样的数据，为什么希望人们进行访问，帮助我们很好的决策。我们认为，我们需要有文化和技术设施方面的障碍排除及这样确保数据驱动和政策运营。伦敦政府机构，我们32个市级机构，都是伦敦市市长负责，我们有32个不同部门，每个部门是有自己的职责权限所在，但是在伦敦这样的城市当中可能和上海有大同小异之处，这些不同部门往往面临自己的问题，它们的问题是共性，但是它们往往之间缺乏很好的联系，没有很好的数据沟通，在伦敦市想确保我们各个部门之间能够更好地分享解决问题的方法，毫无疑问，这提高了公共服务的效率。通过向伦敦这样的城市，这样的数据，海量的数据，数据量很大，但是数据能力并不高，因为各个部门条块分割各自为政，这样没有办法把数据整合起来，一个部门不知道另外一个部门做什么等，我们想做的是把我们所收集起来的数据形成协同增效的效果，来共同解决整个城市面临的挑战。

对开发商或者业主土地情况进行统一的梳理和归档，为什么做这个事情？因为我们通过识别不同的业主，他的数量，包括整个的数字，我们通过数据的规整可以更好地提供医疗健康服务，包括加强一些对严重问题的应对等。怎么提高数据质量？在5个月当中有5个数据级，5个数据级是和私营、业主相关的，这些市民是不是高效使用了这样的数据。大家谈到一个词——可机读，这是非常重要的，我们花了几个月时间解决可机读的问题，这样我们考虑到数据科学，包括机器学习、人工智能等，通过不同的方式希望能够增加开放数据的互控性。这样可以打破条块的分割，这样可以共同使用可机读可互操的数据，这是21世纪政府服务的能力所在。这样的联系是非常重要的，这个是相当于文化性的战斗而不是技术性的战斗，我们要做一些开放数据的练习，所以建立伦敦市开放数据的宪章，同时有很多的项目设计，共同进行项目的定义以及大量的学习，所以我们认为这是一个练习，让我们的市政府可以更熟练地应用开放数据,承担起在开放之城过程中的责任,我们试图保持开放,同时也非常清晰地知道到底应该做什么,所以下一次我们做练习不需要5个月的时间才能够把数据准备好,获得高质量的数据了。

我们最终希望做到的是更广泛地去推广使用数据来解决问题,开发解决方案的一种文化,这个已经写在图上了,不想用太长时间进行解释。伦敦数据分析办公室的目标是,数据的收集不光是数据科学的问题,而且是利用数据更好地提供公共的服务。我们要知道这样的难题经过分担之后难度就会减半。我们要确保解决技术方面的问题,包括一些数据的互操作性,包括标准化的问题、格式的问题等,同时,伦敦数据办公室另外一部分重要工作是进行项目的管理,如何来组织数据科学家共同协作,因为他们来自不同部门,大部分来自学术圈还有一些咨询公司,他们都参与到这个项目,在下面还有一个法律的问题,这也是涉及很多方面,包括一些数据安全,以及数据隐私问题,我们希望有一个更好的方式来解决开放数据引起的法律后果,这是非常重要的一个步骤,我们让各方在政治力量的主导下,利用各方的力量来共同解决开放数据,建设开放数据之城的举措。

我们做了几个比较好的项目,利用了学术界的力量,伦敦是开放数据卓越中心,我们希望所收集到的数据解决空气污染的问题,了解伦敦清洁空气的情况。我们现在当前有差不多100个空气质量的监控点,是非常高质量的,而且是做了一个非常细的颗粒性的分布,同时还在不断扩展这些应用。我们试图做的是使用数据科学来配置一些其他的感应网络,我们现在的空气数据并没有非常高的质量,但还是非常有用的,因为我们可以通过数据了解到哪些地区或者哪些地点是空气质量比较差的。同时,我们可以进行一些本地化的干预来解决一些当务之急的空气污染较严重的地区问题。

在这个项目过程中我们严格遵守开放数据的步骤,希望这些数据可以保持开放,而这些数据是来自一些社区的团体还有个人,也来自非营利组织,还有公共当局的数据,我们希望共同提供这些数据,进一步用于其他的方面,提高健康保健,包括一些交通方面。我们也有具体的技巧,使得我们整个的城市的机构都可以更好地来掌握城市的空气状况,同时进行空气的管理。伦敦的数据办公室也对这些数据进行分析,充分利用伦敦所具有的强大学术圈的力量。

第二个案例项目，关于能源管理的。为什么谈这个话题？这个能源是一类新的数据，对我们来讲是新的数据，我们有水网、能量网络提供的数据，这个也提供给所有的公民进行访问和利用。我们希望能够进入一个零碳社会。我们支持一些战略性的部署，包括微型电网以及本地的分布式的能源，能够入网，希望最终达到的目的是一个本土化以及民主化的新的城市能源结构，有更多的本地能源的产生和使用。从本地的层面来看其实是非常有意思的，我们跟一些大型的企业进行合作，也有一些小型能源管理公司和数据中心进行合作，现在有一些散布的硬件，我们希望能够通过数据公开的平台，把这些能源进行更有效的管理，进行更好流程的管理。就像我刚才讲的作为市政府，和正确的合作伙伴进行合作，可以让事情事半功倍。总体来讲我们希望建立本土化、本地化、民主化能源供应。这里有一些比较复杂的算法来平衡能源的供应以及能源的消耗，更好地理解如何来匹配能源供应以及消费。同时，充分的利用一些本地的能源储备。这个打开了非常令人激动的话题，这也是比较困难的方面。我们必须要考虑能源消费，现在用区块链的技术来匹配在城市环境下的能源供应和消费的平衡，这是非常有意思的一个话题，也是很重要的话题。

这是交通的项目，之前讲到了伦敦交通部门在数据发布上面已经有相当成功的举措，我们每天有 3 100 万次地铁乘客人次，最近伦敦交通部所做的工作非常令人激动，也是用于数据的治理，哪些数据应该进行公开，哪些数据应该不公开，哪些数据可以进行分享，同时使用更好的更强大的分析工具让人们在公共的交通网络上自由出行、顺利出行。所以我们的交通部门在交通网络部署了650万个设备进行数据的收集。我们发现如下事实：40%在利用公共网络出行的市民并不用一些直接的线路进行旅行，也许他们有自己的原因。同时我们希望产生下一代的交通数据的提供方式，更好地服务我们的市民，同时我们也希望通过这样的方式分析能够获得更好的交通的商业模型的出现。

讲到现在，显而易见城市政府并不能单打独斗达成这个目标，作为一个城市的话，我们数据策略支持伦敦所有市民，我们作为市政府，是一个中央的集约的方式来做一些策略，让这些数据如何进行利用，但是在这个层面之下，我们需要市民共同的参与和各个部门的参与，我们需要推动伦敦的数据市场的发展，同时来组织城市的数据，让它产生更积极的影响。同时城市数据的价值需要得到各方面的关注和认可。同时，我们需要一个公共的支持和接收问题，我们需要积极有效地提高我们的城市治理，为未来的技术做出一个发展线路图。同时还能够让每个市民都参与到整个发展的讨论和辩论过程当中，对这个策略战略展开充分的讨论。同时，像伦敦这样大型城市要进入开放数据的未来，需要各方的同盟和通力协作，我们希望公开的API，我们需要开源代码、需要云技术，同时我们需要分享的数据平台，我们还需要把这样的知识和经验跟其他城市进行交流。我们需要这些数据是安全的，同时在需要的时候随时可以提供。这是涉及数据的架构的问题，我们有各个数据点，包括开放数据点、分析数据点，同时还有一些多个感应系统的接入，我们希望探索出物联网技术所结合的方式获得新的数据源，同时支持我们的决策，知情权，同时建立数据市场。总体而言，我们的目标是让公民对自己数据有决定权，同时希望能够遇见新的商业方式，我们也需要强化的治理，通过开放数据强化城市的治理，同时我们希望这样的开放数据可以为公民为城市为所有的社区创造更多的价值。

刚才已经讲到强化数据治理的问题，这意味着一些像算法、透明性的问题，我们建立了伦敦数据点，这数据点不是一个单点的数据分享点，我们要保证公开数据可以从一点到一点进行自由的流动，像刚才Julian Tait讲到，一个通用的开放的数据标准是非常重要的。像人工智能之类的技术，可以来帮助我们做到这一点，这是非常重要的，公民对这些数据的接收和响应也许并没有像技术那么令人激动，但也是同样重要的。

主持人：谢谢安德鲁·克林吉（Andrew Collinge）精彩分享，接下来把眼光放到北美洲，有请前多伦多市开放数据主管基思·麦克唐纳（Keith McDonald），他给我们带来的演讲是从不同视角来看多伦多的开放数据。

从不同视角看多伦多的开放数据

前多伦多市开放数据主管　基思·麦克唐纳

你好上海,大家上午好!我叫Keith McDonald,来自多伦多小镇,跟上海比多伦多的确是一个小镇,多伦多人口350万,加拿大的人口和上海市差不多。毫无疑问我们是一个小镇。

我将从局内和局外两个角度跟大家分享怎么看待多伦多的开放数据,为什么这么说?我为多伦多政府服务已经超过了28年,两年前我又开启了另外一个角度,我通过28年在多伦多的工作,局内人的看法之后,又跳出局内人的看法,从局外人跟大家分享一下。公共医疗、特定事件、企业之间沟通交流、信息技术、城市、开放数据等,在我28年的过程当中,我接收到方方面面的数据,这只是涵盖一部分。各个政府部门,伦敦同志谈到政府有各个不同部门,2009年我就推出了开放数据的倡议,我们是不是可以正好推出开放数据,这样老百姓能够更好地使用。所以跟大家分享一下2009年的视频。

怎么做?如果审视不同的视角,黑还是白,白天晚上,政府还是错误,乐观主义者还是悲观主义者,有的时候并不是非黑即白,有的时候两方面都有。有的时候悲观主义者说太糟了,乐观主义者认为这里还有机会,怎么样通过互相学习更好的做出更客观的判断,这是很重要的。2009年启动了OpenData倡议。

(视频略)

通过这个视频大家可以看到,当时我们的市长推出了一些倡议,怎么样能够更好地开放数据这一举措,当时许多人觉得不太理解,因为它发布这样的宣布，之前大家没有什么准备，没有事先通知相关部门。我们说怎么做？大家都觉得到底该怎么办？除此之外，我们现在已经忙得不可开交，还让我们做开放数据，许多公务员不太理解。通过这个，为什么放这个视频，谈到开放数据，并不是一纸政令就可以，如果谈到市议会发出指令大家开放数据就开放数据了，并不是那么简单。市长有的时候只是宣布这样的决定和声明，还有市议会，大家共同商量，有的时候市长本身没有权威性，政治意愿是非常重要的。当时市长有开放数据的意愿，他说希望市长这样做，这些市长一厢情愿，但是整体政治意愿如果不强烈就没有办法推进。我们谈到三届，2009年当时市长Miller、Ford、Tory，我给他们打了不同的分数，Miller做得不错，希望做出新的举措，Ford往往是采取比较静默的态度，多伦多前市长福特很有名的，当时很好的开放了包括市政、市议会和公众的沟通的渠道等，政绩不是颇多，他希望能够使各级市政部门和老百姓能够更好地进行沟通和互动。第三个市长是Tory。在立法机构还有市议会，市议会是怎么想的？政治意愿不仅涉及行政市长，还涉及立法议会的态度等。谈到开放的数据，随着时间的推移在Tory上任之后逐渐成为政府议事的有限议程。

今天所有的委员会，包括市议会还有市政府举办了联席会议来讨论怎么样推进这样的事项。

（视频：在开放过程中有协作的态度有抵制的态度，对我而言，这是当时的常务会议。2016年到了应该做什么样的事情向前推进。当时推出此倡议，有些人认可有些人不认可，有些人认为它应该是政府的事项，有些人不这么认为。我们希望各方协同努力，才能更好地推进，市长本人本身并不一定能够完全单枪匹马推进，我们不能说口头上给大家开放数据，实际上没有做。我们有这样的流程，回头能把话筒交给议会，看他们负责人怎么想的。如果不想推进，对我们来说是非常尴尬的事情。有的时候我们谈到什么事情需要有一个时间节点，有些事情必须在10月份结束前完成。我们需要投票吗？有同意的吗？）

大家都鼓掌了，当时我们开放数据的委员会专门向市议会阐述了开放的重要性，这个对话非常有意思，有人觉得开放出来的数据不是最重要的数据，在这个问题上大家有不同的意见，另外一个对一些已开放数据的部门说，我们部门数据已经开放了，没有开放数据的部门是不是应该进行开放。还有ICT

的部门小组,给大家提供一下技术5年之后的路径是什么,不管怎么样,经过第二任Ford,经过第三任Tory市长,开放数据重新回到政府工作优先事项。如果谈到ICT,大家重视ICT,刚才市长谈到什么时候有一个报告了,但是很难说,不管怎么样,前景还是光明的。大家可能谈到很多关于数据,包括数据清洗,怎么提高数据的质量,这样使数据更干净或清洁,更科学。

这里有一个网站,大家有兴趣可以登录一下,看一下市长所谈论的具体事项。这个事情刚才谈到了,Tory在任回到政府的预算事项,这是欣喜的场景。2009年有9套,2017年增加到255套。这是非常大的进展。

从局外人的角度看一下,从社区的角度看一下,社区怎么对开放数据产生影响,数据形式是什么,归档的方法是什么。我们一定不能低估社区在这方面的价值和重要性。我们叫做Open Book Club,如果谈到数据俱乐部会想到类似主管实体场景,它不是实体,是数据级,OpenBookClub使人们更好地了解数据的重要性。会员现在已经100多个,甚至120个、130个。再给大家放第三个视频。

(视频略)

这是上届BookClub会员会议。这个过程中,大家谈到的是什么?谈到开放数据可视化的问题,当时关于数据可视化的问题面临着一些不同的声音,比如说开放数据的时候,是不是能够对数据的隐私性进行保护,这方面大家还是有不同的声音。这里是关于多伦多房地产委员会的数据,到底该公开还是不该公开的问题,大家产生不同的意见,因为这些业主觉得数据关于隐私,包括这是他的房产等,机制运行得非常好。

民间社会的技术,在多伦多技术人员每周或者多长时间定期接触一次,这些技术精英希望结合在一起,聚集成枢纽,希望共同做点什么事情,开发出什么样的东西,预算百科,模仿维基百科,通过这个方式追踪政府预算怎么花费,包括项目的采购情况等。除此之外他们和政府部门预算部门进行沟通,这样形成政府、非政府的协同增效。

在多伦多市关于数据方面还有其他的集会,每晚都有小组活动,有超过100个团体,几乎每天晚上都进行聚会所以可以看到这是多么热门的话题。同时还有一个项目,开放政府之旅,可以进行参观,这个人是OpenBookClub的发起人,他喜欢骑着他的摩托环游加拿大,他也发起了开放数据研讨会。哈利法克斯跨越多伦多市更大的范围,他骑着摩托车到处宣扬开放数据的理念,还遇到来自其他国家对开放数据有兴趣的人们,比如来自澳大利亚开放数据的专家,他想通过这样的开放政府之旅的环游宣讲活动来促进开放数据的项目。他上了我们本地的新闻,同时还创建了一个房产地图,不管在哪里,只要点击三次就找到在城市当中房子处在什么地方。像这样的开放数据正是我们初衷所在,利用开放数据来产生增值,让人们更多来使用这些开放数据,并且产生经济价值。他就是创造这个APP的人,他是一个上海人。

这是我刚才讲到一些非常正面的例子,我们在多伦多还有一个项目,叫GUELPH市民加速器,GUELPH是一个穿越城市到机场的地方,住GUELPH的人如何更有效率不经过拥挤的方式穿过这个城市到达机场。你跟人们沟通的时候,你跟人们亲自见面的时候,都需要进行开放数据的概念宣讲,公民加速器是非常好的例子,让人们亲自感受到开放数据带来的优势和利益。

(视频:利用开放数据帮助我们解决日常问题,我们可以通过技术和创新更好利用已经存在的数据,我们在日常生活当中得到更多的便利。这些都是一些公共的数据,连接一些企业家、创业公司以及社区。作为一个健康的组织机构,需要有这样颠覆性事件的出现,同时像这样的APP带来新的角度,还可以把同样的手法利用于解决更广大的问题。一些传统的服务面临着一些挑战,而新的数据的利用可以帮助我们解决这些挑战。从构思到发布,有很多部门的支持,使这个项目得以实现。而且使用这样的方法并不意味着修改法规,只是对法规不同的示教进行认识。同时像这样的一些公开数据的利用,也帮助政府从新的角度来审视手头的问题。同时在这样的发展过程当中,也让更多的企业家跟公民进行参与,共同解决问题。)

像这样的APP确实非常创新,公民的广泛参与,使得一些官僚行政限制得以突破,我们在这样的项目过程中通常看到开发者会彼此鼓励说:"看,这个问题是我解决的!"同时他们会贡献代表社区的不同观点。

现在谈一谈未来,这是最近收到的邮件,我们在一个省是开放数据智能城市挑战的联盟,这是一些组织机构,他们会共同讨论开发过程中遇到的问题,以及如何可以使用这些技术来解决现有的问题,我们觉得未来信息技术和开放数据的措施会解决很多问题。多伦多市面临最大的两个问题,一个是交通问题,一个是住房问题,通过这样的技术,像我们提前看到了未来,实际上我们现在所生活的今天到了明天就会变成明天。我们虽然并没有完全预见未来，但是我们可以共同打造未来，这是每个人的责任。我们所参加的一个项目叫DATEVA，主要是想让健康数据变成公开数据，同时可以通过人工智能方法更好地解决我们现在面临的一些健康问题，比如说进行预防医学的支持，通常在数据进行分布的过程中会受到借口隐私性的障碍。

其实隐私性并不是问题。我们一些组织提到怎样健康？可以由匿名方式发展就可以避开隐私权的问题，来到上海之后非常开心看到这是一个非常快速发展的城市，也是一个逐渐开放并智能化的城市，同时我经常听到喇叭声，而且上海跟我们有一些共同的问题，所以我认为在开放之城，智慧之城发展过程中有很多可以进行交流和讨论的地方。我们可以通过经验的分享来更好地成长，比方说我们刚才听到了曼彻斯特的经验，我们也听到了英国的经验，以及雅加达的经验。通往未来的道路非常漫长，我们需要把这个漫长的道路分割成更小的步骤，希望我们可以保持联系，也祝大家好运。如果这样，今天对话过程就是非常好非常有意义的举措。如果大家愿意跟我有更多的沟通，可以来直接找我，午饭的时候是很好的机会，谢谢大家！

主持人： 非常感谢基思·麦克唐纳，用非常有意思的形式给我们展现非常有意思的观点。各位在听了世界国际范围之内的数据开放的经验之后，接下来我们想把目光聚焦回中国，聚焦到上海。接下来有请数据开放专家，复旦大学数字与移动治理实验室主任郑磊教授。郑磊教授团队首创了开放数林指数，这个指数在贵州数博会上首次发表，今天郑老师带着新一轮开放数林指数在今天大会上揭晓。在他的指数当中，上海还有我们关心的城市登上了开放数林指数的排行榜，接下来掌声欢迎郑教授。

新一轮开放数林指数

复旦大学数字与移动治理实验室主任　郑　磊

大家上午好！今天很荣幸在这里发布最新的开放数据平台报告，这是下半年的报告，上半年在贵阳数博会，现在看一下各地有什么新的情况，讲排名结果之前，花点时间介绍一下排名的方法以及采集数据的指标体系。

这是上半年的报告，大家手上会拿到，是比较厚。还有一个三折页，这里面有最新的数据，同时还增加了一个新的维度，平台层，看平台本身功能跟体验做得如何。

背景和趋势，刚才几位国际上的专家介绍了，亚太地区，包括欧洲、北美的开放数据的情况，我想说一下，在国际大背景的趋势之下，上海在2012年5月份在全国率先开放数据，在五年的时间内，中国的地方政府省级、市级、区级20多个地方陆续开放数据平台，这是我们评估的主要对象。

在评估时要研究一下国际对开放数据的标准定义基本原则，这是联合国电子政务的调查报告，对于开放数据有一个定义，主动在网上公开政府信息，使任何人都能不受限制获取再利用和再分发。这是2007年美国30多位开放数据的倡导者也是专家在加州制定了8个原则，我们会参考这8个原则。这8个原则前面几位专家介绍的时候反复提到。世界银行有基本原则，法律性开放，技术性的开放，使它可机读非专属。

在这样一些原则上，刚才有一位专家提到了开放数据宪章，国际上原则我们认真研究过，同时研究很多文献，寻找开放数据如何开放评估以及有什么样的标准。大家都有疑问，以前的政府信息公开和数据开放有什么区别？信息公开更多地是满足老百姓的知情权,从而监督政府参与政府事务;开放数据更强调数据能够被利用和再次利用,不仅仅让老百姓看到或者知道,而是数据能够被进行处理开发,产生很多的应用,为这个城市带来价值,刚才国际上的专家提到了。如何让数据利用再利用,这和仅仅看到是不一样的。

我国政府这两年颁布了文件,中央国务院深改小组,基本上和国际上的标准对标,原则上的问题是一样的。基于这些,开始制作评估指标,评估指标,指标出来之后不能完全按照复旦大学的判断设置权重,什么更重要,什么给他更多的分数。我们邀请了一方面高校专家学者,二三十位左右,让他们给刚才的指标打分,他们认为什么在中国是更重要的。光是学者打分不行,找到数据的利用者,这些企业,大企业、小企业、创业者真正要用数据的人,他们想获得政府数据的人,他们认为什么是最重要的,数据应该是什么样的格式和标准,才能让他们进行好的利用。右边是企业,有些在现场。打完分,我们看一下结果,这是数据层的结果,开放平台上数据本身要满足什么样的标准。他们认为最重要的是数据的价值,最不重要是数据的量,放了很多的数据,但是都没有用,这些对我们并不重要,哪怕放的少一点但是这个数据有用。数据的价值,数据的格式以及原数据,关于数据的背景知识,基本信息能够让我们用好以及数据开放授权,法律上授予他对数据利用再利用的权利。

按照打分设置权重,大家认为更重要权重设得应更高一些。数据的格式,是不是真正满足开放数据的标准,这是最重要的,50%的权重,总量的权重并不是最高,15%,覆盖面,跨部门、跨主题、跨关键词的覆盖面,15%。20%数据的更新,是否是最新数据,不断满足数据可持续性和延续性。下面有二级指标,三级指标,再从更细节的角度看什么是开放授权,什么是技术性的开放。

同时邀请专家对平台上的功能,平台本身给用户带来的体验再打分,他们认为数据获取最重要,在这个平台上能够便捷得到数据,不要数据下不下来。平台导引,让我找到数据,给我提供一些工具,让我用这些数据,平台的概览,最后是互动反馈,让我们向这个平台提出数据请求,比如需要什么样的数据以及对这些数据有什么建议,甚至发现了数据有什么问题这个是这些专家们跟数据利用企业打的权重。根据这个做出平台层的指标体系,最终的是数据获取,给30%的权重,平台导引然后是工具提供应用展示,下面是二级指标,更细节地说数据获取包括什么,包括注册登录方式比较简洁,能够进行本地订阅收藏,进行数据的预览。平台导引、搜索还是分类还是排序等,让我找到数据,这是平台层。

根据这个指标体系对中国目前已经发现的地级城市以上的地区平台进行评估,我们评估的方式上,主要看自动数据抓取,但是有一些还是靠人工判断,特别是功能。最后得出这样的指数:

第一个,数据层。上半年在贵阳发布的只是数据层,前三名排名没有变,最好是上海,第二名贵阳,第三名是青岛。上升比较快的是广州,一下上升四名,东莞上升一名,后面是北京、武汉、哈尔滨等。这是数据层本身。

第二个,平台层。平台功能在什么地方做得最好。目前发现做得最好的是佛山、哈尔滨、上海,差距非常近,前四名很近,只差一些功能。比如说佛山有应用的提交功能,市场基于政府数据开发的应用,他们还能挂回到政府平台上,政府展示,有哪些应用应用了我们数据,为城市提供什么服务。刚才好几位专家提到,数据开放之后对城市到底带来什么,通过这些评估体系引导方向,不仅仅用,而且把他们用的结果展现出来。平台层和数据层加在一起打出总排名,数据层是更重要,数据层权重是七成,70%。平台很重要,平台是数据的载体,给公众带来的体验能够让他们容易找到数据和获取数据以及应用数据,三七成,再把分乘上权重打出总分,总分是上海第一、青岛第二、贵阳第三,前三名差距很接近,然后为广州、哈尔滨、东莞、佛山。这是下半年,明年上半年继续更新。

评估指标体系每隔一年会动,目前评估指标体系不是最高要求。为什么不是最高要求?评估指标体系是要有一些引导性和真正可操作性,如果我们拿出一个指标太高了,全国都是零分没有意义,我们最高的要求的标准没有放进评估指标,随着中国各地开放数据本身的发展在抬高指标,指标就像跳高的杆,至少有一些城市能跳过去,给一些城市半年时间再跳过去,大家都跳过去了,这个指标的权重要降低,再把新的指标放下来,一点点往更高要求放。大家发现评估指标体系有些很重要的没有放进去,那是因为在指标体系上可能全国的分数都不高。

排名主要不是目的,不是谁第一谁第二,是想看看有什么问题,各地可以对标自己的问题可以提升优化一些综合性的问题。全国各地在数据层方面有一个问题:数据别人能不能真正拿去用?很多地方开放的数据是PDF形式统计报告。今年下半年比去年上半年GDP同期增长什么？这个数据只能看到不能利用，不能真正用。此外，没有授予对方利用数据的权利，没有平台上开放数据的协议，别人拿来用之后你还要追责他。让数据活起来，有些平台三年前放的数据，三年后一点动静没有，完全不更新，不放新的数据，旧的数据没有更新。数据要不断活的数据。让获得数据的人有获得感，你给他的数据有没有价值，你说给了一千，一千是人家不要的，人家要的你不给，人家会觉得我获得了吗？在平台的设计上，我们一开始要有一个开门见山的数据，让人家一目了然看到，是什么主题，来自什么部门，目前什么样的数据最热门等，有一个总体的概览。你要让用户能用方便的方式找得到数据，搜索也好，主题也好，主题取名方法都有一些经验，你取的方法按照政府的导向。很多地方有经济建设，公众懂吗？经济建设下面有什么数据？这是你关心的不是我关心的。很多的词用政府部门视角取名字。有些地方取得好，不用教育，用读书或者就学就医，大家看得懂，用他的语言体系能找到，而不仅仅用我们部门的分布方法。降低数据获得门槛，你让他获得数据，报身份证明，一大堆，认证注册，申请流程特别复杂，很不容易得到这些数据，门槛太高。是不是分级分类，有些数据门槛高一点，有些数据门槛低一点，直接获取，本来开放数据为了让他们拿去用，结果设这么多门槛，你到底是想给他们还是不想给他们。数据更容易被看懂和被开发，数据给他们背景知识让别人知道这些数据当时采集情况，能让他看得懂才能真正用好。谁用了什么数据拿出来晒晒，谁用了我们的数据开发了什么样的应用，给他一些功能，把他们展示出来，从而形成开放数据，从开放到利用之间的循环，有一个闭环。

最后一点想说的，打通数据的供给侧与需求侧之间的壁垒，让他们能够互相沟通。一方面政府想知道大家需要什么数据，他们也不知道你们最需要的是什么，他们以为你们需要的拿出来觉得你们没有用，但反过来，市场也要把政府的数据真正利用起来，用好，从而给政府更多的信心，让他们觉得开放数据是有价值，这两者之间能不能打通互相了解，我知道你需要什么数据，这方面也把别人要的数据给他，然后能够两侧打通。这个报告会定期发布，我们会定期监测每一棵"树木"的粗细、密度、价值，让整个开放数据形成好的生态系统。今年在贵州发布会邀请了各地平台的人到现场，给一些做得好的地方有一个颁奖，明年数博会还会进行。我们给他送了一个小礼物，我们给他们一棵仙人掌。为什么给他们仙人掌？仙人掌最好养活，你给他浇水的时候想基础网站是不是应该更新，数据是不是加一些数据，如果三个月没想起来给仙人掌浇水，仙人掌都养死了，基本上觉得你这个平台不会去管他了，明年还要检查一下他们仙人掌是不是活着。整个中国开放数据森林取决于每一棵树木，标题叫"数据蔚然成林"。

我们做了一个动态展示，除了静态报告，正在开发一个网站，一个月内会上线。按照广东省出现，广东省下面有哪些地方已经开放了，点到一个具体的城市或者地方，伦敦再点一下，会显示出这个数据具体数据，某一个指标各地开放多少，点到主题覆盖率持续增长，什么地方最近有更新，左上角是总体排名，往下拉是各地方的数据。可以下载每半年一次的书面的报告。这是最新的报告，已经放上去了。如果你是上海，你想跟贵阳、北京比较一下，你可以看到五个城市在每一个上面跟他们的差距是多少，是动态化的展示，这个还是测试版，还有细化的东西需要完善；这是我们团队，包括报告，每期报告的下载以及方法论的介绍，定义、原则、标准，都会在这个上面告诉大家，我们是怎么评，为什么会这么评。最后是实验室的二维码和网站。如果想下载电子版可以回到网站上，或者是扫描微信二维码，可以直接下载PDF文件，或者是上网站报告已经在上面，可以下载到电子版，如果有问题可以通过微信号和网站跟我们联系。报告讲到这里。谢谢大家！

第一个圆桌对话

郑磊： 接下来进行一个对话活动，邀请几位国际嘉宾以及国内嘉宾共同探讨全球事业下的中国政府数据开放和创新，首先邀请两位国际嘉宾——世界银行开放数据专员蒂姆·赫尔佐克（Tim Herzog）和联合国经社事务部公共行政和发展管理司司长玛丽安·巴泰勒米（Marion Barthelemy）。还有上海数据交易中心CEO汤奇峰、中电科大数据研究院有限公司总经理何杰。

今天上午听到几位来自亚太、北美以及欧洲城市的数据开放的官员或者是专家的讨论，刚才简单介绍开放数据各个地方目前的情况。接下来进行圆桌讨论，邀请来自世界以及企业和实验室的嘉宾探讨一下在全球事业下的开放数据。先从蒂姆·赫尔佐克（Tim Herzog）开始。

蒂姆·赫尔佐克： 我虽然不会做正式的演讲，但是我手上拿了一份报告，你如果登录OpenData网站，是欧洲和北美的项目，超过400个项目来自这些地方，大概有40个开放数据的来自亚洲国家和地区，还有25个项目是来自南非以及其他的非洲国家。作为世界银行，我们的使命是促进开放数据的早期成功，同时能够把这些成功经验推广到全球各地，我们最关注的是中东地区、非洲地区以及亚洲地区。我们在这方面有多个项目，我们提供技术支持，惠及多个国家，这个项目经过5年之久，我手上这份报告是世界银行对开放数据的支持，带了几份来，如果大家有需要的话，会把手上的这些报告都给大家。

这个主题显得比较干巴巴，但是我们所做的工作非常多，5年以来我们在世界各地推出了不同的行动，我们在交付过程中不仅是项目的成功，同时也在学习，看看有哪些经验，有哪些机会，有一些项目需要我来推荐一下。我们的项目有不同的格式,有跟记者的活动,也有一些培训的项目,也有跟政府的一些合作项目,今天我重点推荐的是开放数据准确度评估。你可以到世界银行的网站上,上面有一些工具页,可以进去看,任何城市、任何国家的人都可以快速的对自己所在的城市来做评估,有哪些机会,有哪些挑战,如何在开放数据方面进行实施,同时就此做出行动计划。包括政治环境、政策环境、数据管理、数据供应、需求,还有公民的参与、资金来源,还有一些技术的基础设施等,不同的方面来进行评估,同时就此做出一个行动计划。现在,我们已经帮助做好了45个评估报告,都提供给公众进行查阅。

我们所做的这些项目都是非常积极的结果,我不能说百分之百的项目都是成功的,在很多地区,可能进展比较慢,特别是开放数据的项目展开比较慢,碰到一些困难,但是我们确实取得了很多的成功,特别是一些具体的方面比较成功,包括公民跟政府的合作方面,我们看到一些公民的团体,在创建自己的开放数据,而且进行分享,同时有一些具体的应用。公民收集数据之后,让合作的公民调查到哪里投票,同时这个政治的候选人他有哪些观点惠及哪些人群,这样的方式公民可以自己创建数据,而且可以进行广泛地分享,从而影响到其他的人。比方说还有一些地区,有一些农业作物受到特殊灾害的影响,或者是一些挑战,这样的数据也可以进行公开的分享。我们过去只是单纯地分享数据,现在可更多地去分享数据背后的知识。

这个报告里涉及不同的惯例,对于多伦多、曼彻斯特、伦敦这样城市而言,我们做得比较成功。发展中国家开放项目,通常是跟一些大型的政治政策相关的,比如可以带来更多的就业机会或者提高预算的透明度,或者在其他领域开放数据,可以分享最佳实践,达到更长远的目标,比如说在2014年,在叙利亚有一个非常重要的投票,世界银行帮助他们开发了一个开发数据的项目,每个公民可以看到投票的进展以及结果。关于其他成功领域,比如说预算的透明度,我们有一个项目开放数据包含合作伙伴关系当中所被分配的预算以及支出状况,还有具体部门的一些项目,比如说运输部门的项目,我们跟马尼拉的地铁进行合作,对交通数据通过开放数据平台进行发布。

开放数据最成功的案例通常出现在大型的公共政策,政府政策相结合的时候,我必须强调作为政府来讲,政府的意愿是让开放数据成功的一个催化剂，在城市方面，我们做了很多项目，同时还有国家层面的项目。刚才很多的发言者都讲到这一点，开放数据措施，有些项目的侧重点就是在国家层面，作为学术圈，他们是政府非常好的合作伙伴，特别是在开放数据项目上，这并不令人意外。因为学术圈也非常愿意利用数据进行研究，他们以前也已经意识到在哪些方面的数据是比较缺乏的，不能得到非常好的应用，他们的这些知识和专业技能可以进行分享。

郑磊：谢谢蒂姆·赫尔佐克，接下来有请玛丽安·巴泰勒米（Marion Barthelemy），经社部是从公共行政和发展管理的方面分享开放数据项目面临的重大挑战以及如何进行应对。

玛丽安·巴泰勒米：非常感谢，从联合国角度意识到公开数据的项目是非常复杂的大型系统工程，我们现在正在开放一些跟联合国2030年可持续发展目标相关的措施。我们其中的一个可持续发展目标就是让更多的机构能够更有效地进行工作，包括一些开放政府的举措，我们需要通过开放数据来支持一些创意，包括在全国的层面进行定期的审核，来看政府在可持续发展目标上的进展做得如何，所以也可以利用这个方式来提高政府行动的一体化，因为在可持续发展的过程中，我们需要政府之间的合作，有很多时候，政府一部分所拥有的数据并不跟另一部分的政府进行分享流动，所以我们希望能够在政府内部实现数据的自由流动，这也是开放数据的发展方向。

现在开放数据面临着多个问题，比如对政府的信任问题，我看到世界经合组织发现40%的公民信任他们的政府，政府数据信息进行开放是非常重要的，可以提高公民的信任度。作为联合国的决策来说，我们通常会制作出更多的报告，我们的报告会涉及电子政务方面，还有一些政府开放数据的进展报告，我们也会发现一些新的创意、新的服务、新的措施带来的价值。我们还会有统计数据，在2016年128个联合国的成员国中，提供政府的数据级都是机器可读的格式，同时他们提供了政府数据的可访问性。我们研究这些数据如何进行发布，如何进行组织，如何对用户进行支持，我们在报告里面也提到了挑战，包括一些网络安全的问题、隐私的问题。刚才听报告的时候我想未来公开数据会如何进行发展，比如像医院的数据，也是非常重要的，因为卫生健康的发展也是联合国可持续发展目标非常重要的一个方面。医院方面数据的公布是非常重要的，到现在这方面没有很好地进行公开分享。信息的开放，政府对开放信息的承诺特别是在国际社区的承诺是非常重要的，有很多国家都已经采取，包括在中国也将开放数据的措施列入了五年计划。所以公众知道政府在一个时间之内对数据的承诺是什么，这是很重要的。

昨天谈到一句话——不使一个人掉队。谈到可持续发展目标，考虑到包容性，包括难民、儿童、赤贫人士，将他们包括在开放数据当中，不使一个人掉队等。为什么说不使一个人掉队呢？包括脆弱的或者是弱势群体，他们往往就没有机会获得这样的数据等，包括地理偏远地区、经济不发达地区等。从联合国角度而言，这也是我们面临的一个挑战。如果谈到挑战，考虑到开放数据的能力建设，我需要政府有能力进行开放数据的工作。对一些发展中国家而言，他们有时候缺乏统计的能力收集数据，分析数据，然后处理数据，之后把它开放出去，在发展中国家需要这样的能力建设，只有这样才能更好地为开放数据做准备。这里面包括马拉维、尼泊尔这样的国家，上海包括中国政府也在和这些国家进行合作，帮助这些国家进行能力建设等，包括刚才谈到的孟加拉不发达国家，都获得了不同程度的能力建设帮助。通过这样的能力建设，我们可以使这些国家能够更好地践行联合国提出的口号，不让一个人掉队。这样使所有群体都能够受益于开放数据，所以我们谈到了不让一个人掉队是2030年联合国重要的原则之一。我们这个数据到底为谁服务？这是非常重要的，大家把这个搞清楚。什么样人需要什么种类的数据，这也是很重要的。

最后一个挑战，现在我们希望在英国，特别是委员会来研究开放数据，谈到开放数据，希望能够进行文档的归档工作，包括如何通过一些透明的方式进行联系。开放数据也可以和发展的进程形成一种相关性和联系。联合国是讨论开放数据很好的场所，因为联合国有许多高层的对话和峰会等，包括联合国科学发展目标，关于高层的磋商和会晤机制使得合作优先事件在高层进行讨论。

郑磊： 玛丽安·巴泰勒米提到了政府以及利益相关方的能力建设的方面。接下来请到利益相关方，来自上海交易中心的汤奇峰。汤总在外企工作过，也是民企创业者，现在对政府很了解，利用政府数据以及市场数据进行城市的管理，从您的视角看，特别是利益相关方视角看，上海或者国内的开放数据目前主要有些什么问题，您有什么期望和建议。

汤奇峰：谢谢主持人的问题，刚才听了蒂姆·赫尔佐克和玛丽安·巴泰勒米的发言我觉得很有启发，国内研究的方向没有这么宏观，我们出发点主要在于利用数据开放和共享，主要为经济活动能够带来什么样的着力点，我想对数据利用有不同方向，从企业角度主要看对经济活动的影响在什么地方。这里牵涉的层面比较多。今天想利用这个机会讲讲两个层面：一个层面是基础层面。当一个企业或者一个特定用途出现的时候，为了刺激本身的经济发展，或者是应用的时候，有没有数据可以被它使用。它所需要的数据除了自身之外，在这个市场上能不能供应？第二个层面，如果有供应，它的效率怎么样？从这个角度看，中国的社会是一个比较独特的结构，因为在我们研究了中国的战略数据资源分布之后，发现绝大部分的数据都和政府相关，比如中国正在搞"双创"，"双创"很多的数据和工商相关，企业经营活动和税务相关，还有很多的活动跟海关数据相关。原来政府有很完善的信息系统，但是在整个数据开放过程里，他是有节奏地在开放。你的数据是不是可以？

每个部门每个系统在组织数据资源的时候有一套自己的方法，就会造成使用数据的效率会比较低，要针对每个不同的接口做很多条线，政府意识到了这个问题，上海政府非常清楚问题和挑战在什么地方，比如说最近可以发现，上海政府在数据共享开放的地方做了很多规范性的东西，关于规章制度，关于标准接口，普遍适用性方面都在有意识地做调整。其实从这个角度讲，企业利用开放数据为经济活动服务，是非常明确的路径。我们的工作主要帮助企业搭建网络，让你很容易能够知道数据在哪儿，让你很方便地使用数据，还有非常重要的一点是反馈，在数据使用以后怎么样对于已经使用的数据做一个评估。像教授谈的报告是非常重要的形式，我们通过使用过程的分析。

中国路径在我们的方向里比较明确，怎样使用开放体系下的数据，从而对经济活动产生效益。谢谢！

郑磊：感谢汤总给我们分享企业视角，汤总更多是对上海比较了解，上海和中西部地区对于数据的需求和开放情况有所区别。今天荣幸邀请到来自近两年中西部大数据的明星地区贵州贵阳的何杰何总，从贵州角度看开放的问题、期望以及计划。

何杰：非常荣幸参与这个论坛，今天上午听了各位专家学者的讲座，收获很多，我们实验室的定位是提升政府治理能力，和汤总的实验室是一样的国家批复实验室。切入点是提升政府治理能力：

第一个，工作重点是帮政府从数据角度切入提升治理能力。从我们自己粗浅的想法和观点看，目前国家也出台了一些促进大数据的行动发展纲要，大数据开放是基础，是研究的基础。从我们自己前期的研究工作看，确实有一些需要提升，比如说目前缺乏一个全国性的数据开放的标准，实际上包括上海，还有贵阳、广东做了很多尝试，我们在研究过程中发现，针对数据的编目、加工、共享、开放，它的标准都有很多很好的东西，本身并不是很统一。我们站在全国层面做这件事情发现这个问题阻碍了数据开放，需要进一步加强。

第二个，地区的差异。不同地区数据的治理理念不一样，像上海、北京、广东经济比较发达的城市，他们走在前列，而中西部因为基础较弱，对数据治理的理解需要进一步加强，这个数据怎么开放，怎么做还有进一步的思考。

第三个，关于共享开放，现在缺少一个有效机制，这是我们在实际工作中和各级政府、各个城市在沟通中感觉到的，部门中存在一些壁垒，当然现在已经取得很大的进展和发展，但实际上沟通和机制还是比较缺失的。

第四个，数据安全保障的问题。现在很多政府在开放数据的时候，本身缺乏对数据审核的安全和保障机制，同时缺乏应用场景的结合。实际上我们能看到这些政府数据开放是最小级。数据拿出来有没有用，在我们看来可用度还需要进一步的提高。

针对中西部，我们在贵阳想做一些有意义的尝试：

第一，还是想站在全国的层面推动一些全国标准的建立，上午各个专家讲到，标准是数据开放的根本基础，只有把标准在一定程度上统一和衔接起来，数据开放的事情才能跑起来，数据才能活起来。

第二，我们针对数据的分级分类做一个工作，我们在实际工作中发现很多政府和城市对数据的分级分类有一些思考，但体系不完整，我们希望在这块做一些工作，能够让政府和企业的各个部门知道自己的数据应该怎么分，在各个场景怎么用，这是一块。

第三，针对我们现在感觉到比较突出的安全保障问题，现在各级政府也在开放数据，但是担心开放数据对数据的不安全，怎么样设计安全保障体系，让他们在保证数据安全的情况下，可以放心地把数据开放出来，供全社会使用，这是亟待解决的问题。

第四，现在我们在贵阳和贵州做一些试点，目前贵州贵阳数据开放比较靠前，它有一个试点基础，同时是中西部欠发达区域，希望在这个区域做一个有意尝试，把数据建立起来、开放起来，积累一些经验，这些经验可以全国做交流或者尝试或者推广。我们现在搭建的是数字政府，希望让数据，让政府变得更智慧，或者更高效，希望通过这块一起推动。实验室国家给的定位是提升国家治理能力，希望能和在座的各位一起推动政府数据的开放。谢谢大家！

郑磊： 感谢四位嘉宾的分享，接下来让每位嘉宾用一句话的时间总结一下，我们做一个期望和忧虑的总结，用一句话说一下你对开放数据的期望以及你的担心。

蒂姆·赫尔佐克： 我的期望是像这样的对话可以继续，同时可以来激励我们在全球展开开放数据的行为，我们可以彼此学习共同进步。我所担心的是我们除了谈论之外还应该有更多的行动，行动不足。

玛丽安·巴泰勒米： 蒂姆刚才讲到的非常有意思，开放数据如果工作最成功的时候通常需要跟大型的政府政策进行结合，所以开放数据本身还不够，希望成为更大的政治议程。也许在联合国层面，希望在我们辩论和讨论中更多结合开放数据的话题。

张晓： 今天主题和城市相关，城市应该在全球都有竞争，在中国不同城市也有竞争，没有什么顾虑，只有一句话，早开放早受益。

何杰： 数据是一个最核心的东西，希望数据开放能够无国界，在全球化基础上能够把数据开放真正利用起来，能够促进全球化经济的发展，谢谢！

郑磊： 感谢四位嘉宾，今天圆桌对话到此结束。

主持人： 非常感谢几位嘉宾的精彩对话，今天上午对数据开放的国际经验和各个城市的做法进行了分享，这些数据开放应该是一个手段，我们最终的目标是用这些数据来达到创新，不管是个人创新，企业创新，还是城市创新。今天下午将会围绕如何利用这些数据去进行创新，去构建新的商业模式进行探讨。今天下午除了创新的模式探讨，还有一个重量级活动，2017年SODA颁奖典礼。13:30以后欢迎各位回到会场，下午见。

主持人： 感谢各位嘉宾，各位产业界代表，下午的内容更精彩，首先下午第一部分有数据创新模式的探讨，第二个环节为2017年SODA颁奖典礼，首先邀请来自英国地理测绘局国际政策与合作总监约翰·凯尔达（John Kedar），他带来的主题是如何利用地理数据进行创新。

地理空间数据：智慧之本

英国地理测绘局国际政策与合作总监　约翰·凯尔达

这是一幅地图，这是地球。大家看，美国、俄罗斯、印度、中国……这是在火星上看地球，可以看到不同国家的地理区位。今天给大家分享的是，在城市环境之中怎么讨论地理空间的概念。随着时间的推移，世界在演变，包括数据在演变，谈到地理空间的数据，整个智能或者智慧的本原都来自地理空间的数据。我演讲分为六个内容，第一，在世界范围之内，整个版图发生的不同变化；第二，怎么使用数据支撑当今的城市；第三，从政府的范式角度而言，怎么样能够更好地维护数据；第四，互联的世界；第五，我们部门叫 OS 英国地理测绘局，我们的创新方法，包括 3D 用于基础研究和基础设施的研究；第六，各个城市的差异性。

首先看一下这个地图，这是地图的制作情况，我们以年、周和秒为单位看一下这些数据的情况，大家如果绘制地图的话，往往以年为单位进行地图的绘制，如果谈到数据的精确度，我们再看一下是以周为记录。比周更短的时间周期——每秒，秒级的计算单元，这是英国地图，表示每分每秒进行互联互通，用户无时无刻不在和周边发生联系。这是我们生成的调研，通过调研可以看出英国地理空间的数据。如果谈到地理空间的使用，有不同的方位。大家看一下，英国每一个房产，每一座楼宇有固定的地理方位，这是大家能够理解的。我们怎么样把每个具有规定方位的建筑楼宇不动产，包括桥梁、其他的网络等结合在一起形成地理空间数据，为我们所用。这是在英国用的空间成像方式增加其解析率。

世界是互相联系的，刚才谈到了每一个楼宇或者每一幢建筑物有其独特的参照标号，不止每一个楼宇，每一个实体世界的物体都有其固定的数据，我们叫做空间的参数，这是英国政府各部门所使用，包括市民的账号、智能抄表系统、统计局统计数据和其他方面，下面有税收，有人们的出生死亡，包括国家生产力指标、数据服务、互联互通以及紧急响应，包括家庭办公或者是洪灾的风险等。这是我们谈到的空间参照的状况。

谈到城市这个概念，怎么使用地理空间数据支撑城市管理？刚才谈到这个话题。地理空间的信息对城市来说非常重要，因为大家从地理方位角度而言，所有自然和人类的活动都分为不同的阶段，包括土地管理、注册、地级注册，业务商务行为的开展，包括基础设施规划、铁路和水路等，物流运输规划、运营、敏捷性的规划、植被、安全和安保、医疗健康教育规划，紧急应急响应以及环境管理、气候变化、资源和资产的管理、透明度和电子政务方面的话题。有人说数据其实是我们城市的基础设施所在，也是国家的基础设施所在。而且数据给我们带来经济收益，地理空间，如果谈到GI，地埋空间方面的信息，它给西方的发达国家GDP贡献很大，2008—2015年，其对澳大利亚GDP影响达0.6%—1.2%，对新西兰GDP影响达0.6%，英国公共部门有地理空间的数据则会贡献0.23%的GDP。如果是出现了一些其他的状态，市政议会，拥挤和环境的污染会给我们带来负面的影响。城市的规划是综合实施规划，运输、住房、工业、环境、基础设施、健康医疗、绿色空间以及人们的福祉等，必须在城市整体的规划过程中纳入这些指标，使城市得到更好的建设和管理。在这个过程中，最根本的地理空间信息是非常重要的。

城市管理中，道路管理是最基础的部分，这个数据非常之多，对英国而言，英国地理测绘局（简称OS），我们有数据帮助道路的维护、管理等。刚才谈到有灾难的管理，包括怎么样减少和预防灾难以及对发生的危机进行快速反应，首先基于地理空间的信息可以进行预判，左边是已经发生的风险，在哪些区域或者哪些场景之下有可能发生这样的火灾，包括水灾，这些脆弱的区域或者脆弱的环节在什么时候可能会出现问题，我们可以防患于未然。

上午谈到市政公用，昨天也谈到了。对于市政公用的运营部门，怎么把客户的数据，包括资产给联系起来，和计费系统进行整合，这样可以通过数据的汇总更好的考虑水、电管理，我们把不同的市政运用部门数据结合起来，形成大的数据库。企业规划也是基于地理空间信息的，你到哪个地方设定你的门店，这样可以获得更好的客户光顾等，一定要考虑到贴近客户布置你的线下门店，才能增加利用率，这个大家都理解。GPS系统等其他系统快递交付系统怎么布局，怎么避免在物流过程中出现的道路不畅的情况，避开拥堵路段等。

世界日益互相联系，这个联系或者是互联互通并不是一个层面，是多维度的互联互通。而且怎么使这种互联互通能力更强，互联互通是一个累积的过程，我们把人联系起来，但前提需要一个联系的环境和联系的资产，这样才能把人联系起来，我们的研究表明，现在有必要捕捉更多的更精确详细的数据，除此之外，找到新的数据来源进行数据的挖掘，这是英国的尝试，英国尝试当中怎么去管理它的路灯系统或者是其他系统，我们谈到了如何通过光纤的方式进行5G部署，谈到互联互通，基于云的互联互通是无处不在的。从传统而言，捕捉不到的信息可以通过5G和互联光纤获得，云计算是很好的途径。你所拥有的数据，可以是三维数据而不是过去的直线数据。这样的数目可以把它标成符号等。通过这样的一些无处不在的互联互通，我们可以通过云端和光纤查看显示情况，5G天线放在什么位置，首先有这样的数据支撑5G的部署，尤其在城市环境当中。除此之外还有其他的元素，有的时候帮助电信运营商查看他们的基站和信号台，怎么配置，这是很重要的。

下面谈一谈我们所在的英国地理测绘局（OS），我们所做的工作。上午曼彻斯特的同事分享了曼彻斯特管理的情形，我的案例和曼彻斯特碰巧有关系，我们通过创新的视角获得信息，从我们角度而言，我们需要传感器，我们需要APP，我们通过这样的方式使城市更为智能，更具智慧。上午大家谈到了这个话题，这里谈到未来城市的图景，未来城市应用的地理空间数据，囊括这么多，大家看得不清楚。这是因为涉及不同的智能城市所需要的，包括未来社会的经济转型、基础设施和服务的提供，包括配置，包括未来的城市规划，包括未来的智能城市等，这些都会涉及很多细节的，这些数据可管理，智能城市或智慧城市需要很多地理空间数据作为支撑。数据可以用于不同的领域，可以形成很好的数据级，基于数据级应用于不同的APP。数据级一旦形成，不同的应用就可以随之而开发。

前面谈到了四个维度的移动性。从传统角度而言，主要是两维角度，现在是四维角度考虑问题,这是四体建模,通过无人机到地铁,从白天到晚间,24小时不停地监控等。这个角度显示的是他们知道的东西未必能够分享,但是你在分享的时候,有可能让别人能够搜集到一个更准确的数据,从而知道四维的高度。同时,像这样的一个数据可以用于更大的项目。我们确实在开发一些非常大型的四维地图,因为碰到一系列的困难,所以整个交付时间延迟了几个月。我们在四维地图里要知道,用户是处在地下的地铁还是在无人机上的视角,在未来会有非常多的自动飞行的一些无人机。这些无人机可以进行货物的交付。

我们现在在做事情的时候,不光是创建出非常美观的四维地图,同时增加了很多的有用信息,以备为将来提供更多的社会价值和经济价值。这张图上包含了植物的信息、汽车信息、车辆信息,四维地图信息的重要性得到了不断的提升,这是曼彻斯特的另一个项目,这是示范项目,让大家提前看到未来的智慧城市应该是怎么样的。同时,也去探索未来智慧城市里的数据需求是如何的。这里先指出一到两个新发现。大家看一段视频,看到数据收集的方式如何产生变化,现在需要用点云的方式收集数据,这些点云不仅是有图形所组成,而且是在上百万的点收集到的精确数据基础之上形成的,这些精确数据形成的数据点会共同构成一个数据点的云,同时很重要的一点,是能够从这些数据里来抽取出有用的信息。我们需要进行一些自动的信息抽取。比方说,在点云的图象里,获得所有树的信息,一些沟壑的信息,一旦收集数据之后可以在不同应用场景应用同一套数据。我们可以用不同的应用来处理这些数据,让人们用自己所需要的方式来应用这些数据,点云的在一秒钟的时间里可以收集到几兆的数据。

在未来,我们还会拿这些数据构建一个更好的架构,或者形成一个标准有结构的数据群,这样会带来更大的价值。我们必须要收集,比方说所有的地面铺设信息,上海地面铺设有多种方式,有的时候可能这样的地面材料信息也是非常重要的,我们可以让具有智能手机的人帮助我们收集这些具体的信息,同时整合到一个大的智能城市地图当中。这里再具体看一下灯柱给我们带来的作为,作为灯柱不仅是单纯放路灯的柱子,因为有相当的高度,可以整合通信系统,这些灯柱在城市有广泛的分布,可以帮助我们收集到非常有用的信息,派上非常大的用场。过去好像没有人想到过这一点,同时我们需要知道灯耗能的情况。同时可以监控一定范围之内的其他的信息,如果有一些商业案例产生价值的话,我们就愿意投资更多的资金在灯柱项目上,这是伦敦的一些数据,我们在这些灯柱上安装了感应器,它可以给我们发送实时信息,包括交通的信息、某些地点的污染信息等。同时是一个实时收集的数据,可以长时间地进行收集,这些灯柱扮演了更重要的角色。我们都知道,在世界上有很多自动化设施能够让我们了解城市里面缺乏什么,可以供应什么,特别是停车位,哪里有空的停车位或者有更多空的停车位。为什么这个对我们来说很重要?因为在未来,作为一个城市或者一个私有公司可能会觉得动态的停车信息非常重要。晚上的时候,一般你允许一些人可以在安静的街道进行夜间的停车,也可以在某一些污染比较高的时候阻止一些污染严重的车辆进入市中心,我们可以通过某个城区污染情况动态决定哪些车辆可以进入哪些地区,这些数据只要有提供,人们就有不断的创意如何更好地利用这些数据。让这个城市的人生活得更好。

  首先看这个城市最基础的数据,同时如何更好地在智能环境下利用这些数据,但是我要说,实际上并不是所有的数据都是完全一样的,或者是平等的,对于某一些城市,哪怕是直面地图也能够帮助他们更有效地规划未来。今天上午听到有嘉宾讲到这一点,数字鸿沟的问题,作为一个全球社会,我们必须关注其他的城市未必有你所具有的经济能力或者是有你的机会,这是很严重的一个问题。我必须告诉大家,很多非洲地区所使用的照明方式和能源方式还是英国50年前所使用的方式。今天上午也有嘉宾简要地提到了联合国的千年可持续发展项目,这个可持续发展项目特别要关注的是如何让乡村地区受益。很多时候,人们会认为地理空间信息可以更多地帮助我们来监控发展的变化,因为我们现在的数据库跟十年前相比整个颗粒性不同,数据也不一样,同时你会发现数据比较之后所拥有的水资源也有所不同,自然资源也有所不同。所以数据库的变化可以体现出整个世界的趋势,发展的趋势,同时可以帮助你对未来进行规划,帮助政府进行决策,还可以对已经做出的决策进行管理。可以认为地理空间信息是在地图上附加了一层统计数据,所以也有助于帮助我们实现可持续发展。

  作为一个国家,面临着多重的挑战,我们需要提供一些可信的数据,可以让这个国家所有的公民都有机会来进行访问和使用。同时,世界在快速发展中,人们现在需要更好的内容,需要更精确的数据,需要最新的数据,更低风险的数据,更多数量的数据从而帮助他们更好地获得所需要的答案以及提出更多的解决方案。

什么叫可信的数据?并不是说政府发布的数据就是可信的数据。可信的数据指有维护的数据,它是有人在收集管理的数据,同时也是完整的数据。比如说它不是反映城市一部分,它是反映整个城市的数据,同时它是可获得的数据,这个涉及之前开放数据的问题,开放数据是很重要的一部分,也有几个嘉宾今天上午讲到了这一点,不再赘言。同时它是准确的数据,最主要的是这些数据是有人使用的数据,如果还没有人使用这个数据或者大家不愿意使用数据的话,很有可能这个数据就是不可信的。同时数据是有生命周期的,开始创建了数据,但是到一定阶段,这些数据就会过期,所以数据也是有生命周期的,我们地理测绘局的数据也同样具有生命周期。开放数据的标准,我们现在提供了很多的资金来支持开放数据的社区,所以我们所认为的开放的数据标准指的不仅是有一致性的数据,不仅是可兼容的数据,我们相信开放数据库和开放数据标准是非常重要的,对我们的行业来说尤其如此。在英国有一场辩论,财务部希望能够把这些数据卖出去获得一些财政的收入,但是也有一些其他的机构希望以完全免费的方式向公众提供数据。维护数据是需要成本的,如果我们是完全免费的提供数据需要政府来提供资金,所以我们有一场非常激烈的政治辩论,这个数据的资金应该如何来进行获取。政府决定把一部分的数据免费的予以提供,如果需要更高性能或者更多功能的数据就以付费的方式进行提供,但是这些数据都是以平等的方式进行提供的,并不是说有一些机构付钱可以获得数据,而其他机构付钱得不到这些数据。

同时,另一方面我们希望建立一个开放数据的生态圈,你可以放在网络上,放在盘子里端给别人,最重要的是你提供之后要有人用,只要提供简单的培训教程,就可以帮助人们更多地使用这些数据。我们有一个创新中心,专门培训人们如何发现数据的新用途,甚至帮助他们寻求一些商业机会。我们还必须考虑到未来,并不是说政府组织发布的数据,官方数据就是开放数据,实际上外面还有大量其他来源的数据,有更多的数据是来自物联网,我们如何能把所有的数据都变成我们可信数据库的一部分,让我们的社区可以进行妥善的利用。

我们大力支持业务的创新，因为大家都希望能够使用这些地理数据产生更多的业务机会，所以我们有一个枢纽，从银行从风险资金获得一些投资，让他们把创意变成商业机会，所以我们提供的不仅是数据，还希望人们可以利用这些数据创造出更多的价值。

我的演讲就到此结束，谢谢！

主持人：谢谢约翰·凯尔达的演讲，约翰·凯尔达以地理空间数据为例给我们展示了城市在数据创新中的应用案例，我们看到这些应用案例的成功其实不是某一个人或者某一个机构就能实现的，实际上在整个城市数据创新的过程中，我们需要更多的是有机生态环境，包括我们的企业，包括我们的创业团队，包括我们的资本，包括我们的想法，还有我们的数据开放，还有政府一系列的政策推动。上海SODA大赛是这样的组织，从2015年开始思考这个问题，如何借助一个大赛创设一个应用场景，创造城市创新应用的生态。接下来有请SODA大赛主要负责人高丰博士。

第二个圆桌对话

高丰：在开始圆桌对话之前，先把圆桌的情况简单介绍一下，大家有的是早上来了，听了一天的会，早上我们请很多的国际嘉宾讲数据流动，正如刚刚约翰·凯尔达所讲，数据流动目的是想得到数据的利用，挖掘出它的价值，使它能够被应用在我们生活当中提高生活质量，创造更多的价值。今天下午的两个圆桌，第一个谈论的是数据创新生态，我们究竟如何营造它，如何在中国这样的环境下促进不同的数据源整合，促进数据流动，从而发挥它本身应该有的经济或者社会的价值。之后的圆桌会讨论从数据到智能怎么做，现在讲人工智能非常火，早上安德鲁·克林吉讲得非常有意思，如果数据不能保障最起码应有的数据质量，我们怎么做将来的智能。在这个智能当中开放创新又扮演什么样的角色，这是下午所要讨论的议题。接下来请允许我邀请第一个圆桌的嘉宾，首先有请UCL程涛主任、有请滴滴出行的欧阳慧蓉、交通运输部公路研究院主任刘冬梅，有请淞泓智能汽车总监窦瑞，有请保橙CEO齐石。

今天圆桌比较有意思，嘉宾构成主要是既有数据方，也有政府所扮演的某一种数据平台方，也有数据应用方，还有代表研究方的程涛老师也带来了海外的经验，这边有保橙估值多少，第一轮拿了1 000万美元，后面会有更多。首先把问题抛给数据源，在数据开放上，请各自介绍一下模式，实验室当中提供一些什么样的数据，你们以什么样的机制提供给使用者，先请窦总。

窦瑞：各位好！我这边代表新能源汽车数据监测中心，介绍一下我们的工作情况，我们在2017年9月份成立了基于新能源车数据的创新开放实验室，我们有什么数据？基本是围绕新能源车，按照当时的地标，2017年逐渐升级成国标，包括新能源车三大核心数据，电池、电机、电驱，包括车辆的位置、运动轨迹的参数，大概是这样的情况。基于九月份成立的创新开放实验室，我们希望能够跟行业里各个方面进行深度的沟通和交流合作。能够面向这个行业，能够面向整个产业的发展，能够提供数据开放和共享服务，打造专业化的深度数据开放平台，基本情况是这样。

高丰： 滴滴。

欧阳慧蓉： 作为全球领先的出行平台，滴滴拥有非常高质量和海量的实时数据，每天在滴滴平台有2 500万订单，日出流量4 500 TB，3亿千米。针对依托滴滴领先的大数据和技术优势，面向学术界、政府、第三方、开发者，提供一些脱敏的数据，还有聚合成能力的能力，让政府学术界深入合作，提速智慧交通的发展，衍生交通生态，为社会发展创造更大的价值。

高丰： 从两家数据源的角度，从企业角度，企业是逐利的，今天把数据开放之后，从利益这件事情上讲，两位所代表的机构怎么考虑？数据出去之后带来的回报怎么预期，你们想象当中可能会带来什么样的回报？

窦瑞： 我们目前积累了一定量的数据，大概50多个厂家，180多个车型，接近14万辆新能源车的数据，数据量已经形成大数据规模，具体涉及主持人提到的数据怎么使用，未来有哪些数据产品上的预期，这也是我们现在逐渐在摸索探索的方向。也是希望搭建这样的平台，能够把数据开放出去，服务的对象包括不同的层次，首先是政府监管，我们大数据平台一定要能够服务于政府监管，为政府宏观上的决策政策制定发挥作用，同时面向企业进行定制化针对化的服务，包括企业整车厂商或者是零部件厂商，电池厂商产品研发过程中的数据的决策支持。第三点，在面向公众出行能不能做一些探索尝试，这个也希望得到滴滴等伙伴的支持合作，大家相互补充或融合能够推进面向公众出行的交通信息服务。

高丰： 不知道滴滴怎么考虑问题的？

欧阳慧蓉： 我们的数据开放计划分为两部分，一部分是数据级本身的开放,第二部分是数据融合能力的开放,数据级本身的开放已经发布了数据概要的开放计划,专门针对学术界提供脱敏数据资源,主要目的是推进让产学研的深度研究和交通领域的前瞻性成果转化,这部分目前是不收费的。数据融合能力的开放是后面计划做的事情,依托滴滴、人工智能深度学习等技术,我们会在第一期开放精准的区间时间预估,通过区间时间分析体现出时空变换下的出行变化,比如说十一期间上海人流量大的陆家嘴区域或者其他区域的时间变化,从而提前提供给政府部门,让政府部门做提前预测做宏观调控等。

高丰:我捕捉两个重点,一是现在免费开放,二是现在数据只供研究,或者是产学的合作为主。新能源也是以产学为主,公路研究院出行云在2016年上线,有非常多的城市把交通方面的数据汇聚到出行云,还不清楚出行云的情况。请刘主任简单给我们介绍一下。对于滴滴也好,或者新能源也好,这些逐步诞生出来的新企业自己都有数据,出行云将来会有计划把这些数据纳入出行云的数据库中吗?是不是有一种统筹或者协调的功能,是将来出行云扮演的?

刘冬梅:大家好。我是来自交通运输部公路院的刘冬梅,很高兴有机会今天坐在这里跟大家交流一下出行云目前的情况。刚才高丰博士提到的出行云是什么,是交通运输部2016年11月份在乌镇互联网大会上上线的平台,交通运输部采用政企合作模式建设,目前由公路院作为技术支持单位运营,这个平台本身定位是解决政府部门的数据开放,在数据开放的基础上,其实也在做一些数据应用反哺的事情。

出行云,我们认为它现在是公益性的平台,目前是通过联席会议的形式进行平台管理,所谓联席会议就是目前我们有16个省厅,比如像江苏、广东省交通运输厅作为成员,还有16个企业,比如百度、高德是成员单位,智能交通行业传统的集成商或者建设方也作为出行云的单位,这个平台希望达到的方式,政府能够把数据开放出去,如果有企业对数据有需求大家可以通过平台进行合作。这里会涉及为什么愿意开放;开放了数据有什么益处;第三企业拿了数据有没有效益,有没有效果。

政府部门目前开放的数据情况在逐步地变化,包括15类数据,交通行业里的公交出租城市层面，还有高速公路网的静态数据，也有一些省里的两客一危车辆位置数据，动态数据属于高价值数据。对于开放给我们的平台而言，他们采用两种模式，第一种模式免费开放，像刚才滴滴说的，免费的模式。其实还有一种，限制开放，限制开放是需要申请，今天上午有好多专家提到，叫无限制使用，目前来看在国内我们交通内部，行业管理部门开放数据的时候还是分了两类：一类可以免费让你使用，这部分基本以科研数据为主。第二类，我们位置高价值动态数据是需要申请的，当然申请不一定需要收费，有可能能够和数据的所有方达成合作协议，这是有可能的。合作模式并没有完全限定下来，我们在平台上给他提供了一些协议的版本或者方式。

企业愿不愿意加入这个平台我们也很关心，出行云作为政府部门的数据开放平台，但实际想把这个数据用起来必须有人用必须是活的，怎么用只有企业才有兴趣用，政府部门，交换共享的必要性不需要通过外网平台实现，现在国务院也在牵头做数据共享，政务资源的共享，那是一条体系，那是属于行业内部和内部之间交换。今天说的开放，我理解为我们和企业层面，和社会公众以及研究人员的开放，企业如何用数据？比如说百度和高德目前已经是成员单位，滴滴也是我们正在签约的，正在加入中的单位，我们和百度、高德的合作方式是什么？百度高德愿意加入出行云里分享它许多交通行业的位置数据，动态数据是比较高价值的数据，比如需要对路网的动态的路况进行准确计算，虽然之前有各种数据源，但是有的拿不到，高速公路上的临时事件信息或者是施工道路的阻断信息，这类信息是通过普通的交换渠道或者其他的购买渠道比较难获取的。它希望能不能通过国家平台的形式，能够和地方上有一些合作，目前比较成功的合作模式是数据和技术的交换，应用服务能力的输出，类似这种模式。比如滴滴对四川省"两客一危"的数据如果感兴趣，会提出申请，对方会有一个交互过程，比如说我只可能需要你的路况数据或者需要你相邻的其他城市的路况的数据，看能不能达成交换。还有一种方式，本身百度或者高德已经开发了一些服务能力，他们服务能力可以以数据交换或者是技术交换的形式来实现。互联网企业或者是很多的企业未来会加入出行云这个平台里，不是因为平台本身是一个部里的平台，而是因为这个平台里的数据可能更具有吸引力或者更具有价值，大家会逐渐地加入进来。目前平台基本情况是这样。

高丰：谢谢！刚才刘主任讲到数据有了以后要用起来，这两端，两位使用者，先请程涛老师，请您讲讲，您本身既在英国做研究，也在中国做相应的研究，这次参加SODA大赛这个过程中，第一个比较关心的是：您听下来，现在中国像滴滴、新能源汽车、出行云，这样数据的流通模式，比较符合你看到的在英国的模式吗？在这个模式上您的研究有什么样的阻碍或者有什么机遇？

程涛：谢谢SODA给我这个机会，刚刚高丰问的问题，滴滴最近公开的数据出来之后，我上线看了一下，可惜不对外国的学者开放，所以我没有办法看数据的内容，就没有办法看你公开了什么东西。刚才刘主任介绍的他们中心想把滴滴和能源数据放到网上，这个形式是很好的，但是确实也要看是真正的金矿，还是打包比较粗一点的矿在里面。因为从学者高度来说，有时发现很多开放的数据，做学术不够用，从我做科研程度来说，我跟英国，尤其是伦敦，我的研究跟伦敦交通局TFL，还有警察局、公共卫生局、消防局，这些数据某种意义上可能政府都有一些开放的数据，可是开放的数据都是比较小的，一个星期两个星期。我的研究需要一年两年的数据，有时候是想要一些动态的数据，所以从这个角度说，我的数据可能都不是公开数据，严格意义上说。从学者角度来说，因为你要解决真正的问题，你必须得拿很好的数据来做，质量越好的数据能给你提供越好的解决方案，作为企业来说，不要吝啬您的数据，但是要取得这一点也不容易。从我跟企业合作的体会来说，对于学者不知道今天在座有没有学者，第一点肯定解决企业的问题，所以要真正了解他们需要什么。第二点，要有很好的主意，你的主意比现有的主意好，有效。第三点，一定建立信任。信任的问题是什么？企业信任你是要你能解决它们的问题。企业愿意给你数据，愿意花时间给你解释数据，还要信任你对它数据有保密要求，能保证数据不会泄露。只有这三个信任为基础这个关系才可能建起来。第四点，真正的合作，这个合作是要非常亲密的交流，不光是我要了解企业需要，而是甚至要参观企业怎么采数据，怎么用数据，我知道数据是怎么来的，我才知道数据有什么质量的问题，而且我知道现在是怎么用的，将来想怎么样，这样的方式才能取得真正好的产品，可以真正地返回到企业需要。我自己的团队都有跟警察巡逻过，只有这样才知道过程和个数据的可能性。

高丰：齐总谈谈，滴滴也好，新能源汽车也好，他们现在的模式你感兴趣吗？下一步准备和他们合作吗？

齐石：我是保橙网络的CEO，我们团队做这个事的初衷是希望利用用户行为价值数据优化车主安全评价和量化体系，帮助保险公司实现车险评价，让好的车主享受到更低的价格和更好的服务。作为保险从业人员，作为精算师，数据是我的粮食，但是这几年的创业实践过程确实感觉很苦恼，中国的数据产业的链条建设存在很多问题，一是很难谈合作，二是合作过程中发现数据质量本身会有很多的问题。以车联网为例，我们知道很多的硬件采集数据的频次在30秒一次，甚至5分钟一次，这对我们来说没有价值的。后来被迫投入研发精力，自己拿了好几个专利，我们自己从采集原始数据开始，自己采集的数据符合自己的数据要求频次的标准，到数据加工再到保险公司模型智能产品开发上线，做得很累。中间特别有幸了解到SODA平台，参加第一次SODA比赛，借由这个平台拿到上海市政府和一些其他的运营数据，这对丰富我们自己的模型有非常大的帮助。今天坐在这很兴奋，刚刚听到免费的滴滴数据，太好了。但是没有看到数据质量，告诉自己不能太乐观，但是只要有机会参与还是愿意参与的。

高丰：免费对企业是利好。免费对科研，将来是不是对企业收费，说不定。这块我比较好奇：从企业的角度来讲，对于中小企业有没有可能做免费的支持，或者以其他方式支持，阻碍你们做的理由或者顾虑在哪里？你们觉得现有哪些模式上变革不够多，你们觉得没有办法迈出这一步，新能源或者滴滴哪一边？回答一下。

窦瑞：刚才两位提到两个比较重要的问题，数据量的问题和数据质量的问题，都是非常重要的问题。说到数据量，作为数据源头应该考虑的因素是数据安全性，数据在合理框架范围之内开放出去，这个也是我们现在创新开放实验室在探索的一条路径。能够让大家访问到大量数据情况下又能够保证数据安全，同时对数据进行不同层次的分级，一些开放数据、半开放数据和完全私密的数据,可能会涉及企业的核心技术的数据,我们可能不会开放出来。关于数据质量问题,刚才齐总提了非常好的一点,从数据产生到数据产品的推出,这个中间是有非常多的环节的,这个链条不是非常完善,这个是目前数据开放一个比较大的问题,采集数据的支出,可能并没有想好未来作为产品的角度数据如何发挥它应有的作用。数据的需求方,又没有话语权去定义数据采集的具体要求,这是比较大的问题。

高丰: 不知道这样的gap,在出行云的角度,作为政府中立方是不是有可能扮演这样的角色,从数据产品或者从数据需求和数据的提供者之间,供需之间的不平衡的角度,出行云有没有可能做某一种中立机构去协调这样的事情。窦总说到一点,我们在自己摸索的过程中,安全也好,有一套机制,希望摸索出机制。现在看到滴滴也好,新能源也好,各自都在玩,各自摸索。有没有可能出行云作为中间方把摸索经验沉淀下来,最终由出行云出台一个共性最佳的实践,这是最佳数据拿出来的方式,这是一种模式,能够通过出行云沟通供需双方的需要,是不是一种可能性?

刘冬梅: 这个问题是我们目前正在做的事情,简单介绍一下,目前出行云在2017年做了几件事情,其中有一件事情是你刚才提到的,跟文件和规范有关的或者相关制度这方面的工作,如果从部一级,交通运输部的层面说,出台的是数据资源共享开放的意见,从出行角度,出台了一个跟出行有关的,基于出行云建立一个数据的开放的环境,一个生态环境,这是两个国家层面在做的事情。基于出行云,技术支持组,做技术上的工作,一方面做资源开放目录,大家在平台上政府部门可以开放哪些数据;另一方面互联网企业或者一些行业内的企业如果加入进来,我从技术能力上或者服务能力上会开放哪些,或者是数据层面,如果能从原始或者是脱敏后的数据层面开放是受欢迎的。我们会尝试着做数据目录的工作,对于政府部门的数据目录已经完成,企业层面不断滚动进行,我们接触的企业和行业越来越多,以前做的时候想只是交通行业内的数据,后来发现做地产、做保险的,跨域数据的需求更突出一些。我们现在资源目录的层面在逐步完善。

今天作为主题讨论的数据交易的问题,今天上午想听上海交易中心的老总讲一下规则,因为上午时间没来得及,当时真想听听,他在市场交易层面目前探索到什么程度。我们和贵州,贵州有数据报,也是做数据交易的公司,我们出行云和它的模式是不一样的。它直接从政府的行业部委拿数据授权的概念,它也是只要一源数据,从政府部门进行签约。但是它自己不存数据,没有自己的数据中心,通过协议的形式帮助大家实现撮合。这也是从数据安全角度来看,大家比较放心的一种合作模式。的确,我们出行云上面,比如交通部里面的各个厅如果传给我们数据,是以数据接口的形式传给我们,像您刚才提到的科研,如果只提供一个星期两个星期根本满足不了需要,我们需要给他存储,存储的过程是我们和他签协议,他同意以后我们会去存,存了以后以科研为目标做这件事情。这件事情还是逐渐的迭代,像您刚才寄予厚望是不是出行云扯起这面大旗,交通部多年工作重点是在数据开放方面做相关政策,我们参与其中,是不是把行业统一起来也不一定。最后一定是走市场化路子才能把这个事做起来,像刚才那位专家说的,政府部门里的数据不一定是高质量的数据,真是用到数据的时候,发现数据质量没有那么好,你好不容易拿来,最后很有可能发现不太好用。最后,它应该是以应用为驱动的,必定是那些需要数据的企业倒逼数据质量提升,研究学界也会做这方面的事情。

高丰: 出行云有一个联席会议,联席会议大部分构成是数据源单位,出行云在联席会议机制建设上或者在构建自己数据小生态的时候,我们有没有考虑过把数据使用者,将其纳入程涛老师做的科研决策机制中?

刘冬梅: 刚才提到目前的管理机制是联席会议,2017年1月份开了第一次会,目前我们在吸收新的单位进来,本来在第一批单位里有五家高校,东华大学,同济大学也加入了进来,算是第二批成员单位,而且2018年工作重点有一部分是和高校的合作,在平台上推出线上实验室的功能区,那个里面是一些科研数据和一些学术用的工具的平台集合的环境。我估计您刚才提到的问题依然存在,数据质量,数据量可能满足不了一年两年的需要,他们给的时间不够多。

高丰: 程涛老师可以分享一下您和伦敦合作的经验么?

程涛：英国的声音挺多的，从曼彻斯特讲到伦敦又讲到整个国家，我们确实有一些经验可以借鉴。因为在英国，政府资助是很大的，但不光是政府，我们UCL牵头一个中心。我们也在做数据共享标准，有三个权限的设置，公众都可以用的，登记以后可以用，最后一个是保密的有很多企业数据很敏感，包括滴滴或者另外一家公司可能是竞争伙伴，所以他们都希望自己的商业秘密不会被别人拿走，同样他想要分享到学术界的成果，其实这些我们都有很多经验，不光只是英国的四个大中心之一，有机会可以到英国去看看。

刘冬梅：我们前段时间，交通部科技司带队去英国，关于数据开放进行了学习，刚回来。

高丰：正好回头可以再交流交流。你觉得什么样的数据交易模式是中小企业能够承受和接受的，无论是数据交易或者数据共享，我跟他作为项目合作形式，IP共享，这是不是可以接入的方式，不知道从你的角度怎么认知？

齐石：我们跟车联网的企业进行合作，合作的第一目的不是数据共享。首先要有明确的商业诉求，实现这个商业诉求的必要手段是数据共享，这才会引入数据共享。整个项目立项是趋利的，内部流程比较复杂，不是跟东方数据开会讨论这个事能不能干吗？这个事情做到一半，做不成是因为产品，因为技术，制约因素比较多。从个人角度说我看到美国的有些专门的以数据为核心的商业模式的公司的成熟可能会对这个行业会有更大的帮助。中国的金融方面的发展也会逐渐地开始看到，国内已经出现有背景的数据公司，包括投资人，投了很多数据公司，我们希望从做企业做商业角度来说，第一增强自身的诚信，第二增强自身专业能力，推动传统金融机构的发展，能够建立更加成熟的系统，让大家觉得数据公司是值得信赖的，数据公司专门以数据为核心的生产资料和核心产品的模式，是能够为社会各方所接受的。

高丰：一个是信任，一个是共同利益或者目标的设定。这个当中比较有意思的一点，早上还跟摩拜的朋友聊，对于数据源，我设定的目标往往是数据能够被应用到新的产品方向上，对于使用者很实在，希望我这个东西能够做成有用的东西。你们本身是做2C或者2B的，比较简单，对于新能源也好，滴滴也好，有一些项目，做的是需要跟一个非常大的企业来谈将来落地的可能，或者跟政府来谈落地的可能，在这块大家有没有什么想法，怎么助力，从数据源角度或者从应用角度，自己本身可以做什么？程涛老师，从你经验来看，跟英国伦敦这么多不同的部门合作，你觉得是一个产到学到研，再到最后落地，成为一种商业产品也好，或者成为政府的公共产品也好，你有什么样的经验可以讲讲。

程涛：想跟企业说，不应该太担心数据给别人应用。其实我跟TFL合作，他们给我数据，我也告诉他几件事情，我们以前在伦敦是可以随便挖开地方的，地下挖线随时就可以挖，只要给他一个报告，今天可能想要挖开水道，大概什么时间，就告诉他了。等真正什么时候挖，在哪个地方挖的他们没有记录，最早的时候，伦敦TFL让我给他分析可不可以有评估体系，以后收费，怎么收。我说我要先看历史数据，数据给我的时候，你这些数据对我来说都没有用的。实际企业有时候收了很多数据，真正拿来用的时候，有很多的问题。另外一个例子，给另外一家公司做手机电池GPS的装置，他这个装置可以拍照也可以传到Google上。现在大家都认为，采集GPS的数据，频度越高越好，其实不是，取决于你做什么，这个也是我告诉他们的。警察局要我跟他合作，我给你几年的数据，那时候给我几年的数据，15分钟才有一个数据，我说15分钟确实不行，现在他们改成每5分钟一个。实际上跟政府合作和跟企业合作不太一样，和政府合作是因为这些东西原来做数据采集的时候，它的目的是另外一件事情。现在做新的产品，从企业角度来说，如果你同其他小企业生产新的产品，这个利益是共同分担的。如果把这个搞清楚了，建立信任了，这是一个双赢的，不管做学术也罢，做企业也罢，对大对小都是这样的，我觉得这点很重要，数据保密是另外一回事。对学校来说，我们可以存很多数据。现在技术手段在逐渐地变化，我觉得我们大家很多观念还是需要往前面赶。

高丰：滴滴的角度，你们现在设定的路线，把数据免费提供给科研者用，如果产出某一种有用的应用也好,或者是有用的分析也好,对于滴滴现在有一个相对早期明确的方案,怎么把这样的东西应用会,无论是自己的产品研发上,还是应用到其他方面。这块滴滴有没有一些思考?

欧阳慧蓉:滴滴在产学研上有很多的合作,同时和政府也有很多合作,和政府有20多个城市签约了智慧交通协议,并且在南京上线的智慧红绿灯路口破解了10年的拥堵难题,早晚高峰拥堵指数下降10%,上线了四潮汐车道,武汉中北路降低了13.3%,在应用层面滴滴做了许多事情。一己之力还是单薄,希望未来建设一个大数据开放的计划,能够让更多的政府企业一起参与,激励更多的创新出来。

高丰:这个过程中,听到大家谈生态,但是生态好像比较散,这么多不同的生态,其实这个问题问你,这么多生态,你作为企业累不累,和这么多不同生态打交道,对企业来讲成本上吃不吃得消,利益上拿不拿的回来。

齐石:这是我很苦恼但又不得不接受的现实,你做其他希望做的事最纯粹的,加工做模型、做产品,现在数据很分散,最终串起来的政府可以做,但是单纯的政府命令还是有限的,可能还是靠实在的利益共享机制才能串起来,这是为什么每个人好像也想共享,但是都不太想轻易地在一个不明利益的情况下进入一个合作关系里面,每个人好像都在讲,我自己想主导一个,或者策划一个我能主导的场面。从创业者的角度来说,我不能坐在这里抱怨,不去做事情,必须基于现在能做的事。可能对于从业者或者创业者来说,我们得认识到这个问题的困难和复杂程度,我们要对自己的挑战更高一点,不能只想说做模型,你不能期待只做好的厨师,得从前端找食材练刀功做起。你需要面对的是个人或者对企业自身数据建设长期、多角度多角色的长链条;从业务环境角度看,为什么有这样或者没有这样的数据到怎么样能够有一个更好的数据环境,对它的商业价值,甚至对于可能企业战略方面的重构,它以前可能是赚这块的钱,可能有了这些数据变成赚那块的钱。美国因为整个数据生态繁荣,很多公司是做二手车,做很长时间发现二手车数据收集起来卖给管理公司,管理公司做二手车的车险定价,这是很赚钱的。所以变成主营业务是一摊，随着数据丰富战略发生变化，变成数据公司了。我觉得中国数据相关的从业者也需要对自己的使命提出更高的要求，不能只是没有数据就不能工作这种状态。

高丰：从另外一个角度来讲，今天讲生态，大家都在各自发力，我们的协作怎么可以达成，关联到联席会议或者这种形式上可以看到两点，第一点，比如说新能源大数据实验室，作为开放创新实验室，出行云联系办公会议室会有什么样的障碍在里面？或者你们之前不知道，今天知道之后第二天加入了，不知道你们的观点？

窦瑞：非常希望能够跟出行云加强后续的沟通和合作。第一点，程涛老师讲的数据质量的问题，很多交通数据的产生都是业务性非常强的，这个数据的产生并不是为了后续创业者作为数据增值的方向来采集的，他还是支撑基础的业务应用的，业务应用可能对数据的要求并不是非常高，所以这个之间就有一个非常大的困难，也是齐总说到的，很多30秒采一次的数据可能用不了，可能自己想办法采数据回来做一些应用，刚才程老师说15分钟的数据用不了，建议政府5分钟采一次。非常有必要建立一种沟通渠道，能够形成这样有效的反馈。能够把数据，比如说在一些业务当中使用的数据让它在增值过程中遇到的问题反馈给数据采集方，在不增加非常高的成本的前提下，对这个问题评估之后可以提高数据采集的质量和精度，这个其实对我们整个数据的效益，对我们产业的发展是非常重要的，能有这样非常重要的渠道，我觉得SODA是非常好的。

高丰：甚至于在这个环节中提升你的数据质量，这都是一种新的服务，也补充了新的数据服务。刘主任，明天能不能开一个新的联席会议，全是使用者，咱们和程老师明天就加入，绝对能帮助提升所有单位数据需求和数据的质量，这个可能是未来的一种方向。我们需要这样的沟通方式，让大家能够一起协作，创造这样的价值，不知道有没有可能。

刘冬梅：你这样说让我更加坚信我们做的事情是对得，因为你说的事情我们正在做。刚才窦瑞说数据如果质量差需要有反馈,这个事情我们在两边有一些合作了,做类似的事情,欢迎大家加入进来。

高丰: 这是圆桌最欢快的结尾,今天这一场圆桌到此结束。

主持人: 感谢高博士圆桌对话,而且对明天的事情都有落实了。接下来还有一场圆桌对话,前面是讲了数据的创新应用和生态的构建,接下来从数据到转智能。2017年以来,尤其2017年上半年以来,人工智能已经成为很大的热点,人工智能未来会对我们产生很多方面的影响,第一个方面,要让机器像人一样会思考,会学习;第二个,前两天Google发布了一个新闻,人在2029年可以长生不老了,所以第二个方面是人可能会像机器一样的生活下来,人会变成程序化、机器化,这些课题涉及数据在背后做支撑,接下来圆桌的主题是从数据到智能的过程中,数据又发挥何种作用。下面就让我们有请DT财经主编王小乔,东华大学乐嘉锦教授,英语流利说CEO王翌,城室科技CEO刘浏,阿里巴巴ET城市大脑机器视觉负责人金仲明。掌声欢迎各位。

第三个圆桌对话

王小乔： 先自我介绍一下，我是DT财经主编，我们DT财经是第一财经旗下一家数据新媒体，成立两年多的时间，我们一直在关心的领域是大数据，人工智能，很高兴能够有这样的机会跟大数据和人工智能领域里的业界和学界的顶尖人士交流，希望接下来一个小时的时间能够给在座的各位带来一些思想上的启发和火花。这场主题是从数据到智能，先介绍一下嘉宾。

我左边的是乐嘉锦老师，东华大学计算机学院前院长，浦东新区信息化协会的会长。乐嘉锦教授现在把非常多的精力放在医疗信息化，是医疗信息化中理论和实践层面的业界翘楚，乐嘉锦老师可能主要是从医疗信息化，从跟病例相关的大数据进行分享，分享自己这方面的理论和实践上的经验。接下来英语流利说的CEO王翌，王总做的APP，不知道大家有没有用过，我团队里，还问了一下，你们知道英语流利说吗？他们说知道的，还有说我刚刚买了他的产品，这个产品有非常多的90后在使用。我非常好奇，我本人确实没有用过，我很好奇教育和AI的结合是什么样的东西。非常期待接下来的对话，请王总多聊聊未来展望。金仲明，阿里巴巴城市大脑项目机器视觉方面的负责人。我们生活在城市当中的时候，会接触到交通摄像头，公安摄像头，很多很多这方面的信息，现在都是在城市大脑的项目当中汇聚起来，可以理解为城市治理方面的机器人。这样理解对吗？因为我非常希望更简单的直接地跟大家有一个介绍。最右边是刘总，城室科技CEO，他们是关于城市影像，刘浏也是在开发一款慢行交通导航方面的产品，请您自己介绍一下。

最开始请各位嘉宾分享的一点，因为四位是不同的领域实践者，而且这几个领域非常有意思，这几个领域全部跟生活息息相关，我们很想知道，在这些领域里面，比如医疗大数据，现在已经是发展到什么样的程度，质量怎么样，数量怎么样,乐嘉锦老师您搜集的数据现在达到什么样的量级,这个过程中开放的程度是怎么样的?对于这块的应用和发展有什么样的挑战和机遇?

乐嘉锦:大家好!主持人要我讲一下医疗数据,这几年一直在做智慧医疗,主要跟瑞金医院合作,我们在做医疗数据的收集过程中,发现这些数据还是不完整,尽管是用了电子病例,但是要得到完整的数据还是比较难。因为数据量小的话,要取得比较好的结果就比较难,我们比较多的是做甲状腺、甲亢、结节,尤其后面做了结节的联络性的判断,刚才说阿里的比赛,把结节片子拿出来,读片。我们不从这个角度做,我们从数据的角度做,主要是取了超声波的数据。超声波是病理医生写的,写的时候不会说这个结节是恶性还是良性,把客观的描述写出来,基本是半结构化的数据。把这份报告给主治医生。主治医生会看,觉得血流量不稳,结节比较大,建议你做穿刺。穿刺以后会给你一个基本的建议,大概是恶性的,建议手术,或者是良性的,不要手术。

整个数据应该有一万多个患者,但是数据不完整,后来得到比较完整的数据后,3 720个来做超声波,又做了穿刺,最后做了手术。手术的数据应该是最准确,开出来是良性就良性,恶性就恶性。因为比较完整,三组数据扔掉很多,比较精确的数据做判断的话,首先看到了参数数据和最后的手术数据相比较,参数准确率85%,这85%还是蛮可怕,有100个人有15个人是白挨了一刀。我在医院真的看到,有一个患者甲状腺开刀,开完以后,小医生、护士过来跟你说,你很高兴,你很幸运,你今天是良性的,明天就可以回家了。家属很高兴,我们放心了,谢谢医生,谢谢医生,患者也很开心。我在边上听的真觉得这一刀既然是良性的何必要挨。

王小乔:通过研究能够把85%的比例降到多少?

乐嘉锦:现在用了深度学习,就拿超声波数据进行结构化提炼找出16个指标,用深度学习、循环神经各种算法,我跟研究生说数据是搞不坏的,而且基本上脱敏了,我们用各种算法全都砸了一遍,最后发现深度学习的神经效果还是比较好,达到89.9%,90%不到,我还是不敢写文章做什么,我说90%没有到还是不行。还有10个人要白挨刀。怎么提高,用了各种办法修改算法,去找其他钻法，各个办法试，始终没有突破90%，始终不到90%。我觉得大概训练数据量不够，所以今年又跟万达跟申康申报一个项目基本成功了，想用申康更多的数据进行训练，只要数据足够多，精确度够高，用现有的算法应该可以提高我们准确度。这上面做的事情要达到的目标还是蛮明确，而且能够做得到，只要数据多。数据开放的事情刚才讲了很多，作为一个民众来说，数据其实是民众创造的，不是政府创造的，如果说一句话，民众创造了数据应该还数据给民众，比如我到医院，医院哪里有数据，医院说这是我的，不能给你。没有患者哪有数据，机器是死的，没有数据。我们把数据的主人关系颠倒了，数据主人是患者，我们参加健康检查的人，交通参与者是数据的创造者，管理者并不是数据创造者。

王小乔：乐老师和王翌讲的东西正好是我关心的，我现在是一个怀孕六个月的妈妈，我特别关心医疗和教育，王总做的东西，我看了以前资料已经积累了大概几千万分钟的语音学习，不知道数据准不准？

王翌：现在我们应该已经积累了8亿多分钟，接近100亿条的数据。

王小乔：你们收集这些数据之后，关于中国人说英语有什么比较有意思的发现？

王翌：英语流利说目前是中国用户量最大的学英语的APP，超过五千万的注册用户，2013年2月发布产品，那时候发布是非常简单的一个口语练习工具，用游戏化的方式让用户跟读英语对话，用语音识别的引擎自动打分，用户的增长从简单的APP变成语言学习社区，在2016年7月份发布了全球第一款AI的英语老师。你可以把它想象成虚拟的老师，在手机端，它可以给你推送个性化的学习内容，给你布置个性化的练习，给你实时的智能反馈，当你回去再次复习再次练习的时候内容就变了，或者持续学习每个人起点不一样，学习轨迹路径都不太一样。随着数据增多，对于中国同学在口音上很好玩的事情也随之增多。毫无疑问，天南海北各个档次都有。具体比例再看，巨大比例thank you发不清楚。还有R、L，很多同学，他说英语也是有这个问题。苹果公司有一个全球资深市场副总裁是波士顿口音的人，他2016年到我们公司参观,让他用这个产品,特地给他挑了一句特别简单的话,读了两遍,ARE,都是红色,表示有问题,我读了分数比他好。气氛很尴尬,过了几秒钟,因为我来自波士顿。波士顿口音里,R是发"啊"。因为收集很多这样的数据会把很小的错误抓出来,当时觉得挺有意思。今天英语流利说的口语评测引擎在全球语音的识别上针对中国人最准,我们超过科大讯飞,超过其他第三方,因为我们有最大的数据量,算法和数据缺一不可,数据是非常重要的。我们没有停留在这里,我们的引擎除了发音,还在语法、词汇以及流利度和运用等方面可以自动评测,而且实时定位错误,练了一段话之后,是开放式的问答,可以给你说你在四个维度分别犯了什么错误,大家可以下载另外一个产品——雅思流利说,全真模仿15分钟雅思考试。雅思官方在评估我们技术以后觉得我们这个超越了他们之前对于技术的认知,他们原先认为技术没有到位,他们当时找了3个剑桥大学的实验室,花3年时间并没有得出一个他们满意的成果,后来看到我们的技术,觉得这个东西已经可以商用。

今天在教育领域,可能大家不太关注,觉得很传统,教育的确是非常有意思的领域,100年前的医院和100年后今天的医院,100年前的马路和100年后的马路差别很大,100年前的教室和现在差不多,是老师站在前面,一屋子学生在下面。实际上今天随着移动,随着AI,随着大数据、云计算三股浪潮叠加在一起,我们看到非常有意思的可能10—20年的时间,人类怎么学习会经历颠覆式的变化,很多时候,真人老师的局限会被技术所突破。今天教育整个环境,有两个最大的瓶颈,一是成本很高的,二是效率很低,我们花很多时间,学不到什么东西,中国学生平均花2 500分钟学习英语,50%是哑巴英语。今天流利说老师已经证明了我们的AI老师是纯人机学习方式,可以把学习效率和欧标标准相比提升三倍,这是效率的提升。在全世界范围内,尤其在中国,教育资源分配是相当不公平的,中国西部很多地方根本没有,支援西部说了那么多年,该去的地方还是没人去,这时候需要技术和移动互联网解决问题。

王小乔:有可能未来在西部看到机器人老师。

王翌:在青海果洛藏族自治州,我们2016年6月份捐了100台手机,从2016年9月份开始,他们一个学年两个学期,那边孩子300个藏族孤儿英语课数学老师教，他负责45分钟过后收手机。孩子们在2017年6月份的英语中考成绩提高了20分，当然起点比较低。现在已经在发生了，只不过规模比较小。

王小乔：一定程度上来说，我做大数据这么长时间，很少看到教育领域的大数据，没有到颠覆性的改变，比如医疗领域，或者城市治理、城市安全，我们会很直接想到，可以提高安全，他可以降低手术的风险，但是教育我们传统意义上都会理解他是一个更个人的东西，没有想到这么大的数据量最终积累下来。一个本质性的数据对于我们生活的改变是什么？您怎么看？

王翌：有需求的地方，任何低效的行业在适当的时候人工智能就有所为，人工智能是在特定的场景下提高效率的工具而已，消费者永远不消费技术本身，他消费的是产品，他消费的是体验，所以我们需要有一个好的产品和好的介质，把这个技术和它的效用转达过去。今天为什么像流利说这样的公司，早5年创立肯定是死，晚5年这股浪潮过去了。移动互联网的兴起帮助我们以非常低廉的价格进行大范围且高效的数据收集，没有停留在数据本身，用户到底用什么，用户要的是从这个水平的语言提升到更高水平，而且时间越短越好，价钱越低越好。我在学校十几年，大学毕业以后再花三五万元，这不是很扯吗？为什么学英语是很昂贵的，今天你在家里躺着，花1/10，几十分之一的价格，1/3的时间，让你把英语学习搞定。当你达到了用户痛点，我们成长非常快，从2016年7月开始付费产品，每个月平均增长30%收入，我们在2017年2月份规模化实现盈利。市场会给你反馈，这个东西是我们想要的。

王小乔：刚刚提到有需求的地方一定会有人工智能的需要，需要数据对于这个领域的改变。刚才讲的是教育和医疗，接下来聊一聊和大家息息相关的城市，大家都生活在城市，我们在这个城市里生活得安全不安全，我们这个城市美不美，拥堵是不是很严重，我们问一问金博士，以杭州为案例，像城市大脑积累数据量已经到什么样的程度，数据质量大概怎么样，以及究竟能改变我们生活中的哪些方面？

金仲明：我是来自阿里巴巴ET城市大脑计算视觉的负责人，我们更关注怎么利用全局城市数据解决城市当中出现的问题，城市当中每天都会发生很多这样那样的事情，包括可交通事件、拥堵、碰擦、偷盗等，怎么利用全区全量城市的数据解决这些问题。城市当中有很多的数据，比如高德GPS数据，城市当中有很多摄像头，尤其在中国，摄像头覆盖率很高。

王小乔：覆盖率有多高？

金仲明：您可以去城市的大街小巷看一看，数字是虚的东西，杭州市主城区有千级别，甚至上万级别的摄像头。这不包括社区里面本身存在的，包括交通的治安的摄像头都达到了这个级别。但是摄像头质量是不太一样的，有些摄像头是高清，主城区是比较老的，那些摄像头分辨率比较低，质量有可能不是很高。本身我们采集数据的时候，数据包括很多种，包括有些时候是枪机，不会转，大部分的枪机不会转，有些是球机是会转，如何利用这些数据，对于数据的理解是比较困难的事情。分辨率不一样，场景不一样，并且是在动态改变的。视觉上如何解决这样的问题，如何感知这个世界，通过算法可能会提升低分辨率的高噪声的摄像头，获取到人或者车，人的流量，包括车的速度这些数据，利用这些真实数据还原这个事件。有了这个数据以后，很细致刻画人物，把人检测出来，对人做跟踪，这个人是男性还是女性，衣服是什么颜色的，通常来说是靠人眼看，现在情况可以通过机器方式识别。有了感知上的情况以后，可以有更深层次的一些决策上面的事情。比如交通领域，可以通过对人和车的检测和跟踪，可以做一些事件上的识别，交警们很辛苦，以前是通过人眼看摄像头，能知道哪些地方发生事故，其实有两方面问题，一方面是交警本身投入的警力非常大，即使投入这么大警力也不能实时观察全城范围所发生的事故。这种劳动密集型，而且又需要人去值守的工作用机器代替是非常合适的。城市大脑视觉做的事情，通过城市之眼发现城市里当前有多少路段和路口发生了事故，这是一个例子。另一方面，我们在公安场景下做一些尝试，如果城市当中有很多摄像头，可否可以利用城市摄像头所拍摄到的人帮助我们寻找失踪人员，以前需要大量地看视频寻找，但是通过机器视觉方式可以自动捕捉到这个人的轨迹，更快速地找到。

王小乔：目前有没有成功的案例？

金仲明：在杭州，刚才说的事件事故，已经上线了，发挥的作用比较大。现在杭州专门有一支交警队伍，叫铁骑队，骑着电瓶车，一旦系统发生报警，哪些地方出现事件事故，第一时间赶到现场。这种好处在于，不需要人眼看，可及时发现这些事件事故最大程度地去改善交通。如果说因事件车辆堵在那边，又不报警，对交通影响很大。另外，如果发生比较严重的交通事故危及人的生命安全时也能发挥重大作用。这个意义在于帮助城市治理者可以更好地把握城市当中的状况。现在乌镇开展的对城市综合人员和特殊人员做识别和管控，这个在进行当中。

王小乔：2016年城市大脑项目已经听说可以通过对红绿灯周边交通状况的判断，把红绿灯的时间进行实时调整，是不是有这样的功能。

金仲明：这个是现在做了一个初步的尝试，以前拿不到实时数据，现在我们拿到实时数据以后就可以知道非常关键的参数，有了这些参数可以自动控制信号灯。通过控制信号灯会有新的，这个就涉及强化学习的东西，我们有了不断跟环境之间产生交互，更加强化自身的能力。

王小乔：刚才乐老师提过，他们拿到的关于超声波的数据越多，准确率越高，对于你们来说也一样么？

金仲明：对于城市当中的感知，对于不同的场景，我们看城市当中的摄像头，对于人也好，车也好，拍摄到的角度也好，画面千差万别，在感知本身这个层面也需要大量的数据进行训练和学习。另外，除了感知到这些数据以后，结合别的数据还需要做更深层次的事情，比如说现在苏州做了一些尝试，可以通过现在的摄像头的数据结合别的数据做一些预测，可以预测半个小时或者一小时以后车流量或者人流量发生的变化。这个需要数据，并且这个数据是实时的。本身做预测，不是做离线预测，更关注是做实时的预测，实时预测的模型本身在变化。

王小乔：刘浏，也是2016年SODA的十强，2016年也是做城市影像方面的东西来参赛，今年已经开始创业做这方面的东西，刚才金博士说摄像头数据，你们做城市影像数据，除了有摄像头，是不是有更广泛的其他数据来源，现在积累了多大的量？

刘浏：很高兴有这个机会到这边参加大会，我们是比较新的团队，做简单的创业。我们四个人一开始是偏学术研究的团队，出来选择创业的原因是想做一些很酷的事情，城市影象是我个人和周磊2013年开始做的。金仲明总是在研究用机器感知城市，我们是在用机器感知人的感知。您刚才说的城市的摄象头，摄象头是蛮复杂的，之前在地方政府做过交流，全国各地摄像头安装非常密集，数据的余量非常高。就我个人感觉开发程度处在比较初级的阶段，包括刚刚说的枪机摄像头，枪机在某一个时间某一个时段看到某一个视角，另外一个视角就没有数据，即使看到数据，1个月后也会消失了，如何存储更有意义的信息。数字图像是数字化，是一个一个数字，从数字变成数据是比较艰难的跨越，目前有很多识别的任务，要识别特定的东西，道路上检测裂缝，马路上检测广告牌，这是非常真实的，而且有商业价值的需求，每一个任务是独立训练的，并不是三四岁小孩的水平。摄像头还有迁移的问题，有些摄像头高一点，有些摄像头比较低一点。从高的角度看，从低的角度看，人的视觉迁移性比较强，对机器来说这是另外一个需要重新训练和学习的任务。

我们自己做的东西，开放数据非常近，最早基本采用所有开发数据，那个时候Google没有被封掉，我在国外把全世界人拍的照片全部收集起来，我觉得这人拍和机器拍是不一样的，人拍是带有感情色彩，他愿意上传上去跟人分享是有价值的，全球大概几千万。机器拍的有1个亿，现在更新了一些，大概是在1亿。我们数据库的数据是全套的，带有坐标性的，这个不会那么的实时，不太可能有人24小时不停地拍。我们研究城市对象没有那样对台，我们希望知道城市环境对于人的感知，这是最早的工作。我们正在寻找一个方式，把前端做得更加高效和迅速，前端界面没有那么多资源，大量计算人们所看到的世界，说得简单一点，最早的时候把每张照片所有元素提取出来，把他们当中跟空间相关的，比如山、水、房子进行分类，这是最早的研究工作。参与SODA是另一个契机，之前一直不太愿意碰跟交通或者是摄象头相关的数据，我总觉得这个跟我们的想法不太一样，不是人的感知，是机器拍的东西。我们突然想到一个东西，让人标定，有很多研究机构用脑电波的元件测人的脑电波，看到不同图像反映，最开始标了100多万张，把所有的街道图片按照不同的维度进行感知分类，我们拿到这样数据进行计算，计算完，希望把这个数据运用到国内其他的街道环境，这是街景照片，这是客观的照片，但是用机器方式模拟人给他打分。我自己跟朋友约了吃饭，从家走到一个饭店，大概一刻钟，我打开了某个导航软件，步行导航，那条路很快，10分钟走到，但是导的那条路在一堆垃圾堆走过去，路有，但是路不是给人走的，也没有路灯。我自己开玩笑，我要是女生不敢走这条路。我说回来想要做一个更加有意思的，给人家做筛选，讨论到后来，这其实是一个比较有意思的点，慢行导航，不是环境的问题，目前所有导航大部分是基于时间最短做，或者减少拥堵或者最节省费用，但是这是给车用的，不是给人，也不是给自行车，给自行车和给人他们并不在乎A和B终点，他们很在乎沿途风景。如果我是一个游客，连目的地都没有，在酒店周围转一圈，看看周围的环境，回来终点还是起点。在这样的环境下怎么选择一条比较好的路线，怎么样找到一条有风景的路线，哪有街边摊，哪有美食，都是非常有意思的点。我们希望能够通过这样的方式把慢行导航做完。现在数据处理差不多了，在做前端，最近跟机构签NDA，在谈合作，上线过程反而有点耽搁，应该尽快会弄出来，希望给更多的人提供更多的生活便利。

王小乔：您刚才在讲解过程当中，一直强调你们是人的感知，一直强调的是人来定规则，AlphaZero打败AlphaGo，给大家非常大的震撼，至少在围棋领域，AlphaZero用了强化学习，打败了AlphaGo，您强调是人定规则，有没有想过人也有缺陷，如果不用人定规则，机器定规则怎么实现，从数据到智能的路径上，你觉得在你的领域应该用什么样的路径实现它？

刘浏：机器打分也用了很多算法，我和MIT关系比较熟，Data学习，不光是在AlphaZero，偏建筑行业做设计也用到，有一个项目是机器迷惑另一个机器，另一个机器是不被它迷惑。对抗这种方式，围棋规则是非常明晰而且非常简单的，信息非常透明，棋盘互相看得见，一模一样的情况，在现实当中，特别是城市的环境里，它太难被定义成这样的环境，而且城市没有对照组。基本实现这个过程是非常困难的，前两天看YouTube，有一篇讲Google的文章，讲AlphaZero，他那个Zero里列出很多有意思的东西，Zero被机器训练了70天，他把70天的过程画了出来，40天达到人最极致水平，40天之后人看不懂了，我有一个想法，AlphaZero需要走必经之路，我们人很难理解70级的水平，只知道40级的事情，一方面可以从他那学习先进经验；另一方面更适用于当下这个时代的东西，该走的路还得走，该体会的道路该体会的定式也是要走。

王小乔：我总结一下，您觉得至少在城市的大数据相关领域里，强化学习并不是一个很恰当的路径。金博士怎么看这个问题？

金仲明：首先，从数据到智能，这条路不只是算法本身，还包括很多的因素，包括数据量很大的情况下如何搭建平台进行计算，进行存储，这是蛮难的问题。特别是数据可能是流逝可能是实时，如果做实时任务的时候，利用实时数据的时候怎么做计算，这本身是一件很难的事情。其次，我们得知道，这个数据本身存在的价值到底是什么？这个价值不是凭空挖出来的，其实是有一个行业的背景，更关键的是，我个人认为是深入这个行业更重要，我们在交通或者公安行业里，这个行业本身的痛点是什么，存在难点是什么，我们现在有的数据是什么，我们怎么结合起来，对于数据的利用和挖掘数据的价值，可能这是需要考量的地方。第三点才到算法。算法现在包括机器本身的感知，包括机器本身的学习，分两个层次，比如先要把这些数据汇总起来，做清晰视觉，包括刚才运营听觉还有触觉的数据，这些数据先汇总起来；然后根据这个行业可能需要做一些定制化的算法，下棋是人跟人之间的博弈。换句话说，城市的交通治理是城市管理者或者城市决策者跟城市现在发生状态、交通参与者之间的博弈。从这个角度来说，强化学习可能会有一定的用处。再次，除了数据平台算法之外，最后是整合起来，能够解决具体的问题。

王小乔：方式方法是最好的，不是最重要的一件事情，最重要的是怎么深入这个领域，你怎么看这个领域怎么用，这是最重要的思维方式的问题。乐嘉锦老师，您是计算机教授，从学界上讲，从数据到智能，现在目前已有的路径可能有哪些，到了什么程度？

乐嘉锦：从数据到智能，要走的路蛮远的，现在发展非常快，10月19日，AlphaZero自学3天，从零开始，把AlphaZero打败了，AlphaZero自学3天，AlphaZero还理解棋谱，多少网络的训练，大数据的支撑，打败了人类，觉得还是可以理解的。但是AlphaZero完全是新的，没有棋谱，就自己学习，自己把自己训练起来，觉得这件事情对学术界来讲意义非常深远，很重大，很可怕，机器能够自己学习，学习那么快，机器以后编程时间不会太长，如果自己给自己编程序，修复程序，改进程序，假如机器加上感情的话，人类真的要完蛋，要失控了，我觉得很可怕。现在机器没有感情，能够学习，一旦有感情，能够自己编程序的话，我们人类是比较危险了，我的观点是很可怕的事情。AlphaZero，我的理解应该超过AlphaZero的意义，更厉害。

王小乔：对于学界来讲努力探索从数据到智能到底有哪些算法？

乐嘉锦：各种算法在不断地改进，算法一直在不断的修整，这次AlphaZero是蒙特卡洛树搜索算法，最激进的算法。阿斯维加斯算法给你100把钥匙开一把锁，哪一把锁能打开，用最多的时候，一把把都试了，肯定有一把正确的。蒙特卡罗算法是最优，捡苹果，眼睛蒙起来，小的扔掉大的拿掉，100个苹果挑到了最大的。这种算法不断的改进，也在不断地提升，这种算法几十年前就有了，人工智能这几十年为什么不能进步，老是在徘徊，就是数据的问题。人工智能发展是非常迅速的，而且是会超出我们的预料，刚才马博士说了2029年人类可以永生，Google提出来的，马博士说了一下。我的感觉，下面的这几年人工智能发展会非常的快。

王小乔：我发现您跟霍金一样很担忧这个问题。不知道王总会担忧吗？你们从产品产业的角度努力推进人工智能，推进这件事情的时候会担心吗？

王翌：我不担心，我觉得AlphaZero目前的进展非常可喜，我之前在Google工作，跟很多Google的同事聊，最大的意义是Google放了一个针对技术的市场，围棋的规则非常简单，是封闭式的问题，他在这个封闭式的问题下超出人类很正常，如果做不出来说明是有问题的。教授说的所谓3天，AlphaZero，背后预期说算法演进不如说肯批特（英音）的演化。反正规则这么多，人类的棋谱是在这，你从这开始跳，现在的计算能力，当然说不要中间结果，这里还是有算法的巧妙之处，如果说算法设计比较巧妙，数量级提高，2016年前大家就知道结果怎么样。人类社会不是一个游戏，或者如果把人类社会当作一个游戏，是真人，那就太复杂了，城市交通系统，上海交通问题，都是复杂系统，人类为什么会生病？这是真正的复杂系统？也许有一个规则，但是我们不知道，围棋的上帝是我们，规则我们是知道的，这步跨越非常大。对于没有明显规则的问题，我们怎么样解决，怎么让人工智能发挥作用，帮助我们建立高效不拥堵的交通，还有很长的路要走。很多人问我，人工智能来了，老师会不会失业，在我们担心人工智能给我们威胁之前先好好拥抱一下，把它能给我们带来的价值先好好挖掘一下。

金仲明：机器特别适合密集规定很确定的任务，可能对于需要人的情感去参与的任务相对比较难，比如父母陪孩子读书这种任务，人工智能应该暂时没有这个能力，而且个人不是很希望人工智能解决这样的任务，这种是靠人的本身的真正意义上的情感参与的，人工智能更适合人不想做但很繁琐的工作。

王小乔：今天这场圆桌从数据谈到人工智能，总结的时候希望拉得更远，大家更关注人工智能下一步会是什么样的结果，能给人类带来什么样的改变，特别希望四位嘉宾从不同的领域展望一下，未来能看到什么样的景象，它到底是什么样的走向？希望大家用一两句话，从各自的领域给我们展望一下。

刘浏：很多人关心人工智能可以做什么，什么不能被替代？最早有一个说法，人工智能能做的事情取决于人类对于人类自身大脑理解有多深。这个是假设。网络跟神经网络不是十分像，人类对大脑了解比较浅薄，只知道和创造记忆力相关，但是不知道记忆力如何被创造。人工智能是有浪潮的，现在只是在浪潮上，这个浪潮迟早会过去，但是不代表达到终极目标，现在只是达到了接近的目标。说到底，其实是人和计算机共存，100年前一个农民耕一片地养活一家人，现在一个人耕几百亩地，但还是很忙碌，每个人在这样的环境当中，科技不断进步，自以为这些科技取代我们的生活，以后只要躺着想着就可以了，然而，我们现在变得更加忙碌，生活被更加地压缩和挤压。还是有点悲观的，将来共存可以，但是我们的生活可能并不会那么安逸。人类的欲望不会变，以后会有新的追求和目标，以后地球几十亿年的时间寿命，我们总归要做更多的事情突破它。

金仲明：我个人感觉人工智能发展到现在，刚好处于快速发展的时候，后面要走的路还有很长，可以预见在若干年以后，或者几十年以后人工智能到达比较新的高度。有人说人工智能替代人，比较低廉的劳动密集型产业可能会被人工智能大量覆盖，可能有人失业，到那时候会有新的行业，新的工种可能会诞生，这个时候会有新的人工智能的问题要被解决，也会有新的人需要参与的事情，发展过程是人和人工智能共同协调的。对于人类而言，人工智能充分地发挥自己的实力，发挥它的优势，服务好人类。

王翌：刘浏说在很激动人心的时代做激动人心的事情，我们的想法是接下去15—20年的时间内，希望人类有机会可以让至少一些基础性的学科和技能普及，当大家想学习的时候，第一不用担心在哪儿，第二不用担心他要多少钱，大家可以用非常低廉的支付价钱，随时随地，而且可以用相当高效的方式，不用觉得这是万里长征，把想学的东西学到。

王小乔：填平教育的鸿沟。

王翌：语言等是最基础的、最先成熟的，后面还会有很多很多别的东西，真正希望通过人工智能以及相关的技术和产品，让学习真正成为所有人有的机会。

乐嘉锦：人工智能可以分为强人工智能和弱人工智能，刚才王总讲的人工智能没有那么可怕，强人工智能是从理论上搞清楚整个过程，很难的，大家没有碰。弱人工智能又分为两个领域，一个是专用一个是通用，通用还是很难,比较简单的是围棋,这是一个典型的应用,这种弱人工智能当中的每一个领域,发展是非常快的,回到刚才说的医疗里面,人工智能在医疗当中第一个让医生失业的就是读片医生,很快,比想象中快。如果到教育的话,高水平的教师少了,很多老师也要失业。有了这么好的外语工具为什么花很高成本到教室里,老师应该会失业。人工智能改变了我们的生活,并且会继续持续不断地改变我们的生活。

王小乔:非常感谢四位教授的精彩思辨。

主持人：感谢王主编和几位的精彩对话，刚才在台下听着对话的时候，想分享两个关于人工智能的小案例。第一个案例，人工智能也是在风口上的一个概念或者一种技术。中国有句古话，三十年河东，三十年河西。上海有一位非常有名的人工智能专家，20世纪80年代在清华大学读的自动工程，那时候在学校里有人问他，你学的是人工智能吧？他那时候会反驳说：你才学人工智能，你全家学人工智能。第二个案例，人工智能很多是人工加智能，刚才英语流利的王总案例很清楚，现在十几亿条英语语音记录做了大量的数据标签，其实这里有很多的人工智能，乐老师的一些影像读片，片子读下来，好多是要老专家把读片用数据标签重新标注，这里有大量的人工智能。我们现在还处在这样一种阶段，不管怎么样，刚才的话题确实非常有意思，感谢各位一直陪伴到现在。

接下来我们要进入今天非常有意思的一场活动，2017年SODA颁奖典礼。首先，请允许我介绍出席颁奖盛典的嘉宾，他们是上海市经济和信息化委员会总工程师张英女士，上海市经济和信息化委员会大数据发展处副处长裘薇女士，上海市杨浦区人民政府商务委员会副主任徐翔，上海工业投资（集团）有限公司执行董事、总裁邱平，仪电集团中央研究院常务副院长杨天顺，中国工业设计（上海）研究院股份有限公司董事长李云虎。

下面有请中国工业设计（上海）研究院股份有限公司副总裁张柏军先生为大家回顾2017年度SODA的赛事开展情况和入选团队。

中国工业设计（上海）研究院股份有限公司副总裁张柏军致辞

各位领导，各位嘉宾，非常荣幸在这样的颁奖盛典跟大家分享一下SODA，从2015年开始到现在，SODA已经第三年了，所以说这个比赛非常不容易，也是在上海经信委的主办下，在我们公司领导的大力支持下，很不容易地办下来，才能够有今天这样的场面，这样的影响力。今天借这样的机会跟大家一块回顾一下SODA。

有很多朋友对SODA目前并不是特别理解，SODA是上海开放数据应用大赛英文的简称，名字拼起来正好是苏打的苏打，象征着开放数据像放在苏打水瓶里的苏打水，一旦开放迸发无穷的能量。SODA诞生于2015年，目前是3岁，由上海经信委主办。理念非常清楚，数据众筹、应用众包、问题众智。希望通过SODA致力于开放数据，众创协作，把城市变成可读可写包容协作的有机体。

这是2015年第一年SODA的宣传海报，当时logo数据英雄开启众创时代。我们主题在城市交通领域，相信有很多人看到过这张海报，在上海所有的地铁站里都有这张海报。2016年SODA的主题是城市安全。SODA除了整体的赛事，我们也引入了SODA+的概念，我们跟区域合作，跟行业合作，2015年起，我们推出SODA+浦东，这是跟区域合作。2016年，跟新金融领域的企业合作，如SODA+新金融，致力于新金融理念开放数据和数据创新。2017年跟普陀区合作，诞生社会信用的SODA+。从整体的赛事到目前系列来看，SODA一直在进步。

2017年SODA的主题，非常切中今年习近平总书记在上海的讲话即城市管理必须像绣花针一样的精细。所以我们的主题是数创城市智慧，谁有问题，谁有难题，请数据侠解决。2017年的主题是城市管理。2017年赛事于2017年

7月份国际静安大数据开幕时举办，今天非常荣幸SODA能成为由国家发改委、工信部、中央网信办所牵头中国数据创新型的活动，而我们是作为最核心的赛事。这是今年开赛的画面。今年我们SODA致力于数据众筹，应用众包，可以看到，今年普及众筹，很多是跟城市管理相关的数据，有的来自企业，有的来自政府。摩拜数据，今年使用频度非常高，将近产生30个左右的作品是围绕这个数据来做应用的。包括充电桩数据、餐饮数据以及SODA第一个引进全国范围的数据——航班的数据，我们在不断地做扩展，包括园区照明的数据，还保留了从2015年以来的很多数据，不断在更新，交通一卡通数据，包括了有关交通事故数据等，把2015—2017年的材料提供给开发者，看他们的创意和作品。

2017年SODA大赛，1 200人报名，组成了203个团队，96%的选手来自中国内地，4%的选手来自港澳台以及海外地区。8月21日，SODA完成了复赛，决出100强，2017年10月19日决出最后15强，今天15强团队都在现场，到底谁是大奖，目前不清楚。区域分布，词频热度，城市作品围绕城市管理，城市、大数据、共享、充电、交通等，都是我们选手在创作的作品。

每个领域都有，如商圈、共享单车管理、交通方案优化，以及对航班信息预测等作品，待会儿会在这15个团队中来产生四类奖项，即SODA大奖，SODA优秀奖，SODA种子奖和SODA未来之星奖。

以上是对三年大赛和2017年大赛的回顾，更多信息更多参赛作品详细内容，可以关注微信公众号，谢谢大家！

主持人：谢谢张柏军，SODA大赛我的感觉不仅内容好，每次大赛的活动组织得好，更主要还有一个体会，名字取得非常好，正所谓人在江湖走，要有一个好名字，特别好！刚才看了一栏，这次参赛队伍好多名字非常响亮。接下来揭晓15支团队，各种奖项花落谁家。首先让我们来揭晓SODA种子奖的第一组队伍，请看大屏幕。

（视频略）

下面有请音智达可视分析小组、X-City、QuickPath团队上台领奖：

有请颁奖嘉宾上海市杨浦区人民政府商务委员会副主任徐翔先生，中国工业设计（上海）研究院股份有限公司董事长李云虎先生。

请嘉宾和团队合影，掌声祝贺。

请徐主任、李总留步，接下来请给第二组种子奖团队颁奖：

有请SH Transportation、贝克街、灵犀仪点团队。

以上6支团队获得SODA大赛的种子奖，我们期待这些种子早日发芽。

接下来揭晓2017SODA大赛优秀奖，3支团队，请看大屏幕。

（视频略）

下面有请数决科技数说故事、智慧圈、城势实验室团队上台领奖。

有请上海工业投资（集团）有限公司执行董事、总裁邱平先生，仪电集团中央研究院常务副院长杨天顺先生。

请嘉宾和团队合影，掌声祝贺。

接下来就让我们揭开SODA赛事的年度大奖团队，请看大屏幕：

（视频略）

祝贺图灵空间，有请图灵空间团队上台领奖。

有请颁奖嘉宾上海市经济和信息化委员会总工程师张英为团队颁奖。

请嘉宾和团队合影，祝贺他们。

图灵团队，我问一个问题：你为什么叫作图灵？据我所知乔布斯非常崇拜图灵。对于图灵空间来讲，对未来的发展有什么感想？

图灵空间团队： 首先我们非常感谢比赛主办方提供这样的平台给我们这样的机会，我特别感谢我们处在这样的时代，数据如此丰富，给予我们如此大的创造空间，我们特别希望像我们这些普通人能够利用数据，发挥出更大的价值，为社会的进步提供更大的贡献。谢谢！

主持人： 接下来是SODA大赛新设奖项，未来之星这个奖项每年都会有，星星之火可以燎原，我们期待未来会有很多未来之星可以出现，今年未来之星有五个团队，我们首先看大屏幕。

（视频略）

下面有请上海敬之网络科技有限公司、天地人合队、SpaceTimeLab、数据侦察兵、SHU_VIZ_GROUP团队上台领奖。

有请颁奖嘉宾上海市经济和信息化委员会信息化推进处（大数据发展处）副处长裘薇女士。

以上15支获奖团队他们要么有比较优势的技术很强，要么有很好的商业模式，还有一些有很强的资源整合，有海外背景，还有一些则有良好的团队。如果在座的各位对这些团队感兴趣的话，非常希望各位能够在会后跟他们多多联系，在这些团队创业之初能给他们加一把火，让他们真正成为大数据产业的明日之星，让我们用掌声再次送给这15支团队。

今天论坛和颁奖典礼圆满结束，感谢各位中外远道而来的嘉宾们，感谢各位工作人员的辛勤付出，也感谢各位在场朋友一天的陪伴，今天的活动到此结束，我们期待明年再见，谢谢！

第五篇

2017年联合国工业发展组织全球科技创新大会

大会司仪：各位来宾，女士们、先生们，非常欢迎大家参加"2017联合国工业发展组织全球科技创新大会"。下面，我非常荣幸地向各位介绍出席今天会议的主要领导和来宾。他们是联合国工业发展组织、上海全球科技创新中心理事长习明龙先生，联合国工业发展组织、上海全球科技创新中心秘书长梁丹女士，上海社会科学院副院长何建华先生，联合国工业发展组织、亚太区域处处长王圳先生，复旦大学首席教授、中国工程院院士王威琪先生，德国波茨坦大学哈索-普拉特纳数字工程研究院（HPI）院长、德国国家科学工程院院士克里斯托弗·梅内尔（Christoph Meinel）教授，西藏自治区日喀则市人民政府副市长罗布松拉先生。

下面，进入"2017联合国工业发展组织全球科技创新大会"领导致辞环节。由联合国工发组织投资与技术司前司长、联合国工业发展组织、上海全球科技创新中心秘书长梁丹女士主持，有请梁丹女士！

梁丹：谢谢司仪。大家下午好，欢迎各位来参加"2017联合国工业发展组织全球科技创新大会"。这个大会是由联合国工业发展组织上海全球科技创新中心来举办的，上海全球科技创新中心是联合国工业发展组织在全球创办的第一个"全球创新中心"，因此它的意义非凡。

首先，欢迎上海社会科学院副院长何建华先生致辞。

上海社会科学院副院长何建华先生致辞

尊敬的习明龙理事长、梁丹秘书长，尊敬的各位院士、专家、企业家们，女士们、先生们：

大家下午好。非常高兴参加联合国工业发展组织"2017全球科技创新大会"，我谨代表上海社会科学院对于大会的召开表示热烈祝贺，对远道而来的各位嘉宾表示诚挚欢迎，对于联合国工业发展组织对我院长期以来的信任和支持，表示由衷感谢。

中国共产党十九大前不久胜利召开，在以习近平同志为核心的党中央领导下，新时代中国特色社会主义建设开启新航程，全球关注中国已经并正在发生的巨大变化，举世瞩目新时代中国未来发展的新气象、新作为，在中国的发展变化中，"创新"无疑是一个关键词。中共十九大《报告》中，提及"创新"一词超过50次。习近平主席把"创新"放在国家发展全局核心位置，高度重视科技创新，围绕实施创新驱动发展战略，加快推进以科技创新为核心的全面创新，提出了一系列新思想、新论断、新要求，在国家发展模式上，以要素驱动、投资规模驱动发展为主，转向以创新驱动发展为主。创新驱动发展战略大力实施，创新型国家建设成果丰硕，天宫、蛟龙、天眼、大飞机等重大科技成果相继问世。党的十九大更是将创新驱动发展，列为顶层设计的国家战略，明确提出："加快建设创新型国家"。习近平主席强调指出："创新是引领发展的第一动力，是建设现代化经济体系的战略支撑，要瞄准世界科技前沿，强化基础研究，实现前瞻性基础研究、引领性原创成果重大突破，加强应用基础研究，拓展实施国家重大科技项目，突出关键性技术、前沿引领技术、现代工程技术、颠覆性技术创新，为建设科技强国、质量强国、航天强国、网络强国、交通强国、数字中国、智慧社会提供有力支撑。"

我们今天汇聚于此讨论全球科技创新,我们有充分的理由相信"创新"必将推动中国这艘大船驶向更加美好的未来。为了贯彻落实中共中央国务院《关于深化体制机制改革加快实施创新驱动发展战略若干意见》,适应全球科技竞争和经济发展新趋势,立足国家战略、推进创新发展。2015年5月25日,上海市委、市政府发布了《关于加快建设具有全球影响力的科技创新中心意见》;2016年4月国务院批准了《上海系统推进全面创新改革实验,加快建设具有全球影响力的科技创新中心方案》,全球新一轮科技革命和产业变革正在孕育兴起,我们正面对着推进科技创新的重要历史机遇,加快建设具有全球影响力的科技创新中心机不可失、时不再来,必须紧紧抓住。在2016年11月联合国工业发展组织成立50周年庆典活动期间,联合国工业发展组织李勇总干事签署了《推进包容性工业可持续发展全球创新网络建设项目》。根据项目文件要求,成立联合国工业发展组织项目执行机构——上海全球科技创新中心。该中心必将推进联合国"2030"可持续发展目标,建设有风险抵御能力的基础设施,促进包容的可持续工业发展,并推动创新,从而促进提高产业竞争力,加快技术升级和创新,为不同性别创造平等就业机会,以及保持能源和环境可持续发展。

2017年4月21日上午,在第五届上交会联合国工业发展组织主题日,暨技术贸易国际论坛上。时任上海社会科学院院长王战先生与联合国工业发展组织贸易投资与创新司司长伯纳德先生共同为联合国工业发展组织、上海全球科技创新中心揭牌。4月21日下午,在上海社会科学院举行的"联合国工业发展组织全球创新网络专家咨询会"上,到会海内外院士、教授、专家纷纷表示:支持合作项目落户在上海,提出了促进项目发展的诸多良好意见建议,根据专家们的意见建议,经过几个月的紧密筹备,在上海推进中心建设的各项工作得到全球范围广泛响应和支持。本次大会上,将进行联合国工业发展组织全球科技创新网络合作项目签约,就是具体成果之一。

今天大会的第二阶段,还将召开"联合国工发组织全球科技创新网络专家委员会"第一次工作会议,审议专家委员会的筹备报告、章程,推选专家委员会主席,并为新入选的专家们颁发联合国工业发展组织全球创新网络专家证书。科技创新是人类社会发展的重要引擎,联合国工业发展组织全球创新网络,是一个科技创新的国际交流平台。尽管你我国籍不同,但在这个平台上团结协作、共同努力、共担责任、共享利益,共同推进包容性工业可持续发展全球创新网络建设,助基人类命运共同体,共圆全球繁荣发展梦,共同推进构建人类命运共同体的伟大进程。

再次感谢各位嘉宾百忙之中莅临今天的会议,谢谢大家!

梁丹:感谢何建华院长的精彩致辞。同时也要借此机会感谢上海社会科学院对全球科技创新中心的大力支持,下面有请联合国工业发展组织亚太区域处处长王圳先生致辞。他专门从联合国工业发展组织的总部维也纳飞到上海来参加今天的会议。

大家欢迎!

联合国工业发展组织亚太区域处处长王圳致辞

尊敬的梁丹女士、尊敬的何建华先生、尊敬的习明龙先生,尊敬的女士们、先生们:

大家下午好。非常荣幸参加本届"2017全球科技与创新大会",在此我谨代表联合国工业发展组织向大会的召开表示祝贺。

多年来联合国工发组织与上海市有关部门保持了非常良好的合作,其中包括:上海市商委以及下属的外国投资促进中心,上海市经信委和国际工业信息技术促进中心,还有最近我们跟上海社科院加强了全面深化的合作,也感谢上海社科院对此次大会召开的大力支持。工发组织多年以来一直重视科技创新,早在成立伊始工发组织就把在发展中国家有针对性的分享创新型技术、信息和经验,作为工发组织的职责。20世纪90年代中期,工发组织在创新提升生产力和质量以加强国际竞争力作为7个优先领域之一。2001年8月联合国工发组织,发布了知识和技术创新在促进南方工业合作方面的报告。2002年工发组织的《工业发展报告》,通过创新与学习竞争。2015年随着成员国对于"创新"的需求日益增强,联合国工发组织与时俱进进行了机构改革,专门成立了"贸易投资和创新司",开始开展与"创新"相关的技术合作,分享"创新"的技术来实现脱贫,并且推动"工业4.0"。今天我们有幸请到Christoph Meinel先生,他在前两天的"全球城市信息化论坛"上作了非常精彩的演示,介绍了德国推动"工业4.0"的一些先进经验。工发组织与中国政府合作,积极推动"中国制造2025"。也是在2015年联合国大会通过了"2030年可持续发展议程",包括:17项可持续发展目标,其中"目标9"——建造具备抵御灾害的设施,以及推动创新,这与工发组织的职能是密切相关的。这一目标的提出,也体现了国际社会认识到创新的重要性。

联合国工发组织与其他联合国机构一起合作,特别是在创新方面进一步的加强伙伴关系。在2017年4月,联合国工发组织李勇总干事与国际电信联盟秘书长签署了《合作声明》,共同推动2030年发展议程,着眼于科学化基础设施建设和创新。这个声明指出双方重点的合作领域,主要包括支持创新政策、行动标准和技术发展,目的是建立一个互联互通的世界,创造更多的就业机会。李勇总干事指出:"这种与其他联合国组织的伙伴关系,将加速可持续发展目标实现,并使包括新兴经济体在内的一些中小企业能够获益"。对于未来关于"创新发展"的一些工作,我们有这么几点建议:首先,构建全球科技创新的网络。工发组织将协助全球科技创新网络的构建,工发组织在全球47个国家设有驻地代表处,共有9个投资与技术促进中心,有71个能源效率和清洁发展中心。这些都是很好的基础,能够推动国际合作,提高产业竞争力,促进技术升级和创新。其次,组建科技创新的人才库,因为人才非常重要。工发组织将与各国政府、高校、行业协会、专家和机构合作,组建创新方面的专家队伍,为法律、政策、技术等方面提供支持,提供人才的培训与资讯,投融资渠道的拓展等服务,为加强中国与非洲的合作、一带一路合作和南南合作贡献力量。再次,密切跟踪与研究前沿技术。工发组织将与各国智库合作,加强前沿科研领域的发展研究,重点加强伙伴关系与科技创新相结合,共同迎接新工业革命带来的挑战,让新技术服务于更多的人群。

工发组织期待与各位专家学者和合作伙伴加强合作,共同为全球科技创新发展努力。谢谢大家!

梁丹:感谢王圳处长的致辞。正像他在致辞中所指出的,联合国在"2030"可持续发展的议程中提出了创新的目标,而这个目标也将由联合国工业发展组织在全球组织和实施,因此工业发展组织在全球"创新"方面将起到更大的作用。工业发展组织有170多个成员,也有遍布全球的代表处网络,所以我们也希望工发组织在全球创新中心的网络建设以及人员网络的建设上,提供大力的支持。

下面,有请联合国工业发展组织上海全球科技创新中心理事长习明龙先生致辞!

联合国工业发展组织上海全球科技创新中心理事长习明龙致辞

尊敬的院士们、专家们和企业家们：

大家下午好。首先，我代表联合国工业发展组织，上海全球科技创新中心，向参加本次大会的各位嘉宾、代表，表示由衷的欢迎。对于长期致力于全球科技创新事业的各界人士，致以崇高的敬意。党的十八大以来，对于实施创新发展战略作出一系列重大决策部署。党的十九大报告中指出，创新是引领发展的第一动力，是建设现代化经济体系的战略支撑。为了落实中共中央国务院关于深化体制改革，加快实施创新驱动发展战略的若干意见。上海市正在加快建设具有全球影响力的科技创新中心，同时联合国"2030"可持续发展目标，特别是其中第九项目标：工业创新和基础设施建设有风险抵御能力的基础设施，促进包容的可持续工业发展和推动创新。2016年11月联合国工业发展组织成立50周年庆典活动期间，联合国工业发展组织与中国签订了《合作项目文件》，将联合国工业发展组织全球创新网络总部落户于中国上海，成立联合国工业发展组织上海全球科技创新中心，并每年在上海举办"全球科技创新大会"。联合国工业发展组织上海全球科技创新中心机构的成立，顺应了全球科技创新发展的大趋势，也意味着大责任、大担当。今天的大会是第一届联合国工业发展组织全球科技创新大会，我们将全面启动联合国工业发展组织全球科技创新网络项目。

科技创新离不开人才，围绕建立聚集全球精英科技人才队伍，支持和服务全球有影响力的上海科技创新中心建设，加快科技创新动能服务经济创新，提升经济质量、改善人民生活，来自美国、英国、德国、日本、意大利、荷兰等国家的外籍院士、专家和中科院、工程院院士，中青专家，各省市行业的领军人才，还有中央企业、上市企业及海外企业300多名专家，出席了今天的大会。

首批有500多名专家,将加入联合国工业发展组织全球创新网络专家智库,为此大会将专门举行联合国工业发展组织全球科技创新网络专家委员会的成立与揭牌仪式,以建立以科技创新为核心、科技创新、产业创新、金融创新、商务模式创新、管理创新等多项领域互动,多要素联动的创新生态体系。联合国工业发展组织,上海全球科技创新中心,已初建全球科技创新网络,目前已与美国、英国、德国、意大利、日本、荷兰、俄罗斯、以色列、巴西等国家达成合作意向,建立创新中心,并在本次大会上签约,将共同打造全球科技创新合作交流平台,加快引入国际先进技术到中国。同时,将中国优势产业和技术解决方案,通过多边合作机制,服务到"一带一路"沿线国家,促进经济发展,加快建设创新型国家,要瞄准世界前沿科技,强化基础研究,实现前瞻性基础研究。这次会上联合国工业发展组织,上海全球科技创新中心,还与中美合作的全球创新中心等企业签署战略协议,积极建立以企业为主体、市场为导向,产学研深度融合的技术创新体系,加强对中小企业创新的支持,促进科技成果转化。

联合国工业发展组织上海全球科技创新中心与中国建筑上海设计研究院有限公司合作,签订了《战略合作协议》,加快科技园区和特色产业小镇建设。与上海张江长三角科技城发展公司合作,设立科技创新示范城,促进区域协调发展战略,推动长江经济带发展,为落实党的十九大提出的建立健全绿色低碳循环发展的经济体系,构建市场导向的绿色技术创新体系,发展绿色金融、壮大节能环保产业、清洁生产产业、清洁能源产业,构建清洁低碳、安全高效的能源体系,推进资源全面节约和循环利用,实现生产系统和生活系统循环链接。在全球科技创新网络中,还将建立生态创新中心、循环经济中心、绿色经济示范中心,建立科技创新产业示范基地。

今天我们全球科创中心还将分别与来自西藏、徐州、吉林、武汉、贵州、宁夏、潍坊等相关单位签订合作协议,筹划建立具有当地特色的产业基地或经济示范中心,利用联合国工业发展组织全球科技创新网络共同推进当地经济的可持续发展。我相信今天的大会,将是全球科技创新发展过程中的一个里程碑,欢迎社会各界关心支持参与联合国工业发展组织全球科技创新网络的建设。

最后,预祝本次大会取得圆满成功。谢谢大家!

梁丹： 感谢习明龙理事长的致辞。我们也希望在习理事长的领导下，全球科技创新中心能取得更大的成绩。欢迎大会的开幕致辞到此结束，谢谢大家！

主持人：谢谢梁丹女士！各位来宾、女士们、先生们，现在大会将进入"揭牌仪式"阶段。现在举行"联合国工业发展组织全球科技创新网络专家委员会揭牌仪式"，有请联合国工业发展组织亚太区域处处长王圳先生和联合国工业发展组织上海全球科技创新中心理事长习明龙先生，一起为"联合国工业发展组织全球科技创新网络专家委员会"揭牌！

"揭牌仪式"结束！

大会司仪： 各位来宾，女士们、先生们，现在大会将进入"签约仪式"阶段！现在我们举行"联合国工业发展组织全球科技创新网络合作项目签约"仪式，联合国工业发展组织上海全球科技创新中心在政府、科研院所和企业的大力支持下，今天将有30项合作项目，40个单位进行签约。主要有以下几类：国际合作的创新中心项目，部委支持的合作项目，中央企业下属企业合作项目，外资企业在国内合作的项目，民营企业合作的项目，地方政府支持的产业合作项目。

下面，有请联合国工业发展组织上海全球科技创新中心理事长习明龙先生，联合国工业发展组织上海全球科技创新中心秘书长梁丹女士，上海社会科学院副院长何建华先生，联合国工业发展组织亚太区域处处长王圳先生，复旦大学首席教授、中国工程院院士王威琪先生。

联合国工业发展组织全球科技创新网络合作项目签约《UNIDO上海全球科技创新中心与德国Hasso-Plattner-Institut合作协议》《UNIDO上海全球科技创新中心与德国Jude Technology Berlin Subsidary合作协议》《UNIDO上海全球科技创新中心与德国BWA Federal Association for Economic Development and Foreign Trade e.V.合作协议》《UNIDO上海全球科技创新中心与美国Vibe Imaging Analytics/Ron Hadar合作协议》《UNIDO上海全球科技创新中心与中国英国创新中心合作协议》《UNIDO上海全球科技创新中心与日本莫邦富事务所合作协议》《UNIDO上海全球科技创新中心与全球创新中心战略合作协议》《UNIDO上海全球科技创新中心与中国建筑股份有限公司战略合作协议》《UNIDO上海全球科技创新中心与潍坊滨海电商示范基地合作协议》《UNIDO上海全球科技创新中心与助信企业发展（上海）有限公司合作协议》《UNIDO上海全球科技创新中心与中港印能源集团有限公司战略合作协议》《UNIDO上海全球科技创新中心与航空航天技术（深圳）研究院战略合作协议》《UNIDO上海全球科技创新中心与阔码科技（北京）有限公司战略合作协议》《UNIDO上海全球科技创新中心与上海长三角科技城发展有限公司创新示范基地合作协议》《UNIDO上海全球科技创新中心与安徽工业大学工商学院战略合作协议》《UNIDO上海全球科技创新中心与东庄电力电子产业园合作协议》《UNIDO上海全球科技创新中心、上海市金山区山阳镇人民政府与上海理财周刊文化发展有限公司战略合作协议》《上海市突出贡献专家委员会与UNIDO上海全球科技创新中心及桦甸市人民政府战略合作协议》《上海市突出贡献专家委员会与UNIDO上海全球科技创新中心及北京中汇四海文化科技有限公司三方战略合作协议》《上海市突出贡献专家委员会与UNIDO上海全球科技创新中心及深圳市力俊豪绅新能源有限公司三方战略合作协议》《上海市突出贡献专家委员会与UNIDO上海全球科技创新中心及宁夏中光电新能源股份有限公司三方战略合作协议》《上海市突出贡献专家委员会与UNIDO上海全球科技创新中心及西藏喜马拉雅生态股份有限公司三方战略合作协议》《上海市突出贡献专家协会与开封市人才工作领导小组办公室战略合作协议》《上海市突出贡献专家协会与徐州市人才工作领导小组办公室战略合作协议》《上海市突出贡献专家协会与贵州省金虹新材料科技发展有限公司（等5家公司）战略合作协议》

　　请进行合影留念！最后一个项目，是分量最重的合作项目。为促进国内外资本支持联合国工业发展组织全球科技创新网络项目，上海市突出贡献专家协会与中联工发资本管理有限公司、上海鼎锋明德资产管理有限公司、上海灿土金融信息服务有限公司、上海中云资产管理有限公司、上海万吨资产管理有限公司，6家单位共同倡导发起《上海市突出贡献专家协会与中联工发资本管理有限公司、上海鼎锋明德资产管理有限公司、上海灿土金融信息服务有限公司、上海中云资产管理有限公司、上海万吨资产管理有限公司关于发起成立创新产业基金战略合作协议》（1 000亿元人民币）。

　　现在签约仪式结束！

大会司仪： 各位来宾，女士们、先生们，现在大会将进入"主旨演讲"阶段。主旨演讲继续由联合国工业发展组织投资与技术司前司长，联合国工业发展组织上海全球科技创新中心秘书长梁丹女士主持。有请梁丹女士！

梁丹： 这是我参加所有会议中最长的一个"签约仪式"，也能说明我们全球创新中心在一年的工作中取得了丰硕的成果。现在我们要进行"主旨演讲"环节，首先欢迎德国波茨坦大学Hasso-Plattner-Institut数字工程研究院院长、德国国家科学工程院院士克里斯托弗·梅内尔（Christoph Meinel）教授发表主旨演讲。

大家欢迎！

科技和科学的发展

德国国家科学工程院院士　克里斯托弗·梅内尔

尊敬的各位来宾，尊贵的各位参会嘉宾们，各位同仁们、各位朋友们，今天深感荣幸能够参加此次盛会，而且对于我来说，也是我过往人生当中见证的最大的一个签约仪式。今天非常荣幸能够和大家齐聚一堂，畅想科技和科学的发展。我们如何把它们作为动力来促进创新？在当今时代的发展中，我们需要信息。和其他的时代相比，我们这个时代对于信息的需求是前所未有的大。当我还在孩提时代，基本上没有电脑。当我后来成为一名教授的时候，大家都不太用互联网，而到我的子子孙孙出世之后，他们都使用手机，他们是这样的一代，所以我们的生活中发生的润物细无声的变化，都是由技术推动的。在这个过程当中，有一个数字化转型的趋势，数字化转型实际上是我们把这一代的技术引领革命的名词，我们会觉得说：这是一代新的工业革命。新的工业革命的特点就是有新的数字化技术。不仅仅是人类可以从中受益，除此之外人和设备之间、设备和设备之间彼此的互通有无，我们可以用物联网的概念，这就是我们有生之年最大的一个变化，使我们日常的生活、工作由技术驱动发生了改变，而技术也发生了变革。

当我们谈到创新的时候，我想抛砖引玉，请大家加入我的这个小小的征程，Hasso-Plattner-Institut数字工程研究所是在德国成立的一家研究所，可以看到这是由最成功的企业家在"二战"以后所初创的研究所。实际上我们有9 000名员工，可以看到我们会有数字化工程。我们虽然小，但是非常精悍，我们是业内公认的德国最高的IT方面的研究工程院。所以你可以看到我们的初创年限不足20年，但是已经高朋满座了。我们能够给大家带来什么呢？我们会有本科学位，还有包括IT工程设计的本科和硕士学位。除此之外，我们将会扩大化的提供数字化的医疗、智能能源，还有大数据、工程，还有包括网络安全等方面的学位。我们相信这些硕士学位很重要，因为这些是一个核心的作用，是我们社会发展中核心的改变，当我们需要数字化问题转型迎刃而解的时候，需要有这样的专科设立。所以你可以看到所有人都面临着共同的挑战，无论是在北方国家还是南方国家、西半球还是东半球，每一个人实际上都面临着同样的挑战，就是我们数字化的科技所带来的这些改变。我给大家介绍一下，我们有12个院系，实际上只有500个在籍的学生，他们是我们精挑细选的学生，我们希望能够培养未来IT技术方面的领军人物。我们的课程主要是关于IT的课程，除此之外也兼顾其他方面，努力让大家了解到怎么样能够学习成为一个创新者，所以你可以看到我们的学院实际上也和斯坦福大学进行合作，我们希望有一个设计思维的课程。

这是我们学院的一些组织架构的介绍，现在我们由Enterpriss先生主管，我自己负责安全、工程知识领域。我们还有电脑视觉系统、软件架构、业务设计、运营系统、中间件、算法工程、大数据、信息系统，还有我们的建模和设计思维等不同的部门。

接下来想给大家谈一谈"创新"。其实可以看到创新在不同的领域都在发生。比如：在内存的领域，现在数据处理发生的根本性的一个变化。当我们再谈到大数据的时候，已经看到这样的变革，数据库需要完整的、全新的方式来进行组织。因此我们需要和多种不同的软件、不同的标准共同合作，确保数据在不同的软件系统、不同的标准中能够实现分析和统计的处理和传输。这样就不需要用电脑再去做不同的数据转换，所以对于我们来说这提出了新的问题，即需要全新的计算机的架构，把数据库进行重新的组织和架构。能否把所有的数据放在一个主内存当中，然后把这个内存作为一个处理器去做呢？如果我们把整个数据库封装起来，用一个处理器去处理，而不是只像以前一样把数据通过通路放到一个处理器中，处理器再通过通路传回给计算机，实现数千倍的速度提升。所以我们也有一个示范的项目、试点项目，通过全新的数据库架构，在主内存当中就可以实现一个数据库的管理。这样的创新在中国也有类似的项目，因此我觉得在大学里需要给学生不断的教授这些创新的项目和新的变化。学到老、用到老，来了解整个社会正在发生的改变，而且要培养起一个"学到老、用到老"的个性，不是说在大学完成学习之后我们就可以停滞不前。所以我们除了大学课堂教学以外，还会有线上的教学——继续教育，通过网络教学能够更早地让我们的学生不断学习。而且我们也可以让我们的合作伙伴通过社交媒体参加学习。而且我们还会有一个电信TASK，这是一个移动系统开发的项目。所以从这些项目可以看到，我们现在正在快速进入数字变革的时代。我们也感受到技术和科技背后的影响力。

再给大家举一个例子：我们可以为人们提供这样的服务，可以让他们检查一下自己的数字身份是否被泄露？这是一个新的问题，如果大家使用互联网，一定要留下你的用户名、地址，甚至是银行账号、保险号，你的密码、邮箱地址。对吧？对于黑客，对于网络犯罪者来说，他们就很有可能偷窃这些所谓的"数字身份信息"，可能会把你们的数字身份信息用于违法行为。所以一定要有一个先进的安全网络，能够让人们检查自己的个人数字身份是否被泄露，随之检查这些信息是否安全。我们这个系统能够对40亿个身份和密码来进行监控，我们知道：有些人正在用"12345"作为密码，告诉他们这样的密码会产生多大的安全风险。很多人认为密码不重要，或者一定要去设置某一种类型的密码，所以我们不仅仅要让专业人员了解，也需要让一般的用户来了解背后用户输入密码的技术原理在哪里，它的整个系统架构是怎么运行的。让他们知道如何能够保护自己，不仅仅能够在现实世界保护好自己，也要有这个意识在互联网世界保护自己。

另外，我们还有对网络教学内容的监控系统。有人说：当用户使用互联网上课的时候，好像什么样的内容都可以用，不需要去监管。但这是错的，中国也好，德国也好，对于个人的信息保护都非常重要。所以在谈到网络教学内容的时候，也必须要知道我们的学习者正在看什么内容，他在做的这些工作是否会影响到个人身份，网络安全是否有风险，这是保护学习者的一个数据。所以我们就算是在谈网络教学的时候，内容的审查和对于用户的信息保护也非常重要，如果不做这些的话，我们是没有办法很好地去做网络教学的。还有类似像医疗的一些问题，在医疗领域IT的技术带来了极大的创新，我们有这个想法，就是把不同的医院的治疗方案进行对比，对于药品给药的效果进行一个对比，由于数据保护的问题，可能很难获取这些数据，不能对医院数据进行一个比较，但是如果有很好的数据保护体系的话，我们就可以做到这一点。所以我们再稍微谈深一点，谈一谈数据库的技术，这不仅仅是创新，而且对供应商，尤其是内存供应商是很大的一个机会。因为我们已经不能再靠传统的方法去处理大量的数据，因为现在已经不是一个传统数据的概念，这是一个大数据的概念，所以和传统的数据库相比，情况也大有不同。传统的数据库，数据是存在内存当中，但是在这种内部内存当中，数据通过一种电子的方式来进行读取和存储，因此我们要尽可能地去开拓不同可能的潜力。比如：是不是能够提升1万倍，甚至是上百万倍的数据读取和分析的速度呢？所以在内存当中，数据库是唯一一个真实的数据来源。也就是说，不同的相关数据都应该是要去对照唯一的一个数据库的来源，这是存在于内存当中。就像是在SAP，有这么多的产品，他们产品的成功，就是因为能够让不同领域的消费者利用好内存机制和全新的数据库的架构来获得真实的数据。

接下来也谈一谈我们在医疗领域的数字创新，刚才也稍微谈到了一点。我再举一个例子，拿癌症的治疗来说，在谈到癌症的时候，大家都非常沉重。医生一旦诊断出来一个患者患有癌症的话，其实就是两个传统的治疗方法，一个是理疗，一个是化疗。不管使用什么样的治疗方法，它的成功率大概都是25%左右。25%的患者的治疗是有用的，换言之，75%的患者一定会有非常严重的负影响。但是我们医生不知道什么时候做化疗有帮助，什么时候用药物治疗做理疗有帮助，完全不知道。但是现在如果谈到"个人化医疗"的时候，我们如果能够去看一看你DNA层面上身体的反应情况，这就有可能知道什么情况下使用哪种治疗会更有效用。通过DNA的排序技术，通过对于基因数据的分析，我们能够获得更精准的定义化、个性化的治疗解决方案，但是这是一个大量的数据的一个概念了。比如：你可能在DNA的测序当中，需要320万对DNA组的配对，而且它的规模达到1—20支。如果对于基因数据进行分析的话，现在我们已知的异变、突变达到了8 000万个，而且身体不同的反应都是和不同的基因突变有关系的，也就是说，你要去分析不同的基因，不同的基因组，甚至达到了2万—2.5万个，甚至可以达到5万—30万个。所以在谈到大数据的处理上面，甚至可以达到 5 GB—10 GB 的量级。因此我们可以看到，如果说获得更好的治疗方案，癌症其实只是其中的一个例子，还有其他的一些疾病的治疗，就必须要更好地去了解我们身体本身更深层次的信息，知道患者的身体对于哪种治疗、哪个药物会更有效果、产生更好的反应。

从现在来看，如果没有内存技术的话，可能要花 30 天的时间才能做好这么多基因的测序和分析。比如：DNA 的测序时间也非常长，但是如果使用内存技术的话，可能只需要几秒钟的时间就可以完成所有的测序分析。所以我们希望提供的是一个平台，能够为我们的基础设施，不仅仅是把医院的信息平台，而且把患者周边所有的平台都连接起来，患者的信息由他自己掌握，当患者来到医院或者药房，或者是到不同的其他地方，他其实都会把他的信息汇总起来。最后一个例子，那就是我们的安全性，刚才也稍微谈到了网络安全这个话题。我们可以使用内存的技术，可以保证数据分析的安全性。当我们使用电脑的时候，其实它会有一个所指的文件夹，也就是说所有的机密信息都锁在这个文件夹里。

过去的问题在于，我们可以获得这样的信息，但是得到这些信息去了解这台电脑、系统内的实时情况要花很长的时间进行分析。我们可能知道昨天这台电脑受攻击了，但这并不够，我们要知道此时此刻正在发生什么。所以通过所谓的"内存类"机制，能够了解计算机和系统实时的网络情况。首先我们先把这个数据联系起来，要把它进行正常化，然后把它放到不同的字段当中进行相关化。对于大数据还有一点很重要，那就是到最后一定要有一个视觉化的结果。这就是它整个流程，这一切都和 IT 有关系。但是同时我也谈到了很重要的一点，一定要教育人们、教育我们的学生。所以线上的课程能够让更多的人参加 HPI，自己的课程才更加重要。现在在欧洲有 1 万学生采用了我们的网上课程参与到学习当中，学习 IT 技术。而且还有很多的灵活方式去学习，可以通过网络进行视频。不仅仅只是我们自己大学的学生能够获得这样的内容，通过互联网能够让更多的学生获得我们的内容。大学课堂只能让 20% 的学生知道我们的 IT 技术发展在哪里，但是通过互联网课堂，能够让更多的人接触到 IT 这个新世界。

而且对于企业来看，很多机构也使用我们的平台，例如 SAP。SAP 其实有 200 万次的招募，他们可能会要对这些新雇的员工介绍 SAP 新的技术、新的系统，而且需要有这个平台教育他们的员工，解释现在世界在发生什么。比如像埃波拉病毒发生的时候，我们一定要告知一些医疗救助人员如何应对埃波拉病毒，如何用更高效的方式应对这样的疫情，这都是要通过线上课程才能做到。所以我们组织非常愿意和他们一起协同工作，所有的方方面面的事情都要进行创新来推动。所以这不仅仅是一点点小的进步而已，而是把现在所有的做法进行优化。工程设计的工作也需要得到优化，把它的成本降低、速度变快，除此之外让它更轻量化才可以。接下来我们作为传道授业解惑者，我们教大家IT技术的时候、教学生的时候，应该怎么样去教授呢？如何让他们有一个"设计"的思维来进行创新？设计思维是什么意思？它基本上是通过项目去做，让这些学生在动手的过程当中能够学习这样的一个理论，能够学习如何进行创新。所以在实践中进行创新，在IT的教学过程当中设计思维大行其道，让大家成为一个团队的协作者，所以在此过程当中我们希望能够打造一些具有企业精神的项目。因为创新不能够光高谈阔论，创新不仅仅是打造出12345的科学结果，它们必须要改善人们的生活。我们的学生和设计团队共同努力，他们最后能够成为非常成功的创业家、企业家。

回到"设计思维"，实际上在我自己的团队中，大家都在一个开源系统当中协作。你可以看一下，我们有一个自动化的流程，我们首先要了解这个问题在于什么，了解问题之后才能够去解决问题。基本上有一个问题，专家都不太愿意了解世界发生了什么新的事物，他们总是自诩为无所不知，所以我们必须确保IT过程当中找到新的发展方向，不仅仅能够抛砖引玉，除此之外还能够引起大家重新的思考，怎么样进行教学？这样一来能够让我们的学生变得具有创新性。

这是一些图片，可以看一下在我们的IT和工程系大家是怎么样去做的，就像一个艺术学校一样，所以我们说能够集思广益把年轻人培养成未来的领军人物。

刚才简要地给大家介绍了一下，我们怎么样能够推动创新方面的改革和改变，怎么样能够为下一代的领军人物进行准备，怎么样能够在数字化转型的大潮过程当中将问题迎刃而解，能够推动社会的变化，而且除此之外希望能够把物理世界和现实世界融合。

谢谢！

梁丹：感谢克里斯托弗·梅内尔（Christoph Meinel）教授的精彩演讲，他给我们带来了信息技术在各个领域应用，特别是在人才教育方面的例子。下面，请复旦大学首席教授、中国工程院院士王威琪先生致辞。

中国工程院院士王威琪致辞

大家下午好,由于我的母语是中文,我就说我的母语,我觉得这样效果可能会更好一些。尊敬的习明龙理事长,女士们、先生们,大家下午好。刚才习明龙理事长及何建华、王圳等领导发表了热情洋溢的讲话,他们的讲话高瞻远瞩,情真意切,为上海全球科技创新网络专家委员会的建设和发展指明了方向。

首先,我代表院士和专家这个群体,感谢联合国工业发展组织全球科技创新网络的各位领导,对于我们这个群体的信任和认可。感谢你们把我们院士和专家作为基本力量,成立上海全球科技创新网络专家委员会,并以此为基础凝聚国内外更多的院士、专家、学者和知名人士,为全球科技创新网络的发展提供人才保证。其次,院士、专家作为高层次人才,肩负着科技创新、产业创新、金融创新、商业模式创新、管理创新的重任,一定会为全球经济建设和社会发展提供最优质的服务。

根据党中央、国务院《关于创新发展的战略》,要加快具有全球影响力科技创新网络建设的步伐。在上海建立全球科技创新网络专家委员会意义重大,这不仅为上海的发展提供了难得的历史性机遇,也为上海广大高层次人才的发展提供了更大的舞台,为广大院士、专家们施展才华提供了广阔的空间。我们期待在科技创新网络专家委员会的总体协调下,加强平台建设、凝聚更多人才,为专家委员会的发展发挥院士专家的作用,做出更大的贡献。

谢谢大家!

梁丹:感谢王威琪院士代表所有的院士和专家们,参与联合国科技创新中心,为全球的创新事业作出贡献。下面,请西藏自治区日喀则市人民政府副市长罗布松拉先生致辞!

西藏自治区日喀则市人民政府副市长
罗布松拉致辞

尊敬的各位领导，女士们、先生们、朋友们，下午好！值此秋去冬来，收获满满的时节，在上海市突出贡献专家协会及本次大会筹备组的大力关心支持下，我们很荣幸从雪域高原来到美丽的黄浦江畔，参加联合国工业发展组织上海全球科技创新中心组织召开的"2017全球科技创新大会"，很荣幸日喀则青稞产业发展项目作为本次大会签约项目之一。在此，请允许我代表西藏日喀则市政府和全市80万各族人民，感谢联合国工业组织对西藏发展工作的关心支持，感谢上海市委市政府长期以来对于日喀则经济社会发展的对口援助，感谢喜马拉雅生态科技股份有限公司，在日喀则投资落户青稞产业扶贫项目。

日喀则与印度、尼泊尔、不丹三国接壤，全市国土面积18.2万平方千米，边境线1 753千米，是国家"一带一路"南亚陆路大通道的桥头堡，平均海拔在4 000米以上，经济总量排在西藏自治区各地市第二名，是西藏第二大城市和中国历史文化名城之一。日喀则素有"西藏的粮仓"之称，是青稞之乡。目前的种植面积达86万亩，随着科技创新成果不断运用，青稞产品雄踞西藏自治区的第一位。2017年我们的青稞产业大获丰收，总产量达38万吨，实现了每亩增产50斤的重大突破，青稞产品加工转化及市场化、品牌化程度也不断提高。同时日喀则也是历代班禅大师的住休之地。

尊敬的各位领导，女士们、先生们、朋友们！

西藏不仅是世界上最后一块神奇的净土，同时也是矿产、太阳能、高原牧业、特色旅游、饮用水等资源独特而富饶的地方，特别是权威研究证明：青稞作物具有广泛的营养及药物价值，是大自然赐予我们的特殊礼物。我们将以上海市突出贡献专家委员会在日喀则设立西藏喜马拉雅院士工作站和江南大学博士后流动工作站为契机，深化与喜马拉雅生态科技股份有限公司的合作，拓宽眼界、增强卓识提供优惠的政策和营商环境，不断提升研发转化能力，增加青稞产品的附加值，为全国乃至全球人民的健康保健事业做出贡献，并造福勤劳朴实的日喀则各族人民。同时也希望通过各位，搭建起高原日喀则与各位专家企业的桥梁，让更多的人民感受到我们的热情好客和对于发展的热切期盼。

衷心祝愿大会圆满成功，祝日喀则各方与各位专家及企业的合作结出丰硕成果，感谢各位对于日喀则的关心厚爱。谢谢各位，扎西德勒。

梁丹：感谢罗布松拉副市长从高原带来的创新项目和美好祝愿，我们也希望青稞项目能够获得更大的成功。今天的"主旨演讲"环节到此结束，对于各位的精彩演讲再次表示感谢。谢谢大家！

主持人：谢谢梁丹女士，今天的主旨演讲到此结束。请大家休息5分钟，10分钟后将举行"第一次联合国工业发展组织全球科技创新网络专家委员会会议"，请相关人员准时到达指定会场开会。

谢谢大家的配合。不参加后两场会议的来宾，请把同声翻译耳机归还到借用处。非常感谢您的合作，我们期待明年的2018联合国工业发展组织全球科技创新大会再相聚，谢谢大家！

第六篇

全球城市信息化论坛主办方工作会议暨专家咨询会

会议主持人*：各位代表、各位专家大家下午好！今天我们在这里召开2017年全球城市信息化论坛主办方工作会议暨专家咨询会议，我是张英，来自上海市经济和信息化委，很荣幸能够接受主办方的委托，担任本次会议的主持。

首先还是要代表上海市经信委感谢我们各个主办方共同努力使我们的大会能够顺利地举行！今天在坐的各位可能都参加了昨天我们2017年全球城市信息化论坛与中国工业博览会联合开幕式，这与我们主办方的大力支持关心分不开，今天上午的论坛全体大会上面，各方政府代表、企业家、高级专家从不同的角度进行了精彩的演讲，向与会代表传达了我们信息技术的前沿信息，以及信息技术在产业和城市发展各个领域当中渗透应用的广阔前景，使各方受益匪浅。

今天在这里召开这样的咨询会也是继承了2000年以来亚太地区城市信息化论坛，我们2008年更名为全球城市信息化论坛，在论坛年会期间各主办方共同举行论坛来讨论我们未来发展和工作的重点，促进各主办方的合作。所以这个咨询会议也是希望借助论坛请全球各地有代表性的专家能够共同来探讨，帮助我们主办方，帮助上海把握技术的前沿和发展趋势，从相关的理论研究成果和实践经验出发促进全球城市信息化的战略发展和科学研究。

今天的会议我们其实有四项议程，首先我来介绍一下参加本次会议的主办方代表及重要的专家：

本次会议将围绕信息化建设如何围绕城市成长可持续发展需求，在产业转型升级、城市更新、城市治理当中创造性的发展作用这个议题我们进行深入的探讨，选择这样的议题也是与我们全球城市信息化论坛的起源和宗旨有密切关系，正如习近平主席在联合国发展峰会上所说的，对于各国人民而言，发展寄托着生存和希望，象征着尊严和权力，唯有发展才可以保障人民的基本权利，唯有发展才可以满足人民对美好生活的热切向往。上海是世界经济

---

* 张英，上海市经济和信息化委员会总工程师。

的重要阵地之一，孕育着无限的希望也负有重大的责任。因此作为国内信息化领域举办历史最悠久，影响力最大的国际会议之一，全球城市化信息论坛立足于为城市信息化的政策制定、决策、实践者，提供交流、战略规划、产业前景、技术应用等方面经验的最佳平台，也为服务联合国可持续发展的目标，发挥信息化的创造性作用提供更好的建议。

下面请与会代表围绕今天的议题进行交流，大家可以结合自身的经验，具体的城市案例交流信息化发展的思路、方法和路径，展现创新的思维和经验教训，由于专家比较多，请各位的发言控制在7分钟之内，谢谢！

周傲英：我来自上海华东师范大学，本身专业是计算机，大学本科开始学，后一直在学校工作。在学校除了负责本科研究生之外的另外一块工作，就是做信息化，学校的信息化，也就是说学校的信息系统建设。很荣幸今天有机会参加工作会议和专家咨询会议，同大家一起交流，我们的主题是城市的成长、可持续发展、产业转型、城市更新、城市治理。

其实大学就是缩小版城市，城市信息化难度大，从学校信息化角度就有所体会，因为一个学校的信息化都已经很困难了，所以我今天发言的主题是信息化已进入了一个新的阶段，用我们现在的话来说就是一个新的时代，这个时代是由互联网带来的，我们现在讨论信息化和以前讨论信息化不一样就在于我们有了互联网。我们最早讨论信息化的时候，只有计算机，只有网络，现在我们有了互联网，而互联网相对于以前的计算机和计算机网络来说带来的变化更大，因为涉及人，改变了人和人之间的关系，所以我说进入了一个新的阶段是因为有了互联网。从另外一个维度来看，我们也知道互联网带来的冲击，我们有了互联网才有大数据，但是云计算也是因为有互联网，因为我们有了互联网，我们的互联网现在也在卖东西，像阿里巴巴一样，先卖东西，只是为了卖东西，在这个过程当中我们发现可以把那些公共信息服务化，把信息的基础设施拿出来服务，所以AWS成立不是做IT公司，只是信息服务公司，可见互联网带来了云计算、大数据。

在中国有"互联网+"，再往后我们有了现在的双创，有了供给侧改革，再到后面有了分享经济，到现在我们有了人工智能。其实我觉得所有这一切实际上都是由互联网带来的，因为互联网改变了一切。为什么会带来那么大的变化？我们国家的政策，我们国家提出的一些战略、行动计划，其实它们都是有先后关系的，然而他们都是一脉相承，源头就是互联网。我们在中国讲的"互联网+"是信息化的2.0，信息化2.0跟传统的信息化不一样的地方就在于我们按照互联网的思路做信息化，从互联网的思路来说只有用户没有客服，特别注重用户，要把用户和用户之间连接起来。我们以前做信息化需要有客服，从用户身上赚钱，我们做用户时互联网公司也会赚钱，但是不是直接赚钱，最早是通过流量变现后通过数据变现。怎样可以做到这一点？特别注重用户的体验，把用户体验放到最高的标准。所以我们在用互联网服务的时候从来不需要有说明书，不需要经过培训，互联网公司也不会找另外一方开发信息平台，所以互联网带给信息化很多的启示，就是原来走的路也许不是唯一的一条路，甚至不是有效的一条路，所以我们也在学校里进行尝试。

今天德国的克里斯托弗·梅内尔教授在这里，我们设计思维设身处地站在实用者角度考虑问题，体会是信息化跟改单相互关联，相互促进的，在互联网这个行业也是一样。新的业务或者是新的商业模式要推出更新的技术发明支持自身发展，就像AWS出来一样，就是因为要支持他的业务所以就需要有这些东西。有了新的东西、新的技术以后会发现原来想都不敢想的，或者想到做不到的事情都可以做到。所以这其实也是应用和技术的相辅相成，没有说我做好了技术再做应用，或者我想好了应用我为这个应用再做技术，其实我觉得是相互促进的一个迭代关系，这是我对现在信息化的认识。当然需要改变思维方式来推动城市的信息化和行业的信息化，谢谢！

徐磊：有了互联网以后，有了大数据，这个大量的数据又有云计算，然后又有AWS，结果马云大大地推动发展，那么就导致人工智能大有用武之地了。中国这两年人工智能在国际上的步伐比较大。我刚看到一个消息，昨天在上海，中国的智能网联汽车宣言出来了，就是专门开道，专门给智能无人驾驶汽车、货车行驶，可能以后搞不好上海这座城市不用到处自己开车了，都使用智能驾驶的车。这就是物联网、互联网智能结合很典范的例子。

另外除了智能驾驶，大数据很多安保措施也在中国，不光是上海，很多地区都是非常现代化了。虽然几个月前谷歌发布了一款可以翻译40多种语言的耳机,但是我们科大讯飞中文翻译得也不错,也做得很好。

二十几年前我从MIT回香港中文大学,2016年回到上海,我们整合四个系搞人工智能的力量,成立了一个研究中心,这个中心聚集了上海交大人工AI方面的主要力量,我们研究的方向很有意义,一是智能医疗,包括上海、中国,甚至世界可能认为AI的很大发展方向就是智能健康、智能医疗,中国已经也有不少地方在起步做。二是刚才也谈到的设计,就是将智能用到设计上,这将会是一个很大的前景,如艺术设计或者是广告设计,或者是其他,如服装设计等。前两天我从新闻上看到AlphaGo可能要主打智能的设计,在网上卖定制的衣服,就是你制造,然后一个星期前定制的衣服就给你送过来了,这个可能是VR技术,我们可以在上海进行这方面的尝试。

另外,上海智能除了以上这些方面,智能用在制造方面也是其一大特点,如临港那边的智能制造中心。另一个就是上海管理智能化,大量信息化之后必然有很多的管理信息化。比如说医生手术完之后已经很累,还要做记录,存成档案,现在只需要说话,说话就自动分类,所有的信息都分出去了。想想以后可能我们的管理人员或者说一些话,记录都有分类,然后分到这个该送哪一级领导,分到那个送哪一级管理。这一人工智能在上海智能管理方面大有前途,所以我们希望有机会同上海交大,以及来自欧洲等其他地区的朋友有合作。

谢谢。

张英: 谢谢,下面希望听到国内外的其他专家学者给我们的代表、主办方代表来分享好的经验和做法。

李丽: 我原来在大学里工作13年,后来到了惠普,惠普企业业务与杭州华山整合在一起由紫光控股,然后紫光集团是我们大股东。我们是一个IT企业,非常注重怎样用信息化手段助力城市建设,甚至帮助城市去规划城市数字经济发展。我们在新华山除了赋能城市和企业做信息化之外,其实也非常关注国内的智慧城市建设。我们在新华山内部成立了两个研究院,一个是新型智慧城市研究院,一个是数字经济研究院,这两个研究院都由我兼任院长,原来在大学里做过一段二级学院的院长,所以老板就说这个研究院让我接着做。

首先,现在城市管理者很困惑的问题,就是做智慧城市的时候用什么标准衡量城市,即什么是智慧城市,或者今天做的智慧交通、智慧医疗、智慧教育,做了智慧的东西,跟标杆的城市差距在哪里,所以我们的智慧城市研究院,包括数字经济研究院就做了中国城市数字经济白皮书。我们用了很多的第三方数据、权威数据,从客观角度做了评估。我们从四个维度,一级指标,即城市的信息基础设施建设、民生、城市治理、产业升级四大指标体系来衡量数字经济发展的程度,今天我看ITC报告,数字经济在今天的整个中国经济GDP当中已经占了30%,这个势头还是在往上走,所以数字经济很重要。对于城市管理者而言有这个指数就可以看到现在是什么程度,以及下一步努力的方向。

去年做了40个城市的研究。这40个城市非常有代表性,一是GDP,一是人口覆盖,以及各个城市信息化建设基础设施有规模。我们将40个城市进行打分和排名,这在整个业界还是得到了很多反响。今天哪一个城市排在我前面,到底哪方面做得好,哪些方面需要努力。从城市数字经济指数的白皮书当中,其实我们也有一些结论,结论是说今天我们看到各个城市包括今天上午仲裁也在介绍,我们看到这个城市是这样的,每一个城市都有规划,规划做得非常好,落地方面就弱了一点,很少有城市有一个非常好的智能管理中心或者叫作智能运营中心,真正把这些收集到的信息变现,看到这个成效,所以允许有的方面有很多问题,这是我们看到所有城市当中的一个普遍现象。

其次,就是我们看到的技术应用领域可能有很多新的技术,包括云计算、大数据、人工智能,城市建设当中很多城市还是局限于一两种技术,其实还是需要一些综合的技术手段来支撑,如VR、AR等,现在这方面做得还是不够。

再次,有些城市顶层设计可能是参照别人,没有根据自己的城市特点来进行设计。最后可能在建设的时候还是需要采用有经验的IT解决方案,这样的话可以缩短建设周期。这个就是我们做的工作。

由于时间关系其他就不展开了,包括我们原来做贵阳农业云,就是把整个农业的上中下游通过云平台接通,然后把种田和消费者连接起来。

庄庆维:大家好!我主要想说两点,之前我的工作主要负责中小型企业的信息化,这方面有一点感触。我觉得在国内跟新加坡最大的区别就是很多地方注重的不是城市的智能而是技术的智能,太过于注重科学技术,我觉得信息化智慧城市另外一点重要的就是要做得深、做得透。在新加坡,我们20世纪90年代就推出了全世界第一个贸易网,当时很多哈佛等都进行了报告,但是我们其实没有停留在20世纪90年代,但是那个时候就把所有政府部门都打通了,就是单一的进出口的窗口,20世纪90年代之后我们一直不断地努力,到现在已经第四代了,我们把进出口公司、物流公司、保险公司、银行跟贸易有关的企业都拉到网上,只有打造这样的生态系统才可以完整体现出平台的价值。比如新加坡为什么是国际贸易中心,贸易这种企业到新加坡可以接入这个贸易网就可以和上下游企业互联,这个得到的效应是在其他地方得不到的。

另外一个例子,像交通,很多人觉得新加坡的智慧交通做得比较好,除了电子收费系统跟用车证之外,其实还有很多后台的信息系统都没有人知道,去过新加坡的都知道新加坡金融中心对面就是港口,但完全不堵车,这个在很多城市是不可想象的。为什么?因为我们99%的所有进港的卡车都有GPS,国内也有,但是99%的卡车数据其实都是跟港口、跟港口的企业共享的。所以你还没有出发,港口就已经知道你出发的时候到港口大概需要多长时间,就把所有事情都准备好了。所以在港口不可能待超过20分钟,通关也不会超过1分钟的时间,这个就展现了信息化的价值,但是只有做到99%才可以体现这个价值,要不然港口用普通的旧技术,要通电话、通智慧平台、多个平台都做不到这种事情,所以第一个重点就是智慧城市其实很多,不全部靠新的技术,要做得深要做得透。

另外一点,很多人都注重怎么去做城市开发,但是忘记了一部分重要群体,就是市民、市民的工作。因为信息化会带来很多的工作丢失,尤其是未来的AI、自动化方面,这些新的技术方面需要大量的新的人才技术,所以我们大学也需要有一个规划,怎么提前培养出这方面人才,同时也要为这些未来可能失业的人作好准备,因为这些新技术需要重新培养新的技能,所以他们不会有尴尬的局面，公司突然间全部改为AI，然后2 000人下岗，不知道该怎么办。政府应该做的事情就是这两件，谢谢！

张英：谢谢，新加坡智慧城市建设一直是我们非常向往的，他们也做了大量的案例。下面有请德国方面的专家。

克里斯托弗·梅内尔：非常感谢，有这么几点评论，当然新加坡的案例是一个非常好的案例！对新加坡而言，国土面积并不大，但是却利用了信息化技术使自身成为全球羡慕的目标，也成了一个非常好的模板，非常感谢徐雷教授，IT机构在德国我们叫HPI，我们的关注点就是怎样进行设计性思维，数据化IT、创新这些等都与设计性思维息息相关，数字转型改变了我们生活的方方面面。如果简单地从产品、服务来看，简单地用IT替代的话，其实获得的收效并不多，我们需要考虑长久的、可持续性的转型，这样的话包括你的工艺、产品流程只是一部分，我们改变一部分，确保上下游有所互动。

比如你在工作，我们说进行培训，然后承担某些岗位工作，但是对于大的企业、大的机构而言，他们是可以做这些事情，但是你要考虑到怎样能够使机构里面的所有成员可以适应这样的变化，所以态度也很重要。对于年轻一代，包括使年轻人能够进入我们的创新行列当中来，而不是被抛弃在后面，我们推出了很多项目，小项目与大项目结合在一起，使这些年轻人也觉得有一点成就感，他说我可以成为创新者，我也可以成为其中一部分等，这样的话我们的IT教育是非常重要的，包括计算机科学、IT系统的工程师等，类似这样的人才培养也很重要。

如果你这一小部分做好之后其实智能城市也就容易了，对于企业而言，企业的责任是产品，服务可以扩大，扩大产品线来扩大服务的范围，这是一个企业的使命，对于一个项目而言，如果做大项目，其实任何一个项目都不是单独一方可以承担，你要组织不同利益相关方，不同的各方加入这个项目当中，所以有时你说起来容易，但做起来并不是很容易。你拍一个照片给大家看，这没有问题，但是你要执行这个蓝图，由于这个项目的推进涉及不同各方，这是非常难的，而且这一点应该引起大家的注意。

对我们的机构而言，我们首先从试点项目做起来，然后从小的试点项目进行整个的成功复制，把它进行放大，这样通过小的试点项目实现互信，它们就有很好的基础，这样就可以把项目做大！

再谈一个技术话题，包括 AI、人工智能，还有其他的自动驾驶汽车等，目前大家的思路往往是以技术为出发点，包括去实践这一技术，然后觉得还可以就向前推进，但是如果谈到无人驾驶的话，其实已经不只是一个技术的问题，更是一个社会的问题。为什么我们相信无人驾驶汽车？因为机器比我们理解得更好，机器可以通过图片学习好了之后就可以驾驶了，我们就放心了吗？而且我们就可以坐在车里让它们带我们随处去。我们是坐在车里，安不安全，我们不知道，对于乘客而言，对于车外的行人而言安全吗？对于无人驾驶而言现在不只有技术挑战，而且有社会性的挑战，我们也意识到这一点。IT 和数字化在今后几年会取得更加迅猛的进展，大家对此都有这样的共识，过去患者必须要到医院才可以就诊，在数据时代我们改变了这一切，医生可以到患者那里去，看看患者是否需要医生，换句话来说这是技术问题，通过大的数据、通过分析，包括疗法环境、远程医疗诊断这些都是可行的，这些需要来自数字化的成果，包括医学方面的研究成果，我们需要考虑到不同力量的组合来扩展不同的领域，这是非常重要的！我们也可以获得人们的信任，刚才我也谈到了无人驾驶的概念，人们如果对这个技术有信心，之后他们才能够有兴趣，然后才能够更好地接受这样的技术，那么他们才能真正地看到它的用处所在，谢谢！

张英： 非常谢谢克里斯托弗·梅内尔的讲话，确实在数字化转型背景下面我们的很多问题不是技术性的问题，而是社会性的问题，所以我觉得我们今天上午和下午的讨论其实都在谈到这样的比较深层次的问题。

王珊： 我来自亚马逊云计算，非常的荣幸参加此次会议，因为这是我第一次在一个如此闭门的会议上听到这么多专家、学者领导提到亚马逊云计算。过去四五年时间，我在每一次跟大家沟通当中，大家都说知道我们做电商的，但是很少人知道亚马逊云计算是做什么。我们是亚马逊公司的 BU，但我们做公有云，那么我们是一个非常独立的 BU，对外提供服务，我们这个公有云大概服务全球190个国家,有数百万的活跃用户,我们也服务超过7 500家的政府单位,3万多家的教育机构,还有几万家非营利组织。在平台上我们大概有70多种大类的服务,3 000多种小类的服务,每年我们大概会陆续推出新的服务,至2016年,推出了约1 000种新服务,每年新服务还是以一个加速度推出。

分享所有这些东西并不是想说这个亚马逊云计算自己怎么样,对于我们来讲,我们的文化有三大特点:

第一,做客户优先。这个很有意思,我给大家讲一个例子。大家知道,客户优先的时候我们的CEO就说,很多人老是在讨论改变,但是他要做的所有东西都专注于用户最深层次的需求,而这个需求是不改变的。

再举一个例子,当我们做电商的时候,其实不是说你要追求的是改变,而是说所有的用户都希望以最高的效率、最低的价钱拿到最好的服务和产品,这个需求10年、20年都不会改变,就像我们做一个城市的建设。所有的城市居民10年、20年都希望生活会越过越好,他的城市环境会越来越好,他的方便性会越来越好,他的就业机会会越来越好,他的经济发展会越来越好,这些是不改变的,所以让我们专注于这些,这是第一点。

第二,亚马逊所有的一切都来源于创新。2017年亚马逊公司的财报显示,大概超过1 400亿美元,大家觉得这个已经很大了。但是在最新一次财报当中谈到年度增长率是30%,而且这一增长率在过去5年是持续这样的,我们预计在接下来几年还会这样。创造这些价值靠的是创新。

容永康先生说我们推智能化物流管理、智能化仓储、亚马逊云计算、亚马逊媒体等一系列,你会看到其实亚马逊跟别人不一样,它的产品线不是相关的,而是像一个大企业里面由初创企业推动的变革,而所有的变革还是回到一条,即以用户为中心,以合作伙伴为中心。所以创新驱动了增长,这个会跟我们后面谈到的城市可持续发展有关。我们非常愿意分享我们怎么通过创新去推动经济的增长,去推动经济结构的转型,因为这个会与城市的可持续发展有非常大的相关性,这是第二点。

第三,我们专注于长期的投入。这是非常难的,因为我刚才听到谈人才,我进出中国做的最快的一件事情就是跟教育部说接下来会很快有很多技术的转型,这时候人跟得上吗?这是一个很大的挑战。因为我们看到麦肯锡的报告四五年前就说了中国每年缺乏跟云计算相关的人大概是700万，那么这个量大概是一个什么量，就是中国一年大学本科招生的量，那时候很多大学都没有云计算、大数据这些专业，所以2017年教育部开始在34个大学建立大数据的专业，因为整个课程体系、人才培养体系都需要做，所以我们在当时就跟教育部门说，我愿意投7 500万元，没有上限地去做所有课程体系建设，老师的培养、人才培养，这个是亚马逊在做长期投入当中的第一步。

2016年一年我们团队整个研发费用超过161亿美元，也是专注于很多长期的战略投入，这是我们的文化。这和我们今天讨论的东西有哪些相关性？大家讲城市的成长和可持续发展的需求，其实我们在讲城市的成长的时候大家通常会使用三个指标，即联合国等都会使用三个指标，一是GDP、GNP，二是就业率，三是通货膨胀率。但是联合国同时还有一个指标即这个城市居民的幸福指数，当人均GDP很高的时候该国的环境怎么样。上一期报告说全世界最幸福的是印度尼西亚，其实它们人均GDP并不高，包括今天早上我们的联合国原副秘书长在讲，其实有很多城市发展得很好，但是他占用的资源也很高，那么对于环境是负项的作用，所以一个城市的持续发展可能就是看这几个指标。

当然我们也有财务政策、经济政策，比如说政府的财务政策，同时我们也说利率，利率可能是经济政策，这里面还涉及汇率等，所做的这一切都是为了保障整个经济的发展，尽量使它的预期发展和它的实际发展的差距缩小。经济的发展就是经济体量的发展，持续发展当中有三个要素可以提高：人口、资源和生产率。

新加坡其实是一个非常典型的持续发展的案例。国际上有很多研究指出，新加坡在整个转型过程当中开始有很多政策，比如持续率要求很高，也讲加强港口建设等，但是后面产业结构变化时说我要引入金融行业，我要引入电子行业，我要推动人均有多少电脑，那么它提供的是TFP这一块的增长，这一块最重要的其实是技术。所以从亚马逊角度来讲，这一块是我们可以做的一些工作的东西。

第四，TFP体现出来有些什么？有三个方面，一是我们讲的智慧城市，其实这是提供市民服务，然后提供相关的智力和人才培养；二是大企业的升级转型。第三方面是什么？今天听大家都在讲，但是挺遗憾没有看到我们有初创企业的代表，或者是非常有想法的初创企业代表可以加入我们。这三块东西在AWS平台是有一些具有代表性的案例。比如今天看社科院的报告显示排在前三的是纽约，然后是伦敦，然后是新加坡，其实不管在纽约、伦敦，还是新加坡，它们在智慧城市合作上都跟AWS上有合作，我们只挑交通来谈。

其实非常荣幸我可以跟庄庆维聊。因为新加坡智慧城市建设过程当中AWS是从头到尾跟政府、IDA、科技发展局、信息化产业局一起往前走的，新加坡政府自己投了很多人做，但是同时IDA做了一件事情是非常漂亮的，即把这些东西开发出来鼓励市民参与，鼓励初创公司参与，所以很多的初创公司在这个过程中成长起来，然后用自己的服务去提供更好的服务，所以这个就变成政府搭建了一个平台。这个平台里面有些什么人呢？有市民，他是真正体现他的要求；然后有初创公司，初创公司是真正去实现这些要求的；政府提供政策、引导、要求相关的东西，我们作为一个技术平台去做，所以这是整个智能城市，就是这种模式。刚才讲企业做产品、做服务，AWS今天做得更多的是技术平台，建立的是一个生态系统，这是在一个智慧城市大企业的升级转型，比较典型的可以跟大家讲的就是GE。2年前GE就决定把它的40个数据中心关掉，然后转到AWS。它看重的是什么？它看重的是灵活性，它看重的是成本，它看重的是创新，其实有很多在做这些的时候，有一个最重要的是时间窗口，就是你做所有的东西，你做分析也好，你做管理也好，你推动的是可以做的事情，但是这个事情在那个时间窗口是有效的，所以只有在云上这种架构里才有机会做这些。

我觉得初创企业是很重要的一块，今天中国DD完全改变了交通，很多视频网站改变了你的视听体验，LBNB改变了你的旅游体验，AWS就是希望他们以最小的成本，最快试错然后带给大家更多的创新，我觉得这个是三块智慧城市，然后产业的升级转型、大企业的转型、创新企业的孵化，最后我们作为一个长期的平台，我们不停地去做人才的培养，所以这是从自己的文化、理念，以及今天如何去持续发展，如何去实现产业转型，然后在每一块下面我们做过什么事情。各位专家或者大家有想了解更多或者我们大家有机会交流更多,我们还有更多的东西可以做分享。

张英:很精彩的分享,因为时间的关系,刚才提到的智慧城市和我们的创新生态系统的建立,对于上海这样的大城市来讲,创新确实是非常重要的,上海要建立具有全球影响力的科创中心,需要方方面面共同来努力,这个方向我觉得亚马逊的这些经验是非常值得我们在下一步推进当中去借鉴的。

塔玛·切罗基:跟大家分享一下智能城市、智能技术,最终要落实在智能的人群以及智能的团体上面,不管是政府机构、学校,我们都需要有创新的思路、创新的想法,创新需要落实在我们所做的所有事情上,我们规划所有的事情,不管规划有多大,最终都是要落实到人,由他们提出服务,需要他们有意愿推出创新解决方案,技术只是工具,有的时候可以认为是引擎,因为到最终需要人来使用,需要他们有意愿使用,他们愿意来尝试一些新的事情,来做一些新的东西。同时我们需要让这些人始终保持创新的开放心态,这个是我们所需要做的改变。

我在上海已经住了4年了,我觉得这个城市是地球上最令人激动的城市,有无穷无尽的创新,有很多的电动,也有很多试错的过程,这对创新来讲是非常关键的一个环节,因为失败是成功之母。我要跟大家提出什么建议呢,我觉得这个建议不仅仅对上海,对所有城市,包括灰色区域。什么叫作灰色区域?这些灰色区域有很多可创新的潜力可挖。其实有的时候人们到政府机构办完事情出来时面带微笑,他们很高兴,他们愿意跟政府打交道。另外从医院出来也是一样,他们面带微笑,他们体验非常好。他们不一定去令人兴奋的场所,但是我们可以在这些区域当中使人们能够面带微笑,能够乐在其中,这个就需要我们进行创新,创新就会带来这些价值,价值使他们脸上挂满了微笑。这就是我的想法。

张英:大城市怎样更加有温度,通过创新提高市民感受度,我们的智慧城市才有发展空间。

王根英:非常高兴参加本次会议,各位刚才都提了很好的建议,我们既分享了技术案例，也谈了未来的美好城市，美好生活，非常感谢各位的发言和支持。

全球城市信息化论坛是2000年的时候开始举办，非常高兴全球的数字鸿沟逐渐在缩小，和当年不一样了，我有一个非常好的感觉，就是联合国工业发展组织机构在上海一直在进行援外培训，已经培养120多个国家的人员，发展中国家的官员，1 000多位官员，从他们刚开始来的时候，电脑都没有，我们需要提供机房上网什么的，现在人人都有数字化的手机，按照联合国新的规划2030时代到来，我们的论坛在新的时代发展情况下，从原来的信息化时代，到现在应该已经是数字化时代，到了数字化时代，怎么来结合社会、城市、产业的发展，刚才很多专家已经提了很多好的建议，所以我想进入2030年以后我们人类应该说正在进入人工智能时代，往往我们的论坛比较超前，可以在人工智能方面有所建树。现在大会已经有了这样的安排，怎样更好地把全球数字制造、工业4.0，中国的2025年发展得更好，结合得更加紧密，这方面我们工发组织会把包容性的工业全球城市可持续发展，以及我们整个城市管理通过智能化手段变得更加公平公正，我想我们其他主办方也会提出很多好的建议。

非常感谢大家！

王圳：感谢给我本次机会，我是联合国工发组织负责亚太地区的事务，很高兴出席本次活动，上午的时候很认真地听取各位专家的发言，我学到很多有用的知识，特别是我觉得这种组合很好，与政府部门、研究机构然后公司一起探讨城市如何发挥职能，为市民来服务，最终目的大家也提到了，就是市民的事。

我这边有几个感想，是对将来在做全球城市信息化论坛的建议，因为我们叫作全球城市信息化，但是非洲的城市好像现在还没有一个代表，可能将来会有代表的，像非洲、拉美国家或者是太平洋的一些岛国，它们虽然小但是可能也有一些代表性，这是第一个建议。

第二个建议，说到全球的城市信息化，现在都在谈丝绸之路、"一带一路"，因为现在信息化技术，ICT技术是新时代的丝绸，把大家都联系在了一起，下一次开会时怎样将丝绸之路沿线这些城市能够串起来，也可以利用现在联合国的机构，他们在做的海陆丝绸之路城市联盟，用这种方式和大家分享创新创意的经验，我觉得也是很好的！

第三个建议，刚才也是王珊女士提到初创企业，我认为非常重要，亚马逊做得很大了，但还有很多小的一些企业，而这些初创的企业可能代表未来的技术，未来的思维。以前，我们会在大会的中间有一些企业的对接活动，就像一个配对子，这样可以确保大家不是开完会就完了，一次性的，明天再有一个会议，在这中间也没有一个连续性、跟踪性的，或者就没有一个落到实处的东西，大家开会很好，都分享一些经验，但是能不能把一些落到实处，刚才克里斯托弗·梅内尔先生讲的就是做一些小的项，哪怕很小，但是是实实在在的一些东西，大家能够在下一次开会的时候有一个成果的展示，而不是一个一次性的会议完了之后大家很高兴，我们需要有实质性的东西。

谢谢！

张英： 因为时间关系，我们第一个话题先到此结束，刚才各个专家提了很多很好的一些想法，特别是围绕智慧城市和产业转型升级、数字化转型提出了非常深层次的考虑，也分享了很多的案例，这个话题我们留在后面等会儿吃饭的时候再分享。

我们下面进入下一项议程，因为这是一个主办方的会议，所以我们还是要请各位专家和主办方围绕我们全球城市信息化论坛发展的下一届会议的主题和议题进行一些交流，最后我们还会请主办方再回应大家的想法。所以我们也要跟大家交代一下，就是2018年全球城市信息化论坛可能提前，现在这个会议跟工博会一起合作，我们一体两翼，一个展览会，然后一个全球城市信息化论坛，还有工程院合办的IDIE的会议，那个峰会涉及的面更广，材料、生物各个领域都会涉及，而我们这个会议主要就是围绕信息化，围绕数字化来讲的。

2018年全球城市信息化论坛会议由于工博会的时间会有所调整，因为我们2017年11月份有一个国际的进出口博览会，规模相当大，有一百多个国家参与，所以我们工博会就提早到9月17日—23日，这个时间段也跟主办方先交代一下，我们这个会议也可能会往前提，具体放在哪一天到时候再根据申报的情况最后定，但是总归在这前后。

就请各方对我们的议题提出意见。

玛丽安·巴泰勒米：我想确保我了解我们的流程，我们是对下一届的主题和议题提出意见吗？

其实联合国可持续发展目标，SDG是比较重要，我们有可持续发展的目标使城市内更加具有包容性。我们觉得市民应该广泛参与到城市治理当中，而并不是只市政管理部门怎么做。大家也谈到了联合国的类似话题，包括我们谈到SDG第11条特别针对城市这个话题，包括信息、技术等，还有一些原则，上午也谈到包容性包括"不让一个人掉队"，这是联合国SDG第11条对城市管理的目标，所以这次我再强调一下。

上午大家也谈到了很多关于城市管理的话题，比如说健康医疗、网络安全等，这些我相信都可以列为话题，另外还有其他的话题我觉得有可能进入到我们的话题，下午我们谈到了智能城市的治理，包括怎样与地方政府和私营部门合作，类似这样的方法使我们的城市变得更加有活力。

对于我们的论坛，今天大家也谈到了一些宣言，包括今天上午大家也谈到了一个话题，就是推出什么样的数字化宣言，我相信这点我们可以继续加强。

另外一点，就是要关注以人为本这个原则，上午我也谈到了，包括确保人们的福祉等，我们一定要把人民的健康和福祉放在我们的日程当中。我觉得还有一个非常重要的话题，就是我们必须关注未来的技术，它会对我们现在的事务产生巨大的影响，我们应该关注从长期来讲能够产生巨大影响的技术或者解决方案，比如说人工智能，我们需要考虑相关的一些问题，同时调整一些技术，特别是在智能城市方面所需要应用的技术方法，特别重要的是要让创新能够为人类的福祉创造更多的价值。有一些创新是更加重要的，对人的幸福感更加重要，有些创新却是可有可无的，还有一些别的想法，等一会儿讨论的时候再提出来，我想强调的是联合国工业发展组织同事讲到非洲城市的情况，这也是我们2018年论坛可以关注的话题，我们如何弥补不同发达程度的国家之间的鸿沟或者是差距。

比方说欧洲的发展指数跟非洲城市来比就高很多，也许每年我们在讨论过程当中，可以涉及一些发达国家的城市以便了解他们所做的那些工作，是非常有用的工作，同时也许这个论坛也可以来促成一些发达的城市跟比较不发达城市之间的合作伙伴关系，我们的论坛每年都可以产生一些这样的合作伙伴关系，同时就上一年的合作伙伴关系，或者是合作项目的结果进行回顾。

在联合国我们在发起一个活动或者是一个项目之前一定会做充分的准备工作来了解各方的情况以及想法，我们的主要角色是来维持这些持续需要进行的沟通，那么联合国的角色在这些方面都可以来做出一些帮助，同时我们联合国特别关注的问题也在这些论坛当中得到了反映，我们对科技的发展非常的关注，我们非常提倡分享以及合作。联合国是运行良好的平台，让来自不同行业、不同地区国家的利益相关方进行合作，进行沟通，同时我们也有联合国的公共部门的论坛，我们会定期举办会议，我们在这些论坛上面所提到的问题也可以提出来，在那些会议上进行讨论。我们也会促进一些政府机构就城市信息化相关的问题给以解决。

我就讲到这里！

张英： 非常感谢玛丽安·巴泰勒米，没有错过，主要是想请几位主办方的领导专门发表一下观点和回应。继续，大家对于议题有什么建议吗？

徐雷： 信息实际上就是处理这几种东西，比如数据，所谓大数据，数据可以比喻为传统生活的原材料，网络是交通、通信，从原材料当中提取信息，然后有通信，通信之后其他信息技术，尤其智能技术这个就相当于我们在信息处理上，或者是做其他的工具，各种手段，那么这个云计算就像动力，但是这四个要素最后还是为了城市的整个人民生活得更美好。所以如果要讨论这个信息化的问题、论坛，可能要就这五个角度应该怎么协调来讨论，这才是信息化。比如说有些云计算要不要这么大规模的云计算，要不要智能，到处都需要智能也有很多工作。比如说信息化之后政府工作只工作一天就可以了，统一考虑某一个技术单方面发展，某一块单方面发展就不会太负面。我提议下次把这五个方面综合起来考虑！

李丽： 刚才各位专家讲的不仅是技术驱动，可能更多的是一种模式，新视角新模式,可能在这些主题当中建设模式的分享和技术的分享可能有一个平衡。

庄庆维:现在很多部委或者是企业都有在举办有关智慧城市,技术性方面的论坛。联合国的职能相信有一块比较合适,那就是怎样打造一个包容性的智慧城市,打造智慧城市有很多弱势群体易被遗忘,像刚才说的培训的工作可能被取代的员工,或者是一些老人家怎么去利用这些技术,还有一些产业,比如一些贫困地方他们利用简单技术可以大大提高他们的生产力,但是这种高技术其实对他们来说根本没有用,因为没有这种能力去承担这种技术,所以包容性智慧城市会是一个方向。

王振:非常感谢参加专家咨询会议,我自己不是研究信息的,尽管做了信息研究所所长,上海社会科学院交给我的任务是做"一带一路"数据库,我们信息研究所原来的前身是社会学术情报所,做人文社会科学情报,后来就延伸用信息,现在就发展出一块信息安全了。信息化有两个研究室,当然还有几个研究室做其他方面的。我们跟经信委合作承办这个论坛实际上这是第二次了,接下来可能每年要办,按照工博会的要求是每年一次,如果变成一体两翼的话是否意味着每年要办,这个是需要讨论的。当然每年办会,我们也不害怕,因为我们整天在办会,整天参加论坛,难在什么地方,就是主题跟议题,现在有的是有主题词,比如说今天是智慧、创新、卓越,但是每年要选择一个词就难了,特别是不能重复,用来用去都是比较大的词。这个需要琢磨,是否需要鲜明主题词,当然文字都可以琢磨出来。

我在想分论坛,或者讲议题能否相对稳定,因为我参加两次下来觉得都是在变化,当然信息化、互联网变化实在太快,刚才想发言提一下互联网能不能慢一点走,走得太快了,都是资本在后面推,阿里巴巴、腾讯钱很多,中国科学院都比不过它们,能不能慢一点走,像单车突然之间铺天盖地小黄车,然后对城市带来很大的挑战,能不能慢一点。

有一个建议,比如我们的分论坛分议题是否可以相对稳定些,这样接受任务、承办单位的人也觉得比较稳定。刚才大家谈的技术都比较多,这个技术的前沿,技术怎么发展,企业参与比较多,但是实际上从上海社科院的角度来说,我们可能讨论比较多的是这么快的信息往数字经济平台一放对我们整个社会影响很大。刚才讲到城市管理的影响很大,最近信息安全影响也很大,还有对下一代的影响也很大,当然对人们的生活方式,生产都影响很大,实际上我觉得这个倒是需要讨论的。那么多科学院、大学技术专家,特别是大的互联网公司,在技术上都是一套一套的,但是反过来在另外一块上是不是也需要加以讨论,所以以后的全球城市信息化论坛,可能对城市的治理,或者是怎么跟上,怎么协调,包括我们的政策法规怎么跟上,这块是不是以后可以加一点讨论,这一块讨论可能还要更加丰富多彩一些。讨论文化大家都可以讲,讨论技术有一批人就跟不上,这个没有办法,技术有壁垒的。

还有一个就是全球城市信息化,我们当初办的时候是希望把更多的城市召集到上海来讨论信息化,是为各个国家城市搭建一个平台。所以现在反过来是不是可以请一些,特别是"一带一路"沿线国家城市参与进来,因为这些国家对中国经验、中国模式非常的有兴趣,现在跟十几年前不一样了。今天的中国很多国家都在学习。中国怎么这么快?为什么可以做到?我在"一带一路"考察当中觉得这些国家很感兴趣,很想学习。这个变动比较重大,涉及我们的经费,涉及我们的保障,是不是要办成一个全球性的城市信息化论坛,这个就是要不要升级了,这也是一个挑战。

我们每一次论坛都有著名的专家,大企业的高管、企业家来发表演讲,这个非常重要,多少届之后我们本身是否有一个主打产品,就是主打的大会上发布的一些产品。刚才李总提到的你们的中国数字经济指数之类的,我原来也希望我们信息所同志也能够投一点力量把全球城市信息化做一个指数,然后有一个排名,然后有一个评价,当然政府方面不太好做,比方说我有一个第三方的评价,这样在会议上有一样东西可以每年评、每年发布。因为有这个话题每年都可以做,指数总有一个排名,所以如果每年开会最好有一个东西,这个东西比较容易引起媒体的关注。

像最近全球城市竞争力排名,中国社科院也是跟联合国人居联合发布,然后中国媒体的各种排位,大家都会关注。咱们办会总是需要吸引媒体,吸引眼球,不光将领导吸引住,关键将社会、媒体,方方面面吸引住。所以我觉得我们这个论坛每年要办,咱们可以谋划一个作为论坛的这种发布的什么样的产品或者是品牌。

最后一点,我们上海社科院很高兴与经信委共同承办这一会议,特别是今后如果要把面拓展一点，更加可以发挥我们的优势，我们人文社会科学的优势，谢谢！

张英：非常好的一些建议，其实作为一个长期的论坛我们还是要做一些比较长期的考虑，包括品牌上面的策划和考虑，可能有些指数什么需要早做。

塔玛·切罗基：如果谈到内容我觉得其实大家谈到的已经非常有意思了，的确有很多领域我们可以把它放到下一个论坛作为议题。我想提出这样的建议，就是形式是怎么样的，形式就是怎样能够在会议当中积累我们的经验，形成一个形式。比如说谈到了令人兴奋的技术演进，刚才张教授也谈到了迅猛发展的互联网速度，我们能否把一年当中的进展展现在会议当中，展现出来。比如说我们叫作以实践来说服人，而不只是说还要做。

张英：非常好的建议！用实践来体现！

王圳：确实我觉得智慧城市指数挺有意思，这个就像李总那边已经开始做的，因为王院长在社科院也在做"一带一路"信息，企业跟研究机构很容易就合作，然后很容易就做出来，做出来开始不一定非常尽善尽美，几年之后做下来会比较好，因为这也是使用大数据、云计算，非常容易做。

再一个就是提一个感想，即城市长期稳定的合作我认为非常好，就像今天在讲的英国的利物浦与上海是姊妹城市，然后再发展，这个非常有意思，还有新加坡的情况，说到城市联盟然后慢慢扩大，然后我们就有一个比较稳定的队伍，比如下一次会议的时候我们选择一个城市重点推它的东西，不光介绍上海经验，而是听其他的，因为这是全球城市化论坛，你是作为东道主也要让别人介绍他的东西，像最不发达的，像中等收入的，还有就是人口比较多的国家，有些问题的，大家都对它的问题可以进行诊断、分析，这样对于他们可能会比较有吸引力。谢谢！

张英：我们就不休息了，因为时间比较晚了，大家今天非常辛苦，非常感谢各位嘉宾从两个议题，一是对我们整个全球智慧城市和信息化发展的长远看法，二是对我们这个论坛未来发展和下一次会议的议题讨论，都提出了非常好的建设性的意见。

下面我们有请主办方的代表回应我们各方的建议，以及主办方的一些想法。首先有请联合国经济和社会事务部公共行政和发展管理司司长玛丽安·巴泰勒米女士。

玛丽安·巴泰勒米：非常感谢，其实刚才我已经说了很多了，但是我想说的还要更多，我对讨论非常的感兴趣，我也很兴奋，刚才贵宾们都谈到了很多很好的话题，我也进行了记录，当然谈到我们的全球城市信息化论坛，大家的兴趣都非常的浓厚，而且我们要谈论的话题确实非常多，包括数据，包括其他层面，我记了六点。

第一，有位同事谈到论坛可以成为我们分享成功模式的平台，包括分享模式，包括对原则还有其他方面的贡献，形成原则和宗旨。包括上午谈到包容性的智能城市这样的概念，包括刚才王院长也谈到了这些不同的话题。如果谈到模式，怎么从IT角度量测这个城市的成功模式，包括城市运营过程当中IT方面怎么做的，如何帮助一个传统的企业进行转型，IT的信息化建设，等等，我们可以举出这样的案例来彰显我们的模式。另外政府出台的政策，包括社会对于基础设施等，就是能够营造一个便于营商的环境推进信息化建设。

第二，我们论坛应该是一个着眼于长远，如果着眼于长远包括技术，包括在某一个领域当中怎样能够增加创新和创意。另外，刚才王院长也谈到这个社会变化太快或者技术进展太快，我们是否要稍微暂停一下然后反思一下，包括衡量一下现在发生了什么，现在要往哪一个方向走，我们是否进行分析一下，而不是盲目跟着跑。

第三，大家也谈到了我们这个论坛可以增加多样性，包括刚才谈到了非洲的城市，欠发达区域的城市建设等，还有谈到中小企业参加会议，还有更多市长参加，包括年轻人等，类似这样的多样性，就是使我们的论坛信息化多样性能够得以强化。谈到可持续发展其实是一个复杂的话题，基于可持续发展的复杂性我们需要考虑到多种部门、多学科，或者是多专业的协同，包括学术、研究机构以及本地政府、大的企业，所以我们的信息化论坛可以进行这样的多样化努力。

第四，如果谈到了我们一贯性或者是连贯性，我们怎样能够加深我们论坛的身份认同，另外工发组织的同事也谈到了，我也谈到了一点，就是我们可以形成一些成果，包括合作伙伴关系的达成，城市联盟等话题，这样的一些成果我们可以考虑怎样能够推进，而在这之前可以更好地扩展我们的基础，以产生更多的成果。

第五，对于会议的形式，包括技术层面可以丰富它的形式。刚才王院长也谈到了，不仅要吸引领导眼光还要吸引社会、媒体对我们的曝光度。我在这方面有些经验，如何引起人们的兴趣，提及的电子政务的排名等的确可以增加我们的曝光度和媒体关注度。当然，你首先要有一些入门的标准来进行排名，包括我们需要对成功的案例进行推敲，包括数字，即整个城市市民素养怎样，把这些作为指标衡量哪一个城市可以入围。

这些是我的观察，非常高兴专家为这个论坛集思广益，贡献真知灼见，相信我们的会议会办得越来越好。

张英：谢谢玛丽安·巴泰勒米女士讲了5个方面的建议和回应，也提炼了各方提到的建议，我想下一步我们也会按照这些方面去进一步完善我们的论坛方案。

下面有请联合国工发组织王圳先生进行回应。

王圳：谢谢，非常感谢各位专家提出的宝贵建议，作为主办方我们一如既往地配合上海的合作单位，来继续开展这些工作，有一个建议，我们可能有一个时间表，我们什么时间完成什么样的业务，这个比较重要。还有一个就是工作的团队，就像专家组，这次开会是否有一个常规的交流机制。因为在这个会议的时间很有限，像王珊女士有很多观点跟大家分享，但是没有时间分享。有一个好的工作机制会非常好，特别是我们有专家是AI的，还有智能交通方面的，还有云计算，AWS，我觉得都非常好，应该发挥专家的优势。

我同意玛丽安·巴泰勒米提的这些建议，她总结的这些方面，作为联合国的兄弟单位我们也都是为实现可持续发展目标，与成员国一起合作，谢谢。

张英：谢谢王处长，刚才提了我们要有一个时间表、一个工作团队和专家组,下一步要不断地去完善。

下面有请王根英先生进行发言。

王根英:非常感谢,前面两位讲的我非常同意,我们办会形式还是要多样化,现在我们已经办了十几届了,大家有一点疲劳,一直在上海办,我们也经常提出来能不能到外地或者到国外,哪座国外城市愿意办,我们联手一起办一次,那样可能更加具有吸引力,因为大家来的次数多了之后就疲惫。

之前筹办会议,一直我筹办,就提过大年小年,两年一次在上海,作为联合国系统来讲不应该老是盯着上海开两年,可能中间有一年到国外办,由联合国发起,然后上海组一个大团去一下,慢慢将这个论坛活力激起来。

我非常同意发表一些指数报告,第二届的时候就搞过亚太地区城市信息技术指数,发了三期,编了三年之后没有经费就没有弄下去,我们也发布很多这样的产品,但是都没有坚持下去。假如我们确实确定好了之后长期可以坚持下去,可以作为一个品牌引起全球关注。这个可以好好设计一下,到底发什么指数,确定好之后坚持十年八年坚持下去!一定会做得好。

我们开会最终能不能带动实体经济,帮助企业发展?过去我们论坛也有这样的宗旨,都办过这种形式,也有更多的展示,全球最新的技术能够在会议上有一个展示会,一些好的企业家进来,所以我想我们办会机制上面最好早一点找中国著名企业家介入,一起筹备,可以帮助我们政府将办会经费问题解决了。政府办会也很吃力,企业本来有这个预算,往往没有结合好,结合好的话就是双赢,企业也得到很好的宣传,我们政府因为八项规定以后财政预算越来越紧张,这个问题也得到解决,这样可以把我们的会议办得越来越好。

谢谢!

张英:谢谢王先生提的建议,怎样可以激发论坛的活力,然后我们政企合作,今年我们其实也做了探索,和地方政府合作,今天所在的地方是黄浦区。黄浦区是上海一张名片,最核心的地方,黄浦江流过的地方,也是我们三区合并,一个是跟地方合作,其次我们也有和我们的临港管委会和相关的企业合作,所以也是做初步的探索,我觉得下一步其实也是往这些方向发展。如工博会走了19年,逐步地将市场化的理念更多地深入到展会当中,所以才有更多的生命力和活力。

下面有请上海社会科学院王院长代表上海方面进行回应。

王振：首先感谢联合国相关机构多年来一直支持我们这个论坛，我是从2000年开始参加一直至今。特别是今天玛丽安·巴泰勒米女士、王圳处长以及其他的专家亲自到上海来参加这个论坛，特别感谢刚才各位专家，而且都是权威专家在城市信息化方面发表的很好的高见，对我们这个办会给予了支持和鼓励，当然也为我们提供了今后思路。包括今天上午的主论坛、下午的分论坛，有各路专家都在发表他们的高见。为社会提供很好的平台，从今天到会听众的反应来看，论坛越来越受欢迎，2017年采取了网报名，结果报名人越来越多，面向社会很多领域的专家，一些年轻的人才，包括创业人才，他们很有兴趣参加这个会议，当然我们因为特殊原因不能把规模搞得太大，但是这个会议在逐步形成它的影响力，也是在探索当中摸索新的模式，包括刚才张总讲的要有企业更多的参与，向公众开放。另外我们政产学研多方合作，包括我们上一届社科院加入经信委共同承办的团队，这也是一种很好的探索，就是政府跟智库的合作，当然今后还有智库跟企业多方合作，探索更加有效积极的方式。所以我从社科院角度一是代表我们两个承办方感谢联合国各个机构，感谢各位专家大力支持，二是代表社科院感谢经信委，因为你们做了大量工作，当然这个前期策划，到具体的邀请专家，还有整个会务工作等，做了很多的工作，我也是代表社科院向你们表示感谢。

对于下一步的2018年会议，我第一个表态了，经信委怎么定，我们就怎么跟着你们走，工博会每年办，领导说一体两翼，全球城市信息化论坛也都每年办，那么我们将义不容辞地配合好，全力协助好经信委，我们就一起承办，你们交任务给我们，而且我们院里可以提供资金支持参加这个论坛的，所以院层面对这个论坛是非常重视的，对上海社科院智库来说也是很好的平台。

我在想2018年的议题，刚才突然就想了起来，每年总是一个新事，现在都在讲新时代。今天上午中央电视台采访我，我跟该台说2000年就办了。那个时候信息化跟今天信息化有什么不同？我讲了几点不同。十几年前1.0版，今天2.0版。明年应该是新时代了，新时代是不是可以讲3.0版？当然感觉出来变化很大，真的变化很大，而且现在是信息化了，以前把各个领域去化了，最后发现信息化可以产生太多东西，是值得我们去跟踪、研究，然后去让更多的社会成员来参与。大家都在讲新时代、新征程，估计2018年我们逃不了新字。

我们总是需要与时俱进，不断开拓创新，那么我们也愿意跟经信委在模式上、内容上、邀请专家、打出品牌，还有完成论坛之后总是需要出一点成果，论坛成果转化上我们也配合经信委做好这些工作。谢谢各位！

张英：谢谢！我们王院长刚才的讲话，其实我们两家是一起的。经信委和上海社科院能够两年来合作承办这样的会议，也是我们主办方、联合国，以及公信部、商务委和中科院对我们这个大会都是大力支持的。

今天提了很多好的建议，下一步我们还是需要总结历年办会的经验，在不断变化的形势下面加强与主办方深入沟通，为下一届论坛早做准备，特别是把我们的品牌长期地做下去，为形成更好的在全球有影响力的城市信息化论坛做努力。

未来上海2040年的目标就是建设卓越的城市，卓越城市里面智慧城市是很重要的，我们也讲有温度的，所以我想信息化同习近平总书记提到的人民美好生活的向往、需求是有密切关系的。所以我们这个信息化论坛还是承载了非常重要的任务和责任，也非常感谢各方，包括今天到会的各位专家对这个论坛的关心、关注，也希望大家持续地帮助我们做好、办好这个论坛。

谢谢大家！

后　记

2017年11月7—9日，由国家工信部、商务部、中国科学院、上海市人民政府和联合国经济与社会事务部等机构主办，上海市经济和信息化委员会、上海社会科学院共同承办的2017全球城市信息化论坛全体大会及分论坛在上海锦江小礼堂、上海西郊宾馆分别举行。上海市副市长许昆林、联合国前副秘书长吴红波到会致辞，对本次论坛召开表示热烈祝贺。来自国内外的专家学者、业界精英和城市管理者共400余人出席了大会，参加分论坛的人数约1 500人。

2017年全球城市信息化论坛是中共十九大之后我国在城市信息化领域召开的首个国际性综合论坛，也是深入贯彻落实中共十九大精神，加快推进网络强国、数字中国和智慧社会建设的一次盛会。本次论坛的主题为"智慧·创新·卓越"，来自近20个国家的政府官员、专家学者、业界人士围绕"智造之光，智慧之城""互联无限，创新之城""开放包容，卓越之城"三大议题，展开了深入的探讨交流和激烈的思想碰撞。

除论坛全体会议外，本次论坛还举办了"国际工业互联网大会暨AII & IIC工业互联网联席会议""全球网络安全产业创新论坛""国际开放数据与城市创新峰会""联合国工业发展组织全球科技创新大会"四个论坛分会，并召开了与会专家咨询工作会议。

参与本届论坛组织工作的还有上海市经济和信息化发展研究中心、上海社会科学院信息研究所。本书的内容是依据论坛的演讲记录整理而成。在此，除了感谢参加论坛的演讲嘉宾和主持人外，还要感谢那些为论坛辛勤工作的同声翻译、速记以及参与论坛会务服务的志愿者，他们为本次论坛的成功举办做了大量的基础性工作。

全球城市信息化论坛秘书处
2018年3月

图书在版编目（CIP）数据

激活数据：智慧城市未来发展 / 全球城市信息化论坛秘书处编. —上海：上海社会科学院出版社, 2018
（上海社会科学院院庆60周年暨信息研究所所庆40周年系列丛书）
ISBN 978-7-5520-2331-2

Ⅰ.①激… Ⅱ.①全… Ⅲ.①现代化城市—城市建设—研究 Ⅳ.①C912.81

中国版本图书馆CIP数据核字（2018）第095882号

激活数据：智慧城市未来发展

编　　者：	全球城市信息化论坛秘书处
责任编辑：	熊　艳
封面设计：	周清华
出版发行：	上海社会科学院出版社
	上海顺昌路622号　邮编200025
	电话总机021-63315900　销售热线021-53063735
	http://www.sassp.org.cn　E-mail: sassp@sass.org.cn
排　　版：	南京展望文化发展有限公司
印　　刷：	上海颛辉印刷厂
开　　本：	710×1010毫米　1/16开
印　　张：	27
插　　页：	8
字　　数：	424千字
版　　次：	2018年6月第1版　2018年6月第1次印刷

ISBN 978-7-5520-2331-2 / C·166　　　　　定价：128.00元

版权所有　翻印必究